FAW LOGISTICS CO.,LTD.

企业愿景

致力成为“国内顶级、世界一流”汽车物流综合解决方案提供者。

企业荣誉

- 中国物流企业50强
- 智慧物流创新企业
- 全国智慧物流仓储示范基地
- 中物联物流技术创新奖
- 中物联科技进步奖

……

公司大力发展标准化建设、知识产权申报，累计推进国标、行标、团标20余项，申报知识产权90余项，获得荣誉50余项，并与北京交通大学、吉林大学等国内多所高校建立了产学研合作关系，广泛开展人才培养、经验分享与科研成果转化等方面的合作。

全国首个商品车物流专用通道——
一汽物流智慧枢纽专用通道

全国第一座汽车零部件总装线边穿梭车智能立体库，实现了汽车零部件配送的智能化

一汽物流智能物流实验室，搭建了公司技术验证及赋能的基础性平台

整车板块应用RFID溯源系统，行业内首例基于RFID技术打通全链条，实现单商品车全程溯源可视

中都物流有限公司
CHINA CAPITAL LOGISTICS CO.,LTD.

世界之大·咫尺之间

公司概况

中都物流有限公司(以下简称“中都物流”)成立于2008年,由北汽集团下属北汽鹏龙和首钢集团下属首钢国际发起设立,注册资金4.5亿元,5A级物流企业、国家高新技术企业、中关村高新技术企业、3A级信用企业。

中都物流是专注于汽车产业的智慧供应链解决方案提供商和供应链一体化服务商,业务覆盖零部件物流(生产物流、售后物流)、整车物流(成品车物流、社会车物流)、物流金融、国际物流等汽车物流全产业链,同时,中都物流积极探索城市物流(网络货运平台)、制造业物流等新市场需求。年营收超过82亿元,连续多年入围中国物流与采购联合会评选的“中国物流企业50强”,在罗戈研究院发布的2020年“中国合同物流25强”中,中都物流位列汽车物流领域第三名。

科技护航

中都物流以成长为“科技驱动型智慧物流企业”为目标,打通智慧物流中人、车、货、场、节点和路线等关键要素,通过“物流数字化平台”构建智慧、绿色物流服务体系;探索物联网、人工智能等新一代数字化技术与物流生产、物流管控等多场景融合应用,推动供应链效率提升;注重数据价值挖掘与创新,从供应链规划设计、供应链计划管理、物流控制等多维度提供数据产品,赋能物流服务能力提升。

可控资源

- 17大物流基地,8个前置库。
- 仓储面积

  整车约300万平方米,零部件约82万平方米。
- 可控运力

  整车10000余台,零部件短驳货车740余台,长途货车1000余台。
- 资源覆盖

  87个铁路站台,334条铁路运输线路;

  19个水路港口,24条水路运输线路;

  3800余条公路运输线路,可触达国内600多个城市,以及德国、瑞士、奥地利、俄罗斯、白俄罗斯、波兰、挪威、立陶宛、哈萨克斯坦等国。

技术驱动
创新发展

一汽物流·智赢未来

企业简介

一汽物流有限公司（以下简称“公司”）前身是1952年成立的“第一汽车制造厂”筹备组运输科；2006年，重组成立陆捷物流有限公司；2010年，更名为一汽物流有限公司，成为一汽集团全资子公司。2017年，公司整合中国一汽进出口公司零部件物流体系6个板块，实现为客户提供产前、产中、产后一体化全价值链的物流服务，营业收入突破100亿元，位列汽车物流行业第2位，并致力成为“国内顶级、世界一流”汽车物流综合解决方案提供者。

公司总部现位于长春市汽车经济技术开发区富民大路7756号，拥有员工12000多人。公司设立战略发展部、运营管理部（安全部）、综合管理部等9个职能部，1个智能物流技术研发院；设有整车物流事业部、零部件物流事业部；分别在长春、天津、青岛、成都、佛山等地设有8个分子公司；在长春、大连、上海有3个参股公司。

企业布局

覆盖全国五大基地24个分拨中心，整车仓储面积达700万m^2，全国10余个零部件集散中心，仓储面积超100万m^2。使用自动化立体库等先进的物流设备，搭配库房管理系统，为各主机公司提供零部件仓储、包装及配送等服务。采用公铁水联运方式，优化物流成本，保障物流质量及交付效率。铁路自有站台1个、在用24个，水路自有汽车码头2个、在用10个，形成覆盖全国的“五横五纵”物流网络布局。公路可控运力10000余辆，商品车日均运能1. 6万辆、零部件日均运能1. 5万m^3。

地址：吉林省长春市汽车经济技术开发区富民大路7756号
电话：0431-82025700
邮编：130011

整车物流

国际物流

城市物流

物流金融

地址:北京市顺义区李遂镇龙太路18号
客户服务:4001667556
商务合作:010-61494167-8089
邮箱:BMD@baiccl.com

一流的企业文化

企业愿景：国际汽车售后备件物流专家型企业

经营理念：做客户尊重和可信赖的服务公司

全面的仓运网络覆盖

- 仓库面积70万+㎡
- 供应商1000+家
- 经销商2500+家
- 一汽-大众仓储资源包括七大备品库，54.2万㎡仓储面积，辐射1706家经销商
- 自主品牌仓储资源包括九大备品库，17.2万㎡仓储面积，辐射872家经销商
- 打造60+条可控干线
- 开通800+条区域内配送线路
- 可控运力达到1500+辆

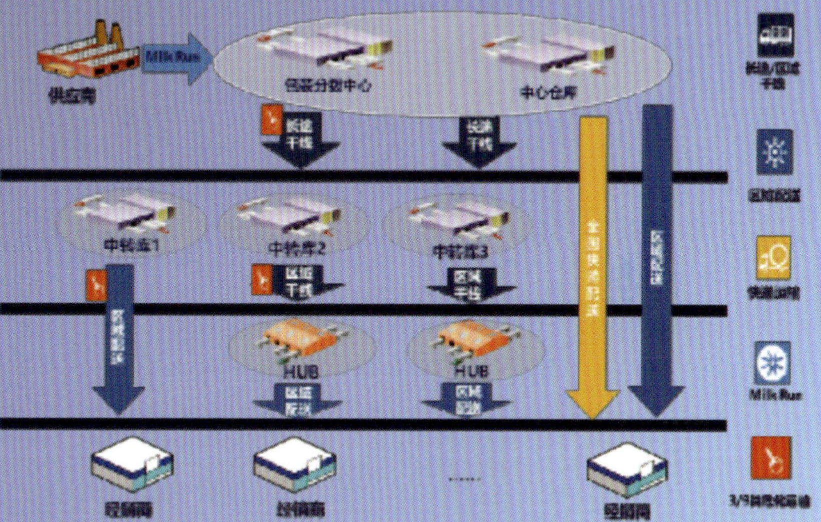

领先的数智技术

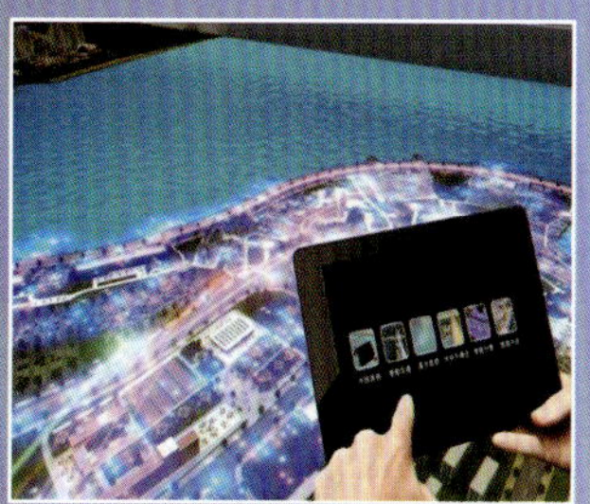

数字孪生5G沙盘

自动分拣、码垛机器人

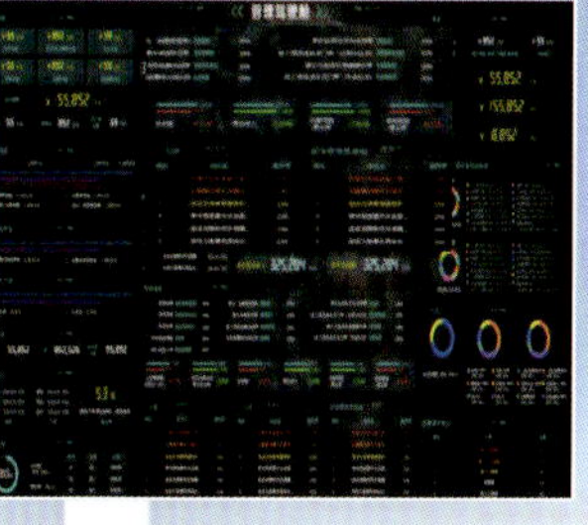

BI数字化全国运营驾驶舱

双深位料箱机器人

一汽富晟智能装备实验室

以**5G+生产+物流**为主要研发方向的实验室；

实现**真正5G独立网络**的实验室；

将**5G工业级网关与SA网络调通**，并可复制到各个行业领域推广应用。

COMPANY PROFILE
企业介绍

烟台港滚装物流有限公司自 2010 年开展商品车物流业务，为全国汽车生产商及物流商提供商品车装卸、仓储、保税、运输、中转等多元化物流服务。烟台港股份有限公司汽车码头分公司，生产经营一体化，是山东省内唯一专业化的汽车码头。

公司配备 60 万平方米专业化堆场，4 个滚装泊位，拥有 2 万平方米室内综合服务区，两条 PDI 检测线，高速公路、铁路线直通堆场。拥有“烟台—大连”黄金水道上的客滚航线，每日 10 航次往返于烟台、大连，具备公路、铁路、水路多式联运的服务能力，能够满足客户多元化的集疏运需求，可为客户提供多样性的物流规划方案和专业化的服务。

公司简介

COMPANY PROFILE

武汉中原发展汽车物流股份有限公司成立于2000年，是一家集整车运输、仓储(场地租赁)、汽车租赁、信息咨询为一体的4A级物流企业。公司于2016年11月29日在全国中小企业股份转让系统正式挂牌(股票代码:839535,简称:中原物流)。

国家物流与供应链系列报告

中国汽车物流发展报告

China Automotive Logistics Development Report

(2021)

中国物流与采购联合会汽车物流分会

China Automotive Logistics Association of CFLP

中国财富出版社有限公司

图书在版编目（CIP）数据

中国汽车物流发展报告. 2021 / 中国物流与采购联合会汽车物流分会编著. —北京：中国财富出版社有限公司，2021.9

（国家物流与供应链系列报告）

ISBN 978-7-5047-7534-4

Ⅰ. ①中…　Ⅱ. ①中…　Ⅲ. ①汽车工业—物流—产业发展—研究报告—中国—2021　Ⅳ. ①F426.471

中国版本图书馆 CIP 数据核字（2021）第 192132 号

策划编辑　晏　青　　**责任编辑**　邢有涛　晏　青
责任印制　梁　凡　　**责任校对**　杨小静　　**责任发行**　敬　东

出版发行　中国财富出版社有限公司
社　　址　北京市丰台区南四环西路 188 号 5 区 20 楼　　**邮政编码**　100070
电　　话　010-52227588 转 2098（发行部）　　010-52227588 转 321（总编室）
010-52227566（24 小时读者服务）　　010-52227588 转 305（质检部）
网　　址　http://www.cfpress.com.cn　　**排　　版**　宝蕾元
经　　销　新华书店　　**印　　刷**　宝蕾元仁浩（天津）印刷有限公司
书　　号　ISBN 978-7-5047-7534-4/F·3354
开　　本　787mm×1092mm　1/16　　**版　　次**　2021 年 11 月第 1 版
印　　张　22.25　**彩　插**　0.75　　**印　　次**　2021 年 11 月第 1 次印刷
字　　数　477 千字　　**定　　价**　180.00 元

《中国汽车物流发展报告》
（2021）

编　委　会

编委会主任

蔡　进　中国物流与采购联合会副会长

编委会副主任

沈进军　中国汽车流通协会

赵方宽　中国第一汽车集团公司

王泽民　上汽安吉汽车物流股份有限公司

薄世久　北京长久物流股份有限公司

邱　枫　一汽物流有限公司

编委会委员（按姓氏笔画排序）

马增荣　中国物流与采购联合会

王印涛　天津精英供应链管理有限公司

王彦乐　保定市长城蚂蚁物流有限公司

毛海松　上海裕络物流有限公司

毛臻伟　准时达国际供应链管理有限公司

朱励光　中都物流有限公司

朱燕阳　西上海汽车服务股份有限公司

刘　海　武汉中原发展汽车物流股份有限公司

刘永杰　北京诚通物流有限公司

李　平　辽宁联合物流有限公司

李　伟　华通汽车物流有限公司

李延春　吉林省长久实业集团有限公司

李艳东　中国物流与采购联合会汽车物流分会

杨晓宇　百川物流（北京）集团有限公司

邱红阳　三羊马（重庆）物流股份有限公司

沈　飞　安吉智行物流有限公司

张振鹏　中世国际物流有限公司
张晓东　北京交通大学物流工程系
张爱国　深圳招商滚装运输有限公司
陈　建　北京兆驰供应链管理有限公司
陈兹武　北京牛卡福网络科技有限公司
罗志强　宁波喜悦智行科技股份有限公司
季建华　上海交通大学中美物流研究院
荆青春　长春一汽富晟集团有限公司
胡绍航　一汽丰田汽车销售有限公司
姜　军　上海德真瑞供应链管理有限公司
祝建华　中联物流（中国）有限公司
顾光明　中铁特货物流股份有限公司
翁运忠　东风物流集团股份有限公司
高若惟　中外运物流有限公司
黄　浩　浙江吉速物流有限公司
黄影明　上海元初国际物流有限公司
盛晔华　一汽－大众汽车有限公司
隋　军　中远海运集装箱运输有限公司
蒋　晖　武汉东本储运有限公司
程贤文　集保物流设备（中国）有限公司
谢世康　重庆长安民生物流股份有限公司
谢德安　林德（中国）叉车有限公司
漆小岗　南昌江铃集团实顺物流股份有限公司
谭振国　北京普田物流有限公司
翟若鹏　西安国际陆港保税物流投资建设有限公司
熊　斌　中通供应链管理有限公司
薛　民　上海能运物流有限公司

《中国汽车物流发展报告》
(2021)

编　辑　部

主　　　编：左新宇
副　主　编：宋夏虹　张晋姝（执行）　王　萌（执行）
编辑人员：冯　拓　张　璐　刘天硕　王欣怡

联系方式：
汽车物流网：www. auto56. org
电　　　话：18518669270　18518669252
邮　　　箱：qichewuliu@ auto56. org
地　　　址：北京市丰台区丽泽路16号院2号楼铭丰大厦1216、1217

前　言

2020年是我国全面建设小康社会的决胜之年，也是“十三五”规划的收官之年，我国经济遭遇新冠肺炎疫情严重冲击和复杂国际形势严峻挑战，在党中央、国务院的正确领导下，我国疫情防控取得重大战略成果，经济运行总体平稳，经济结构和区域布局继续优化。2020年汽车物流行业同样面临着新冠肺炎疫情和汽车产业下行压力的影响，汽车供应链上下游企业积极响应党和国家的号召，同心协力保障汽车行业正常生产经营，汽车物流行业基本实现平稳运行，运输结构进一步优化，零部件供应链服务能力提升，国际物流服务稳定发展，企业合作不断推进，行业技术创新能力增强。

《中国汽车物流发展报告（2021）》由中国物流与采购联合会汽车物流分会组织会员单位共同编写，包括2020—2021年我国汽车物流发展特点、面临的问题及发展趋势等内容，体现我国汽车物流行业发展状况，总结汽车物流供应链各环节发展特点，以及先进技术与装备在汽车物流领域的应用。《中国汽车物流发展报告（2021）》深入研究发展过程中的热点与难点问题，探索未来发展方向，为政府、企业和研究单位了解中国汽车物流的发展提供一些参考。

本报告共分为4篇，一是综合报告篇，内容包括我国汽车物流总体发展环境、发展现状以及发展趋势，同时编入行业统计情况，全景展现了汽车物流行业现状；二是专题报告篇，深入分析行业重点、热点内容，从零部件、整车、进出口等方面专题分析行业发展情况；三是创新成果篇，收录了2020年企业汽车物流创新成果获奖项目35个，展现了零部件、整车等多个方面新技术、新方法、新装备的创新应用；四是资料汇编篇，收录了重要行业文件。

本报告在编制过程中，得到了汽车物流分会部分会员企业的大力支持，尤其是第二篇专题报告篇，收录了12家特邀撰稿单位提供的稿件，在此感谢这些企业对于行业工作的支持与帮助。本报告旨在梳理汽车物流行业年度情况，全景展示年度行业发展情况，供读者参考和借鉴。内容难免有疏漏之处，敬请广大读者批评指正。

编委会

2021年8月

目　录
CONTENTS

综合报告篇

专题报告篇

创新成果篇

资料汇编篇

综合报告篇

第一章　中国汽车物流发展环境分析

第一节　中国汽车物流发展的外部环境

2020 年是中国历史上极不平凡的一年。面对严峻复杂的国际形势、艰巨繁重的国内改革发展稳定任务，特别是新冠肺炎疫情的严重冲击，在全面建成小康社会决胜年和“十三五”规划收官年之际，在中共中央、国务院的领导下，我国经济运行逐季改善、逐步恢复常态，在全球主要经济体中唯一实现经济正增长，脱贫攻坚战取得全面胜利，也为我国物流业平稳健康发展营造良好的环境。

一、经济发展环境[①]

（一）国民经济保持平稳增长

2020 年全年国内生产总值 1015986 亿元，比上年增长 2.3%（见图 1－1）。其中，第一产业增加值 77754 亿元，比上年增长 3.0%；第二产业增加值 384255 亿元，比上年增长 2.6%；第三产业增加值 553977 亿元，比上年增长 2.1%。第一产业增加值占国内生产总值比重为 7.7%，第二产业增加值比重为 37.8%，第三产业增加值比重为 54.5%。全年最终消费支出拉动国内生产总值下降 0.5 个百分点，资本形成总额拉动国内生产总值增长 2.2 个百分点，货物和服务净出口拉动国内生产总值增长 0.7 个百分点。分季度看，第一季度国内生产总值比上年下降 6.8%，第二季度比上年增长 3.2%，第三季度比上年增长 4.9%，第四季度比上年增长 6.5%。预计全年人均国内生产总值 72447 元，比上年增长 2.0%。国民总收入 1009151 亿元，比上年增长 1.9%。全国万元国内生产总值能耗比上年下降 0.1%。预计全员劳动生产率为 117746 元/人，比上年提高 2.5%。

---

① 资料来源：《中华人民共和国 2020 年国民经济和社会发展统计公报》。

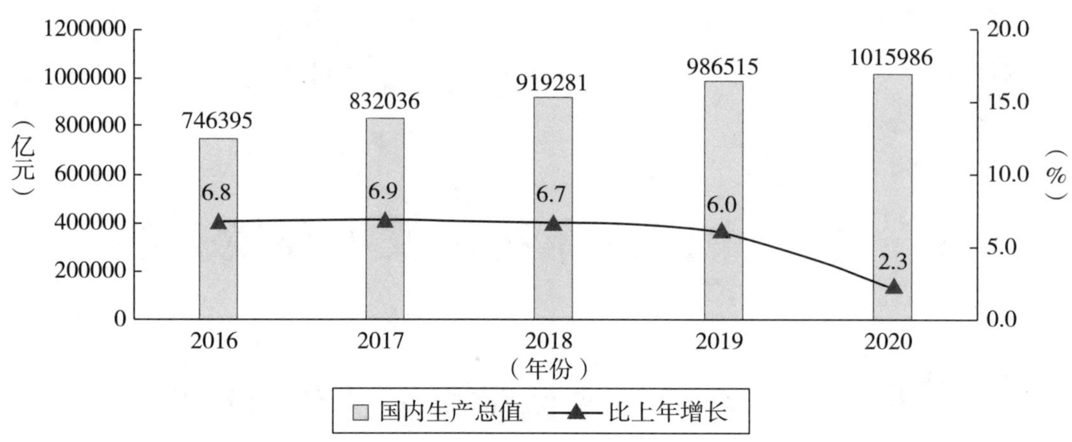

图 1－1　2016—2020 年国内生产总值及增速

资料来源：国家统计局。

从不同产业的角度来看，全年第三产业占 GDP 的比重达到 54.5%，比上年增长了 0.2 个百分点，比重基本没有变化（见图 1－2）。近年来，我国高度重视服务业发展，着力优化服务业投资环境，积极推动服务业综合改革试点，服务业规模不断壮大，产业结构持续优化，载体建设进展显著，发展环境逐步改善，服务业在经济社会发展中的地位和作用日益提升，有力推动产业转型和消费升级。

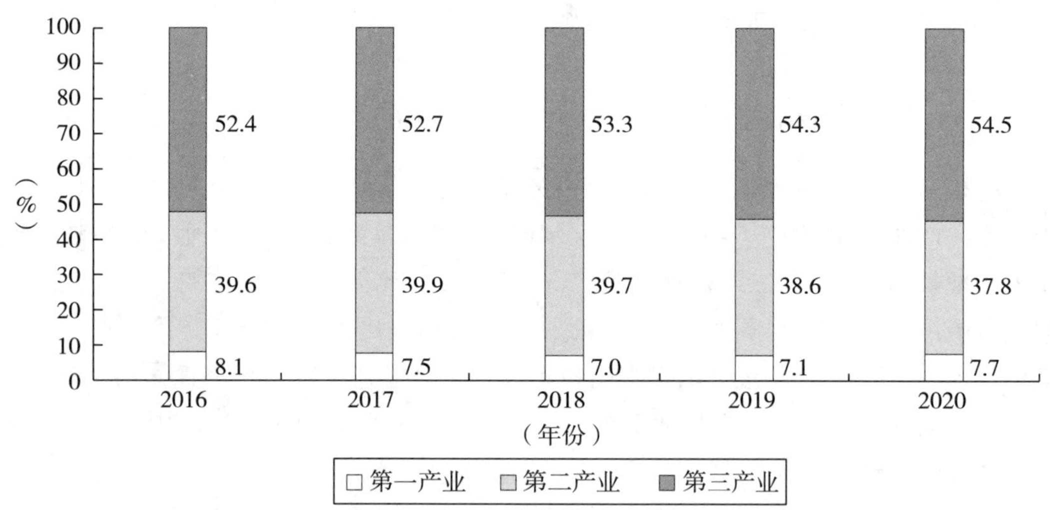

图 1－2　2016—2020 年三次产业增加值占国内生产总值比重

资料来源：国家统计局。

（二）工业生产持续发展

2020 年，全年全部工业增加值 313071 亿元，比上年增长 2.4%（见图 1－3）。规模以上工业增加值同比增长 2.8%。在规模以上工业中，分经济类型看，国有控股企业增加值同比增长 2.2%；股份制企业同比增长 3.0%，外商及港澳台商投资企业同比增长 2.4%；私营企业同比增长 3.7%。分门类看，采矿业同比增长 0.5%，制造业同比增长 3.4%，电力、热力、燃气及水生产和供应业同比增长 2.0%。

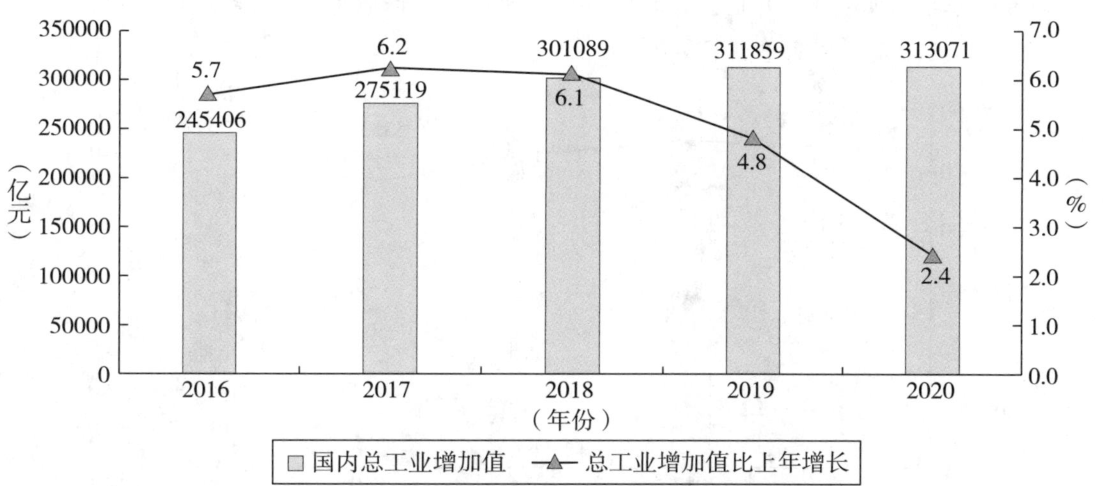

图 1-3 2016—2020 年国内工业总增加值及增速

资料来源：国家统计局。

全年规模以上工业中，农副食品加工业增加值比上年下降 1.5%，纺织业同比增长 0.7%，化学原料和化学制品制造业同比增长 3.4%，非金属矿物制品业同比增长 2.8%，黑色金属冶炼和压延加工业同比增长 6.7%，通用设备制造业同比增长 5.1%，专用设备制造业同比增长 6.3%，汽车制造业同比增长 6.6%，电气机械和器材制造业同比增长 8.9%，计算机、通信和其他电子设备制造业同比增长 7.7%，电力、热力生产和供应业同比增长 1.9%。

特别是一些新产业、新业态、新模式逆势成长。全年规模以上工业中，高技术制造业增加值比上年增长 7.1%，占规模以上工业增加值的比重为 15.1%；装备制造业增加值同比增长 6.6%，占规模以上工业增加值的比重为 33.7%。全年规模以上服务业中，战略性新兴服务业企业营业收入比上年增长 8.3%。

总体来说，工业增加值稳步增长说明我国工业生产活动平稳向好，给物流行业带来旺盛的需求及充足的发展空间。

（三）服务业较快发展，现代服务业增势良好

1. 服务业增加值情况

2020 年服务业增加值 553977 亿元，比上年增长 2.1%（见图 1-4）。其中，全年

批发和零售业增加值95686亿元，比上年下降1.3%；交通运输、仓储和邮政业增加值41562亿元，同比增长0.5%；住宿和餐饮业增加值15971亿元，同比下降13.1%；金融业增加值84070亿元，同比增长7.0%；房地产业增加值74553亿元，同比增长2.9%；信息传输、软件和信息技术服务业增加值37951亿元，同比增长16.9%；租赁和商务服务业增加值31616亿元，同比下降5.3%。全年规模以上服务业企业营业收入比上年增长1.9%，利润总额下降7.0%。

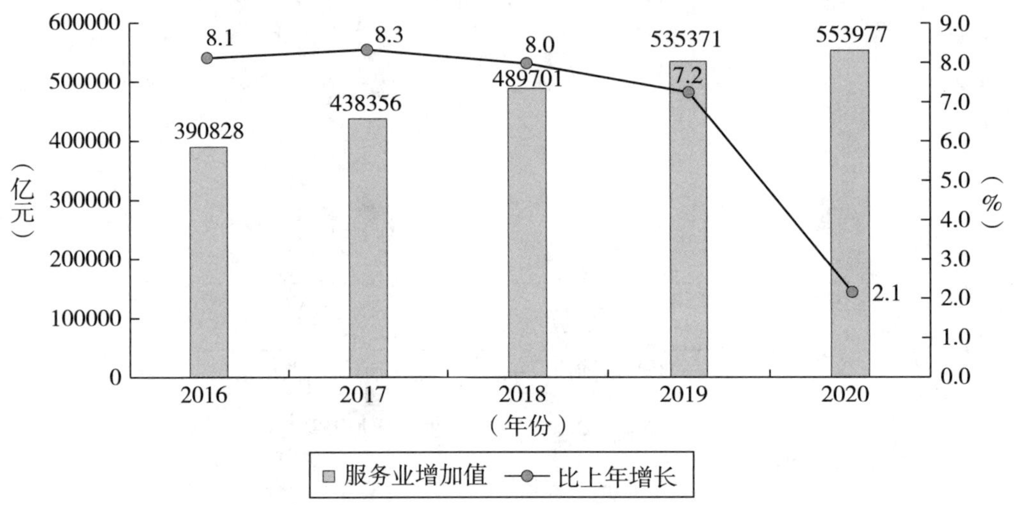

图1－4　2016—2020年服务业增加值及增速

资料来源：国家统计局。

受新冠肺炎疫情影响，2020年交通运输、仓储和邮政业增加值比上年增长0.5%，低于服务业增加值的增长，如图1－5所示。

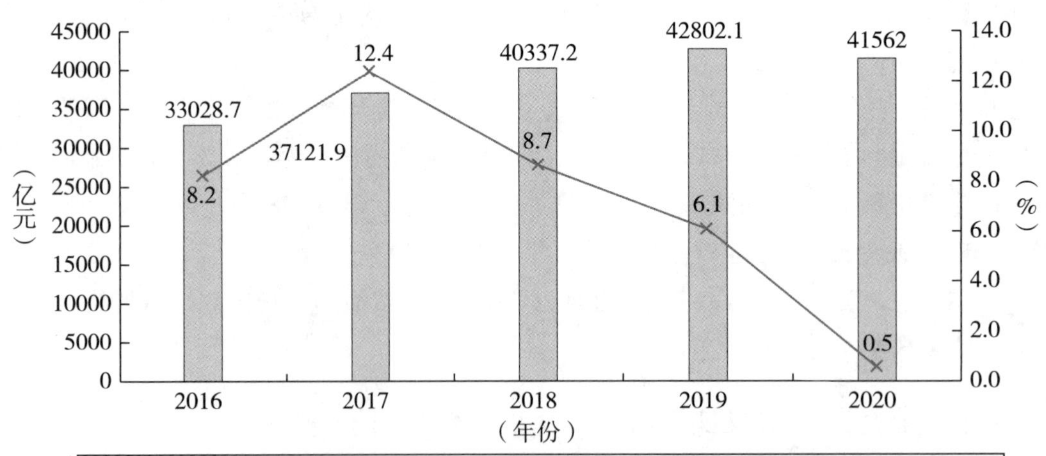

图1－5　2016—2020年交通运输、仓储和邮政业增加值及增速

2. **全年货物运输情况**

2020 年，全年货物运输总量 463.4 亿吨，货物运输周转量 196618.3 亿吨公里（见表 1－1）。全年港口完成货物吞吐量 145 亿吨，比上年增长 4.3%，其中外贸货物吞吐量 45 亿吨，同比增长 4.0%。港口集装箱吞吐量 26430 万标准箱，同比增长 1.2%。

表 1－1　　2020 年各种运输方式完成货物运输量及其增长速度

指标	单位	绝对数	比上年增长（%）
货物运输总量	亿吨	463.4	－0.5
铁路	亿吨	44.6	3.2
公路	亿吨	342.6	－0.3
水运	亿吨	76.2	－3.3
民航	万吨	676.6	－10.2
货物运输周转量	亿吨公里	196618.3	－1.0
铁路	亿吨公里	30371.8	1.0
公路	亿吨公里	60171.8	0.9
水运	亿吨公里	105834.4	－2.5
民航	亿吨公里	240.2	－8.7

2020 年，全年完成邮政行业业务总量 21053 亿元，比上年增长 29.7%。邮政业全年完成邮政函件业务 14.2 亿件，包裹业务 0.2 亿件，快递业务量 833.6 亿件（见图 1－6），快递业务收入 8795 亿元。

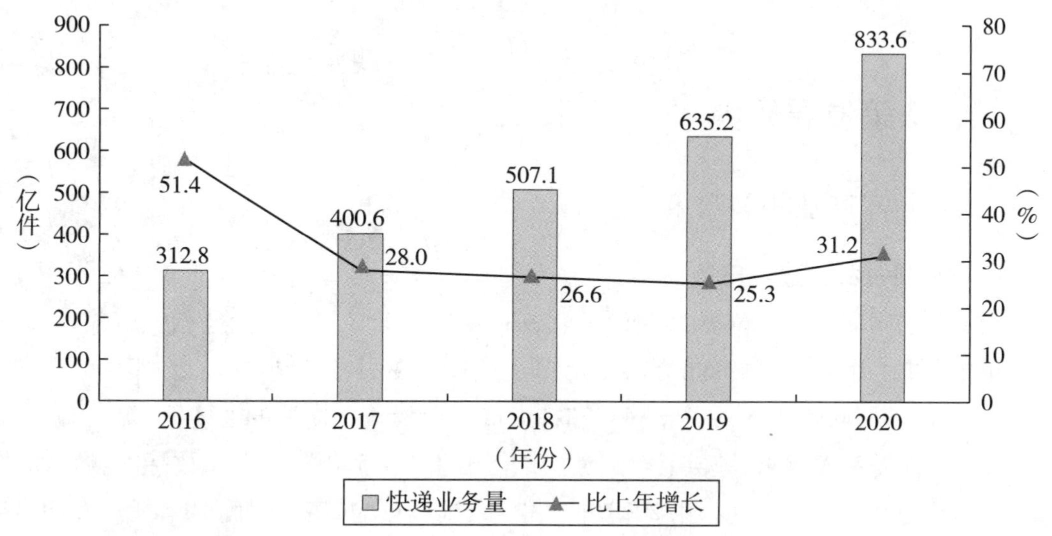

图 1－6　2016—2020 年快递业务量及增速

（四）物流相关固定资产投资稳定

2020 年全年全社会固定资产投资 527270 亿元，比上年增长 2.7%。其中，固定资产投资（不含农户）518907 亿元，同比增长 2.9%。第一产业投资 13302 亿元，比上年增长 19.5%；第二产业投资 149154 亿元，同比增长 0.1%；第三产业投资 356451 亿元，同比增长 3.6%。民间固定资产投资 289264 亿元，同比增长 1.0%。基础设施投资同比增长 0.9%。

其中，2020 年我国物流业相关的交通运输、仓储和邮政业全社会固定资产投资同比增长 1.4%，与上年相比稍有下滑，投资增速继续放缓，如图 1－7 所示。

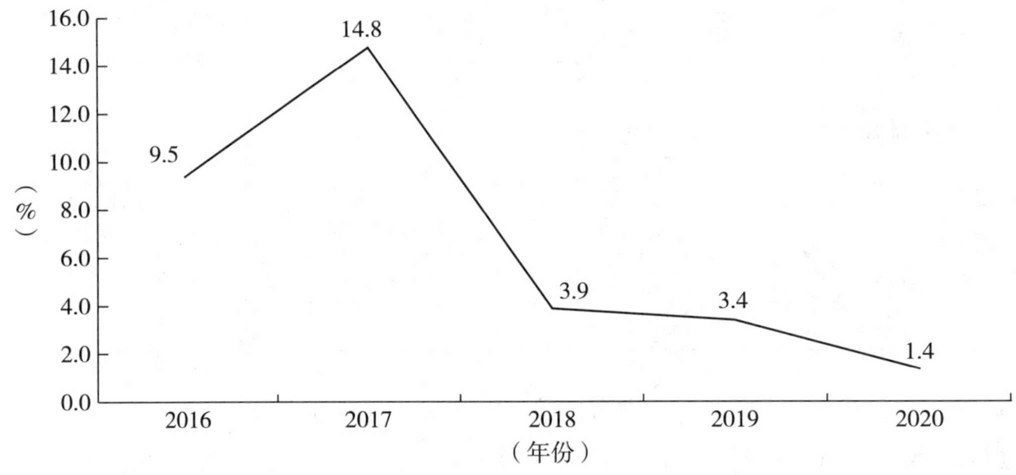

图 1－7　2016—2020 年交通运输、仓储和邮政业全社会固定资产投资增速

资料来源：国家统计局。

二、政策发展环境

（一）汽车产业相关政策

1. 车辆排放标准越发严格

根据此前国家发展改革委的要求，自 2020 年 7 月 1 日起，全国范围实施轻型汽车国六排放标准。因新冠肺炎疫情影响，汽车行业处境还十分艰难，因此，国家发展改革委等 11 个部门联合印发《关于稳定和扩大汽车消费若干措施的通知》，提出调整国六排放标准实施有关要求，轻型汽车（总质量不超过 3.5 吨）国六排放标准颗粒物数量限值生产过渡期截止时间，由 2020 年 7 月 1 日前调整为 2021 年 1 月 1 日前；2020 年 7 月 1 日前生产、进口的国五排放标准轻型汽车，2021 年 1 月 1 日前允许在目前尚未实施国六排放标准的地区销售和注册登记。未经批准，各地不得提前实施国家确定的汽车排放标准。

2. 畅通二手车流通交易

优化车辆交易登记等制度，落实全面取消二手车限迁政策，扩大二手车出口业务，修订出台《二手车流通管理办法》，发挥汽车维修电子档案系统作用，支撑二手车交易，加快二手车流通，带动新车消费。加强二手车行业管理，规范二手车经销企业行为，自 2020 年 5 月 1 日至 2023 年年底，对二手车经销企业销售旧车，减按销售额的 0.5% 征收增值税。

3. 皮卡进城进一步解禁

据不完全统计，2020 年明确解禁皮卡的城市多达 10 个，数量是 2019 年的三倍以上。另外，陕西、江西、江苏、吉林四大省份也鼓励省内各城市放开皮卡进城等限制，其中江西还鼓励机关单位采购皮卡车。皮卡全国范围内的解禁趋势正越来越明显。

4.《报废机动车回收管理办法实施细则》出台

2020 年 8 月，商务部、国家发展改革委等七部门联合发布《报废机动车回收管理办法实施细则》，自 2020 年 9 月 1 日起施行，对报废机动车回收拆解行为进行了规范。包括回收拆解企业在回收报废机动车时，应当核验机动车所有人有效身份证件，逐车登记机动车型号、号牌号码、车辆识别代号、发动机号等信息，并收回相关证牌。报废机动车“五大总成”和尾气后处理装置，以及新能源汽车动力蓄电池不齐全的，机动车所有人应当书面说明情况，并对其真实性负责。机动车车架（或者车身）或者发动机缺失的应当认定为车辆缺失，回收拆解企业不得出具《报废机动车回收证明》。机动车存在抵押、质押情形的，回收拆解企业不得出具《报废机动车回收证明》等。

5. 新能源补贴下降

2020 年 6 月，国家明确将新能源汽车购置补贴政策延长至 2022 年年底。2020 年 12 月发布《2021 新能源汽车推广补贴方案》。2021 年补贴标准较 2020 年退坡 20%，要求依然是补贴前价格要在 30 万元以下。同时，为推动公共交通等领域车辆电动化，公共交通领域车辆补贴标准在 2020 年基础上退坡 10%。为加快推动公共交通行业转型升级，地方可继续对新能源公交车给予购置补贴。到 2022 年，新能源车购置补贴还会退坡，2022 年之后甚至会取消。

6. 新能源汽车产业发展中长期规划发布

2020 年，由国务院办公厅印发的《新能源汽车产业发展规划（2021—2035 年）》正式发布，规划提出：到 2025 年，纯电动乘用车新车平均电耗降至 12.0 千瓦时/百公里，新能源汽车新车销售量达到汽车新车销售总量的 20% 左右，高度自动驾驶汽车实现限定区域和特定场景商业化应用。

到2035年，纯电动汽车成为新销售车辆的主流，公共领域用车全面电动化，燃料电池汽车实现商业化应用，高度自动驾驶汽车实现规模化应用，有效促进节能减排水平和社会运行效率的提升。

7. 新版“双积分”政策于2021年1月实施

2020年6月29日，工业和信息化部正式发布《乘用车企业平均燃料消耗量与新能源汽车积分并行管理办法》修订版，新政于2021年1月1日起开始实施。新政修改的主要内容，一是增加了引导传统乘用车节能的措施；二是完善了新能源汽车积分灵活性措施；三是丰富了关联企业的认定条件；四是将燃用醇醚燃料的乘用车纳入核算范围。

8. 强制安装胎压监测系统

根据此前国家标准化管理委员会批准的《乘用车轮胎气压监测系统的性能要求和试验方法》相关规定，自2020年1月1日起，所有在产乘用车将开始实施强制安装胎压监测系统。据统计，在高速公路事故中，10%是由轮胎引起的，爆胎占轮胎事故的70%以上，而且结果往往很严重。胎压监测系统可让驾驶者实时掌握车轮的真实气压状况，从而有效预防交通事故的发生。

9. 机动车年检“两取消、一允许”

2020年，机动车年检开始实行“两取消、一允许”。“两取消”是取消在挡风玻璃上粘贴机动车检查标志和取消7座及以上私家车车身喷字。“一允许”是允许网上预约车辆年检，市民可通过电话预约、网上预约方式选择相应检测场进行预约，待预约成功后，按预约时间前往办理新车上牌及车辆年检业务，大大提高办事效率。

（二）物流相关政策

2020年党中央、国务院以及各部门出台了多个利于物流行业进步、促进高质量物流发展的文件，对物流行业发展起到了巨大的推动作用，如表1－2所示。

表1－2　2020年物流行业政策一览

发布时间	政策	内容摘要	印发部门
1月2日	《邮政业寄递安全监督管理办法》（中华人民共和国交通运输部令2020年第1号）	管理办法共计43条，自2020年2月15日起施行	交通运输部

续　表

发布时间	政策	内容摘要	印发部门
2月3日	《交通运输部 发展改革委 工业和信息化部 财政部 商务部 海关总署 税务总局关于大力推进海运业高质量发展的指导意见》（交水发〔2020〕18号）	到2025年，基本建成海运业高质量发展体系，服务品质和安全绿色智能发展水平明显提高，综合竞争力、创新能力显著增强，参与国际海运治理能力明显提升。到2035年，全面建成海运业高质量发展体系，绿色智能水平和综合竞争力居世界前列，安全发展水平和服务保障能力达到世界先进水平，基本实现海运治理体系和治理能力现代化，在交通强国建设中当好先行。到2050年，海运业发展水平位居世界前列，全面实现海运治理体系和治理能力现代化，全面服务社会主义现代化强国建设和人民美好生活需要	交通运输部、发展改革委、工业和信息化部、财政部、商务部、海关总署、税务总局
3月13日	《财政部 税务总局关于继续实施物流企业大宗商品仓储设施用地城镇土地使用税优惠政策的公告》（财政部 税务总局公告2020年第16号）	自2020年1月1日起至2022年12月31日止，对物流企业自有（包括自用和出租）或承租的大宗商品仓储设施用地，减按所属土地等级适用税额标准的50%计征城镇土地使用税。本公告印发之日前已缴纳的应予减征的税款，在纳税人以后应缴税款中抵减或者予以退还	财政部、税务总局
3月24日	《交通运输部 国家税务总局关于收费公路通行费增值税电子普通发票开具等有关事项的公告》（交通运输部公告2020年第17号）	客户使用ETC卡通行收费公路并交纳通行费的，可以在实际发生通行费用后第10个自然日起，登录发票服务平台，选择相应通行记录取得通行费电子发票；客户可以在充值后实时登录发票服务平台，选择相应充值记录取得通行费电子发票	交通运输部、国家税务总局
7月21日	《国务院办公厅关于进一步优化营商环境更好服务市场主体的实施意见》（国办发〔2020〕24号）	要精简优化工业产品生产流通等环节管理措施。进一步提高进出口通关效率。拓展国际贸易“单一窗口”功能。加快“单一窗口”功能由口岸通关执法向口岸物流、贸易服务等全链条拓展，实现港口、船代、理货等收费标准线上公开、在线查询	国务院办公厅

续 表

发布时间	政策	内容摘要	印发部门
7月28日	《市场监管总局 发展改革委 科技部 工业和信息化部 生态环境部 住房城乡建设部 商务部 邮政局关于加强快递绿色包装标准化工作的指导意见》（国市监标技〔2020〕126号）	力争到2022年，全面建立严格有约束力的快递绿色包装标准体系，逐步完善标准与法律政策协调配套的快递绿色包装治理体系，推动标准成为快递绿色包装的“硬约束”，支撑快递包装减量化、绿色化、可循环取得显著成效	市场监管总局、发展改革委、科技部、工业和信息化部、生态环境部、住房城乡建设部、商务部、邮政局
8月12日	《国务院办公厅关于进一步做好稳外贸稳外资工作的意见》（国办发〔2020〕28号）	要充分利用外经贸发展专项资金、服务贸易创新发展引导基金等现有渠道，支持跨境电商平台、跨境物流发展和海外仓建设等	国务院办公厅
9月4日	《国家发展改革委 民航局关于促进航空货运设施发展的意见》（发改基础〔2020〕1319号）	2025年，建成湖北鄂州专业性货运枢纽机场，优化完善北京、上海、广州、深圳等综合性枢纽机场货运设施，充分挖掘既有综合性机场的货运设施能力，结合空港型国家物流枢纽建设，研究提出由综合性枢纽机场和专业性货运枢纽机场共同组成的航空货运枢纽规划布局	国家发展改革委、民航局
9月9日	《关于印发〈推动物流业制造业深度融合创新发展实施方案〉的通知》（发改经贸〔2020〕1315号）	到2025年，物流业在促进实体经济降本增效、供应链协同、制造业高质量发展等方面作用显著增强。要探索建立符合我国国情的物流业制造业融合发展模式，制造业供应链协同发展水平大幅提升，精细化、高品质物流服务供给能力明显增强，主要制造业领域物流费用率不断下降；培育形成一批物流业制造业融合发展标杆企业，引领带动物流业制造业融合水平显著提升；初步建立制造业物流成本核算统计体系，对制造业物流成本水平变化的评估监测更加及时准确	国家发展改革委等

续　表

发布时间	政策	内容摘要	印发部门
9月21日	《国务院办公厅关于以新业态新模式引领新型消费加快发展的意见》（国办发〔2020〕32号）	要加力推动线上线下消费有机融合，进一步培育壮大各类消费新业态新模式。加快推广农产品“生鲜电子商务＋冷链宅配”“中央厨房＋食材冷链配送”等服务新模式。推动电子商务、数字服务等企业“走出去”，加快建设国际寄递物流服务体系，统筹推进国际物流供应链建设，开拓国际市场特别是“一带一路”沿线业务，培育一批具有全球资源配置能力的国际一流平台企业和物流供应链企业 要完善商贸流通基础设施网络。建立健全数字化商品流通体系，在新兴城市、重点乡镇和中西部地区加快布局数字化消费网络，降低物流综合成本。补齐农产品冷链物流设施短板，加快农产品分拨、包装、预冷等集配装备和分拨仓、前置仓等仓储设施建设。推进快递服务站、智能快件箱（信包箱）、无人售货机、智能垃圾回收机等智能终端设施建设和资源共享。推进供应链创新应用，开展农商互联农产品供应链建设，提升农产品流通现代化水平。鼓励传统流通企业向供应链服务企业转型	国务院办公厅
12月14日	《国务院办公厅转发国家发展改革委等部门关于加快推进快递包装绿色转型意见的通知》（国办函〔2020〕115号）	到2022年，快递包装领域法律法规体系进一步健全，基本形成快递包装治理的激励约束机制；制定实施快递包装材料无害化强制性国家标准，全面建立统一规范、约束有力的快递绿色包装标准体系；电商和快递规范管理普遍推行，电商快件不再二次包装比例达到85%，可循环快递包装应用规模达700万个，快递包装标准化、绿色化、循环化水平明显提升。到2025年，快递包装领域全面建立与绿色理念相适应的法律、标准和政策体系，形成贯穿快递包装生产、使用、回收、处置全链条的治理长效机制；电商快件基本实现不再二次包装，可循环快递包装应用规模达1000万个，包装减量和绿色循环的新模式、新业态发展取得重大进展，快递包装基本实现绿色转型	国务院办公厅

三、物流行业总体发展情况[①]

2020 年，我国物流业遭遇新冠肺炎疫情严重冲击和复杂国际形势严峻挑战。全行业紧跟中共中央决策部署，统筹推进抗击疫情和现代物流体系建设，取得了来之不易的不俗成绩。

（一）物流运行总体平稳

2020 年，全国社会物流总额 300.1 万亿元，按可比价格计算，同比增长 3.5%（见图 1－8）。分季度看，第一季度、上半年和前三季度同比增长率分别为－7.3%、－0.5% 和 2.0%，物流规模增长持续恢复，第四季度增速回升进一步加快。

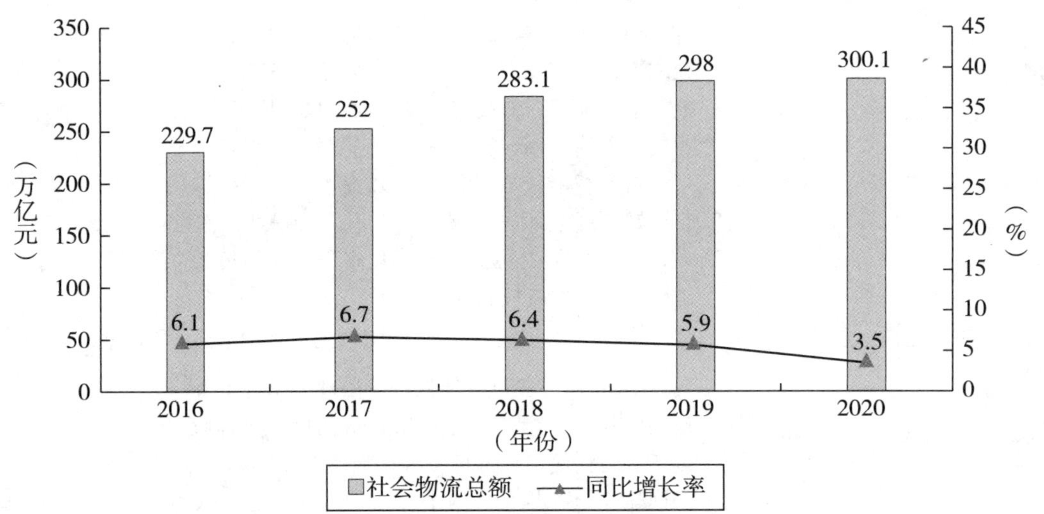

图 1－8　2016—2020 年社会物流总额及同比增长率

资料来源：中国物流信息中心。

注：由于每年统计口径不同，图中同比增长率与直接计算结果不一致。

从构成看，工业品物流总额 269.9 万亿元，按可比价格计算，同比增长 2.8%；农产品物流总额 4.6 万亿元，同比增长 3.0%；单位与居民物品物流总额 9.8 万亿元，同比增长 13.2%；进口货物物流总额 14.2 万亿元，同比增长 8.9%；再生资源物流总额 1.6 万亿元，同比增长 16.9%（见表 1－3）。

① 何黎明：《构建现代物流体系 建设“物流强国”——2020 年我国物流业发展回顾与展望》。

表 1－3　　　　2020 年社会物流总额构成及同比增长率

	绝对值（万亿元）	同比增长率（%）	在社会物流总额中所占比重（%）
工业品物流总额	269.9	2.8	90
进口货物物流总额	14.2	8.9	5
再生资源物流总额	1.6	16.9	1
农产品物流总额	4.6	3.0	1
单位与居民物品物流总额	9.8	13.2	3

资料来源：中国物流信息中心。

社会物流总费用与 GDP 的比率与上年基本持平，2020 年社会物流总费用 14.9 万亿元，同比增长 2.0%。社会物流总费用与 GDP 的比率为 14.7%，与上年基本持平。

从结构看，运输费用 7.8 万亿元，同比增长 0.1%；保管费用 5.1 万亿元，同比增长 3.9%；管理费用 1.9 万亿元，同比增长 1.3%（见表 1－4）。

表 1－4　　　　2020 年社会物流总费用构成及同比增长率

费用类型	绝对值（万亿元）	同比增长率（%）	在社会物流总费用中所占比重（%）
运输费用	7.8	0.1	52.7
保管费用	5.1	3.9	34.5
管理费用	1.9	1.3	12.8

资料来源：中国物流信息中心。

物流业总收入保持增长。2020 年，物流业总收入 10.5 万亿元，同比增长 2.2%。物流业总收入增速自第三季度由负转正，第四季度以来呈现加速回升态势，恢复至上年水平。

（二）物流行业积极投身疫情防控

在 2020 年抗击新冠肺炎疫情的斗争中，物流行业积极行动，为抗疫保供、复工复产作出了重要贡献。

一是在疫情初期，广大物流企业争当逆行者，全力驰援打赢武汉保卫战、湖北保卫战。有关部门委托中物联提供疫情防控和生活物资应急运输保障重点物流企业名单，增强应急物流运力储备。物流企业纷纷组建应急运输车队，投身抗疫物资保供一线。多家骨干物流企业开通疫情防控物资“绿色通道”，航空货运企业增开抗疫物资全货机航班，一批国家物流枢纽、示范物流园区无偿提供应急仓储与中转服务，一批公路货运企业驰援雷神山医院建设，湖北物流企业协助武汉红十字会分发社会捐赠物资。全行业群策群力，为各地疫情防控物资提供物流服务，有效筑起了应急保供的“生命线”。

二是复工复产，坚强后援。随着疫情逐步得到控制，各部门及时出台一系列保通保畅政策，坚持“一断三不断”，阶段性免收收费公路车辆通行费、设立应急转运中心、取消对货车通行和司机隔离的限制等政策措施及时有效，物流业从 2020 年 2 月下旬开始复苏。邮政快递业率先复工复产，截至 2020 年 3 月 10 日复工率达 92.5%。货运物流企业到第二季度末复工率达到 99.6%，陆续推出铁路“七快速”、公路“三不一优先”、水运“四优先”、航空货运“运贸对接”等措施。示范物流园区在上半年基本复工复产，减免物流租金政策切实有效，区域物资调运配送保障供应。物流业保供保畅坚强有力，成为各行业复工复产的“先行官”。

三是行业社团组织勇担社会责任，配合有关部门带动行业加大物流保障力度，为打赢疫情防控阻击战提供坚实基础。中物联密切联系企业，积极反映保通保畅和复工复产政策诉求，提出的政策建议被政府有关部门采纳，转化为政策措施；制定《公路货运行业新型冠状病毒流行期间营运防控指南》和《新冠肺炎下骑手心理防护手册》等指南，帮助行业企业在疫情期间规范防控措施；联合 200 多家物流企业、行业协会及有关单位共同发起《驰援疫情防控阻击战一线卡车司机的倡议书》；组织应急物资运输需求对接与援助，搭建信息平台完成数万项全国运力的调配；组织开展疫情援助捐款捐物活动，协助数千家爱心会员企业的捐赠对接落实。各地方行业协会纷纷成立抗疫应急办公室，密切联系企业，积极配合政府，做好应急物流保障协调工作，涌现一批先进典型。招商局集团“灾急送”应急物流志愿服务队等先进集体、湖北顺丰速运有限公司分部经理汪勇等先进个人受到党中央、国务院和中央军委表彰。九州通医药集团物流有限公司等 230 家企业被中物联授予“全国物流行业抗疫先进企业”称号。广大物流人和全国各行各业的伟大抗疫精神将永载史册，成为进入新阶段、迎接新挑战的宝贵精神财富。

（三）民生物流产业呈现新亮点

内需驱动的民生物流成为疫情下的增长亮点，助力强大国内市场发展。无接触配送、社区电商物流、统仓统配，共同化、多频次的物流模式适应消费即时化、个性化、多样化的需求转变。电商快递、冷链物流、即时配送等民生物流领域经受疫情考验仍保持较快增长。2020 年单位与居民物品物流总额同比增长约 13.2%，超过社会物流总额增速近 10 个百分点。2020 年全国快递业务量超过 800 亿件，同比增长 30% 以上。冷链物流市场规模超过 3800 亿元，同比增长 10% 以上，冷链需求总量约 2.65 亿吨。

实体经济推动制造业等产业物流需求稳步增长。新冠肺炎疫情下全球对中国商品的需求上升，2020 年 12 月进出口 3.2 万亿元，创下单月最高纪录。工业品物流需求稳步增长，仍然是社会物流需求的主要来源。全年工业品物流总额同比增长约 2.8%，其中，高技术制造、装备制造等中高端制造物流需求全面回升，增速超过 10%。制造业服务化提速，带动制造业物流一体化、精益化、集成化发展，支撑实体经济稳定向好。进口物流需求增势良好，原油、钢材、农产品、机电产品等重要原材料和零部件保持较快增长，大宗商品物流全力保供，有力保障生产供应和国内经济正常运转。

（四）国际物流保障开辟新路径

受贸易摩擦和疫情阻断冲击，国际供应链“断链”风险增加。新冠肺炎疫情初期，国际客运飞机停飞，腹仓资源大幅缩减，国际航空货运短板凸显，严重影响国家防疫物资运输保供。随着新冠肺炎疫情全球蔓延，境外港口压港严重，舱位紧张和空箱不足导致运输价格大幅上扬。党中央、国务院及时决断，“保产业链供应链稳定”被纳入“六保”工作，交通运输部等部门共建国际物流工作专班，畅通国际物流大通道。航空货运全货机加开国际航线，中欧班列逆势增长。全年国际航线全货机起飞超过 3 万架次，中欧班列开行超过 1.2 万列，同比增速均超过 50%。航空货运枢纽、中欧班列集结中心、海外仓获得政策支持，快递物流企业加大航空货运枢纽规划建设，5 地获批的铁路集结中心开建，海外仓超过 1800 个，有力支撑产业链供应链安全稳定。

（五）物流企业分化调整显现新格局

受 2020 年年初新冠肺炎疫情影响，部分中小微物流企业抗风险能力不足，生存困难退出市场。一批骨干物流企业迎难而上，市场集中度有所提升。截至 2020 年年底，全国 A 级物流企业达到 6882 家，其中规模型 5A 级企业 367 家。2020 年中国物流企业 50 强物流业务收入合计 1.1 万亿元，占物流业总收入的 10.5%，进入门槛提高到 37.1 亿元，比 2019 年增加 4.5 亿元。首批网络货运平台企业和供应链服务企业评估工作启动，星级冷链物流企业、星级车队逐步形成规模。电商快递、零担快运、合同物流、航空货运、国际航运、港口物流等细分市场集中度有所加强，涌现一批规模型骨干物流企业。企业间多种形式的联盟合作、重组整合共御疫情风险，一批物流企业上市发展。传统物流企业逐步从物流提供商向物流整合商和供应链服务商转变，物流核心竞争力显著提升。

（六）数字化转型智能化改造迈开新步伐

新冠肺炎疫情加速行业数字化转型。实物商品网上零售额占社会消费品零售总额首超四分之一。传统企业积极向网上转移，带动传统物流发展方式向线上线下融合转变，全程数字化、在线化和可视化渐成趋势。头部物流企业加大智能化改造力度，物流机器人、无人机、无人仓、无人配送、无人驾驶卡车、无人码头等无人化物流模式走在世界前列。连接人、车、货、场的物流互联网正在加速形成，物流数据中台助力企业“上云用数赋智”。网络货运日均运单量 13 万单，车货匹配向承运经营转变。运力服务、装备租赁、能源管理、融资服务等互联网平台服务中小物流企业，助推中小企业数字化转型。物流业作为现代信息技术应用场景最多的服务业，迎来数字化转型的加速期。

（七）现代供应链创新应用取得新进展

受国际贸易摩擦和全球新冠肺炎疫情影响，对供应链弹性和柔性化提出更高要求。全球产业格局深化调整，现代供应链出现短链、内生、协同、智能新局面。一些发达国家推动制造业回流计划，倒逼国内制造业向中高端延伸，提升国内配套能力。中间投入产品转向国内生产，缩短产业链供应链长度。国内市场消费能力提升，推动本土市场替代国际市场成为主要目标市场之一，产业链供应链靠近市场提升响应速度。供应链核心企业带动产业链上下游协同发展，与物流、采购、金融等服务业深化融合，助力模式创新和价值增值，拓展产业链供应链深度。数字供应链加快发展，现代信息技术广泛应用，结合智能制造实现大规模定制，提升产业链供应链运行速度。现代供应链试点城市及企业创新驱动，供应链金融规范发展，在疫情防控阻击战中发挥重要作用。中物联首批 A 级供应链服务企业出炉，引导供应链内部管理向供应链外部服务转变，建立企业增长新范式。

（八）物流基础设施建设引入“新基建”

传统物流基础设施和物流新基建投入保持高位运行。2020 年全年完成交通固定资产投资 3.4 万亿元。全年投产铁路营业里程 4585 公里，新改（扩）建高速公路 1.3 万公里，新设智能快递箱超 40 万组。针对疫情防控暴露的物流短板，首批 17 个国家骨干冷链物流基地建设名单发布，农产品仓储保鲜冷链物流设施得到支持，国家冷链物流网络开始搭建。第三批物流园区示范工作组织开展，铁路专用线建设得到政策支持。国家物流枢纽再添新成员，2020 年国家物流枢纽建设名单发布，22 个物流枢纽入选。国家物流枢纽联盟组建运行，45 家枢纽运营主体单位加入。智慧物流基础设施建设发力，智慧物流园区、智慧港口、智能仓储基地、数字仓库等一批新基建投入，促进“通道 + 枢纽 + 网络”的物流基础设施网络体系加快布局建设。

（九）行业基础工作得到新提高

物流标准化工作有新突破。自 2003 年 9 月全国物流标准化技术委员会成立以来，已制定发布国家标准 77 项、行业标准 57 项、团体标准 23 项，国际标准推进实现实质性突破。教育培训工作有新提升。目前，全国已有 698 个本科物流专业点和 2000 多个中、高职物流专业点，五年培养物流毕业生近 80 万人。全国已有 60 万人参加了物流、采购等职业能力等级培训与认证，高素质物流人才队伍成长壮大。统计信息工作有新成绩。自 2004 年 10 月物流统计制度建立以来，已形成中国及全球制造业采购经理指数（PMI）、社会物流统计、物流业景气指数、公路运价指数、仓储指数、电商指数、快递指数等指数系列。

（十）行业营商环境展现新风貌

面对新冠肺炎疫情冲击，党中央、国务院建立联防联控机制，各部门及时推出一系列保通保畅、援企稳岗、复工复产政策，助力物流企业纾困解难，轻装上阵。疫情下带动电子政务、数字监管发力，各类政务服务“网上办、在线办”便民利民。国务院办公厅转发国家发展改革委、交通运输部二十四条降低物流成本的政策措施，继续推动降低各项物流成本。安全、环保、技术等政策措施和标准规范陆续出台，引导强化行业合规发展，环保治理、超限超载、非法改装、货车通行等政策措施出台，努力创造公平竞争物流市场环境。

总体来看，2020 年我国物流业经受住了严峻考验，顶住了冲击和挑战，取得了不凡业绩。但是我们也要清醒地认识到，物流发展不平衡、不充分、不协调问题依然存在，物流业整体发展水平和应对不确定因素的能力有待提高，国际物流、应急物流、绿色物流等方面尚有短板，运行规模和质量方面表现为“大而不强”，与人民群众日益增长的美好生活需要和经济高质量发展的要求还有一定差距，“物流大国”向“物流强国”转变任重道远。

第二节　中国汽车物流发展的产业环境分析

一、中国汽车产业总体发展概况

（一）中国汽车产业总体产销情况

作为全球最大的汽车生产和消费市场，2018 年，我国汽车产销量首次出现负增长，2019 年车市寒冬依旧，下降幅度进一步扩大。尤其是 2020 年第一季度，受新冠肺炎疫情影响，我国各大汽车制造企业进入休眠状态，汽车消费市场受到较大影响，自第二季度开始好转，其中产出指标和收入指标持续上行，利润指标在第二、第三季度保持上行，在第四季度出现波动，但全年仍呈现下降趋势，但下降幅度缩窄。

据中国汽车工业协会统计，2020 年我国汽车产销分别完成 2522.5 万辆和 2531.1 万辆，同比分别下降 2.0% 和 1.9%，降幅比上年分别收窄 5.5 个百分点和 6.3 个百分点，市场运行平稳。分季度来看，2020 年第一季度受疫情影响，国内汽车产销量分别为 347.4 万辆和 367.2 万辆，同比分别下降 45.2% 和 42.4%，但随着我国汽车行业逐渐提速复工复产，整体产销量开始逐步回暖，自 4 月销量持续增长，连续 7 个月增速保持在 10% 以上，行业整体表现好于预期。2016—2020 年我国汽车年产销量及同比增长率如图 1－9 所示。

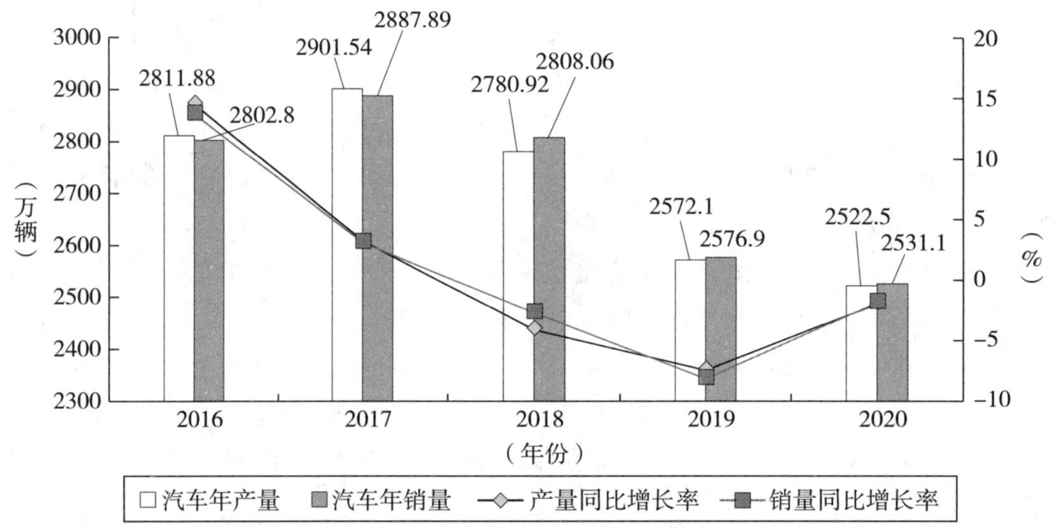

图 1－9　2016—2020 年我国汽车年产销量及同比增长率

资料来源：中国汽车工业协会。

总体来说，2020 年突如其来的新冠肺炎疫情对于原本就下行压力加大的国内经济而言无疑是雪上加霜。面对如此严峻挑战和重大困难，在党中央、国务院的领导下，汽车产业迅速恢复了经济活力和动能，市场活力持续激发，供需两端稳步向好，企业生产经营状况不断改善，汽车工业经济效益综合指数高于上年同期，国民经济呈现持续稳定恢复的良好态势。

2020 年，汽车市场集中度依旧很高，但汽车销量排名前十位的企业集团集中度出现下降，销量合计为 2264.4 万辆，同比下降 2.3%，占全部销量的 89.5%，低于上年同期 0.5 个百分点，如图 1－10 所示。

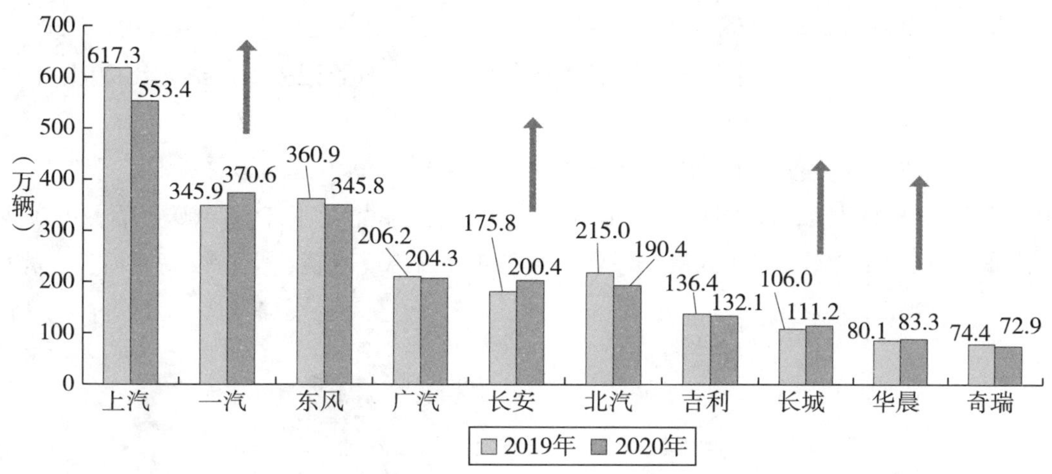

图 1－10　2019—2020 年我国前十位企业集团汽车销量

资料来源：中国汽车工业协会。

（二）中国汽车市场需求情况

全年销售态势仍旧强劲，根据测算，2020 年国内汽车总需求为 2525 万辆，比 2019 年略有下降，如图 1－11 所示。

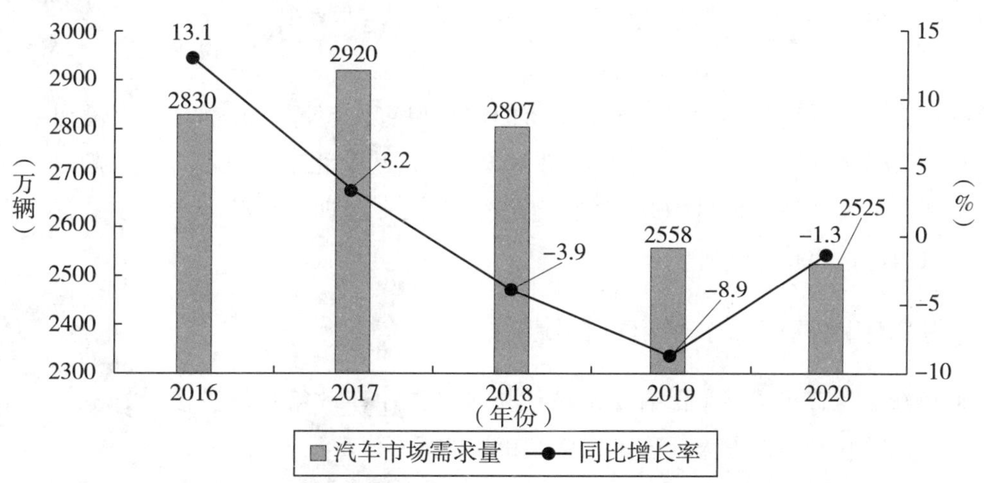

图 1－11　2016—2020 年我国汽车每年需求量及同比增长率

（三）中国汽车保有量总体情况

据公安部交通管理局公布的数据，截至 2020 年年底，2020 年中国机动车保有量达 3.72 亿辆，较 2019 年增加了 0.24 亿辆，同比增长 6.90%，2020 年全国新注册登记机动车 3328 万辆。

汽车保有量达2.81亿辆（见图1－12），全国新注册登记汽车2424万辆，比2019年减少153万辆，同比下降5.94%。其中载货汽车新注册登记416万辆，比2019年增加65万辆，同比增长18.52%，再创十年来新高。

截至2020年年底，全国新能源汽车保有量达492万辆，占汽车总量的1.75%，比2019年增加111万辆，同比增长29.13%。其中，纯电动汽车保有量400万辆，占新能源汽车总量的81.3%。新能源汽车增量连续三年超过100万辆，呈持续高速增长趋势。

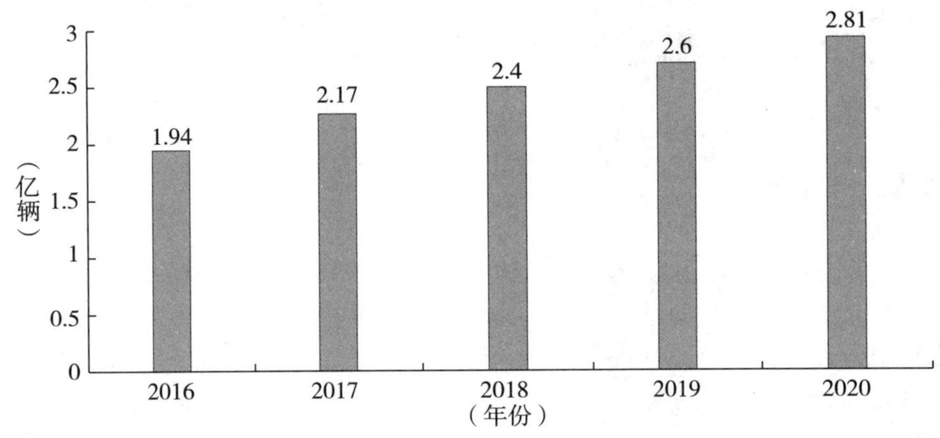

图1－12　2016—2020年我国汽车保有量

资料来源：公安部交管局统计。

截至2020年年底，全国有70个城市的汽车保有量超过百万辆，同比增加4个城市，31个城市超200万辆，13个城市超300万辆，其中北京、成都、重庆超过500万辆，苏州、上海、郑州超过400万辆，西安、武汉、深圳、东莞、天津、青岛、石家庄7个城市超过300万辆。

（四）中国汽车二手车市场情况

近年来，随着我国汽车保有量的持续增加和二手车政策环境的改善，二手车电商模式不断调整和发展，大大促进了二手车市场的发展。

据中国汽车流通协会统计，2020年全国累计完成交易二手车1434.14万辆，同比下降3.90%，降幅收至4%以内（见图1－13），二手车跨区域流通情况较上年略有下降，全年二手车转籍总量为393.8万辆，转籍比例为27.5%，同比下降0.4个百分点（见图1－14）。

图1－13　2016—2020年我国二手车市场交易量及同比增长率

资料来源：中国汽车流通协会。

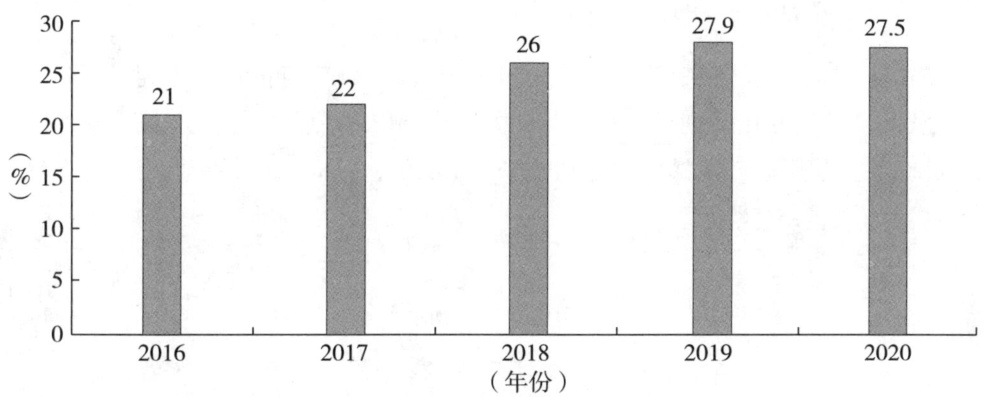

图1－14　2016—2020年我国二手车转籍比例

资料来源：中国汽车流通协会。

二、乘用车与商用车产业发展概况

2020年，乘用车产销分别为1999.4万辆和2017.8万辆，同比下降6.5%和6.0%，降幅比上年收窄2.7个百分点和3.6个百分点。在乘用车主要品种中，与上年相比，运动型多用途乘用车（SUV）产销结束下降，小幅增长，其他三大类乘用车品种产销均下降，其中多功能乘用车（MPV）降幅最为明显。

2020年，商用车产销分别为523.1万辆和513.3万辆，同比增长20.0%和18.7%。在商用车主要品种中，与上年相比，客车产销呈小幅下降趋势，货车呈较快增长趋势。

2020年我国乘用车、商用车销量市场份额如图1－15所示。

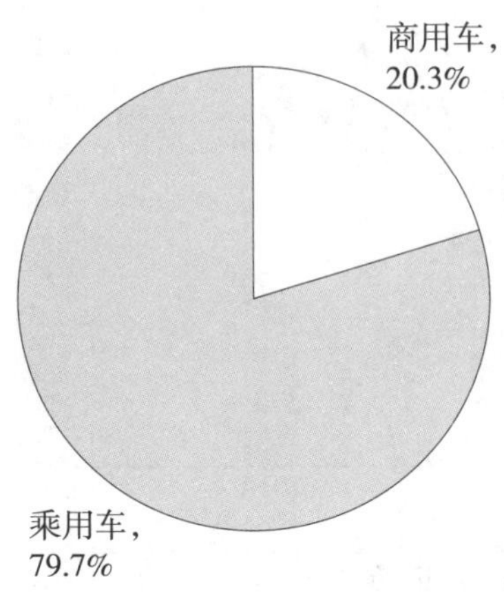

图 1－15　2020 年我国乘用车、商用车销量市场份额

资料来源：中国汽车工业协会。

（一）中国乘用车产业发展概况

从乘用车四类车型产销情况来看，2020 年，轿车产销量同比分别下降 10% 和 9.9%；SUV 产销量同比分别增长 0.1% 和 0.7%；MPV 产销量同比分别下降 26.8% 和 23.8%；交叉型乘用车产销量同比分别下降 1.7% 和 2.9%。2020 年乘用车分车型产销量占比情况如图 1－16 所示。

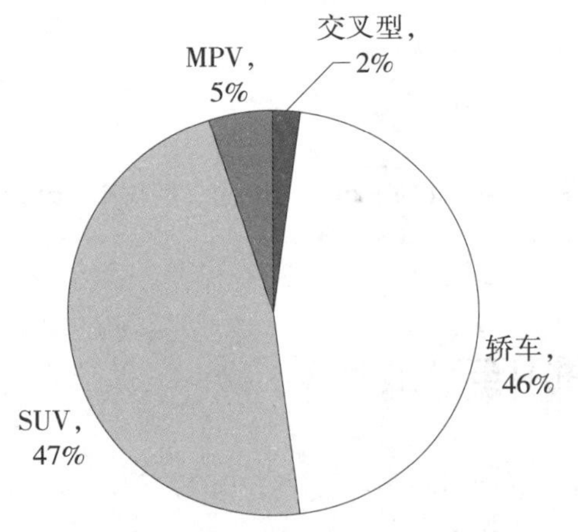

图 1－16　2020 年乘用车分车型产销量占比情况

资料来源：中国汽车工业协会。

2020 年，中国品牌乘用车共销售 774.9 万辆，同比下降 8.1%，占乘用车销售总量的 38.4%，占有率比上年同期下降 0.9 个百分点。在主要外国品牌中，与上年相比，日系、美系销量呈小幅增长，德系降幅略小，韩系和法系降幅依然明显。2020 年，中国品牌轿车、SUV 和 MPV 市场占有率分别为 21.0%、49.5% 和 68.5%，与上年相比，中国品牌轿车市场占有率呈小幅增长，中国品牌 SUV 和 MPV 出现一定的下降。2020 年中国乘用车销量排名前十家的生产企业分别是上汽、吉利、长安、长城、奇瑞、比亚迪、东风、广汽、一汽、江淮，分别销售 180.2 万辆、132.1 万辆、99.3 万辆、88.7 万辆、64.7 万辆、42.1 万辆、41 万辆、26.3 万辆、28.2 万辆和 15 万辆。

（二）中国商用车产业发展概况

2020 年，受国三排放标准汽车淘汰、治超加严以及基建投资等因素的拉动，商用车全年呈现大幅增长，商用车产销分别为 523.1 万辆和 513.3 万辆，同比增长 20.0%和 18.7%，首次超过 500 万辆，创历史新高。在商用车主要品种中，与上年相比，客车产销小幅下降，货车较快增长。2020 年，在货车主要品种中，与上年相比，微型货车销量增速略慢，其他货车品种产销均呈两位数较快增长，重型货车增速更为明显。在客车主要品种中，与上年相比，轻型客车产销小幅增长，大型和中型客车呈较快下降趋势。2020 年，货车产销分别完成 477.8 万辆和 468.5 万辆，产量同比增长 22.9%，销量同比增长 21.7%，其中 2020 年重卡销量约 162.3 万辆，同比增长 38%，中卡累计销量 15.5 万辆，轻卡累计销售 219.9 万辆，同比增长 16.8%，微卡市场累计销售 70.8 万辆，同比增长 8.4%，如图 1－17 所示。

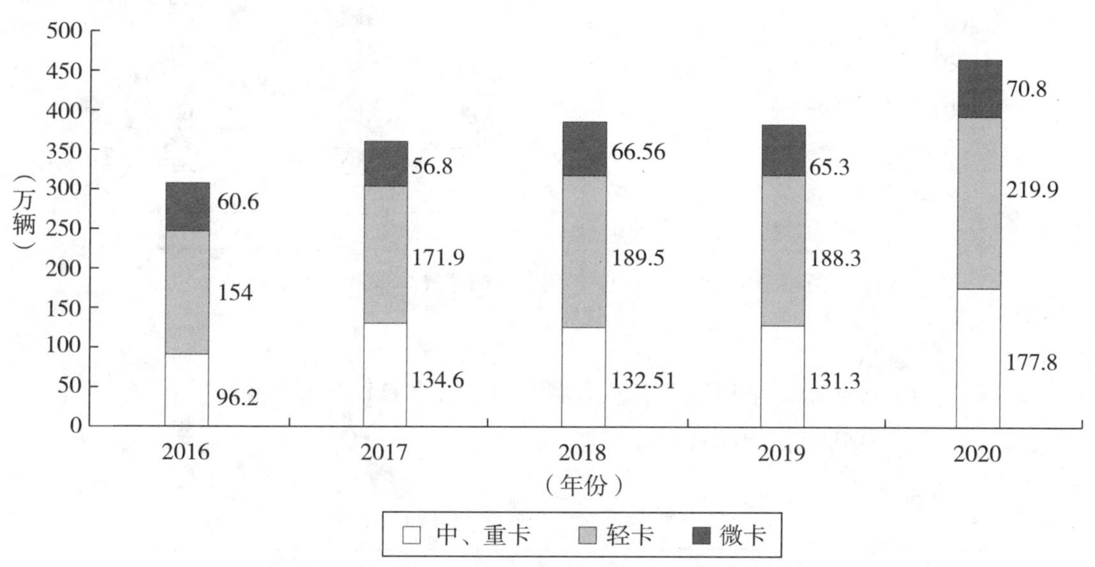

图 1－17　2016—2020 年货车销量分类别占比情况

2020 年，客车产销分别完成 45.3 万辆和 44.8 万辆，同比分别下降 4.2% 和 5.6%。

三、新能源汽车发展概况

（一）新能源汽车产销情况

通过多年来对新能源汽车行业的培育与其自身发展，各个环节逐步成熟，丰富和多元化的新能源汽车产品不断满足市场需求，使用环境也在逐步改善，在此基础上，新能源汽车越来越受到消费者的认可。2020 年，新能源汽车产销 136.6 万辆和 136.7 万辆，同比增长 7.5% 和 10.9%，增速较上年实现了由负转正。在新能源汽车主要品种中，与上年相比，纯电动汽车和插电式混合动力汽车产销均呈增长趋势，表现均明显好于上年。

其中纯电动汽车产销分别完成 110.5 万辆和 111.5 万辆，同比分别增长 5.4% 和 14.8%；插电式混合动力汽车产销分别完成 25 万辆和 25.1 万辆，同比分别增长 18.5% 和 8.6%。

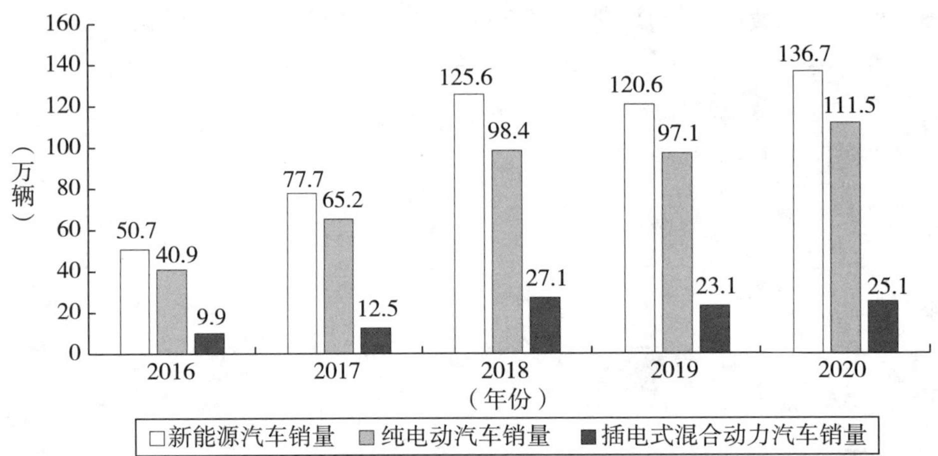

图 1－18　2016—2020 年我国新能源汽车年销量情况

注：由于每年统计口径不同，数据与直接计算结果不一致。

2020 年新能源车乘用车销量 124.7 万辆，同比增长 11.3%，呈下半年顽强反转的强势增长特征。2020 年新能源乘用车车型 TOP10 销量如表 1－5 所示。

表 1－5　　2020 年新能源乘用车车型 TOP10 销量

序号	车型	销量（万辆）
1	特斯拉 Model 3	13.75
2	宏光 MINIEV	11.28
3	欧拉 R1	4.7

续 表

序号	车型	销量（万辆）
4	埃安 AION S	4.6
5	全新秦 EV	4.1
6	奇瑞 eQ	3.8
7	理想 ONE	3.3
8	比亚迪汉 EV	2.9
9	蔚来 ES6	2.8
10	宝马 5 系 PHEV	2.3

2020 年全国新能源物流车共销售 5.8 万辆，有销量的新能源物流车企业有 97 家。

从企业市场占有率来看，在有销量的 97 家企业中，位列前 3 的新能源物流车企业合计销量约为 2 万辆，占总量的 34%；排名前 10 的新能源物流车企业合计销量约为 4 万辆，占总量的 69%；排名前 20 的新能源物流车企业合计销量约为 5.3 万辆，占总销量的 91%；而其余 77 家新能源物流车企业累计销量不足 5000 辆。

（二）我国动力电池发展情况

2020 年，我国动力电池装车量累计 63.6GWh，同比上升 2.3%。其中三元电池装车量累计 38.9GWh，占总装车量 61.2%，同比下降 4.1%；磷酸铁锂电池装车量累计 24.4GWh，占总装车量 38.4%，同比增长 20.6%，是驱动装车量整体同比上升的主要产品。

我国新能源汽车市场共计 72 家动力电池企业实现装车配套，较 2019 年同期减少 3 家，排名前 3、前 5、前 10 的动力电池企业动力电池装车量分别为 45.4GWh、52.3GWh 和 58.4GWh，占总装车量比分别为 71.4%、82.2% 和 91.8%。

2020 年我国动力电池企业装车量排名前十位的企业分别为宁德时代、比亚迪、LG 化学、中航锂电、国轩高科、松下、亿纬锂能、瑞浦能源、力神电池、孚能科技。

四、中国汽车产业进出口发展现状

（一）汽车整车进口情况

据海关总署统计，2020 年 1—12 月汽车（包括底盘）累计进口量 93 万辆，同比减少 11.4%（见图 1－19）；累计进口金额为 4670200 万美元，同比减少 4.2%。

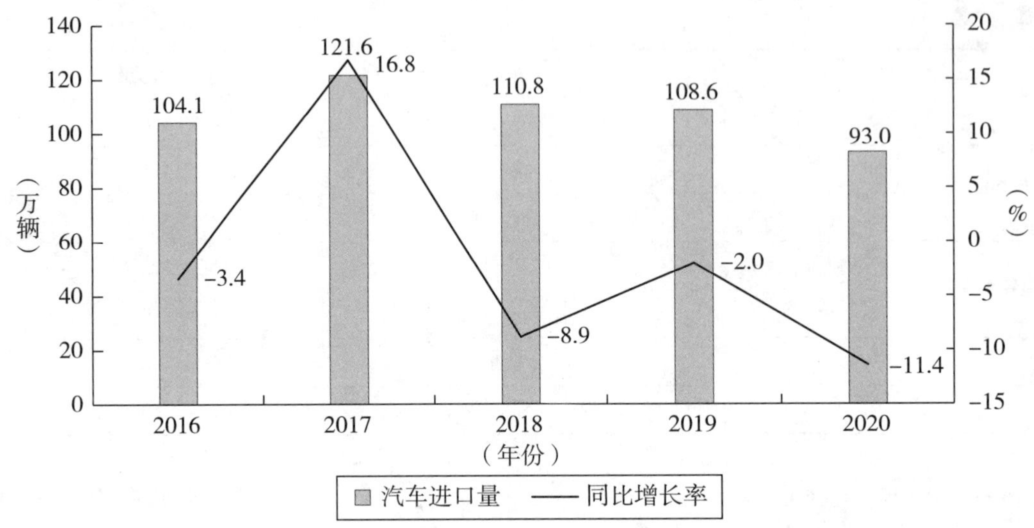

图 1-19　2016—2020 年我国汽车进口量及同比增长率

（二）汽车整车出口情况

据海关总署统计，受海外疫情影响，汽车整车出口下降。2020 年 1—12 月汽车出口 99.5 万辆，同比下降 2.9%（见图 1-20），其中乘用车出口 76 万辆，同比增长 4.8%；商用车出口 23.5 万辆，同比下降 21.4%。

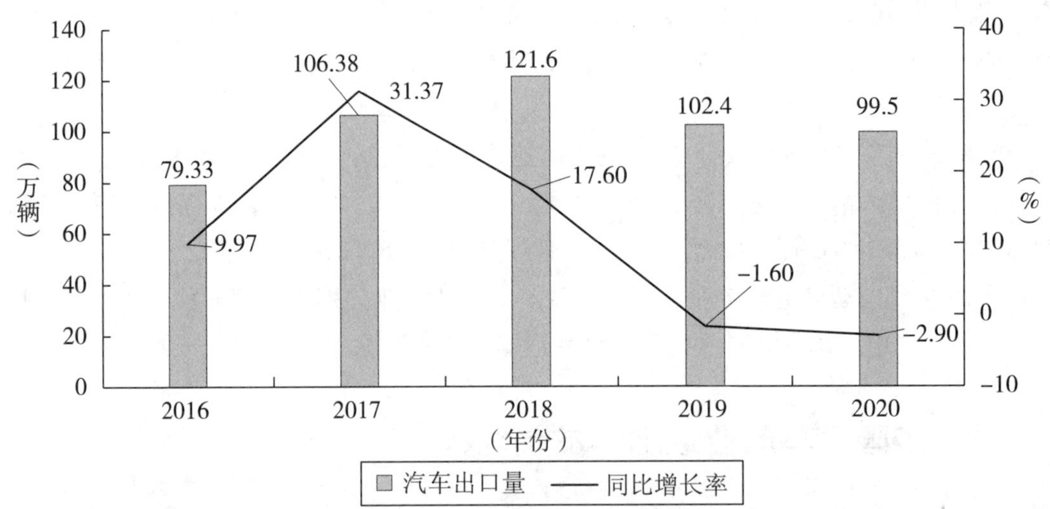

图 1-20　2016—2020 年我国汽车出口量及同比增长率

注：由于每年统计口径不同，图中同比增长率与直接计算结果不一致。

第二章　中国汽车物流发展趋势分析

第一节　2020 年中国汽车物流发展概述

我国汽车产业作为国民经济的支柱产业，2020 年汽车物流行业同样面临着新冠肺炎疫情和汽车产业下行压力的影响，汽车供应链上下游企业积极响应党和国家的号召，同心协力保障汽车行业正常生产经营，汽车物流行业基本实现平稳运行，运输结构进一步优化，零部件供应链服务能力提升，国际物流服务稳定发展，企业合作不断推进，行业技术创新能力增强。主要表现在以下几个方面。

一、我国汽车物流市场总体运行平稳

作为全球最大的汽车生产消费市场，我国汽车产销量连续三年出现负增长，叠加疫情影响，2020 年我国汽车市场依然面临较大下行压力。车市持续走低也带来了汽车销售端的变革，低成本、分散式、多模态（O2O 结合、汽车超市、网上售车等）融合模式逐渐显现。汽车物流行业作为汽车产业的重要支撑，受汽车市场的影响，经营压力加大，行业企业面临业务结构调整、服务转型升级的新需求。从汽车保有量来看，2020 年中国机动车保有量达 3.72 亿辆，较 2019 年增加了 0.24 亿辆，同比增长 6.90%，我国汽车后市场的物流服务需求进一步扩大。

2020 年，我国二手车跨区域流通业务发展稳定，拥有较大的发展空间。分季度来看，第一季度受疫情影响较大，但随着疫情防控常态化以及复工复产的不断推进，从第二季度开始跨区域流通整体呈现缓慢增长的趋势，7—12 月连续 6 个月好于上年同期。为稳定和扩大我国汽车消费，2020 年 4 月财政部、税务总局联合发布了《财政部 税务总局关于二手车经销有关增值税政策的公告》，公告称自 2020 年 5 月 1 日至 2023 年 12 月 31 日，从事二手车经销的纳税人销售其收购的二手车，由原按照简易办法依 3% 征收率减按 2% 征收增值税，改为减按 0.5% 征收增值税。随着二手车增值税减税政

策落地与全面取消二手车限迁政策的逐步落实，二手车市场流通活力逐步被激发，向规模化、规范化发展，为汽车物流提供了更大的发展机遇。

二、整车物流运输结构进一步优化，向高质量服务升级

我国运输结构已进入新一轮的优化调整期，铁路、水路充分发挥了其低成本、大批量的运输优势，承担更多中长距离的批量干线运输业务，公路运输重点转向中短途运输和两端短途接驳，逐渐形成分工合理、节能高效的汽车整车综合运输网络。

（一）公路运输方面

新冠肺炎疫情初期，由于我国部分地区道路不通畅，公路运输网络受阻；轿运司机受疫期跨地域流动隔离政策影响，用工人数减少，成本提高，导致行业整体面临运输车辆周转率降低、用工难度大、经营成本不断提升等问题，公路整车运输企业生存压力加大。但随着国家多部门出台减免过路过桥费等政策措施，有效纾解了物流企业压力，助力物流企业复工复产。伴随疫情得到有效控制，车市回温，整车公路运输业务量逐渐增加，并且充分发挥了小批量、多频次的运输特点，在中短途运输、区域内分拨配送、铁水两端“门到门”短途接驳等方面发挥了主要作用，是汽车整车综合运输体系的重要组成部分。

（二）铁路运输方面

2020 年全年共计完成汽车整车铁路运输 617 万辆（见图 2－1），占乘用车市场运量的 30% 以上。中铁特货作为我国汽车铁路运输的主要承担者，目前在全国拥有 160 余个商品汽车装卸作业点，190 余个物流基地和铁路货场，可同时存储 26 万辆商品汽车；班、专列比例达 60%，平均每周开行 120 列。铁路商品汽车运输至今，商品汽车专用运输车已经发展至第 9 代，目前拥有 JSQ5、JSQ6、JSQ7、JSQ8、JNA1 等车型，各车型保有量已达 19979 辆，能够匹配各类商品汽车运输需求，年运输能力达 700 万辆以上，为汽车铁路运输持续发展提供强有力的保障。随着铁路运输业务量的不断增加，铁路运输模式逐渐呈多样化发展，主要有站到站、站到店、站到库、厂到店等，尤其是铁路商品汽车“库前移”模式，在整体物流运作上可以有效发挥铁路批量运输和场地仓储优势。

（三）水路运输方面

汽车整车水路运输仍以滚装运输模式为主，少量采用集装箱运输模式。2020 年

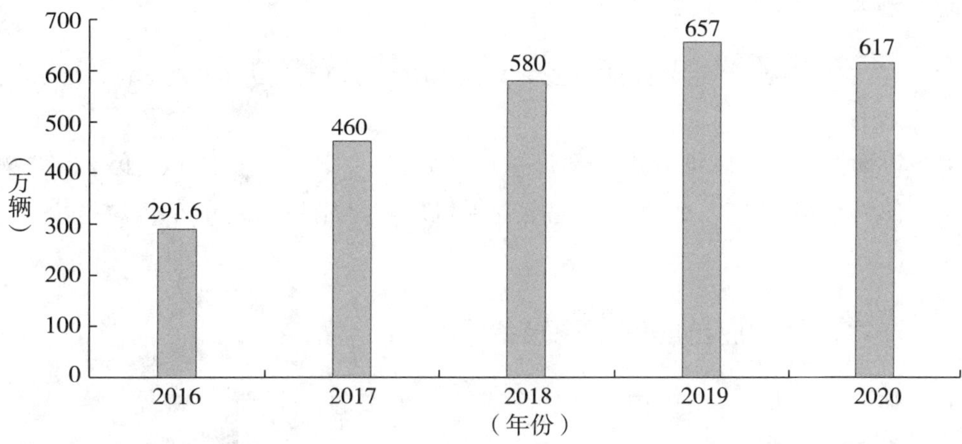

图 2－1　2016—2020 年我国汽车整车铁路运输量

资料来源：中铁特货运输有限责任公司。

共完成汽车整车滚装运输量 312 万辆（见图 2－2），其中沿海滚装 225 万辆，长江滚装 87 万辆。截至 2020 年年底，我国江海滚装船共计 88 艘，其中江船 58 艘，海船 30 艘，此外还有 4 艘海船在建。在役船舶总计 12. 43 万个额定车位，其中 2020 年新增 1 艘江船下水，3 艘滚装船拆解退出市场。我国汽车滚装码头经过多年发展已形成规模，目前大连码头、广州新沙、武汉江盛、重庆果园等部分港口码头拥有港口铁路专用线，具备实现公铁水联运发展的条件；上海海通、天津滚装/环球、大连码头、广州南沙、武汉江盛等主要滚装码头拥有较为完善的口岸汽车物流服务体系，可以提供物流增值服务。汽车滚装码头逐步建立以多式联运为重点的港口集疏运体系，以促进不同运输方式间有效衔接，进一步发挥汽车滚装码头在汽车物流综合运输体系中的连接作用。

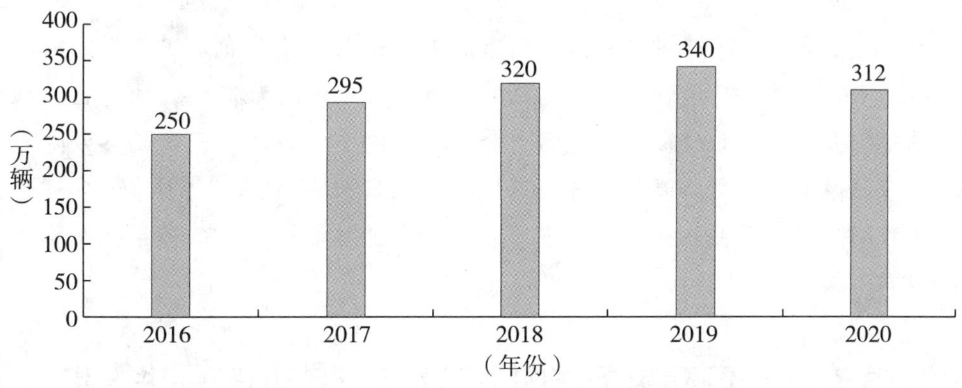

图 2－2　2016—2020 年我国汽车整车水路运输量

三、汽车零部件供应链备受关注，零部件物流服务需求加深

汽车零部件物流可以细分为零部件供应商物流、入厂物流和售后服务备件物流，既连接零部件供应商与主机厂，又连接着主机厂与经销商，是汽车供应链上重要的环节。

（一）零部件供应链的安全稳定备受重视

新冠肺炎疫情初期，受国内零部件供应商与物流企业停工停产影响，部分企业出现零部件供应链断链、零部件交付周期延长等系列问题，直接影响企业生产运营。为应对以上问题，零部件供应链上下游企业充分运用新技术、新装备提升服务能力，以数据化、智能化手段提高效率，保障汽车供应链有序运行，助力汽车市场恢复。如华晨宝马的零部件供应商武汉盖瑞特公司，通过与华晨宝马高度协同的供应链信息，提前对产能和供货情况进行调配，确保华晨宝马顺利生产；一汽轿车在复工复产时急需一批武汉产汽车零部件，经交通运输部协调后通过铁路运输运达长春，保障企业顺利复产；风神物流研制无接触备件配送体系，确保备件交付畅通。随着我国疫情防控进入常态化，构建安全稳定的零部件供应链成为行业关注重点，零部件物流将发挥其在保障汽车供应链安全中的重要作用。

（二）汽车售后服务备件物流市场广阔

2020 年达到 3. 72 亿辆的机动车保有量带来了维修、装饰、金融等汽车后市场服务的旺盛需求。物流作为满足消费者需求不可或缺的服务环节越来越受到重视。汽车售后服务备件物流具有面向全国市场、网点数量多、终端需求量小、备件品种多等特点，售后服务备件物流体系的建设、备件物流效率如何提升等成为企业关注的重心。但目前汽车售后服务备件市场呈现小、散、杂的特点，在原有汽配城、4S 店等售后配件市场服务的基础上，电商平台、品牌直营等多渠道的汽车备件服务日渐增多，随着汽车后市场的充分竞争与发展，售后服务备件供应体系日益完善，随之带来的多样化物流需求对于我国汽车售后服务备件物流发展有着积极的推动作用，这也是汽车物流企业重要的发展机遇。

四、汽车物流国际服务能力提升，海外市场布局进一步拓展

汽车产业是典型的国际化、市场化行业，其产业链具有链条长、分工细等特点，

综合考虑制造成本、运营效率、风险管控等因素，汽车产业全球化发展已成为趋势。

（一）提升汽车进出口物流服务，深耕汽车国际物流

随着中国“一带一路”倡议的推进，中亚、中欧业务发展越发迅速，其中以“中欧班列”为代表的铁路运输以其相对快捷和较低的成本，为汽车国际供应链打开一扇新的窗口。特别是新冠肺炎疫情期间，受部分港口码头停工停产、进港隔离等因素影响，国际航运船期减少、运费上浮、装卸效率低，传统海运受到了极大限制的同时，铁路运输以其稳定、高效、成本低、少人操作等特点，为国际物流发挥了非常积极的作用。据国铁集团数据，2020 年中欧班列累计开行 1.24 万列、运送 113.5 万标准箱，分别同比增长 50%、56%。汽车整车使用“中欧班列”进出口方式已经得到广泛采用，以西安陆港为例，在 2020 年业务增长迅速，中欧班列“长安号”全年共计发运 3720 列，整车进出口总量 3.7 万辆，较 2019 年增长了 160%。除集装箱运输外，铁路 JSQ6 型车也实现了跨境蒙古国运输，即 JSQ6 型车在中国国境站更换转向架出境运输。JSQ6 型车具有适装车型多、装载量大、装卸效率高的优势，同时也是国内铁路整车运输的主力车型。JSQ6 型车跨境运输班列的顺利开通，为未来我国铁路专用运输车走向俄罗斯市场，乃至欧洲市场奠定发展基础。

（二）维护汽车国际供应链的稳定

在全球贸易一体化的背景下，全球汽车供应链没有国界之分，突发疫情对汽车国际供应链造成较大冲击，尤其是零部件国际供应链面临极大的安全风险。各国疫情蔓延情况不一，导致不同时间段制造业停产、物流供给不足、运输环节受阻等一系列问题，特别是海外零部件供应在一段时间内出现短缺或运输断链等情况，导致汽车企业国际零部件采购与供应、零部件供应商国际销售均受到影响，进而引起一系列全球汽车产业供应链格局的近远期变化，包括近期供应链稳定性调整和远期商务合作关系、供应链组织方式变革等。在此情况下，我国企业会面临全球汽车产业供应链网络重构等情况，我国汽车物流企业需要围绕风险防控、安全库存、稳定供应、及时响应等方面，运用新技术、新模式来增强自身综合服务能力，进而维护汽车国际供应链的安全稳定。

（三）海外布局进一步拓展，物流国际服务能力增强

近几年各大车企积极布局海外市场，尤其是东南亚、西亚、中东、东欧等地。吉利除中国外在全球布局 7 大工厂，遍布白俄罗斯、印尼、埃及、乌拉圭、埃塞俄比亚等国；长城全球化生产体系则涵盖马来西亚、厄瓜多尔、伊朗、突尼斯、保加利亚等

国，2020 年收购通用印度工厂进军南亚；上汽在海外构建了包括创新研发中心、生产基地、营销中心、供应链中心及金融公司在内的汽车产业全价值链，形成了泰国、英国、印度尼西亚、智利、澳新、中东、印度 7 个“规模级”海外市场。中国车企本身的经济体量和企业能力等方面已经达到了一定水平，有条件进行海外布局，而新冠肺炎疫情的暴发，也使企业需要多元化布局，汽车企业需要在国际供应链竞争中做好准备，以实现分散风险和全面发展。随着主机厂布局海外的脚步加快，一方面，我国物流行业将围绕人才培养、技术应用、业务能力提升等多方面提升我国汽车物流国际化服务水平；另一方面，企业放眼国际，积极拓展当地物流市场，加快推动我国物流企业走出国门，服务全球。

五、企业整合持续推进，行业合作不断加深

汽车物流行业企业规模大，市场化集中度高，2020 年共有 4 家企业入选“2020 年度中国物流企业 50 强”，还有多家企业获评“5A”级物流企业，涌现一批行业领军企业。在领军企业的带领下，行业企业整合持续推进，行业合作不断推陈出新。如东风公司于 2019 年 6 月 23 日提出对物流业务进行整合重组，2020 年 11 月，东风物流整合集团内物流资源，正式成立东风物流集团股份有限公司，形成了“专业化分工，集约化运营”的协同优势，不仅有利于更好地开拓内外市场，提升市场份额，还将提升业务效率、效益，加强供应链核心能力，形成产业竞争优势。除企业内部整合优化，行业内企业也在积极开拓外部合作。如安吉智行与中都物流对标交流、柳州菱鑫与广州中远海运成立合资公司等，通过企业间的对标与合作，延伸了企业服务链条，提升了企业服务能力，最终达到互利共赢的局面。

六、行业技术创新应用不断，加速向智慧物流转型升级

目前，伴随新一轮科技革命和产业变革的深入推进，汽车物流行业向“共享、绿色、智能”的高质量物流服务迈进。在整车物流、零部件物流领域，创新技术和装备创新应用不断升级。汽车整车物流行业加快从传统模式向智慧物流转型，从传统的运输、仓储等物流基础服务逐步向信息、数据、金融、保险、包装、装备等物流增值服务方向转变，因此需要更为专业化、系统化、智能化、信息化的设备来适应行业与企业的发展。越来越多的智慧物流项目在行业中实现，如整车仓储数字化平台、整车无人运转项目、5G 智慧港口等，新技术、新装备在汽车物流领域中的大范围应用，将推动我国汽车整车物流向数字化、平台化、智能化方向转型升级。汽车零部件物流技术

装备需求快速增长，主要体现在零部件包装器具创新、自动化装备创新应用、无人设备创新应用等方面。近几年，行业内通过无人驾驶技术、自动化立体库、自动装卸技术、关节式机器人等机械化与自动化技术和设备大量替代人工，“无人收货柜”“无人仓”“黑灯工厂”涌现。汽车零部件物流技术装备需求快速增长，呈现标准化、智能化、自动化、无人化和绿色化的趋势。汽车物流行业整体技术创新能力不断加强，其从生产方式、经营方式到管理模式均发生了重大变化。

七、汽车物流标准体系不断完善，推动汽车物流健康发展

2020 年，汽车物流行业标准工作持续推进，国家标准《汽车整车物流多式联运设施设备配置要求》（GB/T 39448—2020）与两项行业标准《汽车成套零部件出口包装和集装箱装箱作业规范》（WB/T 1101—2020）、《汽车售后服务备件仓储作业规范》（WB/T 1102—2020）正式发布。另外，《汽车制造零部件物流标签规范》《汽车零部件出口 KD 包装质量检测规范》《汽车零部件托盘包装的打包要求》三项行业标准已完成制定，正在报批。行业标准的持续完善，有利于推动汽车物流行业健康有序发展。

第二节　中国汽车物流发展趋势分析

2021 年，我国正式迈入“十四五”时期，即将开启全面建设社会主义现代化国家的新征程。“十四五”时期，我国物流业发展仍将处于重要战略机遇期，但机遇和挑战都有新的发展变化。如今国际经济环境并不稳定，蔓延全球的新冠肺炎疫情为汽车市场带来了诸多不确定因素，未来我国汽车物流行业也面临巨大的调整。要以构建现代汽车物流体系为目标，推动我国汽车物流高质量发展。

一、汽车物流市场需求扩大，汽车物流挑战与机遇并存

（一）汽车存量市场物流服务需求不断升级

自 2018 年开始，我国汽车市场结束了高速增长时期，进入高质量发展时期，增量市场物流需求逐渐饱和，依靠汽车销量增长带来的汽车物流业务增长模式已经不再适应现在的发展趋势，将逐步向存量市场的物流需求转移。随着我国汽车保有量的不断增加，在用车物流服务需求增多，存量市场物流服务深度不断升级。旅游用车、汽车

售后服务、二手车交易等市场的兴起都带来了新的物流服务需求，为汽车物流行业带来了新的生机。

（二）新能源汽车物流需求扩大

新能源汽车是我国汽车产业转型升级、绿色发展的主攻方向。2020 年我国新能源汽车产销分别完成 136.6 万辆和 136.7 万辆，创历史新高。作为新能源汽车的配套产业，汽车物流行业要抓住新能源汽车的物流特点，打通产业供应链上下游，创新服务模式，建立全方位、多功能、高质量的现代化供应链体系，助力新能源汽车供应链的完善和发展。

二、固链强链，提升汽车产业供应链现代化水平

（一）创新技术在汽车物流领域的应用

随着汽车产业供应链上的服务逐渐延伸与扩展，在汽车物流企业转型升级的过程中非常重视在技术研发、应用等方面的投入，汽车物流企业希望利用新技术、新装备、新模式进一步提高物流服务水平。而随着我国人口红利的消失，通过运用物联网、大数据、云计算、自动化以及人工智能等新兴信息技术，实现企业智能化管理、网络化经营、无人化运作将成为趋势。创新技术装备将为汽车物流未来发展注入强劲的动力，推动我国汽车物流朝着高质量发展方向迈进。

（二）构建自主可控的汽车产业供应链

汽车产业供应链体系不仅需要稳定性和可持续性，还需要极高的灵活性和即时性来应对不断变化的市场需求。中国车企在疫情期间积极应对，提前预判，利用扩大库存、替代零部件、转变物流方式等方法，有效地避免了供应链中断，保障汽车产业供应链的稳定。汽车物流在畅通汽车供应链中拥有不可替代的作用，汽车物流与汽车制造未来将深度融合，协同发展。当前全球产业链、供应链面临重构，我们要抓住时代机遇，通过汽车物流服务创造汽车产业供应链的新价值，积极提升汽车产业供应链现代化水平。

三、围绕“双循环”新发展格局，提升物流服务水平

党的十九届五中全会提出，加快构建以国内大循环为主体、国内国际双循环相互促进的新发展格局。中央经济工作会议明确，要坚持扩大内需这个战略基点。地方两

会上，绝大多数省（区、市）亦把扩大内需、加快释放消费潜力列为2021年重点工作之一，这对于汽车产业和汽车物流行业来说，都是利好消息。随着汽车消费潜力逐渐释放，我国汽车物流市场未来发展稳中向好。立足扩大国内汽车消费，持续完善汽车综合运输体系，充分发挥公路、铁路、水路运输各自优势，进一步推动我国汽车物流综合服务水平提升。国际市场是国内市场的延伸，国内大循环为国内国际双循环提供坚实的基础。推动更高水平的对外开放，深度融入全球汽车产业，需要提升我国汽车国际物流服务能力。而随着“一带一路”倡议的深入推进，中欧班列将国内与国际汽车物流业务有效衔接。我国汽车滚装运输与码头建设也迎来转型升级的关键时期，逐渐向着一体化、全方位的供应链服务方向迈进。未来，围绕“双循环”新发展格局，我国将打造一批具有国际合作和竞争优势的汽车物流企业，助力汽车物流行业发展。

第三章　2020年汽车物流数据统计分析

第一节　2020年汽车零部件入厂物流数据统计分析

一、零部件入厂物流业务规模情况

1. 运输业务情况

受新冠肺炎疫情影响，在零部件入厂物流业务中，铁路运输与航空运输比例有所下降，水路运输维持不变，公路运输比例有所上升。样本数据显示，零部件入厂物流运输业务公路运输占运输总量的93%。零部件入厂物流的铁路运输比例有所下降，零部件入厂物流运输业务铁路运输占运输总量的1%。在水路运输方面，零部件入厂物流运输业务水路运输占运输总量的5%左右。在航空运输方面，零部件入厂物流运输业务航空运输占运输总量的1%左右。零部件入厂物流各方式运输业务占比情况如图3－1所示。

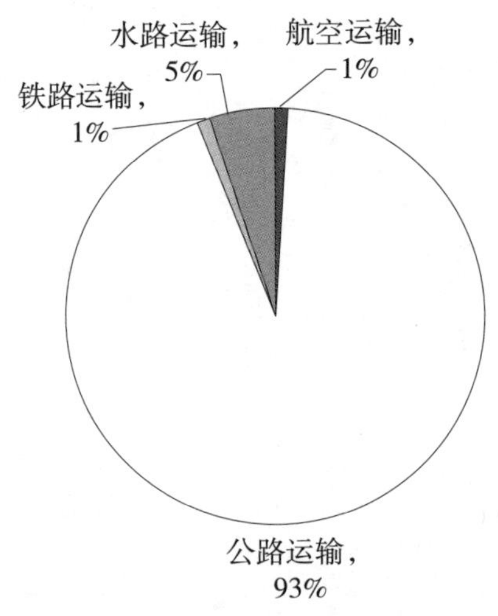

图3－1　零部件入厂物流各方式运输业务占比情况

从业务运营主体来看，汽车物流企业零部件入厂物流运输业务中自营占41%，外包占59%，与上年调查结果相比，自营比例有所下降，外包比例上升了近7个百分点。

从使用车辆所属来看，自有车辆数量占使用车辆的38%左右，租赁车辆数量占62%左右，与上年相比，数据基本持平。

2. **仓储业务情况**

调查结果显示，汽车物流企业零部件入厂物流自有仓储面积占40%，与上年相比略有增加，租用仓储面积占60%，如图3－2所示。

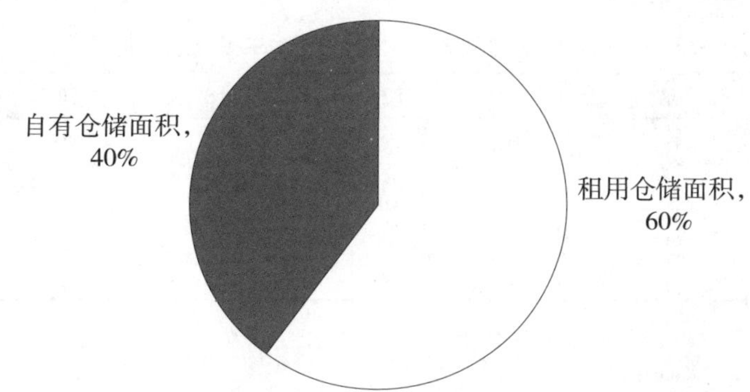

图3－2　零部件入厂物流仓储面积占比情况

二、零部件入厂物流业务成本情况

根据样本数据分析，零部件入厂物流业务成本占比情况如图3－3所示，运输成本占总成本的63%，仓储成本占总成本的14%，包装成本、装卸搬运成本、流通加工成本、配送成本、信息及相关服务成本、物流管理成本等其余成本占总成本的23%。

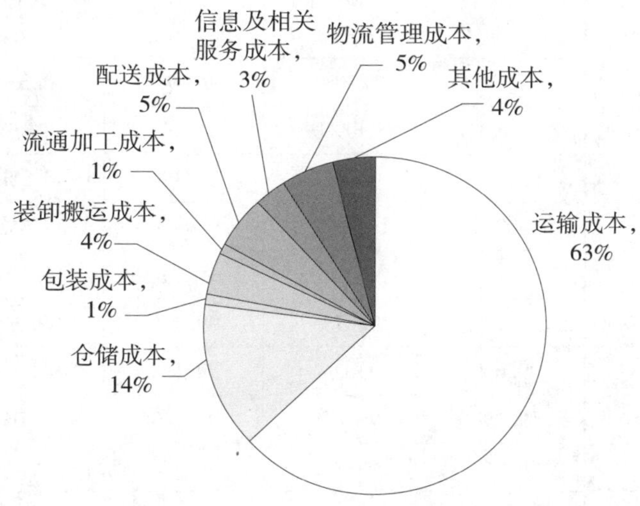

图3－3　零部件入厂物流业务成本占比情况

三、零部件入厂物流业务效率情况

零部件入厂物流业务效率包括四个统计指标，分别是调度及时率、交付及时率、仓容利用率、运输设备装载率，2020 年样本统计平均值分别为 98.9%、98%、80.7%、81.3%，2016—2020 年统计情况如表 3－1 所示。

表 3－1　　2016—2020 年零部件入厂物流业务效率指标统计情况　　单位：%

年份	2016	2017	2018	2019	2020
调度及时率	98.8	95.9	98.5	99.2	98.9
交付及时率	98.0	95.3	97.8	97.9	98
仓容利用率	82.0	79.2	83.8	83.7	80.7
运输设备装载率	76.0	74.2	78.2	79.2	81.3

四、零部件入厂物流业务质量情况

零部件入厂物流业务质量包括 11 个统计指标，分别是订单准时率、运输货损率、运输货差率、仓储货损率、仓储货差率、包装破损率、仓储库位摆放准确率、先进先出执行率、账实符合率、流通加工完好率及物流停线时间，2016—2020 年统计情况如表 3－2 所示。

表 3－2　　2016—2020 年零部件入厂物流业务质量指标统计情况

年份	2016	2017	2018	2019	2020
订单准时率	97.0%	95.9%	98.7%	99.0%	97.9%
运输货损率	0.3%	0.3%	0.1%	0.3%	0.3%
运输货差率	0.07%	0.09%	0.03%	0.3%	0.2%
仓储货损率	0.05%	0.10%	0.03%	0.2%	0.5%
仓储货差率	0.03%	—	0.03%	0.3%	0.4%
包装破损率	1.0%	0.1%	0.2%	0.3%	0.4%
仓储库位摆放准确率	99.7%	98.7%	99.0%	99.3%	98.8%
先进先出执行率	99.0%	93.2%	99.1%	99.7%	98.5%
账实符合率	99.6%	99.4%	99.3%	95.0%	99.1%
流通加工完好率	99.8%	99.8%	99.4%	99.4%	99.1%
物流停线时间	—	—	1.2 小时	2 小时之内	2 小时之内

第二节 2020 年汽车整车物流数据统计分析

一、整车物流业务规模情况

1. 运输业务情况

受部分港口码头因疫情停工停产、进港隔离等因素影响，在整车物流运输业务中，企业采用铁路和水路运输比例下降，公路运输的比例仍旧较高。样本数据显示，整车物流运输业务公路运输占运输总量的82%，整车物流铁路运输占运输总量的10%，水路运输占运输总量的8%左右。前文中，2020 年全年共计完成汽车整车铁路发运617 万辆，水路运输 312 万辆，合计占汽车总销量的37%左右，这是指干线运输，在实际运输过程中，两端短驳需要公路完成。整车物流运输业务占比情况如图 3－4 所示。

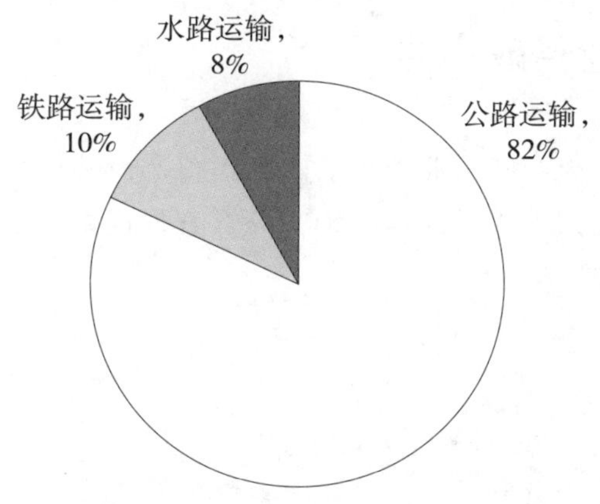

图 3－4 整车物流运输业务占比情况

从业务运营主体来看，汽车物流企业整车物流运输业务中自营占 51.2%，外包占 48.8%，与 2019 年情况相比，外包整车物流运输业务占比下降了近 8 个百分点。

从合作承运商情况来看，由于整车物流业务外包比例有所下降，总包分包模式在行业中普遍存在，样本中平均合作承运商数量较上年有所减少，为 42 家。

2. 仓储业务情况

调查结果显示，汽车物流企业整车业务自有仓储面积占 29%，租用仓储面积占 71%，占比情况基本与前两年调查统计结果一致，如图 3－5 所示。

3. 运输装备情况

整车物流运输装备分为公路运输装备、铁路运输装备、水路运输装备，主要以车

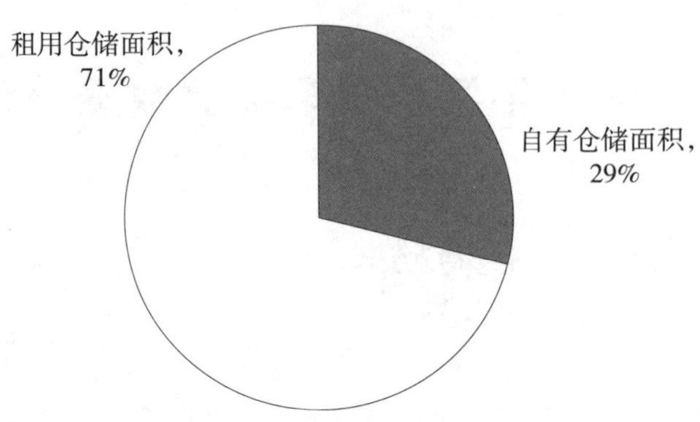

图 3 –5　整车业务仓储面积占比

辆运输车、铁路专用车和滚装船为主。

被调查的样本企业自有车辆占比与租用或者合作车辆占比均为 50%，与 2019 年相比，自有车辆的比例有所下降。在统计的样本中，6 位半挂车的比例是 24%，中置轴车辆运输车的占比是 76%。

二、整车物流业务成本情况

根据样本数据分析，整车物流业务成本占比如图 3 –6 所示，整车物流业务成本主要以运输成本为主，运输成本占总成本的 81. 5%，仓储成本占总成本的 5. 7%，物流管理成本占总成本的 2. 7%。

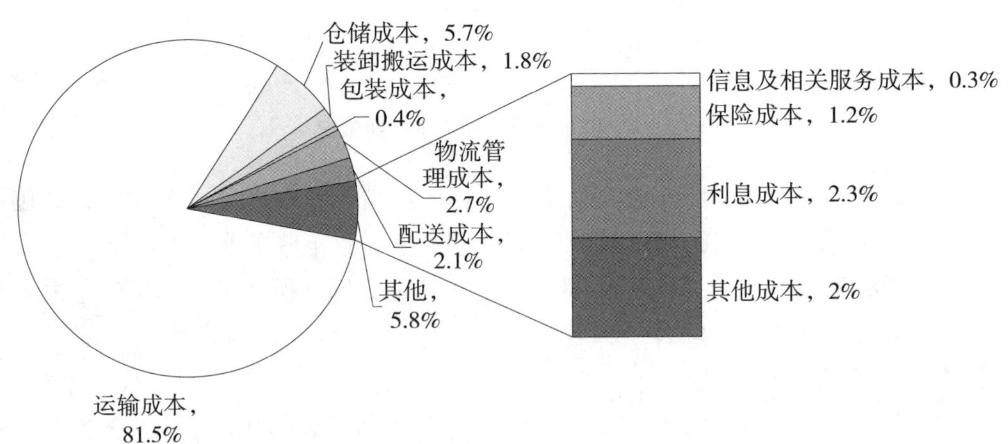

图 3 –6　整车物流业务成本占比

三、整车物流业务效率情况

整车物流业务效率包括四个统计指标，分别是调度及时率、订单及时率、车船利用率、运输设备装载率，2016—2020 年样本统计情况如表 3－3 所示。

表 3－3　　2016—2020 年整车物流业务效率样本统计情况　　单位：%

年份	2016	2017	2018	2019	2020
调度及时率	98.0	97.3	98.9	99.1	99.10
订单及时率	90.0	95.9	98.1	98.0	98.10
车船利用率	77.0	83.4	86.0	87.8	84.50
运输设备装载率	92.0	91.9	84.6	92.3	94.30

四、整车物流业务质量情况

整车物流业务质量包括 5 个统计指标，分别是订单准时率、运输货损率、仓储货损率、运输安全事故次数、仓储安全事故，2016—2020 年具体统计情况如表 3－4 所示。

表 3－4　　2016—2020 年整车物流业务质量样本统计情况

年份	2016	2017	2018	2019	2020
订单准时率	95.0%	93.8%	97.2%	98.1%	94.3%
运输货损率	0.5%	0.1%	0.14%	0.9%	0.2%
仓储货损率	0.01%	0.04%	0.02%	0.2%	0.035%
运输安全事故次数	—	—	1.43 次/年	小于 5 次/年	小于 1 次/年
仓储安全事故	—	—	0.16 次/年	小于 5 次/年	小于 1 次/年

第三节　2020 年汽车售后服务备件物流数据统计分析

一、售后服务备件物流业务规模情况

1. 运输业务情况

受新冠肺炎疫情影响，2020 年售后服务备件物流业务中，公路运输比例略有增长，占运输总量的93%，铁路运输占3%，水路运输占1%，航空运输占3%，如图3－7所示。

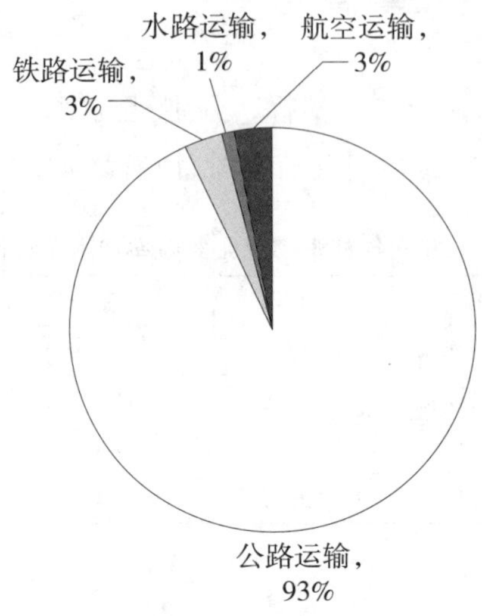

图3－7　售后服务备件物流运输业务占比情况

其中，汽车物流企业售后服务备件物流运输业务中自营占40.4%，外包占59.6%，与2019年调查结果相比，外包业务比例有所下降。

2. **仓储业务情况**

根据调查结果，汽车物流企业售后服务备件自有仓储面积占56%，租用仓储面积占44%（见图3－8），与2019年调查结果相比，自有仓储面积占比提高了22个百分点。

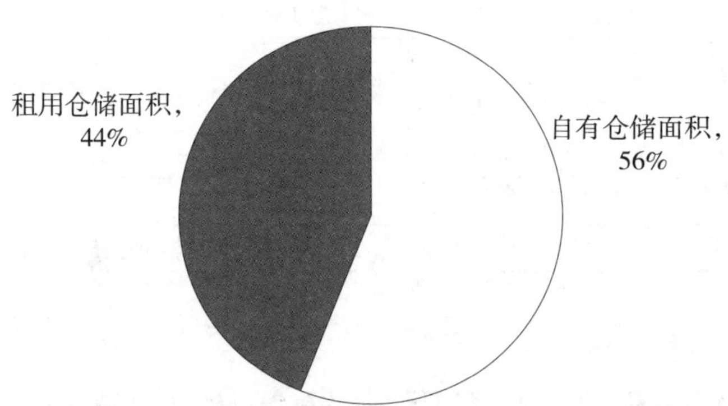

图3－8　售后服务备件仓储面积占比

二、售后服务备件物流企业成本情况

根据样本数据分析，售后服务备件物流业务成本占比如图3－9所示，运输成本占总成本的48.50%，仓储成本占总成本的16.80%，物流管理成本占总成本的12.40%。

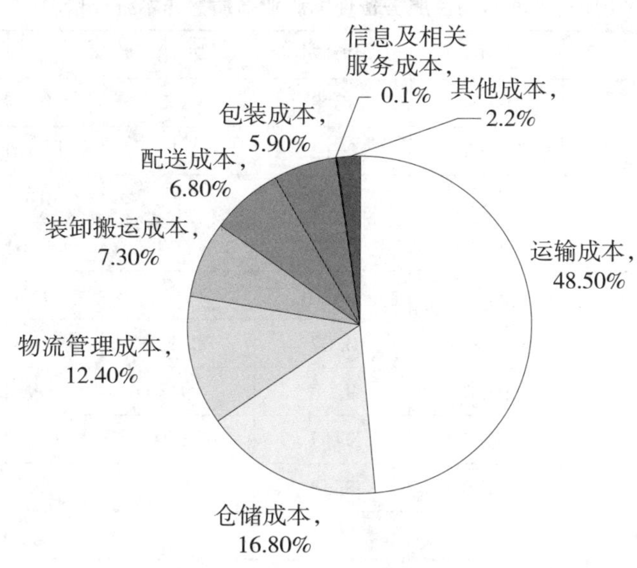

图 3 –9　售后服务备件物流业务成本占比

三、售后服务备件物流业务效率情况

售后服务备件物流业务效率包括四个统计指标，分别是调度及时率、订单及时率、仓容利用率、运输设备装载率，2016—2020 年样本统计情况如表 3 –5 所示。

表 3 –5　　2016—2020 年售后服务备件物流业务效率样本统计情况　　单位：%

年份	2016	2017	2018	2019	2020
调度及时率	99. 6	99. 5	99. 7	99. 6	98. 90
订单及时率	98. 7	99. 7	99. 4	99. 5	98. 90
仓容利用率	82. 0	79. 9	83. 3	82. 7	87. 40
运输设备装载率	85. 0	79. 1	82. 6	79. 7	85. 90

四、售后服务备件物流业务质量情况

售后服务备件物流业务质量包括 10 个统计指标，分别是订单准时率、运输货损率、运输货差率、仓储货损率、仓储货差率、包装破损率、仓储库位摆放准确率、先进先出执行率、账实符合率、流通加工完好率，2016—2020 年样本统计情况如表 3 –6 所示。

表 3-6　　2016—2020 年售后服务备件物流业务质量样本统计情况　　单位：%

年份	2016	2017	2018	2019	2020
订单准时率	98.0	98.8	98.8	98.5	98.33
运输货损率	0.16	0.12	0.15	0.15	0.03
运输货差率	0.02	0.13	0.11	0.03	0.03
仓储货损率	0.20	0.12	0.03	0.01	0.01
仓储货差率	0.02	0.10	0.09	1.08	0.05
包装破损率	0.8	0.07	0.12	0.04	0.03
仓储库位摆放准确率	93.0	92.0	99.3	99.3	99.50
先进先出执行率	98.0	91.2	97.9	98.2	97.79
账实符合率	99.6	85.3	99.7	99.5	99.60
流通加工完好率	91.0	99.0	99.9	99.9	99.44

专题报告篇

第四章　我国汽车零部件物流发展情况

第一节　我国汽车零部件物流发展总体情况

一、我国汽车零部件物流总体情况

2020 年，受中美贸易摩擦、新冠肺炎疫情、环保标准切换等因素影响，据中国汽车工业协会数据，2020 年中国汽车生产 2522. 5 万辆，同比下降 2. 0%，降幅比上年收窄 5. 5 个百分点，销售 2531. 1 万辆，同比下降 1. 9%，降幅比上年收窄 6. 3 个百分点。预计 2021 年我国汽车产销增长率有望延续上年降幅收窄、产销回弹态势，实现自 2018 年以后首次正增长。

我国汽车零部件物流企业在汽车市场寒冬下主动优化物流模式，通过降本增效、提高服务能力等手段，主动应对主机厂因产销量下降带来的物流成本压力。零部件物流企业必须向数字化转型，由劳动密集型产业升级为智慧化产业，实现转型升级必然离不开先进技术的应用。

随着我国实现碳中和、碳达峰目标日期的公布，汽车物流特别是零部件物流必须加快向绿色运输发展，以绿色运输为突破口，带动上下游企业拥抱绿色物流的发展趋势，进而形成完整的绿色供应链。

面对第四次工业革命的浪潮，各汽车零部件物流企业应顺势而为。在此过程中，生存与发展是永恒不变的主题，一方面行业内竞争加剧的现状无法避免，另一方面行业内企业报团取暖形成合力。基于此情形，行业内企业应发挥各自资源优势，逐步形成优势互补、互惠共赢的新格局。同时，汽车零部件物流企业应以更加多元化、集约化的业务结构为目标，尝试服务领域的横向拓展，与供应链物流纵向深耕，致力提供一体化综合物流解决方案。

为打通汽车产业链上下游的供应链生态圈，汽车零部件物流企业积极创新，深入实践，以新技术、新装备提升服务水平，以数据化、智能化提高效率，朝着智慧物流、绿色物流方向快速发展。

（一）智慧物流

智慧物流是智能化设施设备与物流深度融合的产物，具有全面感知、智能处理、可视化、高效透明、信息对称及价格公开等特点，是基于云计算、物联网、大数据、人工智能等前沿技术的创新应用，有效提升供应链的服务能力，降低企业物流成本，是物流业持续健康发展的必由之路。

汽车制造厂商对成本及流程的管控，已经从单一的制造环节向供应链全流程转变，因此汽车零部件物流需要深化过程管理精细化、高效低成本化，推动汽车零部件物流行业与物流技术和信息技术的融合、发展和普及。应用先进技术有利于汽车零部件物流企业进一步优化作业模式，更加科学地进行货物运输、仓储，进而有效提高效率和降低成本。同时能够提升物流企业对客户突发需求及物流异常情况等突发事件的反应能力，推动汽车零部件物流行业朝着精益化、专业化、标准化、智慧化方向发展。

（二）绿色物流

绿色物流，是通过充分利用物流资源，采用先进物流技术，合理规划和实施运输、仓储、装卸搬运、流通加工、配送、包装等活动，目的是抑制物流对环境造成危害，同时实现对物流环境的净化，使物流资源得到最充分利用。

中国政府面向世界做出碳中和、碳达峰达成日期的庄重承诺，因此汽车零部件物流行业向绿色物流转型已是大势所趋。建立全程绿色的汽车零部件物流供应链，已刻不容缓。主要有三点实施途径：①新能源运输工具在零部件物流行业的应用日益广泛，如使用新能源货车开展支线运输、短途配送等业务，使用新能源叉车执行装卸、转运等库内运输任务；②零部件物流包装的减量化及循环使用的推广；③低能耗运输模式的推广使用，如铁路运输、水路运输、集装箱运输及多式联运等运输模式。

（三）产业转型

产业转型，是指一个国家或地区在一定历史时期内，根据国际和国内经济、科技等发展现状和趋势，通过特定的产业、财政金融等政策措施，对其现存产业结构的各个方面进行直接或间接的调整。

在供给侧结构性改革、“双循环”和数字化转型的叠加影响下，零部件物流企业的发展重点从数量增长向质量提高转变，各企业积极采取措施降低物流成本，并且提供更快、更好、更经济的产品供应和物流服务，以提升汽车物流供应链整体效率。同时，消费者的需求从单一产品扩展为产品与增值服务的融合需求。因此，零部件物流企业不仅需要在行业内纵向协同发展，也需要协同其他行业横向发展，围绕汽车供应链逐步构建生态圈模式。

二、2020 年我国汽车零部件物流发展情况

（一）智慧物流发展

1. 物流技术应用情况

（1）无人仓。

无人仓是指通过自动化技术手段实现仓库内各环节自动化的一种模式，实现库内作业无人化。具体技术主要包括自动装卸、自动存储、自动搬运、自动拣选。

自动装卸：自动装卸技术通过使用不同类型的输送机、提升机、滑轮或滑叉，实现货车内整车货物的自动装卸，通常由两部分组成——货车上的系统和平台上的系统，目前主要的自动装卸技术如图 4－1 所示。

链板自动装卸

滑叉

滑板

飞翼车装卸

厢式车装卸

图 4－1 主要的自动装卸技术

虽然目前自动装卸技术已经很成熟，但是在汽车行业的应用还比较少，主要是由以下两点原因造成的。

①投资成本较大且容易造成资源浪费。零部件物流装卸环节贯穿整个供应链，因此要求实现装卸自动化必须对供应链上涉及装卸环节的设施设备进行改造，若完成设施设备的改造，但实际作业较少使用，容易造成资源限制，甚至浪费。

②使用范围有限。改造后的设施设备使用范围较为固定，且当前物流设施设备的使用权与所有权分离，若后续不再使用此类设施设备则对所有者造成利益损害。因此对汽车物流行业关注的自动化重点在仓库自动化上，装卸技术进行关联导入。

后续汽车物流要实现全流程的自动化，装卸作为入库操作的前端，装卸自动化也是必须要打通的环节。

自动存储：自动存储实现方式主要是采用自动化立体库。自动化立体库的主要构成包括软件系统、输送系统、货架、堆垛机、穿梭车等设备。常见自动存储设备如图 4－2所示。

堆垛机

穿梭车

Miniload

图 4-2　常见自动存储设备

自动存储技术，如立体库，目前在烟草、电商等行业已有较成熟的应用，主要是由于这些行业包装类型少，基本为纸箱，包装尺寸规格比较标准统一，适合大规模导入立体库。而制造行业，尤其是汽车制造行业，对立体库的应用相对来说少一些，技术上主要是受限于包装和系统复杂的问题。

①汽车零部件包装种类非常多，以东风本田的发动机为例，一个仓库里多达 10 种包装，而且各类包装尺寸不一。这就需要对立体库设备各种参数进行个性化定制，进而导致成本增加，立体库的收益降低。

②由于主机厂对系统的稳定性、安全性、准确性要求非常高，一旦出现由于系统问题导致的生产停线，对主机厂的损失将非常大，所以需要以高标准进行立体库系统的定制开发，相应的技术难度和经济成本也会增加，进而影响汽车行业导入立体库的决策。基于以上这些难点，汽车行业的立体库应用较少。

但是由于人力、土地等成本的不断上涨，汽车行业导入自动化立库降低仓储成本的迫切性逐年提升，同时产品的不断迭代与更新也为汽车行业导入立体库提供了技术支撑。近几年，以上汽集团、一汽集团、东风集团等几大汽车企业为代表，纷纷在新工厂、新仓库的建设中导入自动化立体库。

自动搬运：自动搬运技术是基于磁条、激光、视觉、二维码等各种导航技术，在系统控制下，实现设备按照系统指示进行移动的一种技术，常见自动搬运设备如图 4-3所示。

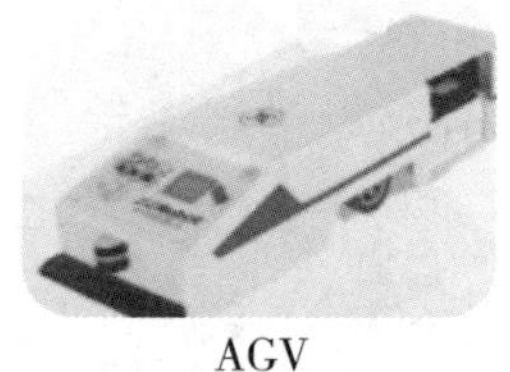
AGV

Kiva

无人牵引车

AMR

图 4-3　常见自动搬运设备

目前在应用层面，室内场景主要应用 AGV 和 Kiva，室外场景主要应用无人牵引车和 AMR 设备。其中室内场景的应用比室外场景更多，更为成熟。室内场景的应用中以磁条导航 AGV 为主，磁条导航 AGV 稳定、便宜，符合主机厂对安全性、稳定性、经济性的要求。近几年随着技术的发展，产品的不断迭代更新，Kiva 以更为灵活高效的优势逐渐取代传统 AGV，如在库存管控、线边置换等作业场景，这是传统 AGV 做不到的，而且 Kiva 施工简单。最近几年，Kiva 在汽车行业已有了广泛的应用。

自动拣选：自动拣选是指通过机械手、视觉识别等自动化技术手段实现机器设备替代人工拣选的一种模式。常见自动拣选设备如图 4－4 所示。

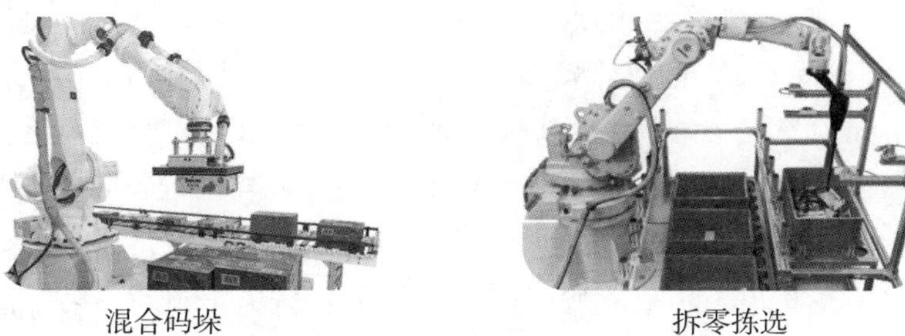

图 4－4　常见自动拣选设备

受包装容器种类、零部件形态等问题的影响，自动拣选技术目前应用得还比较少。对自动拣选技术来说，不同的包装形态和规格，对拣选设备的定位影响很大，需要针对多种尺寸规格的容器开发不同的识别逻辑。一种机械手的抓取结构也无法抓取形态差异太大的多种零部件。

虽然当前自动拣选技术还无法在汽车物流行业得以成熟应用，但是汽车物流的拣选自动化是一个巨大的市场需求，也是行业以后的一种发展趋势。在当前汽车制造作业模式下，KIT 拣选所需人力占所有厂内物流人力的 30%，是整个厂内物流作业人数最多的环节。若拣选环节能实现自动化，对主机厂来说将会减少大量的人力成本。

（2）无人驾驶。

无人驾驶是指通过环境感知、智能决策、控制执行等技术，实现车辆驾驶无人化的一种模式，无人驾驶系统流程如图 4－5 所示。

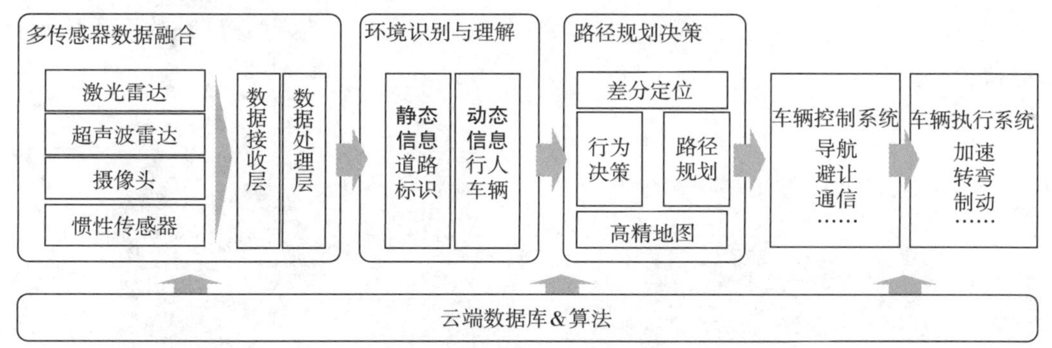

图 4－5　无人驾驶系统流程

资料来源：罗戈研究，《2021 中国物流科技发展报告》。

根据自动化水平的高低，无人驾驶分为以下四个阶段。

①驾驶辅助：提供重要或有益的驾驶相关信息，以及在形势开始变得危急的时候发出明确而简洁的警告。

②部分自动化：在驾驶者收到警告却未能及时采取相应行动时能够自动进行干预。

③高度自动化：能够在或长或短的时间段内代替驾驶者承担操控车辆的职责，但是仍需驾驶者对驾驶活动进行监控。

④完全自动化：可无人驾驶车辆、允许车内所有乘员从事其他活动且无须进行监控。

可分别对应无人驾驶标准的五个等级，驾驶辅助对应 L1，部分自动化对应 L2，高度自动化对应 L3、L4，完全自动化对应 L5。无人驾驶已在出行领域进行全面测试与研究，在城市道路领域，国内部分城市已展开 L4 等级的商业试运营与研究；在高速道路领域，已开展 L3 等级以上的道路测试与研究，且取得较为丰硕的成果，有望进一步扩大商用的范围。在运输领域，尤其是汽车物流领域仍属于新技术，需要继续研究与开发，现阶段出于安全性的考虑，暂未进行大规模、多环节的测试。结合已有的测试，无人驾驶的测试与研究集中在厂内环节的低速、短途行驶场景，如图 4－6 所示。

上汽　　一汽

图 4－6　无人驾驶技术在汽车物流领域的应用场景

（3）绿色新能源技术。

光伏发电：光伏发电是根据光生伏特效应原理，利用太阳能电池将太阳光能直接转化为电能的一种技术手段。在应用层面，汽车制造及其全产业链零部件生产、物流等区域占地面积扩大，且全天工作生产，对电量需求量大，也有着足够的面积广泛部署光伏发电设备。光伏发电设备如图 4－7 所示。

光伏仓库

光伏停车棚

图 4－7　光伏发电设备

新能源电池：以新型锂电池取代燃油和铅酸电池作为动力提供，其具有无污染、寿命长、重量轻等优点。在应用层面，可应用在叉车、牵引车等物流设备。

2. 信息技术应用情况

物流运作过程具有信息量大、时空跨度大、处理过程复杂等特点，所以建立功能完善、操作方便、安全、及时的物流管理信息系统需要大量的技术及知识支撑。近几年，物联网、大数据、AI、区块链等新一代信息技术的应用，优化了物流管理能力，提升了各环节管理水平，促使管理手段多样、管理过程透明、管理流程通畅、管理能力增强。同时，推动了汽车零部件物流供应链数字化、平台化协同发展，进一步提升物流体系智能化、自动化水平。

（1）人工智能。

人工智能（Artificial Intelligence，AI）利用计算机来模拟人的某些思维过程和智能行为（如学习、推理、思考、规划等），使计算机能实现更高层次应用的学科与技术。

人工智能在零部件物流行业的应用能实现零部件取货计划编制的智能化，通过算法代替人工实现取货成本最优、减轻人工作业负荷及对于人工经验的依赖。同时取货计划编制的智能化能实现车辆路径规划最优，即通过制定合理的配送路径，迅速而经济地将零部件送至目的地。不同于人工的车辆路径规划，仅以获得油料、路桥费用等基础数据为目的，AI 技术下的车辆路径规划，以实现效益最高、成本最低、路程最短和准时性最高为目的。通过算法最大限度优化运输资源及运输线路，提升传统的人工决策的求解精度、求解范围、资源利用率等。

（2）新基建。

新型基础设施建设（简称新基建），指以 5G、人工智能、工业互联网为代表的新型基础设施，本质是能够支撑传统产业向网络化、数字化、智能化方向发展的信息基础设施的建设，加速全产业的数字化转型，以促进现代信息技术与产业经济的融合。

工业互联网可以帮助制造业拉长产业链，实现跨设备、跨系统、跨厂区、跨地区的互联互通，从而提高效率，推动整个制造服务体系智能化。实现制造业和服务业之间的跨越发展，使工业经济各种要素资源能够高效共享。

建设公路、铁路、港口、机场等综合、智慧、绿色、平安交通运输基础设施体系，完善邮政、仓储物流等“通道 + 枢纽 + 网络”基础设施体系，拓展延伸数字化、智能化交通物流新型基础设施，支撑交通强国、物流强国建设。

（3）物联网。

物联网（Internet of Things，IoT）是指通过各种信息传感器、射频识别技术、全球定位系统、红外感应器、激光扫描器等各种装置与技术，实时采集任何物体或过程的声、光、热、电、力学、化学、生物、位置等各种信息，通过网络接入，实现物与物、物与人的泛在连接，实现对物品和过程的智能化感知、识别和管理。物联网是一个基于互联网、传统电信网等的信息承载体，它让所有能够被独立寻址的普通物理对象形成互联互通的网络。

对于零部件物流企业而言，清晰了解每种零部件的运输与作业过程是核心议题。通过部署AS/RS、Miniload、SCS、无人叉车和AGV等自动化系统和设备，完成5G终端模组——车载网——物流MEC——核心网——业务全链路打通，完成物流运输车辆、仓储AGV、无人叉车、智能安防方案在5G网络环境中的部署实施，实现运输与作业全程可视，释放物流作业端、设备端、管理端的自动化、智能化能力，实现物流产业的降本增效实际示范。

（4）区块链。

区块链本质是一个共享数据库，存储于其中的数据或信息，具有“不可伪造”“全程留痕”“可以追溯”“公开透明”“集体维护”等特征。基于这些特征，区块链技术奠定了坚实的“信任”基础，创造了可靠的“合作”机制。

从零部件物流企业内部来看，设备数据孤岛、一线员工工作单调重复、机构臃肿、沟通成本高、信息传递效率低等问题日益凸显。

从汽车供应链上下游来看，供应链全网数据难以获取，存在信息孤岛，商流、物流、信息流、资金流“四流合一”难以实现，将导致企业协同交互成本高、多方协同难以实现、供应链数据真实性难以保证。

通过区块链技术可解决以下问题。

①物流与供应链各环节凭证签收无纸化，将单据流转及电子签收过程写入区块链存证，实现交易过程中的信息流与单据流一致，为计费提供真实准确的运营数据。

②将供应链上下游核心企业、供应商、经销商等进行网联，各参与方共同维护一个共享账本，让数据在各方进行存储、共享和流转，保证了链上所有企业能够可信、高效地同步信息。

③收集物流与供应链各环节可信数据（如交易信息、结算信息、服务评分、物流时效等），并通过区块链网络的多方交叉验证，确保数据的真实性。

④物流与供应链各环节电子数据的生成、存储、传播和使用全流程可信，用户可以直接通过程序，将操作行为全程记录于区块链，如可在线提交电子合同、维权过程、服务流程明细等电子证据。

（二）产业延伸与融合

1. 汽车零部件供应链上下游合作与共赢

目前对汽车零部件物流企业来讲，应增强供应商上下游合作，从传统的物流向供应链服务拓展，利用各自原有优势进行合作，逐步从传统汽车物流向综合物流服务的方向发展，由传统汽车“产前＋产中＋产后”物流服务提供者，向集汽车物流咨询、方案规划、设计、服务、运营、器具设计等多元化服务于一体的方向转型升级。

2. 汽车零部件物流产业间的创新与应用

汽车零部件物流企业要通过利用新技术、新装备、新平台不断提高物流服务质量，将物联网、云计算、大数据、人工智能、区块链等现代信息技术与汽车物流产业不断融合，深化“互联网＋”物流服务新模式、新业态，逐步实现数字化管理、协同化服务、平台化运作，打造汽车行业智慧物流新高地。

3. 整合协同

随着供给侧结构性改革的推进，国民经济向高质量发展转变，要求社会物流总成本进一步下降及汽车物流供应链效率提升。若为提供及时、高效的汽车物流服务而无序扩张运力与仓储能力，造成物流企业成本增加，这样就与国家整体降低社会物流成本的总体要求背道而驰，不利于行业整体降本增效。因此通过汽车物流企业，特别是零部件物流企业内部的资源整合，协调运力、增强规模效应，实现效率与成本双优化，以及通过汽车物流企业之间的合作，促进运力和中转枢纽的共享共用，实现资源集约化发展。

4. 不同行业融合

近年来，汽车零部件物流企业纷纷打破企业边界，向快递快运、金融服务、科技创新等领域跨界，强化跨界融合新生态，进一步与不同行业深化融合。与物流装备企业合作：自动化立体库、自动化分拣机、自动装卸系统、可穿戴设备等自动化技术和设备可应用于零部件物流的零部件仓储、拣选、搬运等仓库内环节，在大幅度降低人工投入的同时，提高生产效率。与软件信息服务企业合作：在数字化和智能化创新趋势的推动下，新兴的物联网驱动汽车行业向数字化变革，使“中国制造”不断加速向“中国智造”的发展。

三、2021 年我国汽车零部件物流发展展望

当前汽车行业在发展中机遇与挑战并存。汽车零部件物流行业需要明确发展方向，促进提质增效、打造汽车物流服务新模式，培育科技创新、发展新动能、强化产业延伸与融合、推进企业转型升级和动能转换，打造高质量汽车物流服务新体系，迎接新时代汽车产业发展新要求。

（一）物流提质增效

汽车行业内从主机厂到汽车零部件物流企业的产值规模、盈利能力都面临着巨大

的压力，主机厂以降低物流费用作为降低成本的重点工作，可见零部件物流企业、主机厂乃至整个汽车供应链，“降本、提质、增效”的任务要持续进行。汽车零部件物流企业通过调整资源配置方式和运输结构，推动技术、组织、模式和管理创新，提升物流企业综合竞争力。主机厂主导优化物流成本管理，从降低企业物流成本向降低整个供应链物流成本转变。推进现代供应链等新模式和智慧物流等新技术应用，降低全链路物流成本，提高物流供给质量和运行效率。

（二）供应链安全

从新冠肺炎疫情全球蔓延到苏伊士运河堵塞，再到全球芯片荒，2021 年全球供应链安全面临了极大的挑战。全球各主要汽车集团“缺芯”现象愈演愈烈，主机厂可以通过生产临时管制或者调产解决生产端的压力，但汽车零部件物流企业不得不面临收入减少的事实。汽车零部件物流企业要和主机厂联合起来建立以数字化为基础、以智能化技术手段赋能的多层次网状供应链，引入风险平衡机制，以柔性工作流在多种运营模式之间灵活切换，实现高效、低成本与稳健并存的供应体系。

（三）科技创新

物流企业应重点通过技术改造和装备升级，来提升自动化、柔性化、可视化、智能化水平，提高运行效率和服务能力。以技术合作、自主研发等方式实现物流技术、物流装备产出，推动物流企业技术产业化发展。

（四）新业态

推动汽车零部件物流的社会化、服务化转型，向下游逐步延伸到汽车销售服务和汽车后市场服务，形成汽车物流全产业链生态圈，从单一环节、单一模式的服务上升到全流程解决方案，打造全方位、多功能、高质量的现代供应链服务体系，更好发挥物流业的服务支撑作用。

（五）数字化转型

当前，汽车零部件物流产业外部环境、市场需求、业务模式发生了重大变化，服务单一、运输成本高、信息交换效率低、运输过程不透明、供应链上各角色的协同效率低等问题凸显。物联网、云计算、大数据、区块链、5G、人工智能等数字技术为突破这些瓶颈提供了可能性。

①结合区块链技术实现单据电子化，实现信息透明，提高了安全性并降低了成本。

②利用人工智能技术，通过深度学习，计算出合理库存水平，预测需求，以降低

物流企业货运成本。

③给设备安装传感器，将其与网络相关联，实现设备在任何地方均满足可见和可追踪的要求。

（六）供应链金融

供应链金融作为实现产业链数字化转型、规范化的重要手段，将为汽车零部件物流行业带来大变革。构建供应链中占主导地位的核心企业与上下游企业一体化的金融供给体系和风险评估体系，以核心企业（平台）的资质作为信用担保，对供应链上所有企业的信用进行捆绑，为供应链中制造、采购、运输、库存、销售等各个环节提供融资服务，以解决供应链中各个节点资金短缺、周转不灵等问题，激活整个供应链的高效运转，降低融资成本。同时提供系统性的金融解决方案，快速响应链上企业的结算、融资、财务管理等综合需求，提升产业链各方价值。

（东风物流集团股份有限公司　彭鹏、盖雪莹、张明月、黄承林、罗春龙、谌先员）

第二节　我国汽车售后服务备件物流发展情况

一、2020 年我国汽车售后服务备件物流发展情况

2020 年，全球各国受到新冠肺炎疫情的影响，各行各业都被波及，全球经济动荡。疫情对汽车行业的冲击也是相当之大，汽车的生产、销售、出口等多方面都受到严重影响，给全球汽车供应链带来了威胁。我国宏观经济的健康发展为汽车行业创造了良好的发展环境，作为全球第一大汽车市场，我国全年汽车产销降幅比上年明显收窄，总体表现了强大的发展韧性和内生动力。

国家发展改革委正在牵头编制“十四五”现代物流发展规划，“十四五”时期将以推动现代物流业高质量发展为重点，以支撑构建新发展格局为目标，以深化供给侧结构性改革、推动现代物流业实现由大到强转变为主线，推动八大体系建设，深入推进现代化物流提质增效降本。

我国社会物流总费用在 GDP 中的占比处于逐渐下降的态势，说明物流行业在不断优化产业结构，提升行业效率。数据显示，近十年，我国的社会物流总费用与 GDP 比值在 14.9% ~14.7%，而美国等发达国家该比值稳定在 8% ~9%。我国经济运行中的物流成本依然较高，在与美国的对比中，我国有超过 6 个百分点的差距，提效降本势

在必行。

伴随着中国汽车工业的稳步发展、工业4.0升级发展，汽车行业的机遇逐渐显现，相应地带动汽车物流的发展，而后市场服务作为其中的重要组成部分，在行业发展中发挥着重要作用。汽车物流中的后市场业务，与汽车存量直接相关。从国内私人汽车拥有量来看，中国汽车行业在经历多年的快速发展之后，私人汽车拥有量大幅增加，随之汽车后市场规模也不断扩大。随着私人汽车拥有量的增长和车龄老化带来的维修保养支出增加，汽车后服务市场将进一步增长。

我国新车市场连续三年疲软，但我国汽车保有量连年上升，据公安部统计，2020年全国机动车保有量达3.72亿辆，带来了维修、装饰、金融等汽车后市场服务的旺盛需求。物流作为满足消费者需求不可或缺的服务环节越来越受到重视。汽车售后服务备件物流具有面向全国市场、网点数量多、终端需求量小、备件品种多等特点，售后服务备件物流体系的建设、备件物流效率如何提升等成为企业关注的重点。但目前汽车售后服务备件市场呈现小、散、杂的特点，在原有汽配城、4S店等售后备件服务的基础上，电商平台、品牌直营等多渠道的汽车售后备件服务日渐增多，随着汽车后市场的充分竞争与发展，售后服务备件供应体系日益完善，随之带来的多样化物流需求对于我国汽车售后服务备件物流发展有着积极的推动作用，这也是汽车物流企业重要的发展机遇。

近年来，互联网的发展深刻改变着各个行业，随着带有互联网基因的电商平台企业进入汽车后市场，传统的售后物流服务模式受到冲击，行业格局将被重塑。行业传统物流模式的弊端主要体现在服务能力弱、服务半径小、仓储运作效率低、配送时间长等方面，不能满足互联网经济下客户的需求。在互联网新经济环境下，汽车后市场近几年涌现一批平台型备件零售商，它们通过B2B平台，实现向更广泛的市场区域客户群体提供更多的SKU。在供应链物流体系建设方面，通过建设物流中心，将更多类别的备件集成在统一的地点进行管理，并在全国主要区域城市建立区域仓，服务广大的市场区域，构建更加高效的新型物流模式，将大大提升供应链能力，更好地服务客户，降低物流成本。

伴随科技革命和产业变革的深入推进，汽车物流行业向“共享、绿色、智能”的高质量物流服务迈进。汽车物流从传统的运输、仓储等物流基础服务逐步向信息、数据、金融、保险、包装、装备等物流增值服务方向转变，因此需要更为专业化、系统化、智能化、信息化的设备来适应行业与企业的发展。越来越多的智慧物流项目在行业中实现，汽车售后服务备件物流行业整体技术创新能力不断加强，其生产方式、经营方式及管理模式均产生了重大变化。

行业标准方面，2020年，汽车售后服务备件物流行业标准工作持续推进，《汽车售后服务备件仓储作业规范》（WB/T 1102—2020）于 2020 年 5 月 1 日正式发布，并于 6 月 1 日实施。标准规定了汽车售后服务备件仓储环节中的相关要求，包括备件的入库、存储、出库、装卸等环节的仓储服务要求，以及信息、人员、安全等方面的要求。对于规范行业操作、提高行业服务水平有推动作用。

二、2021 年我国汽车售后服务备件物流发展展望

2021 年，我国正式迈入“十四五”时期，即将开启全面建设社会主义现代化国家的新征程。“十四五”时期，我国物流业发展仍将处于重要战略机遇期，但机遇和挑战都有新的发展变化。如今国际经济环境并不稳定，蔓延全球的新冠肺炎疫情为汽车市场带来了诸多不确定因素，未来我国汽车物流行业也面临巨大的调整。我们要以构建现代汽车物流体系为目标，推动我国汽车物流高质量发展。

汽车存量市场物流服务需求不断升级。我国汽车市场已进入高质量发展时期，增量市场物流需求逐渐饱和，依靠汽车销量增长带来的汽车物流业务增长模式已经不再适应现在的发展趋势，将逐步向存量市场的物流需求转移。随着我国汽车保有量的不断提升，在用车物流服务需求增多，存量市场物流服务深度不断升级。汽车售后服务、二手车交易等市场的兴起都带来了新的物流服务需求，为汽车物流行业带来了新的生机。

1. 新能源汽车物流需求扩大

新能源汽车是我国汽车产业转型升级、绿色发展的主攻方向。2020 年我国新能源汽车产销分别完成 136. 6 万辆和 136. 7 万辆，创历史新高。新能源汽车作为新兴的汽车类型，与传统汽车备件的特点有所不同，作为其配套产业，汽车售后服务备件物流行业要抓住新能源汽车售后服务备件物流的特点，尤其是动力电池方面，创新服务模式，建立全方位、多功能、高质量的现代化供应链体系，助力新能源汽车供应链的完善发展。

2. 提升汽车产业供应链现代化水平

随着汽车产业供应链上的服务逐渐延伸与扩展，在汽车物流企业转型升级的过程中希望利用新技术、新装备、新模式进一步提高汽车售后服务备件物流服务水平。而随着我国人口红利的消失，通过运用物联网、大数据、云计算以及人工智能等新兴信息技术，实现企业智能化管理、网络化经营、无人化运作将成为趋势。创新技术装备将为汽车物流未来发展注入强劲的动力，推动我国汽车售后服务备件物流朝着高质量发展方向迈进。

3. 未来我国汽车后市场各细分领域的市场集中度都将会上升

汽车后市场发展的主要动力包括互联网经济继续成长、平均车龄上升以及车主风险厌恶或风险偏好的进一步明确。未来互联网是解决我国汽车后市场信息不对称的重要途

径，这一趋势还将延续。4S 店的维保服务将转向高端，维保行业的附加值还将继续上升。

随着汽车后市场规模的持续扩大，汽车售后服务备件物流行业也面临新的挑战，汽车物流行业近年来从传统的模式转换到互联网融合模式。未来汽车售后服务备件物流的发展将出现更多的跨界入局，“互联网 +”汽车售后服务备件物流进一步发展，汽车后市场供应链效率将进一步提升，构建高质量汽车售后服务备件物流服务新体系，更好地服务新时代汽车后市场产业发展的要求。

随着行业各大平台挖掘并沉淀到三四线城市，汽车物流企业从生产环节到供应再到售后环节，全环节整合，并以产业赋能为纽带，为众多优秀的公司提供品牌、设计、系统、供应链等多方位支持。汽车物流行业新技术场景使得行业用户获得更好的体验。技术加持使得汽车物流行业的服务效果和产品受到用户的青睐。新技术如云计算、大数据、人工智能的出现给汽车物流行业标准化问题提供了全新的思路，通过将新技术应用到行业生产和服务过程中，能够更好地解决汽车物流行业痛点问题，保障行业服务效果，实现汽车物流行业效率和用户体验的双重提升。随着人民生活水平不断提高，越来越多的用户对汽车物流行业较为重视并提出了较多的需求和建议，因此满足用户需求将成为汽车物流行业立根之本。汽车物流行业信息化备受用户青睐。企业利用互联网，通过信息化的打造，融合汽车物流行业特性，提高了用户体验，给用户带来诸多便利，这将是未来汽车物流行业发展的必然趋势。

（长春一汽富晟大众物流有限公司　陈勇、李春晓）

第三节　我国汽车轮胎物流发展情况

2020 年的中国汽车行业，面对全球疫情的挑战，在“以国内大循环为主体、国内国际双循环相互促进的新发展格局”的宏观经济政策的指引下，伴随着国内疫情防控形势的好转平稳运行，全年汽车产销降幅收窄。2020 年在中国汽车行业复苏的同时，也酝酿着新一轮政策和市场需求发展匹配度改革的机遇。后疫情时代，汽车产业当中的生态圈、价值链正在重塑，新一轮智能化、数字化物流和供应链概念不断迭代升级，与之密切关联的轮胎供应链变革，也将向智能化、数字化迈进，搭建集成控制塔，将提效、降本、供产销一体化等增值服务作为主要的 KPI，以便更好地服务主机厂和终端用户。

2020 年，我国全年实现轿车轮胎的生产 44425 万条，较上年增长约 6%。卡客车轮胎全年生产 12587 万条，较上年增长约 7%（见图 4－8）。2020 年轮胎物流的发展走势为前低后高，不断增强。第一季度受疫情的影响，2 月产销量下降 50% 以上，到 3 月末基本恢复到了同期正常水平。特别是第三季度，卡客车轮胎受环保政策影响产销迎来了一波小高峰。乘用车轮胎全年稳步增长，总体内销部分增长率超高出口部分。

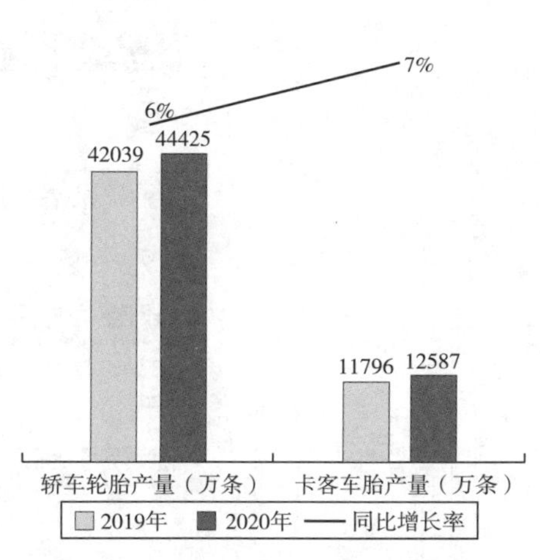

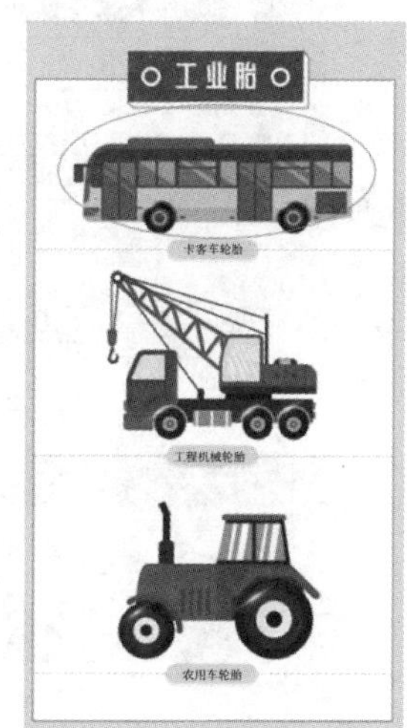

图 4－8　2020 年国内轮胎产量情况

一、疫情下中国轮胎的产销情况

自 2016 年以来我国广义橡胶轮胎外胎产量开始逐渐下滑，2017—2018 年下滑程度最大，产量下降了 976. 8 万条，下降幅度达到 11. 9%。2019 年我国橡胶轮胎外胎产量出现了短暂回升，但是受到新冠肺炎疫情的影响，2020 年年初出现了产销双双下滑的局面。随着疫情防控形势的好转，加上国内政策的刺激，2020 年下半年我国在乘用车轮胎和卡客车轮胎的细分市场上呈现了产销两旺的局面。2019—2020 年轿车和卡客车轮胎分月度产量及同比增长率如图 4－9 和图 4－10 所示。

自 2016 年起，我国轮胎外胎产量开始下降。其中主要原因是中国汽车企业近几年发展受阻，2020 年中国汽车产量仅为 2522. 5 万辆，汽车产量连续数年下降，导致对上游轮胎需求量有所减少，因此轮胎厂家减少了轮胎外胎的生产量。

根据中国汽车工业协会的数据，2020 年中国乘用车产量为 1999. 4 万辆，同比下降 6. 5%。而商用车产量仍保持逐年增长的趋势，特别是在 2020 年，由于新冠肺炎疫情的影响，货运和客运市场对于商用车的需求都在增长，使得商用车产量在 2020 年增长迅速。2020 年中国商业车产量为 523. 1 万辆，同比增长 20%。

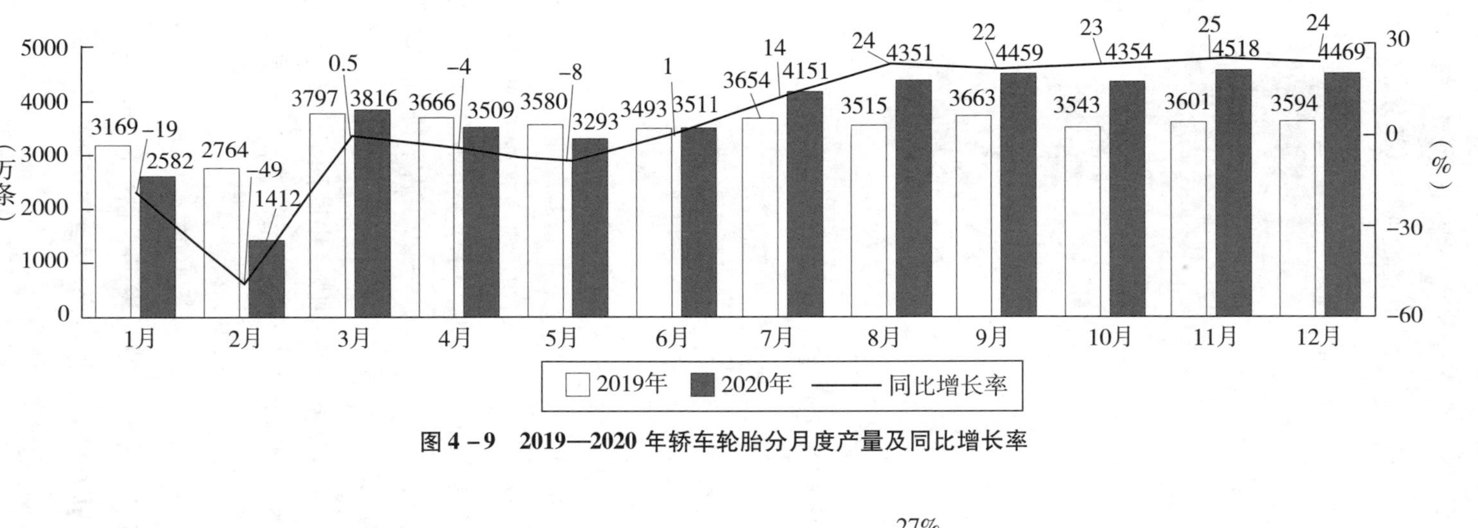

图 4-9　2019—2020 年轿车轮胎分月度产量及同比增长率

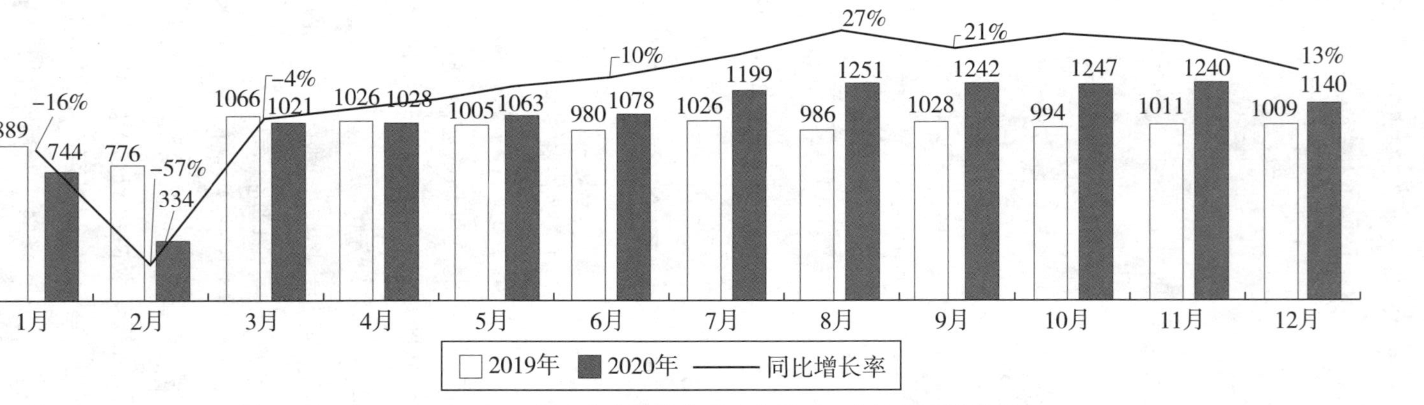

图 4-10　2019—2020 年卡客车轮胎分月度产量（万条）及同比增长率

2015—2020 年我国轮胎的子午化率已经从 66.5% 一路上升至 76.2%，但相较于欧美地区 99% 的轮胎子午化率，我国还有较大的上升空间，特别是中高端产品的国产化率将成为未来国内乘用车轮胎增长的产品组。（以上资料来源：国家统计局，华经产业研究院整理）

出口方面，根据中国海关数据，2020 年中国新的充气橡胶轮胎出口数量为 47684 万条，同比下降 4.7%，2020 年中国新的充气橡胶轮胎出口金额为 1327937 万美元，同比下降 10.3%。中国新的充气橡胶轮胎出口数量和出口金额的下降，主要是由于新冠肺炎疫情的暴发，使得全球制造业遭遇重大打击，汽车工业在新冠肺炎疫情最严重的时期几乎陷入停摆，需求的急剧下降，使得国际市场新的充气橡胶轮胎呈现供大于求的状态，橡胶轮胎价格下降，出口企业的出口欲望下降。2019—2020 年中国新的充气橡胶轮胎月度出口量及同比增长率如图 4－11 所示。

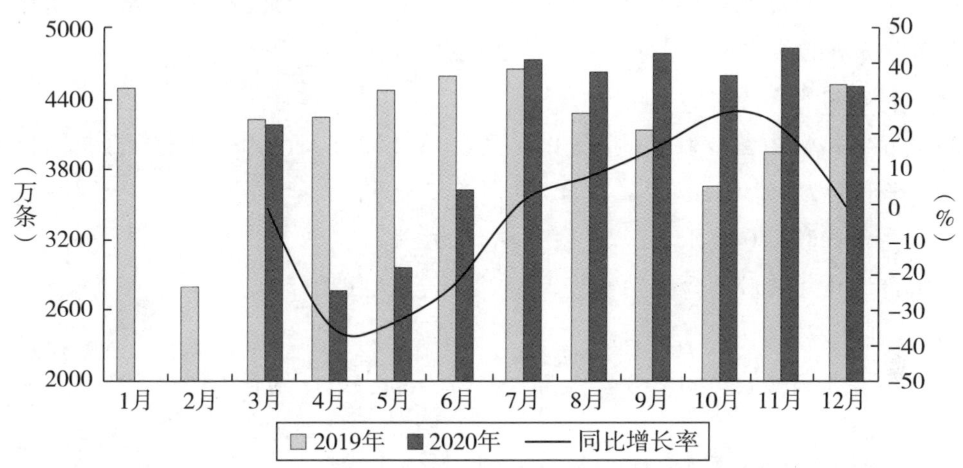

图 4－11　2019—2020 年中国新的充气橡胶轮胎月度出口量及同比增长率

2020 年全球十大轮胎企业营收情况如下。

轮胎世界网按销售收入高低排序，从高到低列出前十大公司的业绩简报。

（1）普利司通 1793 亿元。

2020 年，普利司通的营业收入为 29945 亿日元（约合人民币 1793 亿元），同比下降 14.6%；亏损 233 亿日元（约合人民币 14 亿元）。

（2）米其林 1583 亿元。

2020 年，米其林销售额为 204.69 亿欧元（约合人民币 1583 亿元），同比下降 15.2%；主营业务营业利润为 18.78 亿欧元（约合人民币 145 亿元），同比下降 37%。

（3）固特异 800 亿元。

2020 年，固特异销售额为 123 亿美元（约合人民币 800 亿元），同比下降 16%；

亏损为 13 亿美元（约合人民币 84.6 亿元）。

（4）德国马牌 788 亿元。

2020 年，德国大陆集团的销售额为 377 亿欧元（约合人民币 2915 亿元）。其中，媒体测算的轮胎业务销售额约为 788 亿元人民币。

（5）住友橡胶 407 亿元。

2020 年，住友橡胶的轮胎业务销售额为 6798.60 亿日元（约合人民币 407 亿元），同比下降 11.4%；利润为 409.49 亿日元（约合人民币 24.5 亿元），同比下降 12.3%。

（6）韩泰 372 亿元。

2020 年，韩泰轮胎全球合并销售额为 6.454 万亿韩元（约合人民币 372 亿元），同比下降 6.23%；营业利润为 6280 亿韩元（约合人民币 36 亿元），同比增长 15.44%。

（7）优科豪马 342 亿元。

2020 年，优科豪马销售额为 5706 亿日元（约合人民币 341.7 亿元），同比下降 12.3%；营业利润为 364 亿日元（约合人民币 21.8 亿元），同比下降 37.8%。

（8）倍耐力 333 亿元。

2020 年，倍耐力营业收入为 43.021 亿欧元（约合人民币 333 亿元），同比下降 19.2%；净利润为 4270 万欧元（约合人民币 3.3 亿元）。

（9）中策橡胶 280 亿元。

2020 年，中策橡胶不含税销售收入超 280 亿元人民币。

（10）正新玛吉斯 221 亿元。

2020 年，正新橡胶集团营业收入为 964.42 亿新台币（约合人民币 221 亿元）。

二、疫情下的轮胎供应链发展

据中国物流与采购联合会公布的 2020 年物流运行数据，2020 年全年物流运行实现了逆势回升、平稳增长，物流规模再上新台阶，社会物流总额超 300 万亿元，同比增长 3.5%。分季度看，增速呈现持续恢复的势头，尤其是第四季度以来增速回升有所加快。从售后市场细分市场来看，轮胎物流的主要板块为仓储和运输板块，仅卡客车轮胎和轿车轮胎的市场规模就约合 260 亿元（见图 4－12）。

“十三五”期间，全国社会物流总额年均同比增长 6.5%，物流业总收入年均同比增长 7.7%，成为服务业支柱产业之一；物流效率进一步提升，降本增效成果明显，社会物流总费用与 GDP 的比率由 2015 年的 16% 下降到 2020 年的 14.7%。通过国家一系列的降本增效、减税降费政策的实施，整个物流业的成本节约了 1 万亿元左右。目前我国高铁运营里程、高速公路通车里程均居世界第一；规模以上物流园区超过 2000

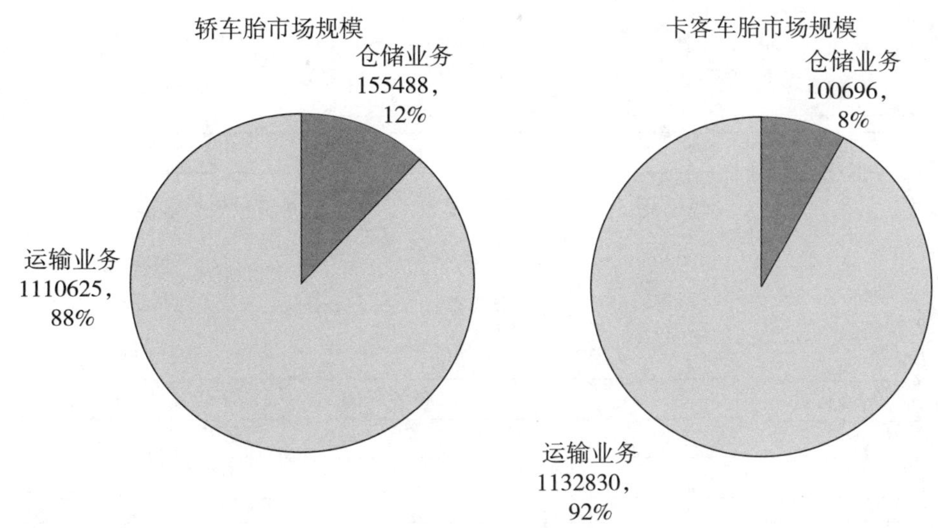

图4－12　汽车售后市场——轮胎市场规模（万元）

个，国家物流枢纽45个，骨干冷链物流基地17个。技术应用方面，物流机器人、无人机、无人仓、无人配送、无人卡车、无人码头等新型物流模式走在世界前列。细分到合同物流领域，汽车物流中关系汽车从生产制造到售后全产业链的轮胎物流有以下的发展和挑战。

轮胎总成包括轮胎和轮毂的组合体，在生产制造环节，主要通过使用橡胶、钢材、碳黑等大宗材料，进行相应轮胎组件的生产；而在成品流通环节，轮胎的供应，是包括作为零部件提供给主机厂进行生产配套，以及作为售后备件提供到经销商4S店、电商、出口等售后市场的多个子方向渠道。受疫情的影响和电商平台的发展，轮胎电商的发展迅速，这也给各轮胎品牌方在B2C的渠道拓展方面开创了新的增长点，国内涌现一批以途虎、京东、康众为代表的轮胎销售渠道（见图4－13）。

轮胎供应链的变革也由传统的工业品属性逐渐向消费品属性转变，像消费品供应链一样，由数字化、智能化转型带来改变，坚持把用户需求、服务场景、流通渠道、生产制造全部融入物流，形成一体化的解决方案，覆盖出口市场、轮胎原厂配套、汽车后市场（4S店、电商、代理商）全场景，提供以数字化为驱动的端到端供应链服务，为柔性的轮胎生产及交付提供整体解决方案。

更重要的是面对全球的疫情蔓延，要保证轮胎供应链的持续高水平发展，创建积极的供应链安全模式，要从单一零部件着手，补齐短板，发挥供应链、产业链的优势，可从以下几个方面重点开展工作。

（1）库存策略：积极的库存策略，原料要备足，成品要备需。

（2）柔性生产：按需调整生产计划，减少浪费。

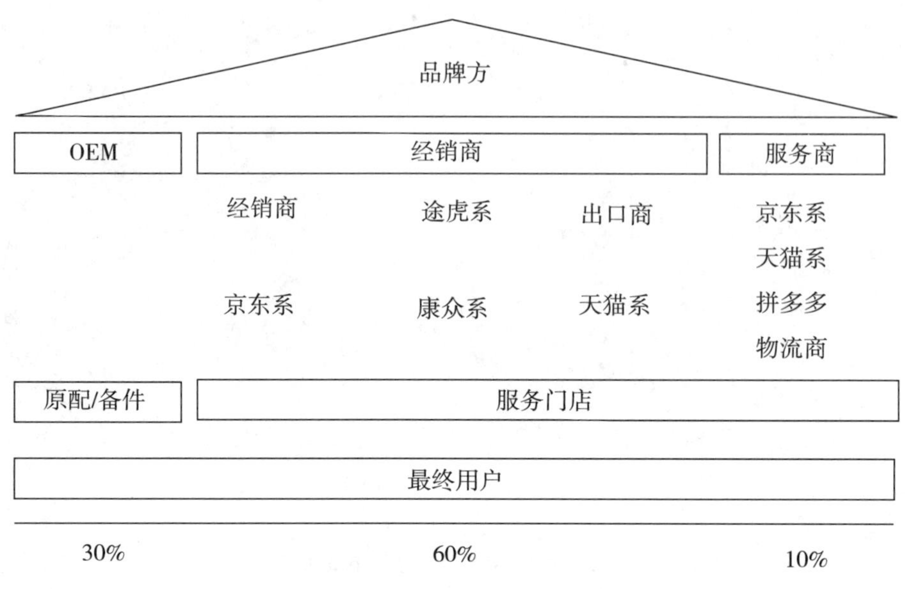

图4－13　轮胎销售渠道

（3）资源整合：材料要合纵连横，人、机共享。

（4）线上线下融合发展：线上渠道发力。

（5）运输、包装的标准化：拓展数字化接口，逐步实现自动化到智能化发展。

针对轮胎运输包装的要求相对较低，传统的轮胎运输以裸件，或料架、托盘等包装为主，辅以客户的特殊性要求，如缠绕膜、防护带等；这样会造成仓储场地使用效率低、装卸操作劳动强度大、物流质损高等问题。所以轮胎的包装需要从安全、质量、成本、标准化、人机工程五大方面综合分析，替代现有方案，寻找满足目前主流轮胎装载以及标准包装需求的方案，有效解决装载效率、场地利用率、物流质损等问题。

（6）轮胎物流信息闭环的一体化管控：综合SAP、WMS、TMS、BI等多管理模块，实现厂内库存、厂外运输全流程可视化管控，以及与上下游之间的库存协同，结合市场标签与二维码的应用，实现轮胎全周期追溯与管理（生产批次、DOT信息、轮胎规格、终端客户）。

三、轮胎物流在“十四五”时期的机遇与挑战

在“十四五”规划中，关于汽车产业的规划提到了轮胎行业的目标，轮胎子午化率达到96%，全钢胎无内胎率达到70%，乘用子午胎扁平化率达到30%，农业胎子午化率由“十三五”时期末的2.5%提升至15%左右，巨型工程胎子午化率达到100%，航空轮胎国产化率达到15%，航空子午胎实现产业化，绿色轮胎市场化率升至70%以

上，达到世界一流水平。预测“十四五”期间轮胎物流产业革命将在现有仓储和运输的数字化改造方面发力，培育形成一个万亿级市场规模的智慧化供应链和智能化物流的发展新天地。技术驱动轮胎物流发展如图4－14所示。

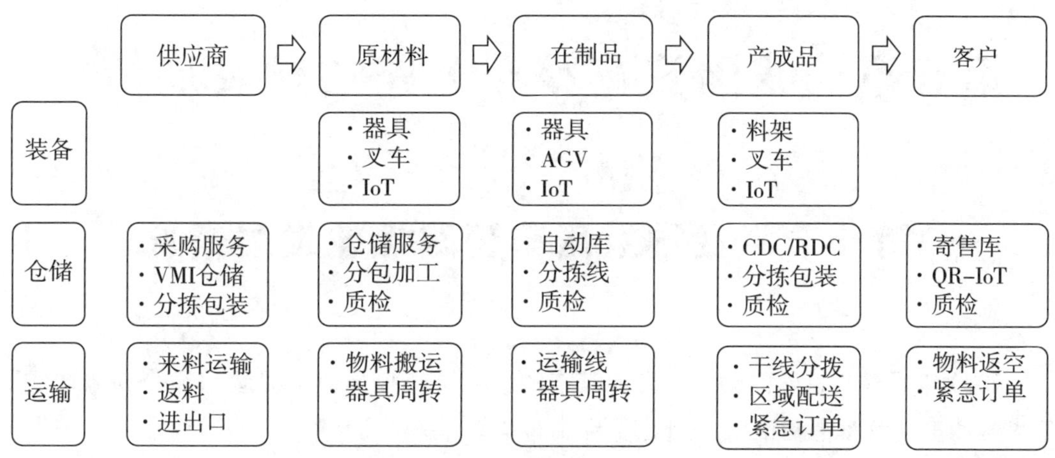

图4－14　技术驱动轮胎物流发展

技术引领未来，智能化将驱动行业的竞争更加白热化，进入21世纪以来，世界轮胎工业创新与变革浪潮一浪接着一浪。如倍耐力Cyber和ELECT技术、米其林C3M技术、固特异IMPACT技术、普利司通BIRD技术、德国大陆集团MMP技术、三海CCC技术、横滨/东洋不二精工轮胎新工法等，这些技术使轮胎行业开拓了全新的视野，预示着“轮胎后工业化时代”的电动化轮胎转型已经来临。

（倍耐力轮胎有限公司　马红雨、刘宝、王玫）

第五章　我国汽车整车公路运输发展情况

第一节　我国乘用车公路运输发展情况

2020 年是极其特殊的一年，突如其来的新冠肺炎疫情对世界政治经济局势造成了很大的冲击，汽车消费市场也因此受到了很大影响。我国整车公路运输在汽车消费市场连年下滑的形势下，持续进行结构调整和转型升级。

一、2020 年我国整车公路运输现状

（一）汽车市场情况

2020 年，受新冠肺炎疫情的影响，国内汽车市场受到了前所未有的冲击，出现了较大幅度的调整。随着国内疫情得到了有效控制，国内经济率先复苏，汽车市场也从 4 月回暖反弹，结束了长达 21 个月的月度销量同比负增长的态势。全年汽车产销量强于预期，展现了较强的行业发展韧性和市场消费需求。

总体来看，汽车行业在疫情缓和后超预期反弹，主要归因于国家政策的大力扶持、企业自身不懈的努力以及市场消费者需求的强劲恢复。为积极促进汽车消费，2020 年 3 月 31 日国务院常务会议确定三大举措促进汽车消费，一是将新能源汽车购置补贴和免征购置税政策延长 2 年；二是中央财政采取以奖代补，支持京津冀等重点地区淘汰国三及以下排放标准柴油货车；三是对二手车经销企业销售旧车，从 5 月 1 日至 2023 年年底减按销售额 0.5% 征收增值税。此外全国多地陆续出台多种措施鼓励汽车消费，包括破除汽车消费限制、提供购车补贴、增加指标等。优惠政策在一定程度上刺激汽车消费，对冲新冠肺炎疫情对国内市场的影响。

综上所述，2020 年国内汽车市场承受了疫情带来的巨大压力，但产销量先抑后扬，结果强于预期，展现了强大的韧性与市场活力。

（二）整车运输市场环境分析

国内汽车行业已由高速增长期逐步转向成熟期，汽车行业即将面临重塑格局的紧要关头。国内部分弱势品牌将会逐渐退出市场，而头部品牌则会借此机会加速发展，提升市场占有率和影响力。造车新势力及电商平台采用的“汽车新零售”模式颠覆了汽车行业传统的商业模式，对汽车物流的运输效率、服务体验和仓配协同性等综合服务能力提出更高的要求。

2020 年 1 月 1 日起，全收费公路统一执行《收费公路车辆通行费车型分类》（JT/T 489—2019），调整货车通行费计费方式。从 2020 年对汽车物流几家头部企业的调研来看，货车通行费计费改为按轴收费后主要导致空驶及五轴车重驶成本增加，预计总体成本上涨 5% ~7.5%。且有部分小型承运商采用不合规装载，增加装载量以降低成本，导致不合规装载有反弹趋势。

2020 年，整车运输司机因大量老龄化，达到强制降级年限，强制降级离开整车公路运输行业，年轻司机升级年限长，且因整车公路运输业务性质，大量 A2 驾驶证司机转岗普货物流行业或建筑用车，导致整车公路运输企业司机招聘困难，司机薪酬进一步提高，整车公路运输行业用工成本加剧提高。

上游主机厂在竞争加剧、销售下滑的压力下，对下游物流成本不断挖潜，导致物流运价持续走低，行业利润大幅缩水。除此之外燃油价格、路桥费、人工成本不断攀升，投入新设备的巨额资金难以得到回报。加之有些物流商为了获取业务份额，不惜以价换量，以低价搅乱市场，导致部分线路价格甚至低于治理前的价格，进一步导致行业利润大幅降低，大部分企业出现了亏损。整体来看，受汽车市场下滑，整车公路运输行业发展举步维艰。

（三）多式联运继续发展，公路运输份额进一步缩减

2020 年多式联运继续发展，铁水占比进一步提升，2020 年中铁特货实现 607 万台整车的运量，虽然较 2019 年的 657 万台略有下降，但占比已有所提升。水路运输受航线影响，发运量占比无较大提升。铁水的“库前移”模式是十分符合汽车生产企业需求的一种运输方式，“库前移”模式也是铁水、公路联手发展的有力证明。在“库前移”全程运输过程中，既解决了汽车生产企业整车仓储问题，又通过铁水、公路的联合运输对汽车销售市场形成了快速反应，适应了市场，满足客户需求。

受制于铁水干线的发展，公路运输在干线运输的份额进一步缩减，且平均运距进一步缩短，公路运输主要集中在短途运输。今后公路运输的发展将逐步向短途运输及铁水的首末端运输发展。

（四）整车公路运输秩序进一步规范

按照《交通运输部办公厅 公安部办公厅 工业和信息化部办公厅关于进一步加强车辆运输车超长违法运输行为治理的通知》相关要求，实现车辆运输车超长违法运输行为治理常态化管理。主要从强化源头装载监管、严格路面执法检查、加强违法信息共享、实施信用联合惩戒几个方面加强治理，有效遏制了不合规装载的违法行为。

二、“缺芯”对整车公路运输造成的影响

受新冠肺炎疫情影响，在2020年下半年，全球汽车芯片短缺问题已初现端倪。在车市复苏、工厂转产、自然灾害等因素叠加作用下，汽车芯片开始严重供不应求，使车企面临的“芯荒”雪上加霜。中国汽车工业协会于2020年5月表示，芯片供应问题对企业生产的影响将在2021年第二季度显现，同时，原材料价格明显上涨也将不断加大企业成本压力。罗兰贝格调研数据显示，当前中国汽车行业芯片缺货率为15%～20%。受此影响，一些汽车主机厂对生产计划进行了调整，将零部件向高端或畅销车型倾斜。全球性的“缺芯”为汽车市场的稳定修复，增加了不确定性。预计芯片的影响到2021年第三季度才会有所缓解，第四季度主机厂可能补充终端库存。

“缺芯”加剧了汽车生产计划的不稳定性，流入流出资源不对等问题进一步加剧，缺资源和缺运力在不同区域同步存在：无资源运力等待时长加长，为满足发运增加空驶距离等情况频发，整车公路运输的难度进一步加剧。

三、2021年我国整车公路运输领域发展趋势

汽车行业低增长必然会影响到汽车物流行业的发展，汽车物流市场原有依赖汽车产销量增长而带来的业务增长模式已经不适应现在的发展趋势，整个市场正在由增量市场向存量市场不断转移，汽车物流行业面临转型提升的新阶段，存量市场中的汽车后市场、二手车、汽车租赁等行业的物流需求逐渐引起关注，存量市场物流价值将被进一步挖掘。

基于错综复杂的国际宏观经济形势和产业结构调整的背景，汽车行业进入发展调整期，汽车物流行业也面临新的挑战，未来汽车物流的发展将继续扩大市场空间、打造物流服务新模式、孕育科技发展新动能、强化产业融合新生态、加快从物流环节向供应链物流全链条延伸拓展，打造高质量汽车物流服务新体系，迎接新时代汽车产业发展的新要求。

（一）短途运输是整车公路运输的主营业务

受上游成本压缩、物流费用降低、汽车个性化消费需求增加、末端销售不稳定等因素影响，越来越多的主机厂选择“仓干配”的模式来进行发运，以降低成本和满足末端消费者快速响应的需求。干线将逐步由铁水承运，公路将会以中短途和首末端短驳业务为主。在长途运输领域，公路运输的平均运距将会逐渐减少；在中途、短途运输领域，公路运输方式仍是主力，同时铁路、水路两端短驳、分拨配送业务需求量将会加大。

同时造车新势力新兴销售体系的形成，以及交付中心的建设，对短途配送服务能力提出了更高的要求。为满足短途配送使商品车更贴近客户，实现快速响应，中置轴、六位车、七位车、五位车、救援车，不同类型运力的末端配送体系正在逐步形成。

（二）整车公路运输将越来越重视精益化运作

受上游运价持续下降，下游成本（燃油价格、路桥费、司机工资）不断上涨的双重影响，汽车物流企业的盈利空间逐步缩小，只有通过精益化运作才能生存下去。通过梳理整个作业流程标准，发现并解决操作中存在的问题，建立一套符合公司发展和实际运营的质量管理体系，不断优化和提升服务质量。将运营过程中的可控成本指标量化，并进行不断的分析和优化，以期达到不断优化成本的目的。利用合理的信息化监控手段使得运营过程可视化，提高整体操作效率和准确性，持续改善，提高运营质量，智能化也可达到降本增效的作用。

（三）散车运输将在整车公路运输市场提高份额

随着我国汽车市场由高速增长转变为高质量发展，汽车产业与汽车市场也发生了结构性的变化，行业的目光向保有市场转移。我国作为汽车保有量第一的大国，二手车流通市场前景广阔，二手车物流也将面临新的机遇。另外，随着国民生活水平不断提高，异地旅游用车的运输需求也在日益增加。二手车及旅游用车需求的不断增加，为散车物流的发展提供了巨大的空间，将成为未来汽车物流领域新的增长点。散车物流要求汽车物流根据散车市场的变化进行网络搭建和重构。整车运输也需要根据散车物流场景，打造综合服务模式，促进整车物流与散车物流体系的融合发展。

（四）科技创新将推动整车运输不断升级

随着新一轮产业变革和技术升级的不断推进，科技创新成为汽车物流的强大引擎，现代信息技术与汽车物流产业不断深度融合，审核“互联网+”物流服务新模式、新业态，逐步实现数字化管理、协同化服务、平台化运作，打造汽车行业智慧物流新高度。

“互联网+”汽车物流得到政府各部门规划上的支持与指导。国务院自2014年发布《物流业发展中长期规划（2014—2020年）》，提出要加快推进交通运输物流公共信息平台发展。2019年7月，交通运输部发布的《数字交通发展规划纲要》提出，到2025年，第五代移动通信（5G）等公网和新一代卫星通信系统初步实现行业应用。交通运输大数据应用水平大幅提升，出行信息服务全程覆盖，物流服务平台化和一体化进入新阶段。交通与汽车、通信、互联网服务等产业深度融合。

针对汽车物流的互联网化，各部门相继给予政策支持与监管并行举措。2019年9月，交通运输部、国家税务总局发布《网络平台道路货物运输经营管理暂行办法》，明确提出鼓励发展网络货运，促进物流资源集约整合、高效利用。鼓励网络货运经营者利用大数据、云计算、卫星定位、人工智能等技术整合资源，应用多式联运、甩挂运输和共同配送等运输组织模式，实现规模化、集约化运输生产。2019年2月，围绕“一带一路”倡议等重大政策，依据国土空间规划，在国家物流骨干网络的关键节点，选择部分基础条件成熟的承载城市，启动第一批15个左右国家物流枢纽布局建设。

在税收方面，国家政策对于汽车行业给予较大支持。2020年4月，《关于二手车经销有关增值税政策的公告》提出，自2020年5月1日，二手车经销减按0.5%征收增值税。二手车税收的减征将有利于二手车销售，推动二手车汽车物流发展。《国家税务总局关于开展网络平台道路货物运输企业代开增值税专用发票试点工作的通知》提出，以4.5吨及以下普通货运车辆从事普通道路货物运输经营的，无须取得运输经营许可证和道路运输证，一系列税收和程序便利化政策推动网络平台道路货物运输企业发展。

整体而言，“互联网+”汽车物流行业政策方面利好趋势明显，国家从行业标准进行规范，有利于行业健康规范发展；从税收方面对汽车产业进行推动，有利于汽车物流发展。对于汽车物流行业来说，目前国内的政策环境对于“互联网+”汽车物流产业未来发展方向、技术研发活跃度等均利好。

综上，整车物流公路市场形势欠佳，在市场环境推动下变革趋势凸显，如何改变运作模式、促进行业合作，将成为经营发展的主要方向，资源整合将成为降低运营成本的关键。新形势下重新布局完善运输网络，服务定位分级才能不断增强整车公路运输在当前市场环境下的存活能力。

（北京长久物流股份有限公司　张芳）

第二节 我国商用车物流发展情况

2020 年，受全球新冠肺炎疫情的影响，各国经济社会发展均受到严重影响。在党中央、国务院的正确领导下，我国取得了疫情防控、经济建设的巨大成就。2020 年，全国汽车产销分别完成 2522. 5 万辆和 2531. 1 万辆，同比分别下降 2% 和 1. 9%，汽车产业上下游稳步复苏，供应链强链效果明显。

商用车市场创下历年新高，同时也对商用车物流行业的发展升级提出更高要求。本节重点针对商用车物流行业发展现状进行总结评价，同时结合市场环境变化，预判市场发展机遇及趋势。

一、商用车市场环境分析

（一）商用车市场容量

在国三排放标准汽车淘汰、治超加严、基建投资等利好因素的促进下，商用车市场表现好于整体汽车市场，全国商用车产销分别完成 523. 1 万辆和 513. 3 万辆，首超 500 万辆，创历史新高，同比分别增长 20% 和 18. 7%（见图 5 – 1）。商用车市场销量占整体市场销量的比重为 20. 2%，比上年（16. 8%）提升 3. 4 个百分点。

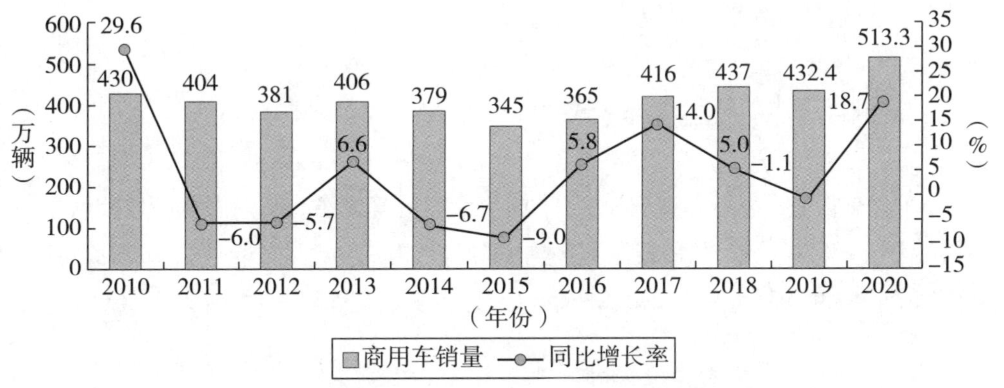

图 5 – 1 2010—2020 年全国商用车销量及同比增长率

（二）商用车市场结构

2020 年，商用车市场除大中客销量同比下滑，其他类别均有不同程度的上浮，其中中重卡市场表现尤为突出。中重卡、轻卡、微卡的销量分别为177.8万辆、219.9万辆（含皮卡49万辆）、70.8万辆，同比分别增长35.4%、16.8%、8.4%；大中客销量为10.4万辆，同比下降26.8%；轻客销量34.4万辆，同比增长3.3%（见表5-1）。

商用车车企TOP5销量合计281万辆，占整体商用车市场容量比例为54.7%，同比提升4.3个百分点，呈现出强者愈强的特征，行业集中度进一步加强。

表5-1　　2020年全国商用车市场结构

子行业	2020年销量（万辆）	上年同期销量（万辆）	同比增长率（%）	TOP5车企
中重卡	177.8	131.3	35.4	一汽、东风、重汽、陕汽、福田
轻卡	219.9	188.3	16.8	福田、东风、长城、江淮、江铃
微卡	70.8	65.3	8.4	五菱、东风、长安、凯马、奇瑞
大中客	10.4	14.2	-26.8	宇通、比亚迪、中通、厦门金龙、苏州金龙
轻客	34.4	33.3	3.3	江铃、大通、长安、福田、南京依维柯
合计	513.3	432.4	18.7	福田、东风、五菱、一汽、重汽

资料来源：中国汽车工业协会。

（三）商用车市场行业特点

随着经济发展、科技进步，商用车产品向轻量化、电动化、智能化、网联化、高端化转型成为行业主基调。客户对于商用车的产品性能、舒适度等需求逐步向乘用车看齐，商用车产品发展方向将快速转型。头部车企市场集中度持续提升，行业竞争愈演愈烈，企业优胜劣汰速度加快。

二、商用车物流运营模式

商用车整车物流，以新车物流为主，同步延伸二手车业务，但后者业务分散且主要为C端业务，属于待开发领域。目前我国从事整车物流并具一定规模的企业达1000余家，其中商用车物流企业约300家；专业运输车辆达8万多辆，送车司机约10万人（见表5-2）。

表5-2　　商用车物流企业数量及运力资源规模

整车物流企业	1000多家，其中商用车物流企业约占1/3 300家
专业运输车辆	8万多辆，其中双层车约7万辆，单层板车约1万辆；双层车主要用于乘用车运输，单层板车主要用于商用车零公里运输
送车司机	约10万人，其中零公里运输司机约8万人，人工驾送司机约2万人

（一）运营模式

国内主要商用车企业的物流业务通常采用“业务外包”模式，主要通过投资或参股方式成立关联物流公司作为物流总包商，掌握一手货源，业务规模相对较大。商用车物流服务商 TOP5 如表 5－3 所示。

表 5－3　　商用车物流服务商 TOP5

物流企业	服务主机厂	商用车产销量（万辆）	主要业务板块	备注
普田物流	福田汽车	68	整车、生产、供应链	以商用车为主
柳州申菱	上汽通用五菱	50	整车、零部件	
一汽物流	一汽解放	49	整车、零部件	
江汽物流	江淮汽车	29	整车、零部件	
江铃实顺物流	江铃汽车	28	整车、零部件	

资料来源：中国汽车工业协会，相关主机厂商用车产销数据。

根据价值链环节及业务流程来分类，汽车物流业务范围涵盖入厂物流、厂内物流和整车物流，具体各业务环节运营模式有所差异。入厂物流阶段多以“供应商自供＋第三方物流公司”为主；厂内物流为“自营为主，外包为辅”；整车物流则更多推行以“外协资源”为主、“自建运力”为辅的运营模式，其中外协资源主要通过招标方式与承运商建立合作关系，持续扩充运力资源池。汽车物流业务流程如图 5－2 所示。

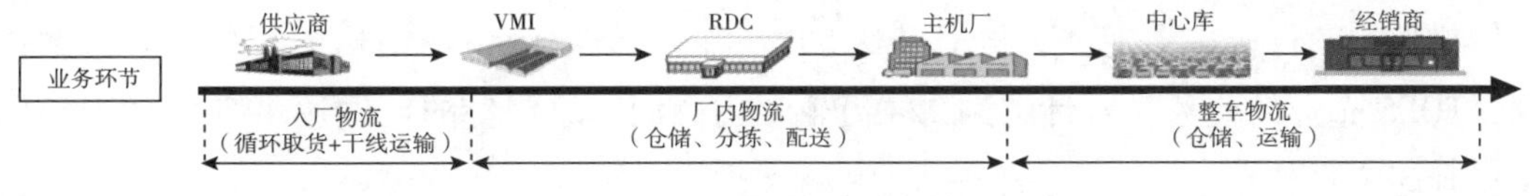

图 5－2　汽车物流业务流程

（二）运输方式

2018 年以来，国家为贯彻落实运输结构调整部署，打赢蓝天保卫战，在铁路运能、水运系统、公路货运治理、多式联运提速等方面制定一系列行动计划。尤其是汽车企业，作为大宗货物工业企业，运输方式越来越多样，正从过去的公路运输为主向多式联运组织模式发展。

1. 公路运输

目前商用车整车物流的主要运输方式仍是公路运输，占整体商用车发运量的 90%。

因商用车体积大、类型多，其在发运模式、装载工艺等方面与乘用车物流存在较大差异，运输主要分为人工驾送、零公里运输两种。

中重卡：人工驾送（单开/背车），重卡零公里运输（低平板，单层）验证中。

大中客：人工驾送；超出200公里运距的新能源产品零公里运输（低平板，单层）。

轻微卡：人工驾送（单开/背车）占40%，零公里运输（爬装）占60%。

轻客、皮卡：零公里运输（双层）为主，加急或批量较小订单人工驾送。

2. 铁路、水路运输

铁路、水路运输具有大批量、长距离、低成本、节能环保等优势，同时随着国家推动多式联运相关政策红利的释放，物流相关基建大力发展，公、铁、水运输合作日益紧密，铁、水运输均得到了快速发展。

目前，支持商用车铁路运输的铁路货车主要分为两类：一是双层商品汽车运输专用车，适合装载皮卡产品；二是JSQ5改型商品汽车运输专用车，适合装载轻卡、微卡、轻客产品。此外，D70型、NA1型卡车运输专用车，适合装载中重卡和部分工程机械产品。

目前，铁路、水路运输同时在运输周期、运输质量、运输装备限制、信息对接等方面存在一定不足，需要主机厂、物流公司、铁路及水运企业共同努力，持续改进，以实现降本增效、高质量发展。

三、商用车物流行业发展现状

（一）商用车头部企业集中度进一步提升

伴随汽车行业集中度进一步提升达55%，商用车物流市场结构同步呈现寡占型格局，TOP5企业的业务量合计达到224万辆，占商用车总销量的比例达44%，较上年同期提升3个百分点。

（二）行业竞争环境日趋激烈

一是汽车市场已由增量市场进入存量市场阶段，行业增速空间越来越小，市场竞争进入胶着状态；二是运输成本、运营成本、人工成本等物流成本持续上升，加之上游客户降本需求，物流企业的盈利水平持续走低；三是更多“新玩家”（如顺丰、京东、德邦、中铁特货、中铁快运、中远海运等以全网布局见长的物流企业）陆续跨界入行。物流企业的转型升级、提质增效迫在眉睫。

（三）运力资源短缺仍是业务难题

一方面，车企逐步推行营销模式变革，物流模式协同向 C 端转变，但 C 端业务覆盖角色众多，业务场景复杂，对物流公司运力资源调配提出新的挑战。另一方面，商用车市场的淡旺季现象明显，旺季发运量超出月均发运量一倍，运力资源需求直线上升，缺口问题持续存在。同时，主要物流服务商之间运力资源共享有待加强，加之生产基地与市场区域分布有差异以及运输工具的专用性，导致司机回程等待时间长，返程重载率有待提升。

四、商用车物流发展趋势

汽车物流作为汽车产业链的重要衔接纽带，紧跟汽车市场发展趋势，同步创新变革，以标准化为基础，推动物流行业自动化、智能化、网联化发展。基于上述商用车物流行业现状分析，洞悉行业发展趋势如下。

（一）强化与主机厂的深度融合，增强客户黏性

基于汽车市场竞争进入胶着状态，头部车企均快速启动变革，包括组织变革、文化变革、价值链变革等，希望通过变革提升企业的“造血功能”。而物流作为价值链的重要组成部分，更多企业开始关注与客户的业务融合，紧跟变革步伐，推动服务能力升级，为客户提供更优质的服务体验。另外，从终端入手，通过物流服务助力商品车的市场竞争力提升，同时进一步增强客户黏性，与客户相互成就，成为发展共同体。

（二）服务平台化，大资源体系形成

网络货运平台模式在行业内逐步推开，通过平台搭建，推动资源多维整合，实现产品服务化、服务平台化。一方面，通过人、车、企、货多维度横向资源协同，突破运力资源紧缺问题，有效提升资源利用率。另一方面，通过在线平台中的多角色（货主、承运商、司机）延伸保险服务、油卡、ETC、后市场、金融等多种增值服务，充分发挥运营平台化的价值。

（三）多式联运逐步成为商用车物流重要运输模式

在国家运输结构调整、推动公路运输向多式联运模式转变、打赢蓝天保卫战的战略导向下，汽车行业成为重点关注对象之一。同时，铁、水运输企业也在快速推动变革，持续强化能力提升，加快基建设施建设，加快研发商用车装载设备，着力突破运

输时效、运输质量、信息化等制约问题。商品车的物流模式正发生根本性改变，多式联运将成为重要运输模式。

（四）新技术赋能，助推行业提质增效

近年来，在国家政策、经济环境、科技进步等利好因素推动下，车联网、无人仓、无人叉车等智能应用技术持续落地，企业不再单纯凭借资源优势进行行业竞争，更多是依靠科技赋能，实现企业服务质量、效率、成本三要素的最优。

（五）后市场业务成为“必争之地”

传统后市场业务包括售后配件、汽车用品（油品、尿素、充电、轮胎等）、二手车、改装、报废、再制造等。在互联网模式下，还包括车联网、金融、会员、网络货运、线上线下引流、保客获客等业务。基于汽车存量市场的激烈竞争态势，后市场业务已然成为新的增长点。

（北京普田物流有限公司　杨天清、王梅峰）

第三节　我国二手车物流现状与发展趋势

新冠肺炎疫情的全球蔓延，对全世界经济产生了极大的冲击，对汽车消费市场的冲击也非常明显。随着各项政策措施不断落地实施，汽车市场总体开始呈回稳向好发展态势，国家支持建设全国统一、公开竞争、规范有序的二手车市场体系，鼓励发展专业化、品牌化、连锁化的二手车经销、拍卖流通模式。在国家的强力支持下，我国二手车行业走过2020年的市场低迷期，快速回暖，2021年上半年各项主要指标都已经超过了疫情暴发前的水平。二手车市场回暖反弹，给汽车物流行业带来发展契机的同时，也对行业发展提出了更高的要求。将供应链物流打造成市场的重要纽带，推动客户体验和运输效率的提升，构建智能高效的物流体系为二手车市场发展保驾护航成为当务之急。

一、二手车物流市场发展现状

（一）二手车市场发展现状

从2001年开始，中国二手车交易量已经连续19年增长，全国交易量从37万辆增

长至1492万辆，增长了近40倍。2016—2018年，整个二手车行业经历了高速增长期。2019年是由高速增长期向稳健增长期的过渡期，2020年，由于新冠肺炎疫情影响，二手车累计交易1434万辆，同比下降4%（见图5－3），但第三季度后交易量由降转升，连续4个月呈两位数增长，在所有二手车行业伙伴的努力下，交出了一份比较不错的成绩单。中国汽车流通协会发布数据显示，2021年上半年全国累计交易二手车843.42万辆，同比增长52.89%，相较于新车1289.1万辆的销量还有一些差距，但二手车的增长率比新车高出了近27个百分点。即便是在6月这样的汽车行业销售淡季，二手车的交易量依然有4.43%的环比增长。

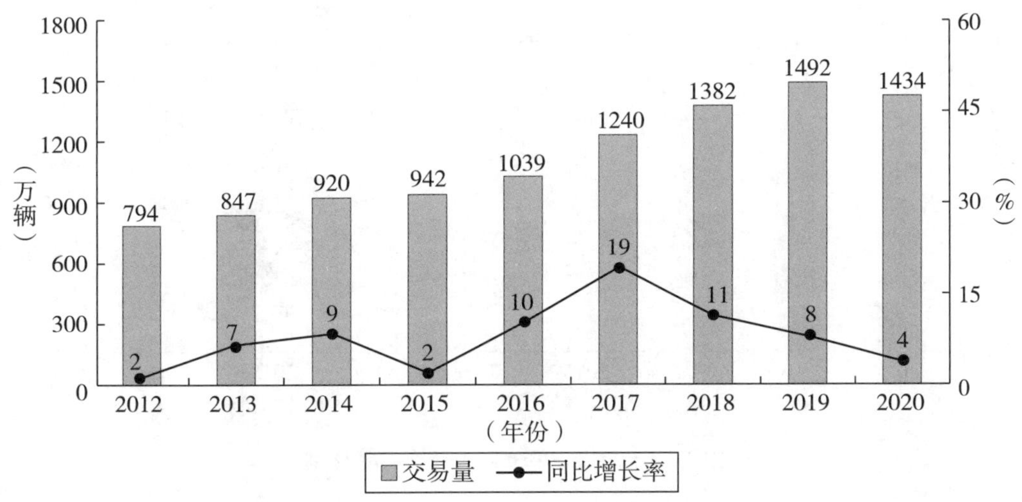

图5－3　2012—2020年二手车交易量及同比增长率

据公安部统计，2020年我国机动车保有量达3.72亿辆，其中汽车保有量为2.81亿辆，超过此前美国的2.78亿辆。只是，由于近两年美国汽车保有量也有所增加，因此2020年我国与美国基本持平，两者并列世界第一。新冠肺炎疫情的暴发给国内经济和消费者收入都造成了一定的影响，导致车市继续走跌。从具体的数据来看，2020年全国新注册登记汽车2424万辆，同比下降6.0%。2020年新增的保有量超过100万辆的城市为70个。青岛、石家庄的汽车保有量均超过300万辆，郑州也首次达到400万辆以上，重庆突破500万辆，北京更是成为国内首个汽车保有量达600万辆的城市。从新能源市场来看，2020年全国新能源汽车保有量为492万辆，只比2019年增加111万辆，这意味着我国新能源市场的增量出现首次负增长。

全国各地二手车限迁政策逐步推进，极大促进了二手车流通，有效盘活了市场资产，进一步增强了二手车市场增长的驱动力。2019年二手车转籍比例再创新高，达到27.87%。其中2019年6月转籍比例高达33.02%，且前8个月转籍比例全面高于2018

年同期数据。不过9月开始，受到国五、国六排放标准切换的影响，转籍比例有所下跌，均低于2018年同期水平。2020年开年，受春节假期和疫情双重影响，2月二手车转籍率达最低点，仅为14.86%。随着疫情防控以及复工复产的不断推进，从第二季度开始，跨区域流通整体呈现缓慢增长的趋势，7—12月连续6个月好于上年同期。12月二手车转籍比例为28.88%，再创年内新高，转籍比例较上年同期增长了3.77个百分点。2020年全年二手车转籍总量为393.80万辆，转籍比例为27.46%，与上年同期相比下降了0.41个百分点。2012—2020年二手车转籍比例如图5-4所示。

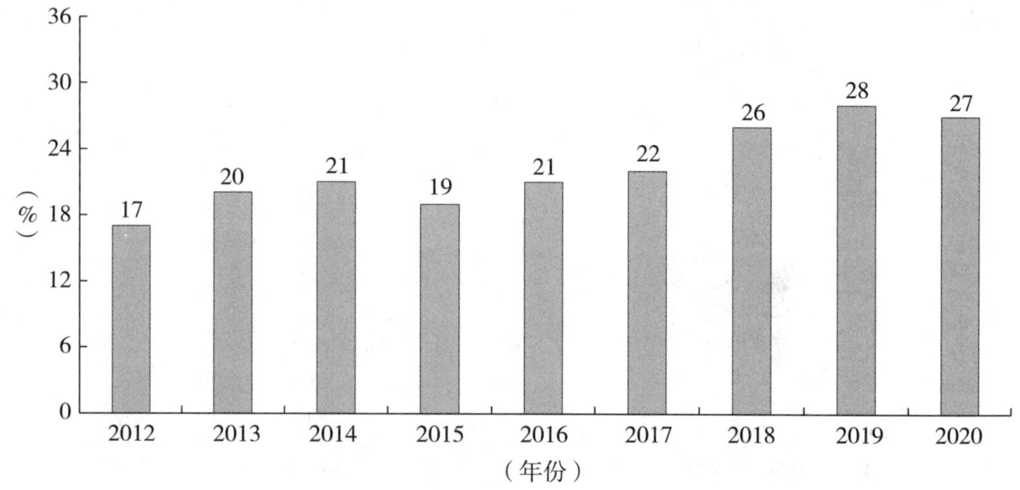

图5-4　2012—2020年二手车转籍比例

2020年5月开始，二手车的增值税由2%降至0.5%，直接降低了经销商经营二手车业务的税负成本。同时商务部、公安部、税务总局先后出台取消二手车限迁的政策，简化二手车交易流程，进一步释放了二手车的消费潜力。新车市场由于芯片短缺，新车供给下滑，汽车市场急剧变为卖方市场，驱使不少消费者转向买二手车。随着二手车增值税减税政策落地与全面取消二手车限迁政策的铺开，二手车市场流通活力逐步被激发，二手车物流将迎来前所未有的发展机遇。

（二）二手车市场面临的挑战

1. 全国二手车流通体系难建立

我国大多数区域二手车交易市场的机制不完善，导致二手车区域间流通渠道发展缓慢，各省跨区域二手车流通渠道不成熟，本地车源有限，如果异地买车，消费者必须亲自到现场验车才能确认车源质量支付货款。中间环节耗费大量人力和财力，也增加了二手车经营的风险，信息不对称的同时，导致二手车销售的不稳定和价格趋高状态。虽然不断涌现的二手车交易平台有意愿解决异地购车交易问题，但由于消费者对需求的商品是有一定要求的，二手车定价机制又很特殊，一车一况，难以形成统一的标准。车主卖车和消费者买车都对二手车价格存在疑虑，平台很难快速形成核心竞争力，难以建立二手车流通渠道和体系。

2. 二手车诚信问题

我国二手车交易市场尚处于起步发展的阶段，行业相关法规、行业标准还不够完善，行业结构也不完整，有些企业经营者利益优先，对消费者打虚假广告，蓄意隐瞒车辆状况等真实信息。市场上还存在事故车、火烧车、水泡车等车辆被包装后售卖的乱象。有黑心车商通过钓鱼式营销或临时增加购车条款等手段，让消费者多花钱；售卖的车辆存在权属纠纷，或不具备法定证明文件；部分商家对卖家杀价，对买家则“巧立名目”，在贷款合同中捆绑各类费用。有些黑车商还存在恶意扣车、强买强卖、伪造牌证等违法犯罪行为。

3. 二手车金融服务问题

目前国内的汽车金融机构还处于发展阶段，由于缺乏汽车检测评估的标准及专业体系和人才，金融机构无法有效掌握二手车的真实状况，二手车市场的发展必须配备完善的价格评估体系。国家需统一各个地区的评估标准，建立完善的二手车评估标准，培养专业的鉴定评估师，有效解决消费者对车辆质量问题的担忧，提高二手车评估师证书的含金量，让持有证书的二手车评估师的评估结果更具有权威性。消费者相信评估报告的同时也更肯定二手车消费的规范性。在此基础上，金融机构为买卖双方提供合适的金融产品服务，更好支撑二手车市场发展。

二、二手车物流市场发展特点

（一）二手车物流市场规模和需求不足

我国汽车保有量持续攀升，二手车市场的体量也随之增大，但整体市场增速并未快速提升，市场总量与美国等发达国家仍有较大差距。车源不足、车源流通不畅、地区发展不平衡等问题制约了市场的发展。其中二手车流通对资源合理分配、区域协调快速发展等问题产生重要影响，是影响中国二手车市场发展的核心因素之一。全面解除限迁，极大促进流通，全国车源正逐步增加，但二手车物流暂未形成规模化，区域大型物流企业还是未来区域市场的排头兵。消费者对异地车源接受度尚可，但对异地购车方式、车源质量等因素仍有一定顾虑。二手车市场的规模还需要更多政策扶持，也需要时间积累来形成。

（二）二手车物流需求零散碎片化是典型特征

汽车新零售的发展，带来了全新营销模式和市场环境的变革，大数据化下的消费者需求会越来越清晰，精准的细分需求会让汽车物流变得越来越碎片化和实时化。汽车流通领域正在经历一场前所未有的变革，无论是求新求变的传统车商，还是雄心勃勃的二手车电商，只有融合好线上渠道和线下实体，结合二手车物流的数字化支撑，才能有大的发展。利用像运车管家这样的社会化散车整合平台，利用其科技公司互联网基因的优势，加大运营推广的力度，整合订单聚零为整，降低物流成本的同时，提高了配板发运的效率。二手车物流得到平台性公司的助力，必将推进产业整合升级，带动整个行业快速发展。

（三）二手车物流信息化能力弱

二手车物流实际运营中多是小团队运作，有些小公司还是夫妻店，公司只有两三个人，实际执行操作尚且不规范，更谈不上信息化、系统化支撑能力。行业内，规模相对大的二手车物流企业有自己的体系，操作也相对有标准，也肯投入资金来开发系统，但系统多仅限于对原有各自业务的支撑，彼此之间信息孤立，离信息规模化、系统化还有一定差距。更多中小型企业由于资金实力有限，使用的信息技术设备功能单一，甚至不具备信息技术设备及信息化管理能力。在互联网不断升级的情况下，整体行业都需要在信息化方面加大投入，无论是单一运力运输，还是多式联运，信息化物流都将不断渗透，从而为现有业务运行提供强有力支撑。

（四）二手车物流在东部、北部地区有优势，西部地区成本高

对于二手车物流，北部、东部地区交通更加发达，尤其整车厂商数量较多，整车物流也更加发达，物流成本和时间均展现一定优势；而西部地区由于地域广阔，与多数二手车发展区域距离较远，其物流成本、运输时间均较长，物流的准时率、满意度、推荐度等核心指标评价相对较低。

（五）二手车运输特征体现行业的非标程度

整体运量小，运输区域极其分散；运输线路覆盖范围广，很难固定；需求临时性强，没有很好的计划性；需求零散导致司机配板时间极长；物流公司类型参差不齐，导致运费高，不透明；小微物流公司和货代公司居多，无标准化服务。

三、二手车物流市场发展趋势

（一）二手车市场发展的趋势

1. 二手车经营轻资产化

二手车市场要规范化管理，国家应制定配套法律法规，约束相关人员的行为，保障市场良性运转。同时，二手车经销商还要创新经营模式，轻资产化，结合线上线下为客户提供售后、咨询等服务，从传统模式转换为互联网融合模式。随着行业各大平台挖掘并下沉三四线城市，利用互联网，通过信息化的打造，让公司的资源得到更充分的利用，同时通过寄卖模式，降低库存资金占用，同时也能为老客户提供更好的服务。

2. 二手车售后体系发展

发达国家每辆售出的二手车可在全国享受一年或行车 2.5 万公里的售后维修服务，如消费者不满意，可在车辆售出后 10 天内或行车 500 公里以内退车。在我国，二手车交易结束后基本没有任何售后保障。二手车行业未来发展的重点之一就是建立完善的售后服务，让消费者消除后顾之忧。同时，建立一个舒适的服务中心，让消费者享受和新车一样的售后服务，可以在一定范围内消除消费者对二手车存在排斥的现象，有利于二手车交易量的增长。

3. 二手车营销多元化发展

2010 年以前以“线下区域实体宣传 + 电台营销 + 实体活动”为主，2010 年以后，开始接入互联网信息平台营销。进入 2014 年，众多二手车商开始尝试公众号自媒体营销，但实际上做得好的不多，进入 2018 年，随着视频媒体的兴起，二手车商开始尝试在抖音、快手等平台宣传。2020 年二手车市场受新冠肺炎疫情影响，人们只在网上查看价格无法查看实车车况，这使车商们纷纷将营销重点转向线上，直播卖车作为一种新的营销手段被车商广为应用，从发展趋势看将来会成为营销的常规渠道。

（二）二手车物流发展的方向

1. 传统主机厂物流将发力散车物流市场

近期在国家推动下的运力改革和汽车新零售方式将全面影响汽车物流的发展，线上线下一盘棋、服务产品一体化是必然趋势。国内新车销售行情不尽如人意，主机厂计划物流的价格远远没达到物流公司运营预期，导致很多传统主机厂物流迫于压力转向社会化散车市场，新鲜血液的注入必然给现有的二手车物流市场带来强大的冲击，服务规范化、标准化势在必行。在汽车新零售背景下，二手车物流体系有以下三大发展趋势。

（1）供应链化。数据驱动的全供应链形成。无论是上游零部件供应端还是主机厂装配端，或是下游的分销端全部数据化，整个供应链重新组合，重新组合的结果就是线性的、树状的供应链会向网状供应链转型。

（2）自动化。随着人力成本的不断提高，机器人与人工成本的临界点将会出现，不同环节的汽车物流机器人将会大量出现。

（3）社会化。数字化汽车物流会使汽车物流资源在全社会重新配置，无论是人员、系统、设施，还是商品车都将进行组合，任何一个社会资源都可能涉及物流。

2. 二手车物流的零散状态需要平台整合

随着技术的优化推动，基于大数据分析和算法优化的工具，推动汽车物流运营不断优化，实现更精准的销售预测、更科学的物流网络布局、更合理的库存管理、更快速的配送路线规划。假以时日，汽车物流配送甚至将精确到分钟，这就是极致的数字化物流体系给用户带来的体验。物联网和数字技术的应用，使得传统的线性供应链节点正折叠成为一组动态网络，从而增加了企业实现差异化战略的可能性。通过集成的数字供应链，企业可以选择在差异化因素（如速度或服务）上进行竞争，并在供应链的所有传统节点上驱动应用数字化。数字化最大的好处是提升实体店商品车和包括仓储物流在内的整体服务的管理，可以更好地提升用户体验和车辆配置的效率，门店的车辆也会跟线上的车辆互动起来，这是传统零售业的数字化和纯汽车电商线下化的结合。在这个趋势下，货物不会只围绕纯汽车电商配置，配置的关键是线下数字化，数字化是汽车新零售的核心驱动力，重塑产业生态链，最终 B2C 模式转型为 C2M 模式。在这一过程中，传统的由内至外的供应链顺序将被颠覆，汽车企业的制造、装配、营销、物流等活动都将以客户数据作为驱动力和决策依据，要求企业对全价值链进行数字化的改造，包括对大数据、新技术、新平台、新金融和新制造等的全面升级。供应链各环节将被重塑，具备创新能力企业将占领先机。

3. 二手车铁水联运，助力公路运输降本提质

在汽车行业变革的大背景下，对于汽车物流的需求将必然向运输多元化发展。“干线＋末端”云仓集散配送的方式也将对汽车物流整体追踪体系提出更高的要求，作为一种集约高效的运输组织形态，铁水联运既能够提高运输效率、降低物流成本，又能够发挥“大批量、低污染”的绿色优势，是现代交通运输发展的必由之路。对于航运、港口、物流企业来说，铁水联运为丰富服务内容、提高服务水平、促进转型升级提供了抓手。近年来，各地在探索创新、挖潜增效，大力发展铁水联运过程中进行了积极探索，收获了不少值得借鉴的经验，这些积累的经验也将为二手车物流市场带来巨大利好。

4. 汽车新零售进一步促进物流行业发展

新零售和传统零售相比，有海量的商品、海量的订单、海量的消费者，以及与之伴随而来的海量信息处理。现在是供应链时代，与其说是物流的挑战，不如说在新零售条件下物流面临的将是一种重构。汽车新零售，需要数字化物流、大数据的多重配合。汽车物流的基本原则就是要用最短的距离、最少的时间、合理的资金成本，高效快速完成整个作业流程，提升用户良好的交付体验。汽车新零售时代的汽车物流不仅是要比谁运输得更快，而且是要尽量减少积压库存，并速达用户。新零售时代的物流要更精准地预测销量，调拨库存，把车辆尽快运送到消费者手里，这样既可以降低企业物流成本，又可以提升用户体验。汽车新零售的物流运营必须以客户需求为中心，而非传统电商和零售以产品为中心。汽车新零售模式下数据驱动的供应链模式，通过全供应链库存数据共享，打通上下游的采购订单预测、销售，实现需求、库存、供应的平衡。供应链任一环节都可以通过上下游订单和需求数据合理安排库存，最终的目标是通过加强库存的透明管理，使货物永远在路上，仓储时间日益缩短，库存逐渐向离消费者更近的地方移动，缩短交付距离，提高交付效率，达到快速周转，直至成为家里的库存，甚至实现消灭库存。

5. 电商发展促使前置仓配送服务升级

社会化汽车仓配发展，运输距离缩短。平台电商的自然交易距离是大于1000公里的（卖家与买家之间的干线距离），但是仓配平均运距是50～500公里，大幅拉近了平均自然交易距离。商家的成本除了传统物流仓储配送费用外，还有库存积压所产生的成本。大数据与预测技术的发展应用，使商家提前备车成为可能，并逐渐优化库存，车辆备到离消费者更近的仓库，拉近了消费者与车辆之间的距离。当日达、次日达日益普及。“最后一公里”无疑是配送过程中的痛点之一，提升配送效率势在必行。物流配送在供应链内部要解决仓管、运输、调度、线路规划等多个环节问题，司机经验、车辆种类、配送车辆属性等也要考虑，归纳起来，“解决车辆满载”“配送实效”“交付完整性”成为“最后一公里”的关键。

（运车管家　马健）

第六章　我国汽车整车铁水运输发展情况

第一节　我国汽车整车铁路运输发展情况

一、我国商品汽车铁路运输基本情况

近些年，随着人民生活水平和收入的不断提高，商品汽车产销量不断攀上新的台阶。党的十九大以来，中央关于调整运输结构和打赢蓝天保卫战的要求又为铁路商品汽车运输的发展带来了新的机遇和挑战。充分发挥铁路运输优势，为运输结构调整和打赢蓝天保卫战助力，对铁路运输企业的运营和管理提出了更高的要求，促进铁路运输企业围绕客户提升服务、围绕市场升级产品、围绕经营创新思路、围绕需求谋划发展，开辟了充分适配主机厂的铁路商品汽车物流之路。

（一）铁路运输现状、网络及模式

1. 铁路运输现状

中铁特货物流股份有限公司（原中铁特货运输有限责任公司，以下简称“中铁特货”）是全国铁路专业从事汽车物流业务的主体，对全国铁路汽车运输物流业务实行统一管理、统一组织、统一运作。中铁特货具备小汽车铁路运输唯一承运权，年运输汽车能力达700万台，具有完善的两端配送能力和充足的配送队伍，可提供门到门全程物流服务。

2006年中铁特货进入商品汽车物流领域以来，从初期年运输乘用车5万台，至2012年运量首次突破百万台达到102万台。自2015年开始，运量逐年大幅上涨，至2019年年底实现年运输商品汽车657万台，近五年年平均运量增长率达到37%。2020年开年以来，受新冠肺炎疫情影响，运量同比有所下降。

2. 铁路运输网络

中铁特货在全国拥有21个分、子公司，具有完整的、覆盖路网广的组织机构、运

输线路和信息网络。在全国拥有140余个商品汽车装卸作业点，拥有郑州圃田、武汉吴家山、西安新筑、上海闵行、柳州、广州等42个物流基地，总面积219万平方米。同时，中铁特货在国铁集团的大力支持下，正在逐步推进108个铁路商品汽车整车物流基地的建设，此举将大大提高中铁特货的商品汽车整车运输能力和市场竞争力，为商品汽车铁路运输持续发展提供强有力的保障。

3. 铁路运输模式

铁路运输模式多种多样，主要有站到站、站到店、站到库、厂到店等，可根据客户需求定制物流方案。中铁特货正在建立运输组织模式动态调整机制，灵活应对商品汽车淡旺季市场特点，提升运力调配能力。针对运能长期紧张的区段，探索创新“集零成整”“多品牌集并”等模式，提升班列开行比例。加强零散运输车运行组织，强化对滞留运输车的协调与盯控，保证运到时限，提高客户满意度。

（二）铁路运输装备简介

1. 铁路运输设备总体情况

铁路商品汽车运输至今，商品汽车专用运输车已经发展至第9代，运输设备经市场检验，已进行全部优化。目前，铁路拥有汽车运输专用车JSQ5型车、JSQ6型车、JSQ7型车、JSQ8型车、JNA1型车共计17983辆。小汽车运输专用车如图6－1所示。

图6－1　小汽车运输专用车

国铁集团非常重视小汽车运输业务，自2015年起，商品汽车铁路运输进入高速发展期，每年投资新造运输车辆均为3000辆，目前各车型运输车保有量共17983辆，预计商品汽车年运输能力达700万辆以上。同时，正在研发的新型汽车铁路运输车辆——工程机械运输专业车辆JNA1型及JSQ8型三联车也已经进入试运用阶段。

2. 铁路运输装备

（1）乘用车铁路运输装备。

中铁特货目前在乘用车运输装备方面主要有JSQ6型车、JSQ5改型车、JSQ7型车。JSQ6型车经过多年验证，很好地适应了市场，适装车型多，装载量大，装卸效率高，是目前的主力车型。JSQ6型车外形及相关参数如图6－2所示。

相关参数	第一方案	第二方案	第三方案
外部尺寸（长/宽/高，mm）	26066/3086/4723	26030/3066/4723	26030/3066/4723
内部尺寸（长/宽，mm）	25100/2880	25100/2860	25100/2860
上下两层高度（上/下，mm）	中部2070/ 端部1590，中部2270	端部1720/中部2070	1740/1790
自重（kg）	38300	38300	37000
载重/计费重量（kg）	22000/100000	22000/100000	20000/100000

图6－2　JSQ6型车外形及相关参数

（2）商用车铁路运输装备。

中铁特货目前在商用车运输装备方面主要有JSQ7型车，可运输皮卡、轻型客车、中型客车及轻型货车等。车体主要分为上下两层，在运输商用车时，上层活动地板可收起。JSQ7型车相关参数如表6－1所示。

表 6－1　JSQ7 型车相关参数

相关参数	JSQ7 型车
载重（t）	50
车辆长度（mm）	26066
车辆宽度（mm）	3306
车辆高度（mm）	4760
上层净空高（mm）	1700
下层净空高（mm）	1860

目前，中铁特货正在积极设计改造 JSQ5 型车，预计 2021 年年底改造完成 300 辆，准备将 JSQ5 改型车作为部分商用车（中大型客车和适装货车）的专用运输车，以解决各主机厂对于商用车的运输需求。JSQ5 改型车相关参数如表 6－2 所示。

表 6－2　JSQ5 改型车相关参数

相关参数	JSQ5 改型车
载重（t）	22
车辆长度（mm）	26030
车辆宽度（mm）	3108
车辆高度（mm）	4723
装载最大高度（mm）	3000

此外，中铁特货现有 D70 型装备（见图 6－3），可满足部分重型货车、轻型货车及部分工程机械的运输需求，已成功装运了徐工集团的工程机械。

相关参数	D70型装备
载重（t）	70
车辆长度（mm）	20400
车辆宽度（mm）	3000

图 6－3　D70 型装备外形及相关参数

中铁特货为适应市场需求，加大了新装备的研发力度，现正重点研究重卡及其他工程机械的运输设备，目前已有了专用运输车辆 JNA1 型车。JNA1 型车在国铁线路上可装载商用重型、中型和轻型卡车，重型卡车包括牵引车以及载货车、自卸车和搅拌车的二类底盘，中型和轻型卡车的二类底盘，也可装载自行轮式工程机械，JNA1 型车满载时采用配装方式，可最大化利用铁路运力，降低运输成本。新研发车型示意如图 6－4 所示。

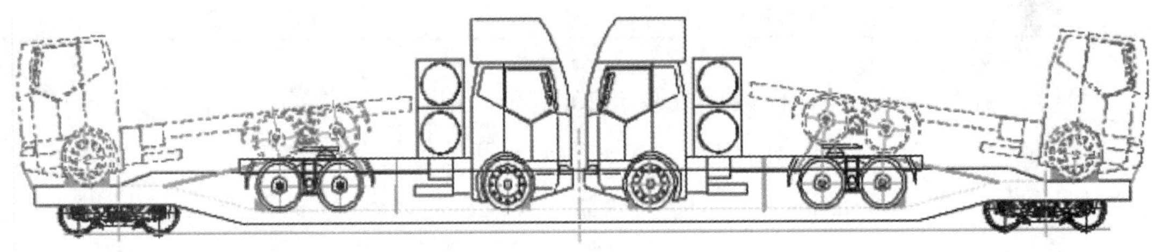

图 6－4 新研发车型示意

二、我国汽车物流铁路业务拓展情况

中铁特货积极开拓市场，围绕商品汽车铁路物流的主营业务优势，积极与各个主机厂进行对接，不断拓展产业链、物流链延伸业务，陆续开发了共享仓储、零部件物流、国际联运、在用车物流、汽车销售等延伸业务。

在共享仓储方面，中铁特货梳理各区域前端库、分拨库情况，研究客户、铁路整车库仓储能力合理配置，向客户大力推介铁路场站和物流基地资源，通过铁路物流基地的综合利用，探索实施共享仓储，帮助客户达到减少物流环节，降低物流成本的目的。

在零部件物流方面，中铁特货在充分调研市场和对接客户的基础上，针对零部件物流特点，制订针对性的物流方案，为保障零部件物流的时效性，并组织开行整车、零部件混合班列，进一步帮助客户降低物流成本。

在国际联运方面，中铁特货紧密联系市场，加大市场开发力度，已成功开通日本、韩国、美国过境中国铁路至蒙古国海铁跨境联运通道，德国至中国的铁路商品车多式联运通道，中亚铁路商品车联运通道，第三国过境中国铁路至第三国铁路商品车过境运输通道，以及海铁联运模式的国内主机厂由铁路运至港口，再由海运运至目的地国家的运输通道。已经服务沃尔沃、宝马、奔驰、奇瑞、丰田等品牌。

在在用车物流方面，中铁特货围绕二手车、私家车、租赁车、零散车等销售商和租赁商，认真了解客户跨区调拨需求，积极开展线下物流和线上平台搭建，铁路在用车物流是中铁特货响应国家号召，开创国内汽车产业新增长点的有益尝试。

在汽车销售方面，中铁特货已经与一汽、上汽、沃尔沃等十几个品牌建立了汽车销售方面的合作，通过中铁特货在内部开展公车采购和职工购车业务，不仅丰富了中铁特货的业务范围，也进一步拓宽了主机厂的销售渠道。

三、我国汽车物流铁路运输发展趋势

近年来，随着国家对于节能减排、打赢蓝天保卫战、碳中和及碳达峰政策和措施的相继出台，铁路物流绿色环保的优势越来越突出。党的十九大以来，党中央、国务院高度重视运输结构调整工作，以深化交通运输供给侧结构性改革为主线，以推进大宗货物运输“公转铁、公转水”为主攻方向，不断完善综合运输网络，切实提高运输组织水平，减少公路运输量，增加铁路运输量，加快建设现代综合交通运输体系。同时，《汽车、挂车及汽车列车外廓尺寸、轴荷及质量限值》（GB 1589—2016）标准已经全面落地，非标车禁止上路，在后续的政府政策中，“治超”仍然是重中之重，公路运输市场的不规范和无序化发展将终结。

在未来汽车物流发展过程中，单一运输方式和客户体验已不适合市场的快速发展，由此引发的对于各运输方式在新环境下定位的思考将越来越重要。对于铁路而言，铁公联运、铁水联运将是打破铁路、公路以及水运继续发展制约的重要手段，也是国家鼓励多式联运发展的政策导向，从相互竞争转变为优势互补、协同发展，如何淋漓尽致地发挥公、铁、水各种运输方式的优势，多种运输方式如何更好地配合将是未来商品汽车物流行业的发展方向。

未来，中铁特货将继续优化铁路运输组织，提升铁路物流时效性，通过共享仓储、零部件物流为客户降本，持续推进国际联运、汽车销售等与客户实现业务的深度融合。在多式联运方面，将加强与外部公路、水路运输企业的合作，通过公、铁、水运输方式的优化组合，达到降低成本、提升时效、完善链条、补强短板的目的，同时，将通过新建国际铁路主干道，进一步打开东南亚等国际联运市场，以服务更多主机厂。

在以后汽车物流发展过程中，多种方式联运必将成为商品汽车物流的一大特色，同时多种方式联运也将持续推动汽车物流业务的发展。铁路作为其中一种运输方式将继续发挥着应有的作用，为推动国家经济发展肩负起应有的责任。

（中铁特货物流股份有限公司　顾光明、常鹏）

第二节　我国汽车整车水路运输发展情况

一、2020 年中国滚装运输总体情况

（一）2020 年中国滚装运输货源分布及运量情况

经过汽车产业集群的时空格局演变，现阶段中国整车产业的空间分布已经形成了长三角、珠三角、辽吉、京津、鄂中、成渝 6 个产业集群，6 大汽车集团分别盘踞在这些产业集群里，其中长三角有上汽，珠三角有广汽，辽吉有一汽，京津有北汽，鄂中以东风汽车为首，成渝以长安汽车为首。此外，随着 6 大汽车集团扩张以及其他车企发展，广西、湖南、河南等中西部省份汽车产业规模也逐渐壮大。

中国汽车产业集群的区域布局形成“三线”架构，即“东部沿海一线”——广州区、上海区、京津区；“京广—京哈一线”——长春区、京津区、武汉区、广州区；“沿长江一线”——上海区、武汉区、重庆区。从汽车产业格局来看，全国汽车产业布局已基本形成，这个格局是一个“T”形的构架，这个“T”形构架正好和水运“T”形结构相契合。滚装运输区域与核心客户如表 6 – 3 所示。

表 6 – 3　滚装运输区域与核心客户

区域	枢纽港	核心客户
西南区	重庆	长安汽车、长安福特、东风小康
华中区	武汉	东风标致、东风本田、东风乘用车、东风日产（武汉）
华东区	上海	上汽通用、上汽大众、特斯拉、奇瑞、捷豹路虎
	宁波	吉利、长安福特（杭州）
东北区	大连	一汽大众、一汽奥迪、一汽乘用车、华晨宝马、上汽通用、东风日产（大连）、一汽丰田（长春）
华北区	天津	一汽丰田、长城汽车、北汽奔驰、吉利领克
华南区	广州	广汽丰田、广汽本田、广汽乘用车、东风日产、一汽大众（佛山）
	海口	海马汽车

整车物流滚装运输与汽车工业发展正相关，在 2020 年汽车工业略有下降的大环境下，当年滚装运输总体完成整车水运量 312 万辆（船公司统计，无权威统计数据），相

比 2019 年运量 339 万辆下降 8%，其中长江 87 万辆、沿海 225 万辆，水运比例由 2019 年的 13.18% 下降至 2020 年的 12.33%，同比下降 0.85 个百分点，主要是 2020 年年初新冠肺炎疫情导致 2 月、3 月的水运接近于停运状态。

中国汽车行业在过去的十年里迎来一波迅速的发展，虽然近两年不及“十三五”初期，但是商品车水运量保持 12% ~13% 的运输比例，依然呈现良好发展的趋势。2011—2020 年中国滚装运输情况如表 6 -4 所示。

表 6 -4　　2011—2020 年中国滚装运输情况　　单位：万辆

年份	2011	2012	2013	2014	2015	2016	2017	2018	2019	2020
滚装运量	135	153	166	185	217	252	295	314	339	312
新车销量	1850	1930	2198	2349	2460	2803	2888	2808	2576	2531
滚装比例（%）	7.30	7.93	7.55	7.88	8.82	8.99	10.21	11.18	13.16	12.33

注：无权威数据（由滚装船公司及滚装码头年度数据综合分析而成）。

（二）中国主要滚装码头分布状况

中国港口汽车滚装码头已经初具规格，目前，已形成了以天津、大连、烟台、上海、宁波、广州、海口等港口为沿海纵轴，以重庆、宜昌、武汉、芜湖、南京、常熟等港口为长江横轴的水运构架。其中处于大连、天津、上海、广州、武汉、重庆的滚装码头分别构建了中国纵横水运通道中的汽车物流枢纽。

据统计，国内成规模专业滚装码头有 26 个，随着泊位以及码头库场的改造、扩展，设计整车吞吐量已达到约 1100 万辆。受益于国内汽车消费市场快速增长与公路运输合规治理，2020 年滚装码头整车吞吐总量约为 790 万辆（包括外贸）。其中沿海产生广州、上海、天津三个吞吐量超过 100 万辆的专业滚装港，沿海宁波港滚装内外贸增速最快，长江沿线形成重庆、武汉两个吞吐量超过 50 万辆的专业滚装港，各区域内业务发展一改以往的一枝独秀，呈现多点盛开的均衡性发展态势。

此外，在大连、广州等港口区域内出现多码头经营主体整体运营，对外共同向货主、船公司提供装卸服务、库场服务等港口服务，对内共同计划调度装卸队、库场、泊位岸线等多项港口资源，呈现“整体对外、内部结算”的运作模式，进一步加强了区域内码头之间的合作，持续推动滚装运输行业健康发展。

（三）中国整车物流滚装运输航线及运力分布情况

滚装船作为中国滚装运输市场中主要的运输工具，主要分为三种类型：1000 CEU

以下轻型滚装船；1000～3000 CEU 的中型滚装船；3000 CEU 以上的大型滚装船。

轻型滚装船主要分布于长江沿线，沿海华东至渤海湾、东北航线，广州至海南航线；中型船舶主要分布于中国沿海南北滚装运输干线，为中国沿海滚装运输的生力军；大型船舶一部分以期租的形式经营外贸航线，另一部分也投入中国沿海南北滚装运输干线运营，主要航线以及运力投放情况如表 6－5 所示。

表 6－5　　　　航线及运力投放情况

航行区域	航线	船舶
长江航线	武汉—上海	1000 车位×4 艘、800 车位×14 艘、250 车位×1 艘
	武汉—重庆	800 车位×22 艘、500 车位×4 艘
	长沙—城陵矶	350 车位×2 艘
	重庆—秭归	800 车位×2 艘
	宜都—武汉	800 车位×2 艘
	停航	800 车位×2 艘、350 车位×2 艘、1300 车位×2 艘
沿海航线	广州—上海—天津	4000 车位×5 艘、2000 车位×1 艘
	广州—烟台—大连	2000 车位×4 艘
	广州—上海—大连	4000 车位×1 艘、2000 车位×5 艘
	上海—大连	4000 车位×2 艘、1000 车位×1 艘
	天津—上海	2000 车位×2 艘、1000 车位×1 艘
	天津—宁波	2000 车位×2 艘
	海口—广州	1000 车位×2 艘
外贸航线	期租及自营	5000 车位×2 艘、4000 车位×2 艘

二、2020 年中国滚装运输市场分析

（一）江海滚装运输市场需求分析

江海滚装运输市场 2020 年合计整车运量 312.6 万辆（剔除相互分包重复计算），同比下降 8%。

长江 87.1 万辆，同比下降 27.75%。其中主要企业招商滚装、上海安盛、民生轮船、华嘉船务各自控制运力实际承运市场运量分别为 29.4 万辆、29.7 万辆、19.1 万辆、9 万辆，占比分别为 33.72%、34.06%、21.90%、10.32%，如表 6－6 所示。

表 6－6　　长江运量分布

企业	招商滚装	上海安盛	民生轮船	华嘉船务
控制运力承运量（万辆）	29.4	29.7	19.1	9
占比（%）	33.72	34.06	21.90	10.32

沿海 225.5 万辆，同比增长 2.9%。其中主要企业招商滚装、上海安盛、中远海特、中甫航运各自控制运力实际承运市场运量分别为 58.6 万辆、82.1 万辆、28 万辆、46.8 万辆，此外客滚完成运量 10 万辆，占比分别为 25.99%、36.41%、12.42%、20.75%（见表 6－7）。

表 6－7　　沿海运量分布

企业	招商滚装	上海安盛	中远海特	中甫航运
控制运力承运量（万辆）	58.6	82.1	28	46.8
占比（%）	25.99	36.41	12.42	20.75

2020 年滚装运输市场运量总体呈现一定程度的下降，主要是由于疫情对长江市场的影响较大，长江市场出现大幅下降，沿海市场依然保持着较为稳定的市场需求。

（二）江海滚装运输市场运力供给分析

2020 年年底，江海滚装船共计 92 艘，其中江船 58 艘、海船 30 艘，4 艘在建（海船 4 艘）；在役船舶总计 12.43 万个证书车位数，招商滚装 28%、安盛船务 28%、民生轮船 12%、中远海特 11%、中甫航运 8%、华嘉船务 7%。主要航线有渤海湾环型航线、海南线、上海至天津线、上海至大连线等区间航线，广州至天津、广州至大连两条沿海南北干线，长江段汉渝线、汉申线。

2020 年江海滚装运输市场总计 3 艘滚装船退出市场，其中长江 1 艘、海船 2 艘，全部为船龄超过 25 年的老旧船舶。至 2020 年年底行业内船龄超过 25 年的老旧船舶进一步下降，由 2019 年年底的 8 艘下降至 6 艘，占比 6.8%，共计 0.6 万个证书车位，其中 1 艘将于 2021 年达到国家强制报废年限。

同时 2020 年新增下水运力 1 艘，为 800 车位级长江升船机船型，此外目前在建的 4 艘沿海滚装船，均计划于 2021 年下水。

新增运力为长江升船机船型和大型海船，二者基本达到动态平衡。

从船型上来看，长江主要分为 500 车位级非升船机船型、500 车位级升船机船型、800 车位级非升船机船型、800 车位级升船机船型、1000 车位级船型。受三峡大坝的通航影响，800 车位级升船机船型为全长江通航主力船型，800 车位级非升船机和 1000 车位级船型可成为下水（汉申线）主力船型。沿江运力情况（按船型）如表6－8所示。

表6－8　　沿江运力情况（按船型）

船型	500车位级非升船机	500车位级升船机	800车位级非升船机	800车位级升船机	1000车位级	总数
运力数（艘）	5	5	17	25	6	58
运力占比（%）	8.62	8.62	29.32	43.10	10.34	100.00
证书车位（万个）	0.24	0.18	1.43	2.07	0.66	4.58
车位占比（%）	5.24	3.93	31.22	45.20	14.41	100.00

沿海主要分为1000车位级船型、2000车位级船型、4000车位级船型，其中2000车位级、4000车位级滚装船为沿海主力船型。沿海运力情况（按船型）如表6－9所示。

表6－9　　沿海运力情况（按船型）

船型	1000车位级	2000车位级	4000车位级	总数
运力数（艘）	5	15	10	30
运力占比（%）	16.67	50.00	33.33	100.00
额定车位（万个）	0.38	3.33	4.15	7.86
车位占比（%）	4.83	42.37	52.80	100.00

以主力船型测算年度提供运输供给能力，长江的800车位级升船机船型年度可提供80万辆商品车运输能力（汉渝线），长江的800车位级非升船机和1000车位级船型可提供80万辆商品车运输能力（汉申线），沿海的2000车位级、4000车位级滚装船年度可提供240万辆商品车的运输能力（长航线运输）。

考虑到长江汉渝线会结合翻坝操作共同运输，且沿海并不全部是长航线运输，江海滚装运输市场运力供给完全可以满足年度400万辆整车的市场需求。同时，船舶大型化、标准化明显，新旧更新平衡。沿海运力规模适度，长江运力规模略显结构性过剩，升船机船型比例不高。

（三）江海滚装运输市场重要成本分析

江海滚装运输市场燃料及港口作业费用为行业重要成本。

2020年第一季度，受中国武汉封城、中国经济断崖式下降的影响，国际原油最大日消耗量减少200万多桶，直接导致油价持续下跌，直至第二季度的4月中下旬才触底反弹，大大超出了年度预期，此后美联储同时动用一切工具，原油价格勉强拉升，并在9月持续了2个月的震荡后，最终在年底达到50美元/桶的水平。可以说2020年油价水平远低于年初预期，对遭受疫情沉重打击的滚装运输行业带来了些许利好。

随着专业滚装码头的扩容、设计吞吐量的进一步提升，滚装码头资源紧张的情况得到缓解，2020年江海港口作业费保持稳定，基本没有变化，逐渐建立起码头价格体系。

三、2021年中国滚装运输市场发展展望

（一）滚装运量保持增长水运比例有望提升

2021年是中国“十四五”规划的开局之年，有权威机构预测，受新冠肺炎疫情全球蔓延影响，2021年全球经济有可能继续负增长，中国经济则有可能同比增长8%～9%，在全球主要经济体中一枝独秀。中国汽车工业协会对2021年中国汽车市场做了预测，汽车总销量预计达2630万辆，同比增长4%左右。

滚装运输行业保持与汽车工业发展正相关，基于2021汽车市场好于2020年的基本判断，以及滚装运输市场中核心客户都拟在2021年不同程度调增水运需求，预计2021年滚装运输市场整体好于2020年，总体运量有望重恢复至2019年339万辆的水平，水运比例也会较2020年有所提升。

（二）滚装运输行业集中度及合作进一步加强

2021年2月滚装运输行业中两家集团公司中远海运、上汽集团宣布在海南杨浦成立合资公司，主营业务为国内沿海、内河和国际滚装运输业务，以及与滚装运输业务相关的两端物流业务。

滚装运输行业企业由“十三五”时期的6家减少至5家，行业集中度有所增加，行业合作也会进一步加强。

（三）受合规政策的影响，水铁运输方式占比增加，整车物流结构进一步优化

从整车运输的大环境来看，2020年公、铁、水运输比例分别为63.27%、24.38%、12.35%，相比于2019年的61.31%、25.51%、13.18%，公路提高1.96个百分比、铁路和水运分别下降1.13个、0.83个百分点。

除水运外，汽车整车运输另一个主要方式铁路2020年完成运输量617万辆，虽较2019年的657万辆下降6.09%，但已经连续3年保持占整车物流比20%以上，运输实

现了规模化、快捷化，充分发挥了铁路运输的规模优势。

从三种运输方式的经营者来看，公路运输经营主体众多，主要以民营资本为主，龙头企业较少，市场竞争激烈；铁路运输经营主体只有中铁特货；水运经营主体有限。

2020年铁路的整车实际运量是617万辆，没有达到预期，预计在2021年铁路将采取一些积极措施提高运量占比，同时随着国家在“十四五”期间提出的“二氧化碳排放力争2030年前达到峰值，努力争取2060年前实现碳中和”方向，绿色环保的铁路、水运运输方式将继续得到发展，汽车整车物流市场结构调整持续深化，水运和铁路市场份额未来有望继续上升。

（四）多式联运方式或将进一步发展

经过多年的发展，中国滚装运输市场已经获得较大程度的发展，整车运量已经连续4年稳定在300万辆左右，其中主要以起运港至目的港直发为准，2018—2020年逐步出现中转发运，2019—2020年出现东北区域的铁水联运。

从发展来看，中国汽车市场规模增长与存量市场公铁水运输结构优化将支撑滚装运输行业进一步发展，以水运中转、江海联运、铁水联运为代表的多式联运将是滚装运输市场下步发展推进的重点。

（五）新能源异军突起，物流模式有所改变（直入C端）

2020年全年，中国新能源汽车产、销分别达到136.6万辆、136.7万辆，同比增长7.5%、10.9%，表现明显好于2019年。

与此同时，新能源汽车市场的迅速发展也带来了整车物流模式的改变。以特斯拉为代表的造车新势力，打破了传统汽车厂的商业模式，摒弃了4S店等终端经销商，采取线下体验和网上直销的模式，更专注于汽车的生产和研发，这为汽车物流服务商带来更多与汽车厂深入合作的机会。

除整车运输服务以外，滚装物流商还可以进一步与汽车厂开展体验中心、交付中心、售后中心等项目合作。滚装物流商有着庞大的物流网络和强大的信息化平台，依靠丰富的上下游资源，可以为汽车厂提供直入C端的配套增值保障服务。例如，将区域的物流库场通过改建增加交付中心和汽车文化馆等；根据客户的需求提供办牌、保险、送车上门等一站式服务。

新能源汽车浪潮必将给汽车产业带来翻天覆地的变化，作为滚装物流服务商必须要积极转型、大力创新，利用智能化、信息化等手段打通物流通道，打通产业链，提供更多增值服务，推动滚装物流与汽车产业的深度融合。

（六）二手车市场资源禀赋可期

“十三五”期间，随着中国经济、汽车市场的发展，二手车交易量稳步增加，由2016年的1039万辆，提升至2019年的1492万辆，受2020年新冠肺炎疫情的影响，2020年二手车交易完成1434万辆，比2019年略低。

同时，目前商务部正在加快修订《二手车流通管理办法》，会同相关部门通过进一步推动落实取消二手车限迁政策，促进二手车自由流通，落实好二手车经销增值税优惠政策，促进行业规范健康发展。

二手车流通是汽车全生命周期承上启下的重要环节，我国二手车发展迅速，但是受多种因素的影响，我国二手车市场发展还相对滞后，和发达国家相比，我国二手车交易量占汽车保有量比重相对偏低，占新车销量比重相当于发达国家的1/3左右。据商务部表示，我国二手车交易量理论上应该接近4000万辆，发展空间巨大。

随着二手车市场的交易量、转籍量不断提升，随之而来的运输需求也会同步扩大，可新增的滚装运量也极有可能达到年度10万辆的需求水平。

（深圳招商滚装运输有限公司　张喆）

第三节　我国汽车滚装码头发展情况

一、2020年我国滚装码头发展情况分析

（一）汽车行业发展情况

2020年，突如其来的新冠肺炎疫情为汽车行业按下了“暂停键”，生产、零部件供应全部中断，第一季度产销同比下降超42%。在巨大的冲击下，全行业同舟共济，坚决落实党中央、国务院的决策部署，扎实推进复工复产，加快转变营销方式，促进汽车市场复苏。

在特斯拉、蔚来、比亚迪等品牌拉动下，新能源品牌迎来逆势增长，越来越多的传统汽车企业把发展新能源汽车当作转型升级、做大做强的突破口；很多互联网巨头也纷纷加入造车新势力。2019年12月，工业和信息化部发布的《新能源汽车产业发展规划（2021—2035年）》征求意见稿，其中明确，到2025年新能源汽车新车销量占比达25%左右。在技术进步、政策支持、资本青睐、基础设施建设日益完善、消费者环保观念逐步增强与清洁能源产品消费看涨的综合作用下，我国各地新能源汽车不断发

展，企业之间竞争也不断加强。

（二）滚装码头发展规模

港口吞吐量与经济发展息息相关，滚装行业整体正逐步迈入低增速、调结构通道，内贸水运从“增量市场”向“存量市场”调整。2020 年全国滚装码头总吞吐量完成 813 万辆，同比下降 3.2%。从吞吐量分布情况来看，依托强大的汽车消费市场与高度集中的汽车工业优势，长三角地区保持全国滚装吞吐量领先地位，占比达到 31.25%；沿江滚装码头与沿海支线滚装码头受疫情影响较大。

国内滚装码头在服务质量、行业规模、布局范围等方面实现了均衡发展，并呈现如下特点。

受益于国内汽车消费市场快速增长与公路运输合规治理，连续三年，全国滚装码头吞吐量稳定在 800 万辆以上。

外贸汽车进出口滚装化率持续提高，其中外贸进口滚装化率达到 96%，比 2019 年提升 7 个百分点，外贸出口滚装化率超过 55%，略高于 2019 年。

珠三角、长江中上游滚装码头群内贸进出口结构相对均衡，基本维持在 1∶1 的比例，长三角、环渤海滚装码头群内贸进出口比例相对失衡，其中环渤海进出口比为 1∶2，大连更是 1∶3.1，长三角进出口比为 1.75∶1。

由传统的装卸业务向综合汽车物流服务模式转变。滚装码头在我国起步较晚，但由于门槛较低，多地纷纷投建滚装码头，港口间服务同质化现象严重，货源竞争激烈，在传统装卸业务基础上，延伸仓储保管、分拨配送、改加装、信息管理等增值服务将有力增强码头的核心竞争力。

市场格局发生变化。传统滚装行业主要进口口岸仍以上海、天津、广州、大连为主，武汉、重庆为主的沿江内贸水运口岸迅速崛起，宁波、烟台等沿海口岸内贸业务实现较大幅度增长，市场格局趋于合理化。

（三）滚装码头产业布局

我国汽车滚装码头发展初期，整车进口口岸中沿海进口口岸为大连港、天津港、上海港、广州港，陆路进口口岸有新疆阿拉山口、满洲里和深圳皇岗。其中四大沿海口岸的进口量和码头装卸量都占据行业九成以上份额。2009 年开始，国家逐步开放对进口口岸的限制，相继批复了钦州港、福州港、青岛港、张家港、宁波港、海口港等一批整车进口口岸。近年国内汽车市场的高速发展及国家政策的调整有力助推沿海滚装业务和滚装码头的发展，同期受益于整车厂商向中西部及沿江地区转移，沿江滚装业务也有了长足发展。随着滚装市场业务需求的不断增长，多地政府、物流商、汽车厂商都加大了对滚装码头的投入，纷纷投资建设或参股滚装码头，沿海沿江滚装码头数量得到快速增长。

2020 年，国内已投产滚装码头数量达到 33 个，在建 5 个，现有设计通过能力为 1300 万辆/年，在建设计通过能力 1600 万辆/年，其中传统沿海四大口岸仍占据行业主导地位，宁波港、青岛港、江阴港为代表的新兴整车进口口岸发展势头良好；烟台港、连云港为代表的非进口口岸，外贸出口滚装业务都有较好的发展；上海临港、常熟、武汉、南京、芜湖、重庆等滚装码头依托腹地主机厂资源优势，内贸滚装进出口业务增长势头强劲。

目前，我国滚装码头布局初步形成。以上海、天津、广州、大连为主的沿海滚装外贸进出口格局和以烟台、青岛、连云港、宁波为辅的沿海滚装外贸出口格局基本确定；内贸滚装沿海业务基本形成上海港、天津港、广州港、大连港四大基本港，其他滚装码头多点开花；内贸滚装沿江业务基本形成以武汉港、重庆港为基本港，南京港、芜湖港为辅的基本格局。

二、2021 年我国滚装码头发展趋势分析

（一）行业发展环境分析

1. 汽车产销市场环境

2021 年上半年我国汽车销售 1289. 1 万辆，同比增长 25. 6%。同比增长幅度较大的主要原因是同期受新冠肺炎疫情影响，基数小。此外，据公安部交管局统计，截至 2020 年年底，全国机动车保有量达 3. 72 亿辆，其中汽车保有量 2. 8 亿辆，13 个城市汽车保有量超 300 万辆，31 个城市汽车保有量超过 200 万辆，国内部分大中城市汽车保有量趋于饱和状态。2021 年 6 月汽车经销商库存预警指数为 56. 1%，同比下降 0. 7 个百分点，环比上涨 3. 2 个百分点，库存预警指数位于荣枯线之上。

汽车产销市场受短期、长期两方面影响叠加共振。短期因素主要有两方面，一方面是从供应端来看，新冠肺炎疫情导致全球汽车产业供应链停滞，芯片供应短缺导致产能受限，大宗商品涨价正传导至车企制造成本，国内车企短期将面临持续的经营生产压力，不少厂家放缓生产节奏，提前进入高温休假，并放宽对经销商提车量的考核。另一方面是从宏观层面来看，经济下行风险仍然存在，从消费端来看，经济虽有复苏，但社会通胀压力上升预期增加，国内汽车消费市场恢复仍存在诸多不确定性。长期因素有三方面，一是汽车产业正处于传统燃油车向新能源化、智能化发展转型过渡期，新能源产业进入正规化蓬勃发展阶段。二是在碳达峰要求下，新能源补贴延续至 2022 年，在政策上加强了对供需两端和基础设施的支持。三是国内疫情控制领先世界，汽

车出口贸易与海外销售持续向好。

2. 汽车物流市场环境

国内汽车消费市场持续调整，汽车物流运输市场已从增长市场转为存量市场竞争，我国整车物流的运输结构也已进入新一轮的优化调整期，铁路、水路充分发挥了其低成本、大批量的运输优势，承担更多中长距离的批量干线运输业务，公路运输重点转向中短途运输和两端短驳，逐渐形成分工合理、节能高效的汽车整车综合运输网络。

（二）行业发展迎来新契机

伴随着《车辆运输车治理工作方案》的有力实施，轿运车单车装载能力减少至6～10辆，整车公路运输单价上涨，国内各大型汽车生产企业及整车物流企业开始调整整车物流模式，重新规划物流方案，由单一运输方式向多种运输方式相结合过渡，对整车物流体系进行转型升级，以适应国家最新政策及应对日益上涨的公路运输成本。整车多式联运已成为国内公认的未来汽车物流发展方向，中远距离干线运输宜采取水运及铁路模式，中近距离干线运输及二次分拨宜采取公路模式。

《车辆运输车治理工作方案》的颁布及落实为滚装行业进一步发展迎来重大历史机遇。滚装码头作为整车多式联运的重要节点，其功能作用已逐渐由传统装卸向前置库、分拨中心、物流基地等方向转移，并将滚装水运大规模的优势条件与公路运输灵活高效的先天特性完美结合。大连汽车码头铁路专用线及装卸平台的高效利用，更是将滚装水运与商品车铁路运输无缝连接，实现了真正意义上的整车“公铁水”多式联运，为国内整车多式联运多元化发展开创了先河。

（三）我国整车多式联运发展情况

1. 整车多式联运产生背景

多式联运是指由两种及以上的交通工具相互衔接、转运而共同完成的运输过程，它集合了各种运输方式的优势，大幅降低了物流成本，有效减少了单位碳排放，真正实现了绿色运输，具有其他运输组织形式无可比拟的优越性。作为集约高效的现代化运输组织模式，多式联运产生于1960年前后，在20世纪80年代随着集装箱技术的成熟开始快速发展。多式联运对提高运输效率、减少货损货差、降低物流成本有非常重要的作用。中国的整车多式联运开始于20世纪90年代，直到近两年才进入高速发展时期，随着铁水联运基础设施的逐步完善、支持政策的推出及企业的不断实践，各滚装码头对铁水联运的认知更加深刻，目前大连汽车码头、广州新沙、武汉江盛等部分港口码头拥有铁路专用线，具备海铁联运发展条件，天津、上海都有铁路专用线建设计划。

2. 政策导向

整车物流行业通过政府一系列政策导向，于2017年开始将整车物流发展的重心由公路向“公铁水”多式联运综合物流体系转移，铁路、水路市场份额得到提升。

2016年9月21日施行的《车辆运输车治理工作方案》为商品车长途运输中的铁路、水路运输比例提升，充分发挥综合运输体系中各种运输方式的比较优势，提供了政策导向。

2017年1月4日，交通运输部发布《交通运输部等十八个部门关于进一步鼓励开展多式联运工作的通知》，此为首次以国家层面、多部门联合推进针对多式联运发展进行的专项部署。

2018年5月22日交通运输部发布《商品车多式联运滚装操作规程》，为发展多式联运创造了诸多便利条件，引导企业大力发展多式联运。

2019年9月19日，中共中央、国务院印发了《交通强国建设纲要》，全面提出了“构建安全、便捷、高效、绿色、经济的现代化综合交通体系，打造一流设施、一流技术、一流管理、一流服务，建成人民满意、保障有力、世界前列的交通强国，为全面建成社会主义现代化强国、实现中华民族伟大复兴中国梦提供坚强支撑”总体要求。

3. 市场导向

近几年，整车“铁水”运输呈跨越式发展，滚装码头吞吐总量由2011年的384万辆增长至2020年的813万辆，铁路运输总量由2011年的81万辆增长至2020年的608万辆，市场份额逐渐扩大。整车物流企业运输理念也开始转变，由原来的排斥到现在更倾向于使用铁路和水路运输，如华晨宝马发至华东地区的商品车全部由铁路集港后水运至上海和宁波，一汽物流也开始重点发展水路运输。随着汽车企业和物流公司运输模式的转变，铁路系统、航运公司及滚装码头也越来越重视整车多式联运。国铁集团将运输商品车作为未来业务拓展的重要方向之一，以中国汽车制造企业为重点，划分八大区域，重点开发。

滚装水运及铁路运输具有大批量、长距离、安全性高、节能环保、全天候等公路运输无法比拟的优势条件，决定了上述两种整车运输方式的不可替代性。同时，公路运输在中短途灵活性与时效性方面又很好地弥补了滚装水运与铁路运输的先天劣势。因此，整车多式联运是汽车物流市场经过多年发展后探索出的最佳运输模式。

4. 成本导向

轿运车治理之前，由于运输车辆普遍超限超载导致运价机制被破坏，公路运价低，铁水运价优势难以体现。2018年7月1日后，违规车被全面禁止，车辆运输车单车装载能力大幅减弱，公路运价逐步上调，尤其对800公里以上中长距离的运输影响更为显著，铁水长距离运输的价格优势将得到凸显。

在国内汽车消费市场趋于饱和、产销量增幅双双收窄的背景下，汽车行业竞争加剧，各大汽车厂商降低物流成本已是必然趋势，公路运输成本的上涨使其不得不重新规划物流方案，将更具成本优势的水运及铁路作为长距离保障性运输。在不足两年的整治期内，有些车企未雨绸缪提早布局、抢占先机，牢牢掌握着公铁水市场资源，一些持观望态度的车企，也开始重新规划物流模式。发展整车多式联运已成为当前乘用车企的重要任务，不断提升铁路、水路运输能力，提高乘用车长途运输的铁路、水路运输比例，充分发挥综合运输体系中各种运输方式的比较优势，从而降低物流成本。

5. 整车多式联运发展前景

以大连汽车码头有限公司为例，2016 年下半年起，大连汽车码头根据市场及政策形势，联合东北地区腹地乘用车厂商，逐步开展整车海铁联运。2020 年大连汽车码头整车海铁联运总量达 49.1 万辆，2021 年上半年海铁联运量 33.7 万辆，成为交通运输部重点推介的国内整车多式联运示范工程。未来，在国家政策倒逼整车物流转型的背景下，将呈现长距离干线运输主要通过铁路运输、沿江沿海靠水运、公路运输负责短距离分拨的趋势。

6. “中转库”成为行业标配

整车多式联运因运输过程中物流环节相对较多，“中转库”的设立极大缓解了不同运输方式衔接过程中所带来的物流压力，提高转运效率、加快周转速度，从而既降低了物流成本又保证交付期，在服务时效与运营成本之间找到平衡点。目前，铁路商品车“库前移”模式已成为公铁联运中不可或缺的重要环节。整车多式联运在未来发展过程中，“中转库”将发挥其“纽带”作用，并完美融入整车多式联运。

7. 具备开展多式联运条件的滚装码头地位凸显

作为整车多式联运的关键节点，商品车的集运、分拨都依赖于滚装码头这个平台，并将公路、铁路两种运输模式紧密联系在一起。

以大连汽车码头为例，大连在地理位置上处于公路核心运输圈之外，公路运输具有较大局限性。同时，东北地区整体运力资源流出流入比为 2∶1，公路运力相对匮乏且成本较高。但港区内铁路专用线极大地缓解了上述问题，腹地大型乘用车企以铁路模式作为主要集运方式，以公路模式为补充，从而平衡运力资源流入流出不均衡的缺陷。如今，大连汽车码头已成为国内商品车滚装水运东北地区枢纽港，多家汽车厂商在东北地区的物流分拨中心，在整车多式联运中扮演着重要角色。

8. 标准助力多式联运规范化

整车物流专业性较强，多以一家物流公司总包，在多式联运开展过程中存在一些衔接和操作问题，整车物流市场中，汽车厂商最为关注的是质量、时效及成本。由北京交通大学及中物联汽车物流分会共同组织起草的《汽车整车物流多式联运设施设备配置要求》国家标准于2020年11月19日正式发布，并于2021年6月1日开始实施。标准中规定了汽车整车物流多式联运设施设备配置的总体要求、设施配置要求、设备配置要求、信息管理系统配置要求。作为汽车物流行业首个多式联运推荐性国家标准，将积极推动汽车物流行业标准化发展。

（四）码头发展情况

1. 吞吐量增速强劲

从2021年上半年大部分滚装码头实际完成情况看，上半年整车吞吐量超过460万辆，同比增长约40%，超过同期的国内汽车产销增速。这其中主要是由于恢复性增长，但相比2019年，同样实现了15%以上的增长。从全年看，全国滚装码头整车吞吐量有望超过900万辆，上海海通国际汽车码头有可能突破200万辆。

2. 滚装外贸出口出现大幅增长势头

以特斯拉、华晨宝马为代表的外资品牌新能源车，国内自主品牌的长城、蔚来、小鹏、理想等电动车企业也纷纷向欧美市场出口，同时，传统的燃油车企业长安、东风、上汽、奇瑞、吉利等加大出口规模，带动2021年上半年主要码头吞吐量快速增长，上半年主要港口的外贸吞吐量超过65万辆，同比增长160%，其中上海港出口36.5万辆。

3. 国际联运发展开始起步

天津、烟台、连云港、大连滚装码头纷纷开启“滚装+铁路”新运输通道运输模式，将日韩商品车、二手车发运至中亚、蒙古等地，这种运输模式极大缩短了传统的海运至地中海、黑海再转陆运全程的运输时间，以大连汽车码头为例，全程运输时间缩短了50天以上，同时也大幅降低了运输成本。但是，由于中亚及蒙古国市场容量有限，新运输模式目前的规模不大。

4. 绿色与智慧港口是发展方向

各滚装码头全面落实国家的绿色、节能、可持续发展战略，积极配置岸电设备，并促进岸电设施常态化使用，推进港口船舶污染物接收设施建设和常态化运行，构建清洁低碳的港口能源体系，健全港口污染排放机制，创新驱动能源管理模式。在智慧港口建设方面，各滚装码头以数字化、智能化为导向，加快制定滚装码头智慧建设内容标准，推进智慧口岸、智慧港区、智慧物流、智慧运营、智慧商务的应用，形成少人化生产、高效化运营模式，提升贸易物流便利化水平。

（大连汽车码头有限公司）

第七章　我国汽车进出口物流发展情况

第一节　我国汽车进口市场发展情况

一、2020 年中国进口汽车市场特点

（一）进口量同比下滑超过 10%，第三、第四季度同比增速转正

2020 年，受全球新冠肺炎疫情影响，全国累计进口汽车（含底盘）93 万辆，同比减少 11.4%（见图 7－1）；自第三季度疫情冲击减缓，第三、第四季度进口量同比增长 3.1% 和 4.4%，市场开启复苏模式。

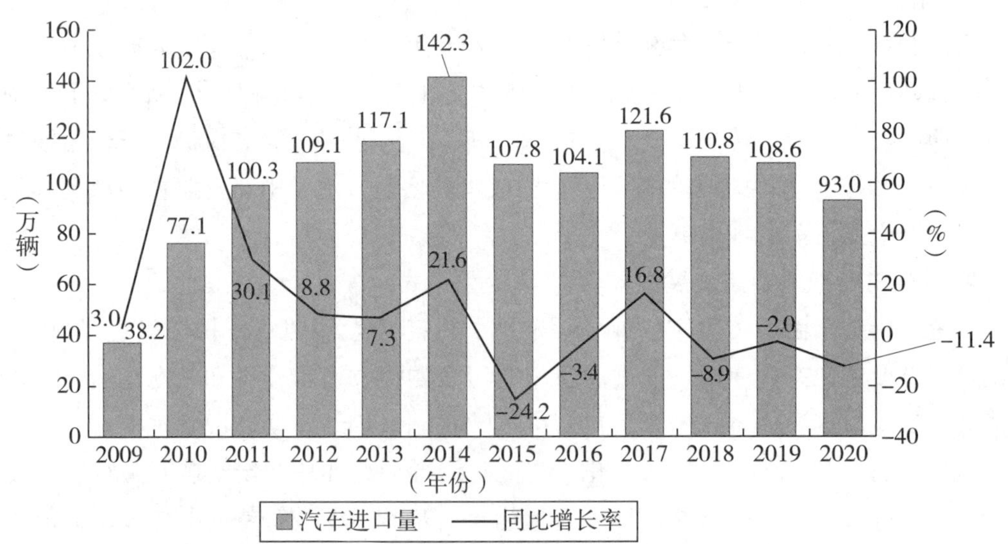

图 7－1　2009—2020 年我国汽车进口量及同比增长率

资料来源：中国进口汽车市场数据库。

2020 年，受新冠肺炎疫情和全球经济减速等因素的影响，全球汽车业受到严重冲击，我国进口汽车市场受到巨大影响。2020 年，全国累计进口汽车（含底盘）93 万

辆，同比下滑 11.4%，相比 2019 年降幅扩大 9.4 个百分点。

从季度走势来看，上半年受疫情影响，进口量同比下滑 32.5%，第一、第二季度同比分别下降 15.5% 和 46.0%，但自第三季度开始，市场开启复苏模式，第三季度和第四季度同比分别增长 3.1% 和 4.4%（见图 7-2）。

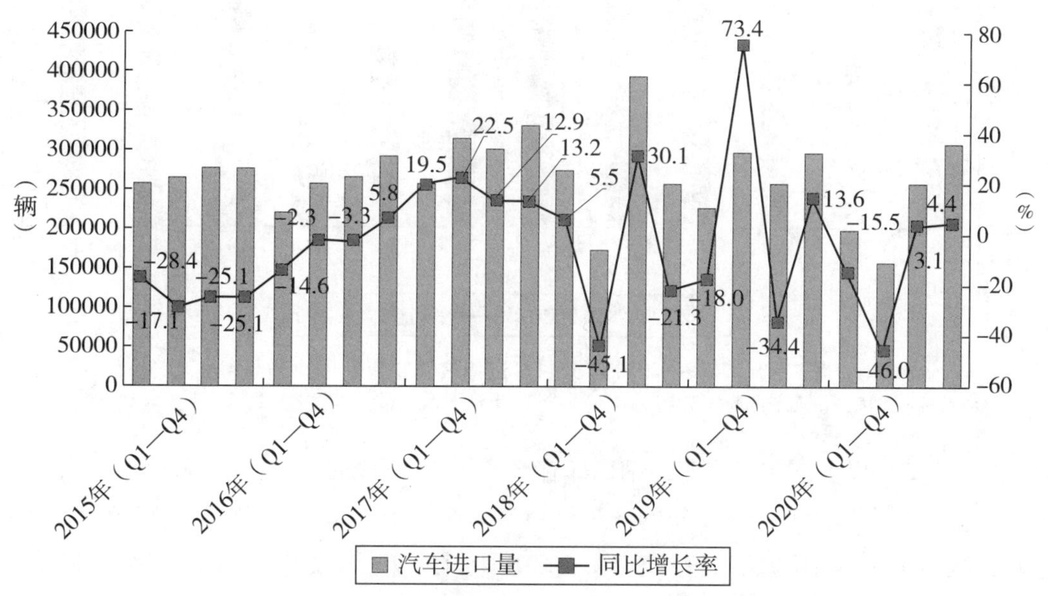

图 7-2　2015—2020 年分季度汽车进口量及同比增长率

资料来源：中国进口汽车市场数据库。

（二）终端销售下滑 10.6%，但复苏势头有所显现

受疫情影响，消费需求受到抑制，进口乘用车终端销售 100 万辆，累计同比下滑 10.6%，下滑幅度继续收窄，第三季度下滑不到 1%，第四季度同比增长 5.6%。

受全球疫情影响，消费需求受到抑制。2020 年上半年受国内疫情影响突出，进口车销量 43.1 万辆，累计同比下滑 23.5%；到了第三季度国内疫情受到有效控制，终端需求进一步得到释放，进口汽车销量明显恢复，第三季度进口乘用车终端销售 26.5 万辆，累计同比下滑 0.9%，降幅明显收窄，8 月和 9 月进口车终端销售同比分别增长 0.7% 和 0.1%。第四季度进口车销售 30.3 万辆，同比增长 5.6%，终端市场进一步复苏（见图 7-3）。

（三）汽车行业库存压力有所上升，进口汽车经销商库存水平处于合理区间

2020 年 12 月行业库存系数为 1.8 个月，库存系数环比上升 4.7%，库存水平位于

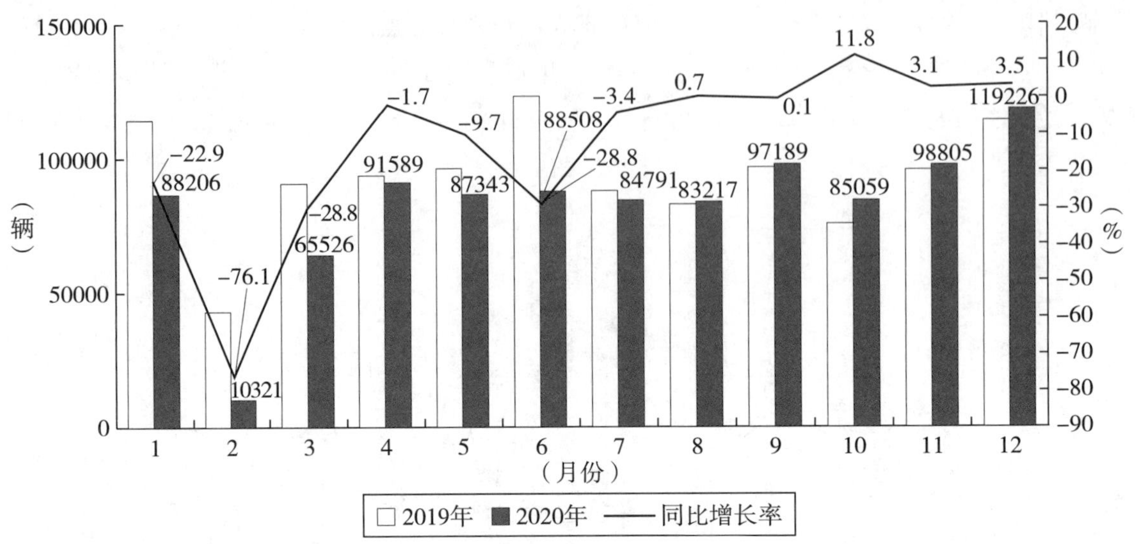

图 7－3　2019—2020 年分月度进口汽车销量及同比增长率

资料来源：中国进口汽车市场数据库。

警戒线（1.5）以上。进口汽车经销商库存系数为 1.39 个月，处于合理区间。

根据中国汽车流通协会发布的汽车经销商库存调研，2020 年 12 月汽车经销商综合库存系数为 1.8，同比大幅上升 35.3%，环比上升 4.7%（见图 7－4），库存水平位于警戒线以上。汽车市场 7 月、8 月连续两个月超预期增长透支后续需求，少数厂家降低全年销售目标，促销政策有所回收，不再进行全年冲量，部分厂家推出免息金融政策

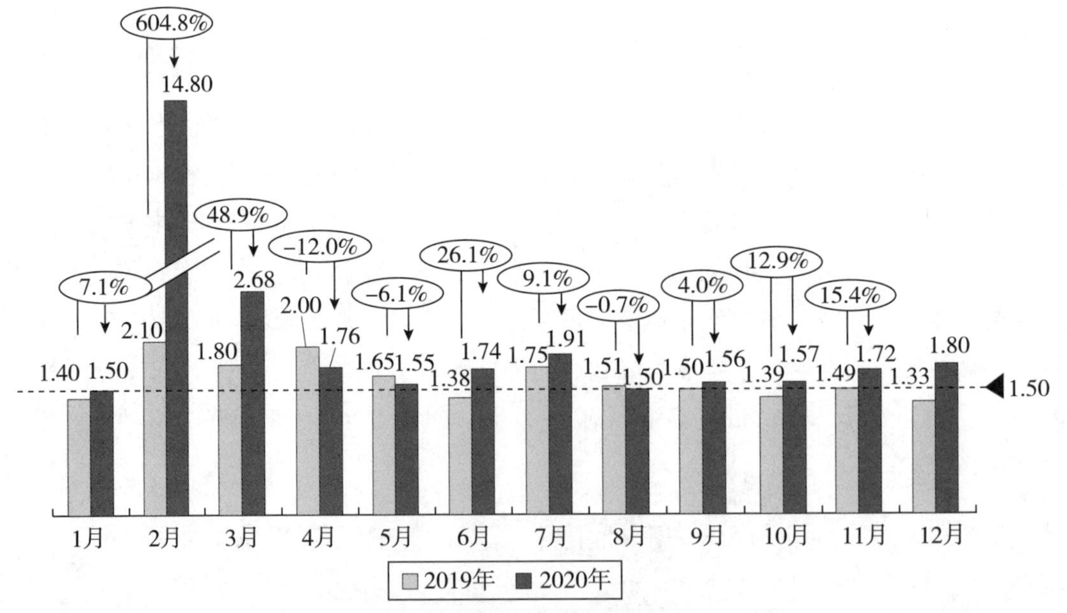

图 7－4　2019—2020 年月度汽车经销商库存系数

资料来源：中国汽车流通协会汽车经销商库存调研。

助力经销商，也促使部分消费者提前购车。同时，经销商进入秋季补库周期，库存压力上升。年底供给回复后，经销商库存进一步提升。

高端豪华 & 进口品牌库存系数环比下降，自主品牌、合资品牌库存系数环比上升。高端豪华 & 进口品牌库存系数为 1.39，环比下降 12%，仍处于库存合理区间；合资品牌库存系数为 1.91，环比上升 14.4%，自主品牌库存系数为 2.08，环比上升 11.2%，均高于合理库存水平（见图 7－5）。

高端豪华 & 进口品牌价格下探和消费升级的推动，市场表现持续走强，库存系数处于合理范围内。合资、自主头部品牌表现强势，厂家营销政策加强冲击全年目标，库存压力增加。

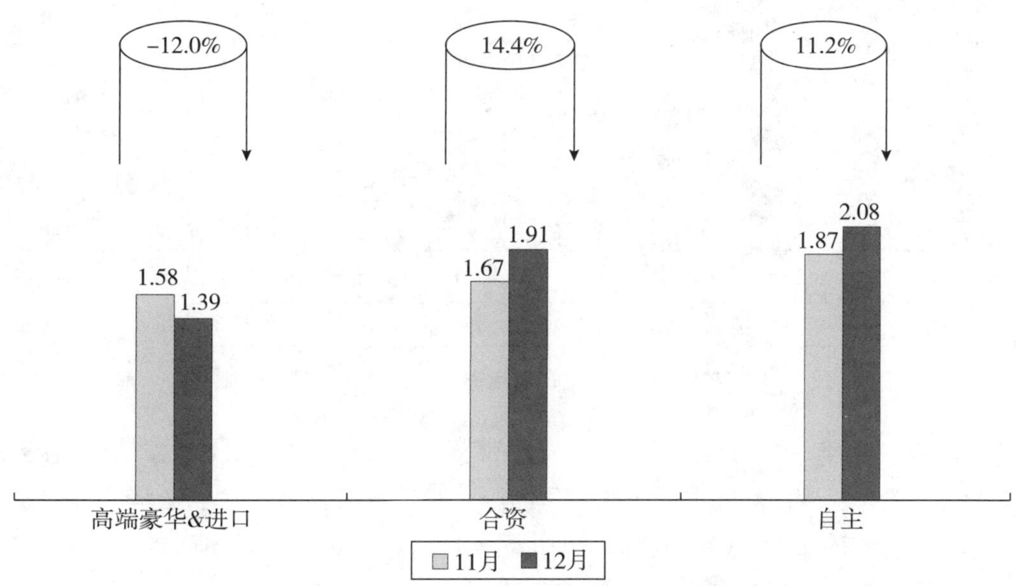

图 7－5 2020 年 11—12 月高端豪华 & 进口、合资和自主品牌经销商库存深度

资料来源：中国汽车流通协会。

（四）品牌分化明显，豪华品牌快速反弹

前十大品牌集中度进一步提升，其中仅有 3 个品牌销量实现增长，分化明显；豪华品牌仍是销售主力，占销售总量的 80.4%，超豪华品牌逆势实现 16% 的增长。

2020 年，进口车品牌集中度进一步提升，排名前十品牌共销售 88.1 万辆，在进口乘用车总销量中占比达 88.1%，相较 2019 年的 84.1% 提升 4 个百分点。

在疫情影响下，2020 年排名前十品牌中，仅雷克萨斯、奔驰和保时捷销量实现增长。雷克萨斯同比增长 17.4%，以销售 23.5 万辆的优势位列第一，保持领先地位；奔驰同比增长 12.4%，以销售 15.5 万辆位列第二（见图 7－2）。其中，雷克萨斯 ES 销量大幅增长，是拉动雷克萨斯品牌销量整体提升的主要原因，2020 年 ES 车型销量 11.5 万辆，占雷克萨斯总销量的 48.9%；奔驰 GLE 销量较大，2020 年 GLE 车型销量 3.8 万辆，拉动奔驰品牌销量整体提升。除雷克萨斯、保时捷和奔驰，其他品牌均出现下滑，林肯、大众品牌下滑最为明显，分别为 -52.2%、-38.3%（见图 7-6）。

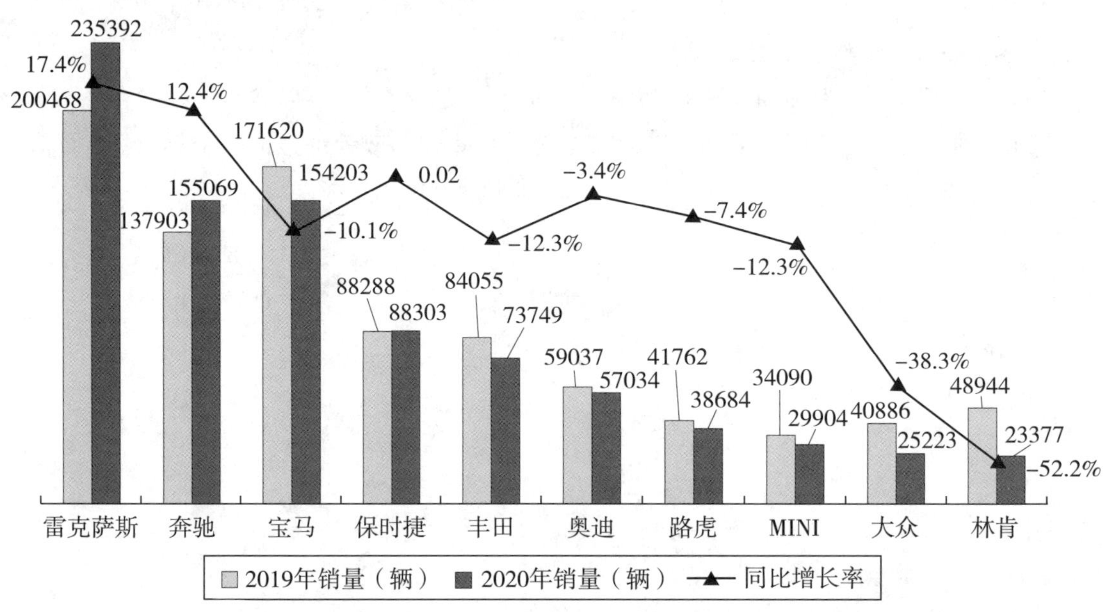

图 7-6　2019—2020 年进口乘用车分品牌销量及同比增长率

2020 年，豪华品牌仍是销售主力，占销售总量的 80.4%，份额远高于非豪华品牌。同时，豪华品牌的降幅也低于非豪华品牌，2020 年非豪华品牌、豪华品牌分别下滑 28.6%、5.1%；超豪华品牌逆势实现正增长，增速达到 16.0%（见表 7-1）。

表 7-1　　2019—2020 年进口乘用车销量—品牌结构

品牌性质	12 月当月（辆）				当年累计（辆）			
	2020 年	2019 年	同比增长率（%）	2020 年占比（%）	2020 年	2019 年	同比增长率（%）	2020 年占比（%）
非豪华	25040	25206	-0.7	21.0	189454	265433	-28.6	18.9
豪华	93073	89312	4.2	78.1	804274	847754	-5.1	80.4
超豪华	1113	692	60.8	0.9	6052	5217	16.0	0.6

（五）三大车型销量均显著下滑，以轿车和 SUV 为主

从车型结构看，三大车型降幅基本相当，均在 10%～11%；SUV 占比 55.7%，销

量55.7万辆，同比下滑10.5%；轿车在总销量中占比40.3%，销售40.3万辆，同比下滑10.8%；MPV占比4.0%，销售4万辆，同比下滑10.4%。

2020年，三大车型销量均显著下滑。SUV占比55.7%，仍为主力车型。SUV作为主力车型，1—12月销量55.7万，同比下滑10.5%，但第三季度销量较上半年有所提升。1—12月轿车销售40.3万辆，同比下滑10.8%，占进口乘用车整体销量40.3%。受国产化影响，特斯拉Model 3销量大幅下滑，1—12月仅销售1809辆，同比下滑94.7%。MPV基数较低，1—12月MPV销量4万辆，同比下滑10.4%，如表7－2所示。

表7－2　　2019—2020年进口乘用车分车型销量

车型	12月当月（辆）				当年累计（辆）			
	2020年	2019年	同比增长率（%）	2020年占比（%）	2020年	2019年	同比增长率（%）	2020年占比（%）
进口乘用车	119226	115210	3.5	100.0	999780	1118404	－10.6	100.0
轿车	43832	45729	－4.1	36.8	403210	451872	－10.8	40.3
SUV	71163	65020	9.4	59.7	557013	622396	－10.5	55.7
MPV	4231	4461	－5.2	3.5	39557	44136	－10.4	4.0

2020年1—12月，销量前十名车型中，SUV占七成，雷克萨斯RX成为SUV的领先车型。轿车中，三款产品表现出色，雷克萨斯ES以绝对优势位列第一，销量超过11.4万辆，远超其他车型；宝马7系，销量超2.41万辆，奔驰－S级后来居上，销量约2.4万辆，进入前十，如表7－3所示。从同比增速来看，前十大车型有3款车型同比有所下滑，分别为保时捷－MACAN、丰田－兰德酷路泽和奔驰－S级，下降幅度为22.7%、21.4%和3.8%。

表7－3　　2020年进口乘用车分车型销量排名

排名	车型	销量（辆）
1	雷克萨斯－ES	114641
2	雷克萨斯－RX	49255
3	宝马－X5	48762
4	雷克萨斯－NX	40128
5	奔驰－GLE	38163
6	保时捷－CAYENNE	32289
7	保时捷－MACAN	31962

续 表

排名	车型	销量（辆）
8	宝马-7系	24123
9	丰田-兰德酷路泽	24090
10	奔驰-S级	23953

（六）细分市场明显分化，大型和中大型份额大幅提升

2020年，中大型进口车细分市场占据54.5%的市场份额，较2019年提升8个百分点；大型车细分市场占14.6%份额，较2019年提升1.7个百分点，如图7-7所示。其他细分市场份额均有所减少。

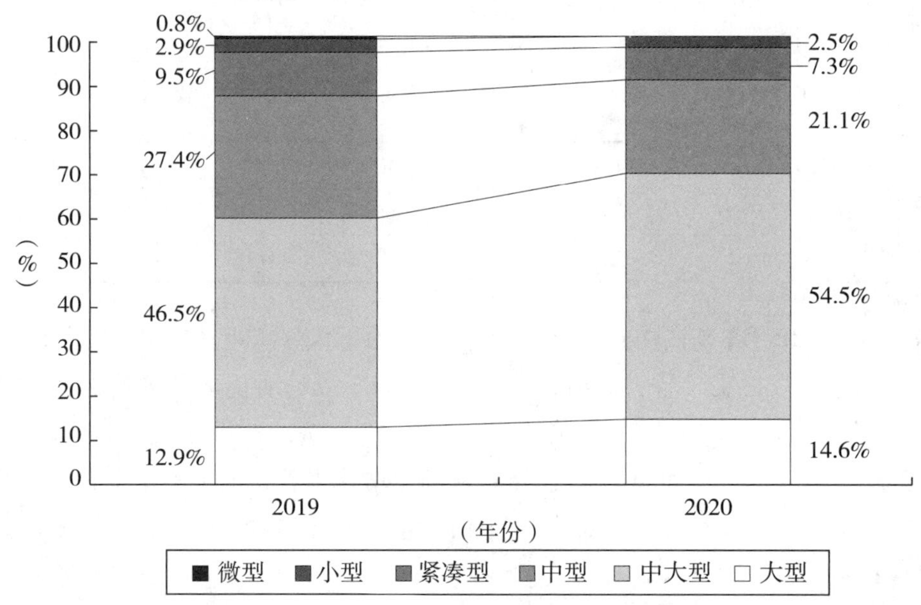

图7-7　2019—2020年进口汽车市场结构变化

（七）1.5~3.0L是进口车核心排量区间，其中1.5~2.0L仍是第一排量区间

进口车排量结构向1.5~3.0L排量区间聚拢，份额超过77.2%；1.5~2.0L排量区间以46.2%的份额稳居第一大排量区间。

2020年，排量结构呈现向1.5~3.0L排量区间聚拢趋势，该区间份额为77.2%。其中，1.5~2.0L排量区间以46.2%的份额稳居第一大排量区间，较2019年全年提升0.7个百分点，如图7-8所示。

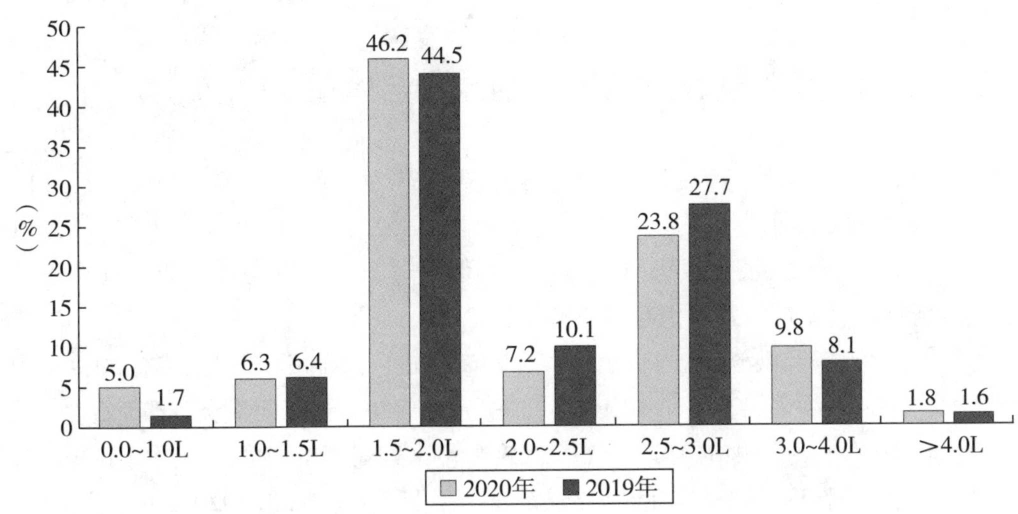

图 7－8　2019—2020 年进口汽车市场排量结构变化

（八）前十大市场有 9 个出现下滑，广东、浙江、江苏销量位居三甲

广东以绝对优势位列全国销售榜首，占比 15.7%；浙江和江苏以 11.0% 和 9.7% 的份额位居第二、三位；受疫情影响，北京、上海、山东、四川销售下滑幅度高于整体水平。

2020 年，进口汽车全国销售前三的地区仍然是广东、浙江、江苏。广东以绝对优势位列全国销售榜首，共销售进口汽车 15.7 万辆，占比 15.7%。销售前十的地区中，除了辽宁上升，其他均出现下滑，北京下滑幅度最大，达到 25.8%，上海、四川、福建降幅也高于平均水平，分别下滑 15.5%、16.2% 和 11.4%，如图 7－9 所示。

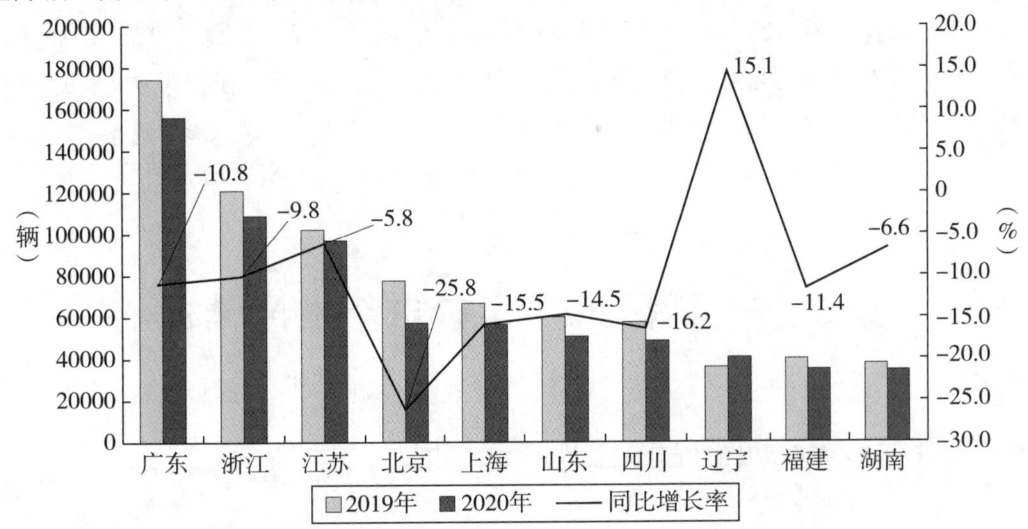

图 7－9　2019—2020 年进口乘用车前十大地区销量及同比增长率

二、2021 年中国进口汽车市场预测与展望

展望 2021 年进口汽车市场形势，宏观经济明显恢复，政策有望有利于平行进口汽车，产品供给有限但国产化力度不大，综合三大因素有利于进口汽车市场恢复，预计 2021 年进口汽车市场规模有望重回百万规模。但同时国际环境复杂多变，贸易格局变化加剧、新冠肺炎疫情的发展仍存在不确定性。

综合需求、政策和供给三个方面因素来看 2021 年进口汽车市场发展趋势，2020 年中国宏观经济增长在 2% 左右，2021 年中国经济有望进一步恢复，但仍面临众多不确定性，最大不确定性来自国际，国际政治格局变化、全球疫情新的发展变化，都可能给中国带来冲击。

清华大学中国经济思想与实践研究院院长李稻葵表示，由于 2020 年的经济增长基数比较低，如果 2021 年一系列政策都能调整到位，一系列工作都能做到位，如果国际形势不发生重大冲击和变化，中国经济应该能走出比较好的轨迹，7% 的经济增速是值得期待的。IMF 最新预测，中国经济 2021 年增速 8.2%。经济的恢复将有利于汽车，特别是进口汽车消费。

行业政策仍将是影响 2021 年进口汽车市场最重要因素之一。国六排放标准将继续影响跨国公司新产品的引入结构和进度。由于国六排放标准原因，平行进口汽车在 2020 年下半年供给基本处于停滞状态，如果按现有政策严格执行，占进口汽车市场 16% 左右的平行进口车将不复存在。但相关多部委在积极谋求政策调整，平行进口汽车准入政策在 2020 年年底有望迎来转机，2021 年或将有所恢复。新版《乘用车企业平均燃料消耗量与新能源汽车积分并行管理办法》的实施将进一步引导和推动新能源汽车产业的持续健康发展，促进进口新能源车型的导入。

从供给产品来看，2020 年年底至 2021 年将引入的全新产品和换代产品趋于高端化和个性化，以车型补充为主，新能源汽车加快引入，在目前的市场环境下，对进口车市场销量的拉动作用有限，但同时国产化车型极少，对进口汽车规模影响不大。

（国机汽车股份有限公司　王存）

第二节　我国汽车出口市场发展情况

一、2020 年汽车产品出口情况分析

受新冠肺炎疫情冲击，全球汽车市场遭遇重创，我国汽车出口受到一定程度影

响。2020 年下半年起汽车出口逐渐反弹，11 月和 12 月连续创下月度出口新高。全年实现出口汽车 95.51 万辆，同比下降 6.0%，降幅远低于墨西哥（-20.9%）、韩国（-21.4%）、德国（-24.0%）、法国（-25.0%）、阿根廷（-38.5%）等国家。根据海关数据统计，2020 年，我国整车（含成套散件）① 出口 95.51 万辆，同比下降 6.0%；出口金额 156.46 亿美元，同比下降 3.54%，如图 7-10 所示。汽车零部件②出口金额 666.22 亿美元，同比下降 6.24%。

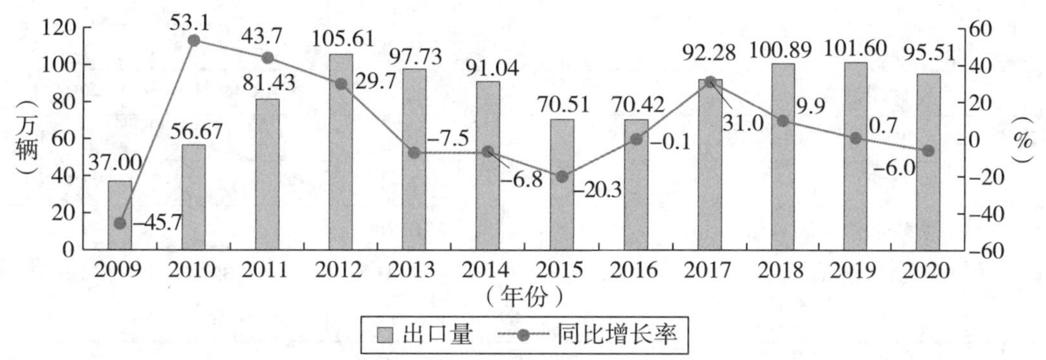

图 7-10　2009—2020 年汽车整车出口量及同比增长率

资料来源：海关统计数据。

（一）整车出口

从出口车型来看，乘用车占据我国汽车出口的主体地位。2020 年，我国乘用车出口 68.01 万辆，同比下降 9.57%，占我国汽车出口总量的 71.21%。九座以下小客车成为我国唯一出口保持增长的车型，2020 年，我国九座以下小客车出口 28.92 万辆，同比增长 18.63%，占我国汽车出口总量的 30.28%，占我国乘用车出口 42.52%。小轿车和九座以下小客车共计出口 58.71 万辆，占乘用车出口总量的 86.33%。载货汽车是出口量最大的商用车车型，2020 年，我国共计出口载货汽车 18.98 万辆，同比下降 8.28%，占我国商用车出口总量的 69.02%，如表 7-4 所示。

表 7-4　2020 年我国汽车（分车型）出口情况

车型	出口量（万辆）	同比增长率（%）	出口额（亿美元）	同比增长率（%）
小轿车	29.79	-21.03	34.78	-5.12
四驱 SUV	1.06	-25.26	1.88	-9.47

① 海关统计中，仅装有驱动电动机的主要用于载人的机动车（87038000）和未列名载人机动车（87039000），平均单价不足 1000 美元，未计入统计中，下同。

② 本书的汽车零部件进出口总额均包含玻璃、轮胎等非机电类的汽车零部件产品。

续 表

车型	出口量（万辆）	同比增长率（%）	出口额（亿美元）	同比增长率（%）
九座以下小客车	28.92	18.63	35.47	21.76
其他乘用车	8.24	-33.00	17.03	-72.84
乘用车合计	**68.01**	**-9.57**	**89.16**	**-4.68**
客车	4.06	-36.57	18.71	-23.70
半挂式牵引车	2.44	-10.29	8.38	-12.71
特种用途车	1.27	-25.73	8.87	-29.91
载货汽车（非公路自卸车除外）	18.98	-8.28	27.16	-9.11
非公路自卸车	0.54	-17.87	3.12	-43.18
装有引擎的汽车底盘	0.21	-26.96	1.06	-14.27
商用车合计	**27.50**	**-15.31**	**67.30**	**-19.29**
总计	95.51	-6.00	156.46	-3.54

资料来源：海关统计数据。

从出口市场来看，仍集中在发展中国家和地区，但对欧洲、澳新等发达国家和地区的汽车产品出口实现大幅增长。2020年，沙特阿拉伯、埃及和智利位列我国出口量前三位。其中，沙特阿拉伯和埃及增幅超过60%。俄罗斯回升到第四位，同比增长8.3%，而对澳大利亚、英国等发达国家实现大幅增长，如表7-5所示。2020年，我国对“一带一路”沿线国家和地区出口整车68.89万辆，占我国整车出口总量的72.13%，同比微降0.77%；整车出口额99.74亿美元，占我国整车出口总额的63.75%，同比提升1.25%。但对“一带一路”前20位国家和地区出口量和出口额集中度分别为43.49%和41.12%，同比分别提升1.21%和1.64%。

表7-5　　2020年我国汽车（分国别前十五位）出口情况

序号	国家	出口量（万辆）	同比增长率（%）	出口额（亿美元）	同比增长率（%）
1	沙特阿拉伯	9.83	69.60	14.99	52.53
2	埃及	6.09	66.61	4.38	75.88
3	智利	5.67	-26.13	5.77	-20.17
4	俄罗斯	4.28	8.31	7.08	-0.56
5	澳大利亚	3.99	51.36	5.31	24.83
6	美国	3.96	-1.13	8.25	-4.49
7	马来西亚	3.84	-9.31	3.94	-39.48

续　表

序号	国家	出口量（万辆）	同比增长率（%）	出口额（亿美元）	同比增长率（%）
8	越南	3.65	0.09	5.26	-4.17
9	墨西哥	3.52	-69.16	4.03	-62.49
10	菲律宾	3.25	-28.46	5.78	-31.39
11	秘鲁	2.86	-31.83	2.71	-27.19
12	英国	2.62	37.20	5.35	63.78
13	巴西	2.51	-10.64	3.08	-6.37
14	白俄罗斯	2.08	-6.95	1.72	39.36
15	厄瓜多尔	1.94	-44.59	1.93	-39.46
前十五位合计		60.09	-9.24	79.58	-6.84
总计		95.51	-6.00	156.46	-3.54

资料来源：海关统计数据。

从出口主体来看，汽车出口行业集中度有所提高。根据中国汽车工业协会统计，2020年我国排名前五位的出口企业分别为上汽、奇瑞、长安、吉利、长城，五家合计出口占比为67%，与2019年前五家合计占比提升7个百分点。大庆沃尔沃、上汽通用等企业因受到中美贸易摩擦、欧美疫情防控不力、市场需求下滑等因素影响，出口回落，如表7-6所示。

表7-6　　2020年中国主要汽车企业出口情况

序号	企业名称	出口量（万辆）	同比增长率（%）
1	上海汽车集团股份有限公司	32.33	13.42
2	奇瑞汽车股份有限公司	11.38	18.44
3	中国长安汽车集团股份有限公司	8.25	21.7
4	浙江吉利控股集团有限公司	7.27	25.35
5	长城汽车股份有限公司	7.01	7.57
6	东风汽车集团有限公司	6.88	-19.55
7	北京汽车集团有限公司	5.45	-27.33
8	大庆沃尔沃汽车制造有限公司	4.13	-6.37
9	安徽江淮汽车集团有限公司	3.67	-18.98
10	中国重型汽车集团有限公司	3.10	-22.59
11	厦门金龙汽车集团股份有限公司	1.61	-36.27

续 表

序号	企业名称	出口量（万辆）	同比增长率（%）
12	华晨汽车集团控股有限公司	1.57	14.79
13	广州汽车工业集团有限公司	1.40	-43.37
14	中国第一汽车集团有限公司	1.35	-21.15
15	陕西汽车集团有限责任公司	1.11	-49.15
16	比亚迪汽车有限公司	0.52	-49.55
17	河北中兴汽车制造有限公司	0.40	16.7
18	郑州宇通集团有限公司	0.38	-46.63
19	山东唐骏欧铃汽车制造有限公司	0.23	-26.93
20	东南（福建）汽车工业有限公司	0.21	-9.2

资料来源：中国汽车工业协会。

合资及外资企业积极扩大出口。作为我国乘用车出口的重要组成部分，上汽通用、大庆沃尔沃、长安福特、东风悦达起亚等中外合资汽车企业面对海外市场萎缩及疫情等不利因素的影响，持续开拓海外市场。2020年，合资企业出口量占我国乘用车出口量的23.82%，如表7-7所示。2020年，上汽通用进一步丰富了出口产品线，在原有的赛欧3、科沃兹和昂科威的基础上，新增了3款SUV车型出口，分别为出口至北美市场的昂科威S、出口至乌兹别克斯坦的探界者和创酷。2020年，东风悦达起亚国内产量23.2万辆，实现出口2.79万辆，出口占比达到12.02%，主要出口市场为中南美洲及亚太地区。2020年11月，特斯拉（中国）Model 3车型首次实现出口7000辆新能源汽车，销往德国、法国、意大利、西班牙、葡萄牙、瑞士等10多个欧洲国家。

表7-7　2020年中国主要乘用车合资企业出口情况

序号	企业	2020年出口量（辆）	2019年出口量（辆）	同比增长率（%）
1	上汽通用	66619	136831	-51.31
2	大庆沃尔沃	41342	44154	-6.37
3	东风悦达起亚	27934	38341	-27.14
4	长安福特	12376	4777	159.07
5	北京现代	5905	12467	-52.63
6	东风神龙	3808	5788	-34.21
7	华晨宝马	1940	1264	53.48

续　表

序号	企业	2020 年出口量（辆）	2019 年出口量（辆）	同比增长率（%）
8	本田（中国）	1686	14107	-88.05
9	广汽菲克	250	288	-13.19
10	上汽大众	102	230	-55.65
11	郑州日产	4	8	-50.00
合计		161966	258255	-37.28

资料来源：中国汽车工业协会。

（二）零部件产品出口

2020 年，受限于全球汽车主要国家的产业与市场萎缩，我国汽车零部件的出口规模略有下滑，但局部地区与部分出口产品呈现增长。根据海关总署统计，2020 年我国汽车零部件出口金额达 666.22 亿美元，同比下降 6.24%。作为我国汽车零部件的重要出口市场，发达国家出口额占比约为六成。美国仍是我国第一大出口市场，对美出口 136.15 亿美元，同比下降 10.17%，占中国汽车零部件出口总额的 20.44%，第二是日本，出口 51.64 亿美元，同比下降 19.46%，占比 7.75%，第三是韩国，出口 40.28 亿美元，同比下降 0.54%，占比 6.05%，如图 7-11 所示。对马来西亚、越南等东盟国家的汽车零部件出口有较大增长。

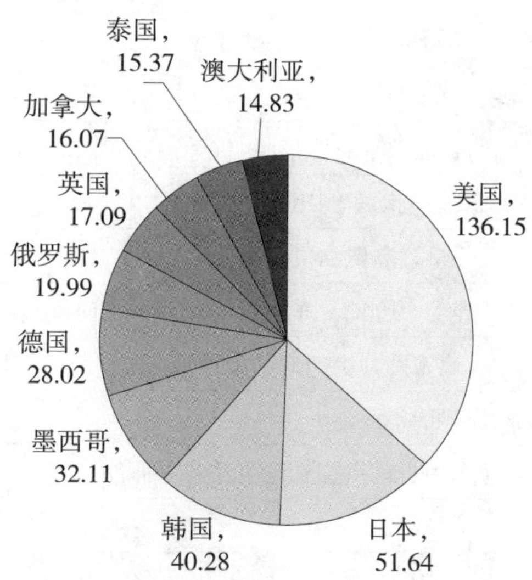

图 7-11　2020 年我国汽车零部件出口前十名国家（单位：亿美元）

资料来源：海关统计数据。

分产品来看，我国汽车零部件出口金额前20种产品中，车身零部件及附件、照明装置、消声器、排气管、自动变速箱等零部件同比有所增长，如表7－8所示。虽然疫情严重冲击世界经济与产业发展，但危中有机，在汽车市场整体下降的大环境下，我国汽车供应链在部分领域发挥了重要支撑作用，通过产能调配、临时订单等方式实现了细分种类的增长，也为全球产业链供应链的稳定运行贡献了力量。

表7－8　　2020年我国汽车零部件出口金额TOP20产品

序号	商品	产品描述	出口额（亿美元）	同比增长率（%）
1	40112000	客车或货运机动车辆用新的充气橡胶轮胎	66.00	－10.21
2	87082990	车身（包括驾驶室）的未列名零部件、附件	59.86	21.25
3	40111000	机动小客车用新的充气橡胶轮胎	48.67	－12.62
4	87089999	品目8701至8704所列其他车辆用未列名零部件、附件	40.83	2.97
5	87087091	铝合金制的未列名机动车辆用车轮及其零部件、附件	35.35	－12.39
6	87083099	未列名机动车辆用其他制动器及其零部件	32.52	－8.40
7	84099199	其他点燃式活塞内燃发动机的零部件	29.80	－5.72
8	87088010	品目8703所列车辆用悬挂系统及零部件（含减震器）	22.49	－3.11
9	85443020	机动车辆用点火布线组及其他布线组	21.95	－14.94
10	85122010	机动车辆用电气照明装置	20.11	3.82
11	87089490	其他机动车辆用转向盘、柱、器及零部件	17.19	－7.63
12	87168000	未列名非机械驱动车辆	16.36	8.83
13	87169000	挂车及半挂车或其他非机械驱动车辆的零部件	14.51	－6.60
14	85129000	品目8512所列装置的零部件（照明、信号、刮水器等）	11.38	－7.71
15	94019019	其他机动车辆用坐具零部件	11.20	－19.89
16	84099999	未列名柴油机的零部件	9.55	－16.95
17	84073410	3000ml≥排量＞1000ml车用往复式活塞发动机	9.39	－25.32
18	87083010	装在蹄片上的制动摩擦片	8.70	－7.93
19	87089200	机动车辆的消声器、排气管及其零部件	8.19	2.10
20	87084091	小轿车用自动换挡变速箱及其零部件	8.08	12.53
TOP 20小计			492.13	－5.05
出口总额合计			666.22	－6.24

资料来源：根据海关总署数据整理。

二、汽车产品出口面临的形势

（一）世界经济增长动能有所改善，全球汽车市场恢复仍需时日

在经历了新冠肺炎疫情的冲击后，世界贸易已经为强劲但不平衡的复苏做好准备。随着2020年下半年商品贸易增长快于预期，全球贸易迅速复苏的前景有所改善。根据世界贸易组织（WTO）最新预测，全球贸易额在2020年下降5.3%之后，2021年将增长8.0%，延续了从2020年第二季度触底之后的复苏态势。而到2022年，疫情影响将继续显现，贸易增长将放缓至4.0%，增长速度低于疫情大流行之前。国际货币基金组织（IMF）2021年4月发布的《世界经济展望》报告显示，由于2020年下半年经济增长快于预期，2020年全球经济萎缩3.3%，2021年预计增长6%，2022年增速预计放缓至4.4%。根据世界汽车组织（OICA）数据，2020年全球新车销量锐减至7770万辆，同比下降14.1%。其中，美国、欧洲、日本、印度等市场均出现2位数下滑。主要汽车市场仅韩国保持增长。FOURIN预计，2021年全球汽车产业有望复苏，但要2023年以后才能再次达到9000万辆水平。而著名预测机构穆迪表示全球汽车销量要到2025年左右才能恢复到疫情前的水平。

（二）疫情加剧全球动荡，中美中欧关系不稳定性增加，我国汽车产业国际化发展面临挑战

自新冠肺炎疫情全球大流行以来，世界地缘政治动荡加剧，全球政治稳定性下降。全球化趋势出现新变化，疫情下产业链、供应链的脆弱性使得欧美主要发达国家进一步推动“制造业回归”和产业链调整，全球价值链合作受到冲击。全球部分零售业、汽车业和油气行业在2019年就已出现经营压力，而新冠肺炎疫情更使得诸多企业破产风险大幅增加。根据2020年中国信保对国家风险水平和主权信用风险水平的评估，共有61个国家风险水平较高，93个为中等，38个国家较低；32个国家主权信用风险水平较高，83个国家为中等，60个国家较低，17个国家出现风险事件。加之中美贸易摩擦旷日持久，《中华人民共和国政府和美利坚合众国政府经济贸易协议》受疫情等因素影响尚未落实。2021年，在明确拜登政府将会对中国采取强硬态度之后，欧盟宣布对中国采取制裁措施。《中欧双边投资协定》审批会议搁置。2018年以来，我国对美国汽车出口持续下滑，而作为我国最为重要的新能源汽车出口市场的欧盟地区，恐将因欧盟制裁中国而受到影响。此外，2020年首次进入我国汽车出口市场前十名的澳大利亚，近期单方面撕毁“一带一路”协议，中国汽车品牌如长城、上汽大通、名爵等车型在该国的发展恐将受到一定影响。

（三）“一带一路”及自贸区建设为汽车企业“走出去”提供重大机遇

我国正在加快构建以国内大循环为主体、国内国际双循环相互促进的新发展格局，进一步推动更高水平对外开放，推进“一带一路”和自贸区建设，将为汽车企业出口及国际化发展创造更加有利的市场环境。截至2021年2月，中国已与171个国家和国际组织，签署了205份共建“一带一路”合作文件。沿线国家市场需求潜力大，依托中欧班列，可进一步拉动汽车进出口。截至目前，中国已签署自贸协定19个，涉及26个国家和地区。中国积极推动RCEP（《区域全面经济伙伴关系协定》）生效，并于2021年4月15日完成了RCEP协定核准工作，目标是各方将推动2022年1月1日RCEP能够正式生效实施。此外，中国积极考虑加入全面与进步跨太平洋伙伴关系协定（CPTPP）。我国骨干车企已进入海外直接投资的新阶段。截至2020年年底，海外整车产能已超过200万辆，主要包括上汽通用五菱印度尼西亚工厂、长城汽车俄罗斯图拉州工厂、上汽集团泰国工厂、奇瑞巴西圣保罗工厂以及吉利白俄罗斯工厂等。2020年1月和2月，长城汽车分别收购通用公司印度塔里冈工厂和泰国工厂。同年9月，长城汽车与俄罗斯贸工部正式签署俄罗斯特别投资合同（SPIC），标志着长城将享受同俄境内车企同等的优惠政策，获得更加公平和开放的市场环境。

（四）碳中和日益成为全球共识，我国新能源汽车出口实现大幅增长，主要出口发达国家

《巴黎协定》已成为各国携手应对气候变化的政治和法律基础，全球已有127个国家对碳中和做出承诺。随着欧盟委员会发布《欧洲绿色协议》、拜登政府提出“清洁能源革命和环境计划”、日本政府推出绿色增长战略，我国也已向世界宣布碳达峰目标和碳中和愿景。主要国家节能减排法规日趋严格，纷纷出台禁售燃油车计划，新能源汽车已成为全球汽车产业的风向标，并将逐渐成为未来汽车市场增长的主要领域。东盟主要国家出台节能与新能源汽车支持政策，鼓励汽车企业投资建厂和投放更多新能源车型。根据中国汽车工业协会统计数据，2020年，我国新能源汽车出口6.95万辆，同比增长89.37%。其中，对发达市场新能源汽车实现出口5.95万辆，增长近4倍，占我国新能源汽车出口总量的85.61%。得益于先进技术和综合实力，我国客车产品品质获得了欧美客户高度好评和认可，并逐渐成为中国品牌汽车开拓中东等重点市场的新亮点。

三、2021年汽车出口趋势预测

在“一带一路”沿线地区及部分发达国家的带动下，2021年我国汽车出口有望恢

复增长。一是新能源汽车已成为我国汽车出口最为有力新兴增长点。欧洲将成为全球新能源汽车产业重要增长极，我国新能源汽车出口有望迎来机遇。二是发达国家和地区已成为支撑我国汽车出口增长的重要组成部分，出口份额占比不断提升。美国、澳大利亚、英国均已进入我国出口前十五位。三是“一带一路”和自贸区建设深入推进，尤其是 RCEP 的签署，将为我国汽车产业国际化发展创造更为有利的外部环境。同时，需认识到我国汽车产业国家化发展仍面临海外市场疫情反复、外部需求回升不足、企业生产成本上升、贸易保护主义升温等挑战，中国品牌汽车企业在产品质量提升、核心技术突破、售后服务规范、金融体系健全等方面有待进一步加强。预计 2021 年我国汽车出口量望增长 10%，重回百万辆规模。

（中国汽车技术研究中心中国汽车战略与政策研究中心　刘艳、吴松泉）

第三节　我国汽车整车出口物流发展情况

一、我国整车出口情况概览

2020 年在新冠肺炎疫情的影响下，全球的汽车产业遭遇了寒冬，国内外的疫情致使全球经济一度陷入停摆状态，再加之中美贸易摩擦不断升温，使中国汽车出口变得难上加难，面临着前所未有的困境。

（一）整车出口主要区域

根据 2018—2020 年汽车出口区域来看，亚洲市场仍为中国出口的主要区域，大致占出口总额的 44%；欧洲以及大洋洲市场为新兴市场，发展较为迅速，增速均超过 60%；非洲发展较为平稳；南美洲以及北美洲均有所下降。其中，新能源汽车出口主要增量区域为欧洲和北美市场，为应对全球气候变化和大气污染，各国纷纷加严节能减排法规，今后新能源汽车出口将会是汽车外贸出口的主力军。

（二）整车出口主要车企

据中国汽车工业协会统计，2019 年汽车出口量排名前十的企业出口总量占汽车出口总量的 84.6%，分别是上汽、奇瑞、东风、北汽、长安、长城、吉利、江淮、大庆沃尔沃和重汽；2020 年汽车出口量排名前十的企业出口总量占汽车出口总量的 90% 左右，分别是上汽、奇瑞、长安、吉利、长城、东风、北汽、大庆沃尔沃、江淮和重汽；

2021 年上半年，中国汽车出口量为 82.8 万辆，排名前十企业出口总量为 73.4 万辆，占汽车出口总量的 88.6%。近年来，上汽集团始终占据绝对优势。

（三）整车出口运输方式

随着汽车市场不断开拓，汽车产业的国际化、市场化已然成为趋势。目前，我国出口方式主要可分为水路运输、铁路运输、空运以及边境公路运输。在未来，单一运输方式已不适合快速发展的市场。多式联运必将为汽车物流运输业务发挥作用。

1. 滚装出口码头及航线概览

根据各口岸、滚装码头官方数据汇总：整车水运出口占比超过 50%，少量采用铁路运输。目前，烟台港、上海港、连云港港、广州港等为主要的出口口岸。其中连云港港近几年将重点瞄准新能源汽车，澳新、南美和欧洲等都是其主力航线；广州港目前业务主要涉及欧洲、东南亚、北美、南美、澳新、非洲和中东航线；上海港目前业务主要涉及欧洲、澳新、南美、中东等航线。

2. 铁路运输

随着中国“一带一路”倡议的推进，铁路运输以其稳定、高效、成本低、少人操作等特点，为汽车国际供应链提供了新的机会。随着越来越多的国家向中国开放市场，未来中国汽车在中亚和欧洲的出口量将会有巨大的增长潜力。加强与铁路公司的合作，通过紧密合作方式寻求业务量的增长，或许能更好把握市场先机。

3. 国际公路运输

关于边境公路运输，随着《国际公路运输公约》的落实，不仅使内陆地区与“一带一路”沿线国家互通更频繁，也为周边沿线国家的经贸注入新的血液，可见，国际公路运输正逐渐开始承担一定的国际物流货运量。例如，目前东盟跨境班车通过公路的方式，将整车送往东南亚各国，同时也可将东南亚的货物通过重庆—东盟跨境班车以及中欧班列的连接，将车送往欧洲国家。

二、2021 年整车出口市场展望

（一）市场环境分析

2021 年是我国正式迈入“十四五”时期的开局之年，是为全面建设社会主义现代化国家新征程打下坚实基础的一年。

1. 全球性缺“芯”危局

回顾 2021 年上半年，汽车行业正经受着严峻的考验。一场芯片危机，完全打破了车企原有的生产节奏。全球性缺“芯”危局，又加之疫情等多因素的叠加影响，全球性汽车芯片短缺问题持续发酵，不仅导致很多海外汽车品牌工厂停产，也冲击了国内自主品牌车企，产能受限对销量产生影响。据悉，一汽－大众第二季度因此减产30%左右，减产数量高达20万辆；本田在华合资公司也因芯片短缺，将夏季高温假提前到6月初；特斯拉为得到更多芯片，采用提前付款给供应商的方式以确保关键材料的供应。如何弱化芯片进口高度依赖，通过发挥中国优势资源，找寻中国车芯片自主创新出路，成了中国汽车行业难题之一。

2. 激增需求，导致“一舱难求”“一箱难求”

因新冠肺炎疫情影响，欧美汽车生产受限，全球汽车出口地向远东地区转移。同时，中国车企正在积极探索“国际化”发展道路，因此，各大车企纷纷上调了出口计划。综合这两点因素，中国出口至全球的整车出口量急剧上升。

这一激增的需求，对远洋船公司现有的运输汽车整车的滚装船、运输汽车零部件的集装箱船的运能来说，显然无法满足；又加上疫情影响，使全球滚装和集装箱码头的作业效率大幅降低，船舶的周转变慢，远洋运输市场上出现了又一大困境，就是“一舱难求”“一箱难求”的局面。据统计分析，集装箱价格较2019年上涨了150%，远洋滚装价格较去年上涨了100%，7月中国到欧洲的滚装运价甚至上涨了300%。一边是旺盛的出口需求，一面是飞涨且难求的“舱”和“箱”，这一“剪刀差”直接推高了汽车出口以及海外基地的成本，也严重制约了各大车企海外基地的生产及销售量。

而作为远洋运输补充方式的铁路“中欧班列”，运费也高居不下，无法缓解供需“剪刀差”。

中国车企正面临着排除万难、缺“芯”抢“芯”、造车无“舱”、有“舱”价高的窘境。

（二）汽车整车出口的机遇

虽然面临种种困境，但依然不能阻止中国整车出口的步伐。经过多年的探索和沉淀，各大车企为了不断拓展海外业务，纷纷布局海外市场，尤其是东南亚、西亚、中东、东欧等地。例如，吉利在白俄罗斯、印度尼西亚、埃及、乌拉圭、埃塞俄比亚等均建立了工厂；长城全球化生产体系则涵盖了马来西亚、厄瓜多尔、伊朗、突尼斯、保加利亚、印度等。

以上汽集团为例，在国际化的征途中，上汽集团在海外构建了包括创新研发中心、生产基地、营销中心、供应链中心及金融公司在内的汽车产业全价值链，产品和服务已进入全球60余个国家和地区，打造超过750个海外营销服务网点，形成了泰国、英国、印度尼西亚、智利、澳新、中东、印度7个“规模级”海外市场。上汽安吉坚持以“智能化、社会化、多元化、国际化”为发展路径，紧密围绕物流行业发展趋势，建设海外基地，提供包含国际干线和海外落地的全供应链服务，为上汽集团国际化战略项目保驾护航。面对严峻复杂的国际贸易环境，汽车国际物流企业提前谋划布局。

1. 整合优势资源

紧跟政策，打造“海上丝绸之路”“丝绸之路经济带”“西部陆海新通道”，通过整合优势资源，充分发挥强大的公、铁、水、码头、航运网络资源，尽可能贴合客户需求来制订国际化供应链方案。通过布局国际滚装航线丰富自营航线布局，以独立和合营的经营模式，提供有竞争力的航线服务；通过借鉴日韩车企与远洋运输船公司的合作模式，推动并打造中资远洋滚装运输船公司，整合中资企业的滚装船、集装箱船资源，以保障中资车企“出海”的供应链安全。

2. 产销精准协同

贸易公司要积极与主机厂做好产销协同，精确分析各区域进销存情况与资源供应情况，及时调整各车型销售结构规划和促销政策重点，在确保各区域销售资源的前提下，精益控制发运数量。

3. 紧急预案

提前制订紧急预案，根据合作船公司船期和舱位调整发运周期，紧急情况下可使用陆运方式将零部件从国内拖车运输到海外基地，使用中欧班列将整车运输至欧洲；特别紧急零部件，使用国际快递和空运的方式进行海外供应。

“十四五”时期，我国物流业发展正处于重要战略上升期，可谓机遇和挑战并存。如今国际经济环境并不稳定，蔓延全球的疫情为汽车市场带来了诸多不确定因素，未来我国汽车物流行业依然将面临巨大的调整，要以构建现代汽车物流体系为目标，不断推动我国汽车物流高质量发展，为中国整车出口保驾护航。

（安吉国际物流（上海）有限公司　杨晶星、冯文君）

创新成果篇

第八章　汽车零部件物流创新成果

第一节　舍弗勒机器人流程自动化与光学字符识别结合应用（RPA + OCR）

德国舍弗勒集团是全球范围内生产滚动轴承和直线运动产品的领先企业，也是汽车制造业中极具声誉的供应商之一，旗下拥有三个知名品牌 INA、FAG 和 LuK。目前，舍弗勒大中华区约拥有员工 1.2 万人，在上海安亭、湖南长沙设有 2 个研发中心，在太仓、苏州、银川等地设有 10 座工厂，在北京、上海、沈阳、广州、南京等地设有 20 个销售办事处。

一、项目背景

当前汽车物流行业不可避免的有大量需要使用纸质或电子文档单据处理的工作。对于这些单据的后续处理均需要人工读取和录入成结构化数据，之后按后续流程进行操作。这些工作不仅耗费了大量的人力，而且还容易出现错误。这些机械的录入过程是典型的不增值过程。舍弗勒机器人流程自动化与光学字符识别结合应用项目的启动正是在精益管理思想的驱动，以及降本增效大环境下应运而生的。旨在解决当前舍弗勒供应链与物流工作中遇到的这些问题。

二、项目主要内容

舍弗勒机器人流程自动化与光学字符识别结合应用是基于 RPA 与 OCR 相结合的技术。RPA 全称 Robotic Process Automation，中文名称为机器人流程自动化。OCR 全称 Optical Character Recognition，中文名称为光学字符识别。

RPA 能够代替或者协助人类在计算机、RPA 手机等数字化设备中完成重复性工作与任务。只要预先设计好使用规则，RPA 就可以模拟人工，进行复制、粘贴、点击、输入等操作，协助人类完成大量“规则较为固定、重复性较高、附加值较低”的工作。RPA 的优势在于机器人可以帮助企业或者员工完成重复单调的流程性工作，减少人工失误，提高运营效率，降低运营成本。RPA 是企业开启数字化转型的钥匙。RPA 技术具有非侵入性和灵活配置两大特点。企业在进行 RPA 部署时，不需要改变其现有的信息系统，从而可以避开遗留系统冰山；RPA 技术具有非常强的灵活配置性，可以非常贴近企业自己的业务，实现无缝结合。

OCR 是指电子设备（例如扫描仪或数码相机）检查纸上打印的字符，通过检测暗、亮的模式确定其形状，然后用字符识别方法将形状翻译成计算机文字的过程；即针对印刷体字符，采用光学的方式将纸质文档中的文字转换为黑白点阵的图像文件，并通过识别软件将图像中的文字转换成文本格式，供文字处理软件进一步编辑加工的技术。

在日常工作中，有许多电子文档需要阅读并把相关信息输入企业资源计划系统中。这样就需要业务工作人员查看电子文档后，手工输入有关信息或数据到系统中。不但投入了人力成本，还有可能出现读取或输入错误。RPA + OCR 工作流程如图 8 – 1 所示。

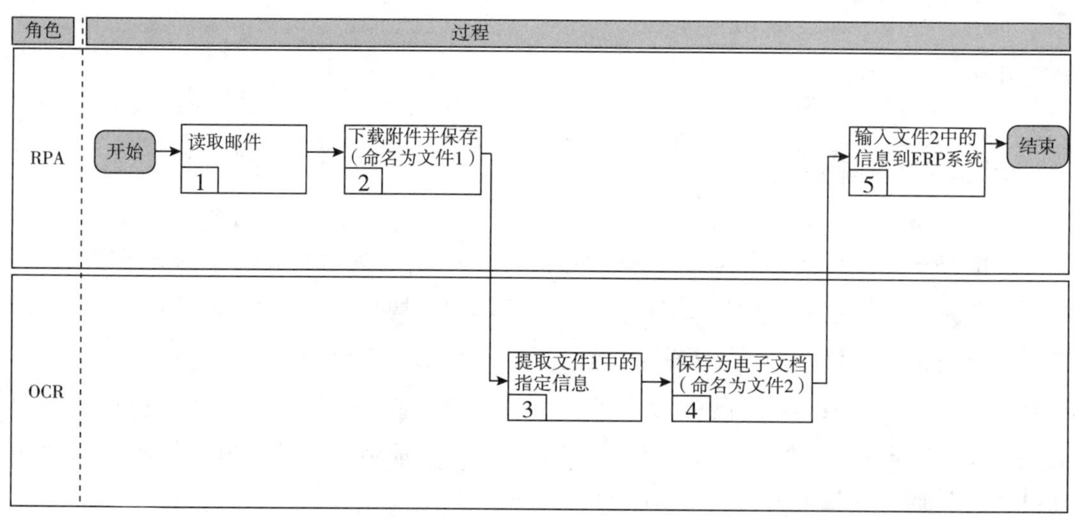

图 8 – 1　RPA + OCR 工作流程

注：ERP 全称为 Enterprise Resource Planning，中文全称为企业资源计划。

1. 需求触发

在日常工作中，物流服务商不定时发送运输或提单类相关信息文档到舍弗勒联系人邮箱中。此类信息文档主要是 PDF（Portable Document Format，意为“可携带文档格式”）或图片格式。

2. RPA 机器人读取邮件

在此应用中，赋予 RPA 机器人等同于业务人员操作系统的权限。在此前，舍弗勒要求物流服务商发邮件到指定邮箱。此邮箱为公共邮箱，以便 RPA 机器人统一收取邮件，从而代替原先发给不同业务人员的方式。RPA 机器人以相应的权限登入设定的公共邮箱，逐一读取邮件。

3. RPA 机器人下载附件并保存

在 RPA 机器人读取每一封邮件时，RPA 机器人把邮件附件中的文档保存到指定文件夹，并命名文件为“文件 1”。

4. OCR 提取文件 1 中指定信息

采用 OCR 技术提取文件 1 中的指定信息。比如，提单中的运输方式/货物数量/体积大小等。提取相应信息后，以一定的规则保存到指定文件夹并命名文件为“文件 2”。

5. RPA 机器人输入信息到 ERP 系统

RPA 机器人再读取文件 2 中的信息，把相关信息录入 ERP 系统中。

此外，在日常业务中，还有单据会以图片形式发到舍弗勒，由舍弗勒工作人员查看并确认。大致过程如下。

首先，舍弗勒按照客户要求打印出固定格式的送货单或自制式的送货单交与物流承运商司机。其次，由物流承运商司机将送货单与货物同时交付至客户处。然后，客户工作人员会在送货单上签署或备注相关信息。物流承运商司机通过拍照上传或邮件等方式发回至舍弗勒。最后，舍弗勒工作人员检查或确认发货单信息后保存送货单。

以上业务流程中存在以下痛点。

（1）舍弗勒工作人员每天需要人工检查并确认发货单信息，工作单一且无增值。

（2）比对发货单信息与系统信息比较消耗时间。

（3）人工存储发货单容易出错。

基于以上痛点，舍弗勒运用 RPA 与 OCR 相结合的技术有效地解决以上问题。不仅减少了人力的投入，还确保了业务操作的准确度。

三、项目成果

与传统人工读取邮件或文档信息相比较，此应用首次结合 RPA 和 OCR 的技术，实现纸质或文档信息转化为电子化和结构化信息，进而实现减少人工高重复性、低效率、低价值的工作。

四、项目社会效益

2018 年以来，中国汽车市场增长放缓甚至需求下降，汽车零部件行业正经历前所未有的严峻挑战，成本控制、风险管理、计划波动、信息孤岛和效率低下时时刻刻在考验着供应链与物流的管理水平。舍弗勒作为源自德国的全球一线汽车零部件企业，面临的痛点也是整个汽车零部件制造业面临的痛点，此项目创新提高了效率（转变低价值的工作方式），将数字化和自动化的解决方案延伸到了公司其他工作领域。该软件和操作模式可以被其他汽车零部件企业广泛采用。目前的 RPA 机器人（主要是 RPA2.0/3.0 阶段）主要是按照事先约定好的规则，对计算机系统应用进行鼠标点击、敲击键盘等操作，应用于一般性事务、财务、人事管理、IT 服务和供应链和物流等业务。未来在下一个阶段的 RPA 机器人（RPA4.0）将会插上 AI 的翅膀，通过机器学习或深度学习变得更加聪明和智能，从而为用户提供更好的服务，创造更大的商业价值。舍弗勒一直致力于打造基于工业 4.0 的智慧供应链与物流体系，将员工从大量重复、规制明确的机械性低价值的工作中解放出来，使其集中精力于创造性高价值的工作上，从而极大提高企业核心竞争力，助力企业数字化转型，并且为实现《中国制造 2025》的智慧物流开拓了努力的方向。

（舍弗勒（中国）有限公司　周永根）

第二节　“无接触考勤”——新冠肺炎疫情下入厂物流交付车辆管理系统新思路

一、项目背景

郑州日产汽车有限公司（下文简称“ZNA”）入厂物流采用循环取货模式，在长时间的运作和持续改善下，运作流程已比较完善与成熟，但个别环节运作因为工厂的硬件设施条件限制而存在瓶颈。其中，最突出的问题就是交付车辆的周转率长期处在低位水平，第三方物流公司（下文简称“3PL”）需要投入大量车辆进行交付作业，浪费运作成本。

在 2020 年开年之际新冠肺炎疫情暴发，很多车辆运行受限于地区疫情管控，运输时效大大降低，使车辆周转率原本就低的入厂物流交付难上加难，如何在短时间内实现缩短车辆的排队等待时间，最大化地利用叉车提高交付效率，保证生产的稳定性成为当务之急。

二、项目主要内容及实施效果

（一）实施思路

车辆周转率低的痛点在于车辆的集中到货、无序交付和个别叉车司机的消极怠工，在实际运作中某些纳场等待车辆很多，而有些纳场叉车却闲置，解决问题的关键在于所有交付计划信息的共享及车辆到场时间、卸货时长的管控，在不增加大额投资的前提下能快速实现这一诉求的方案是最优的选择。

通过调查得知，疫情之下，各类无接触考勤机应运而生，规避了人员聚集疫情传播的风险，可极大地方便公司人员的考勤管理，通过验证分析，判定车辆管理可以类比人员管理，实施考勤打卡有效控制车辆的到场时间，监督各纳场的卸货时长，实现全天工作时间内均分到货量，消除造成车辆排队等待的交付信息不透明及叉车司机怠工的问题。

利用电商平台对各类型考勤机的功能进行充分调研之后选定阿里巴巴公司出品的钉钉智能无接触考勤机 M1 – pro（见图 8 – 2），结合钉钉 App（见图 8 – 3），确定信息共享和车辆考勤管理的具体方案。

图 8 – 2　钉钉智能无接触考勤机 M1 – pro

图 8 – 3　钉钉 App

（二）实施方案

1. 整体架构

在钉钉 App 中创建 ZNA 调达物流团队，并将 M1 – pro 绑定该团队，设置考勤规则，通过导出考勤数据的方式实现管控车辆交付时间的目的，依赖钉钉群组实现3PL日别交付计划的信息共享，整套方案全部依托阿里巴巴现有产品实现，节省了开发系统软硬件的时间和开发成本。

2. 车辆考勤方案

将所有的考勤机安装在各个纳场便于司机打卡又不易被人为破坏的位置，并在钉钉App的ZNA调达物流团队中创建以3PL为区分主键的人员分组，主要为各物流公司和管理群，并设置各组的子管理员，便于人员的管理与考勤数据的分析。然后将所有3PL交付司机的个人信息录入系统，以车牌号作为司机的工号，物流公司名称作为司机的部门，以纳场编码为考勤机命名，以区分各纳场的打卡数据，并设定车辆进出厂、进出车位打卡的规则，使考勤数据真实体现车辆的到达时间与卸货时长。在钉钉App管理后台关闭钉钉的位置打卡，锁定通过智能手机蓝牙连接钉钉在离考勤机5米范围内打卡的功能，通过在钉钉后台导出考勤报表锁定车辆的交付时间及纳场卸货时长。

3. 交付计划共享方案

创建3PL交付计划一元化管理表，以生产稼动日逐渐推移，3PL可以在N日将N+1日及以后的各纳场精确到时间点的日别交付计划以在线编辑的形式填写在表格中，数据表共享在管理群组中，设置3PL不同的编辑时间段以免数据重叠覆盖，更改时只能修改自己的数据及空白单元格，禁止编辑其他3PL数据，以此实现交付计划的团队共享，错开各纳场每车次的交付时间，达到均分一天内到货量的目的。

钉钉App ZNA调达物流团队及交付计划表格如图8-4和图8-5所示。

图8-4　钉钉App中ZNA调达物流团队

填写规范：
1，经集交付填写信息格式示例：博世通经集豫AXXXX
2，近地化交付填写信息格式示例：风神开封元创豫AXXXXX
即经集只需要填报车辆信息，近地化需要填报供应商信息

	BC0	CL0	EN0	EN1	FA0		FB0	FC0	FD0	FE0	PB1	
8:30	华正通经集			华正通经集		博世通开封东普雷					博世通开封金兴	
9:15	华正通经集			博世通经集	博世通经集			华正通经集			博世通开封金兴	
10:00	博世通经集	博世通经集			博世通开封东普雷	风神东昇	博世通经集			博世通经集		风神吉兴
10:45	博世通开封元创	风神经集	博世通经集		博世通经集	风神新程			博世通经集		博世通经集	风神宜和
11:30	风神三樱	风神戴卡			博世通开封东普雷						博世通开封金兴	
13:00											博世通开封金兴	风神吉兴
13:45	博世通经集				博世通开封东普雷	博世通经集		博世通经集			博世通开封金兴	
14:30	博世通开封金兴		博世通经集			风神东昇					博世通经集	
15:15	博世通开封元创				博世通经集	风神新程						风神吉兴
16:00			风神日通仓库	风神经集	博世通开封东普雷	博世通经集						风神宜和
16:45	博世通开封元创			风神卓达	风神新程	博世通开封元创					博世通开封金兴	风神豫新
17:30	风神传动轴				博世通开封东普雷	风神东昇						风神吉兴
18:15												

图 8-5　ZNA 交付计划表格

综上所述，本项目主要是利用新型人事考勤管理技术实现对入厂物流交付车辆的预先管理，并通过实时的系统数据分析出现的问题，制订改善对策，主动有效缩短车辆的排队等待时间，消除人员消极怠工的主观因素，从而提高车辆周转率，减少车辆投入，降低物流运营成本。项目管理流程如图 8-6 所示。

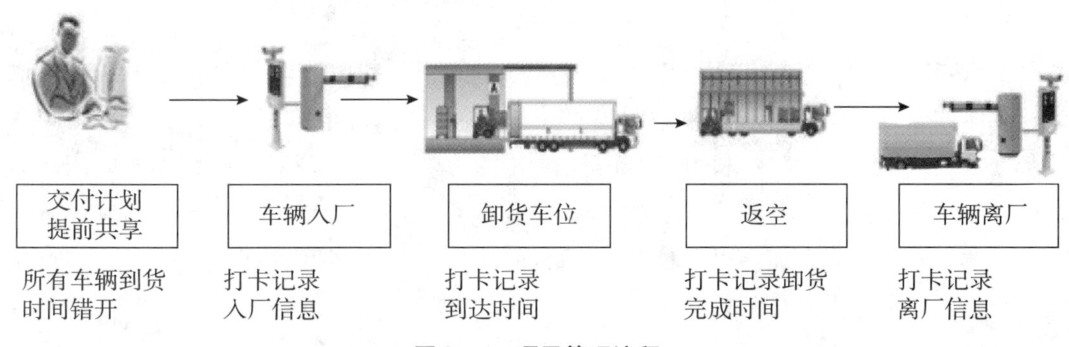

图 8-6　项目管理流程

（三）实施效果

1. 车辆交付数据及周转率

将 2020 年 3 月与 4 月（方案实施前后）的车辆交付数据做对比分析，可以明显看出车辆排队比例由 22.87% 下降至 12.05%，下降 10.82 个百分点，如图 8-7 所示。车辆周转率由 1.82% 提升至 2.05%，如图 8-8 所示。依照中牟工厂的月均交付量，考虑单台车的使用成本，累计减少车辆运营成本 642870.65 元/年。

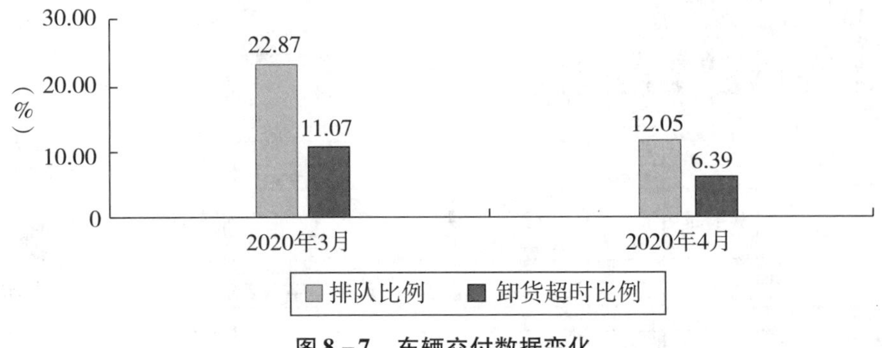

图 8-7　车辆交付数据变化

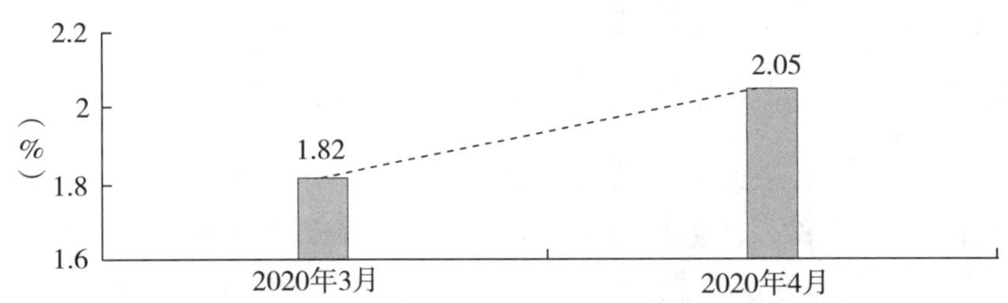

图 8-8　车辆周转率变化

2. 纳时遵守率

在未实施此管理方案之前，中牟工厂对订单的交付缺乏有效的监管，无法确定供应商具体的交付时间，无法计算纳时遵守率，实施此方案之后，在钉钉后台导出车辆的考勤数据（见图 8-9），利用 Excel 进行数据分析，比对管理群组中精确至时间点的 3PL 交付计划，进而得出纳时遵守率 44%（见图 8-10），填补了 ZNA 纳时遵守率管理的空白，为以后精确管理零部件交付时间，进而加强账实精度管理，降低安全库存系数，减少企业资金占用打下基础。

姓名	部门	工号	职位	考勤日期	打卡时间	打卡结果	打卡地址
郭	郑州	豫	司机	20-06-27 星期六	2020-06-27 13:32	正常	ZNA调达物流_PB1
郭	郑州	豫	司机	20-06-27 星期六	2020-06-27 13:49	正常	ZNA调达物流_PB1
郭	郑州	豫	司机	20-06-23 星期二	2020-06-23 10:45	正常	ZNA调达物流_PB1
郭	郑州	豫	司机	20-06-23 星期二	2020-06-23 10:57	正常	ZNA调达物流_PB1
郭	郑州	豫	司机	20-06-23 星期二	2020-06-23 13:59	正常	ZNA调达物流_PB1
郭	郑州	豫	司机	20-06-23 星期二	2020-06-23 14:15	正常	ZNA调达物流_PB1
郭	郑州	豫	司机	20-06-24 星期三	2020-06-24 09:39	正常	ZNA调达物流_PB1
郭	郑州	豫	司机	20-06-24 星期三	2020-06-24 09:41	正常	ZNA调达物流_PB1
郭	郑州	豫	司机	20-06-24 星期三	2020-06-24 12:32	正常	ZNA调达物流_PB1
郭	郑州	豫	司机	20-06-24 星期三	2020-06-24 16:16	正常	ZNA调达物流_PB1
郭	郑州	豫	司机	20-06-27 星期六	2020-06-27 09:13	正常	ZNA调达物流_PB1

图 8-9　车辆考勤数据

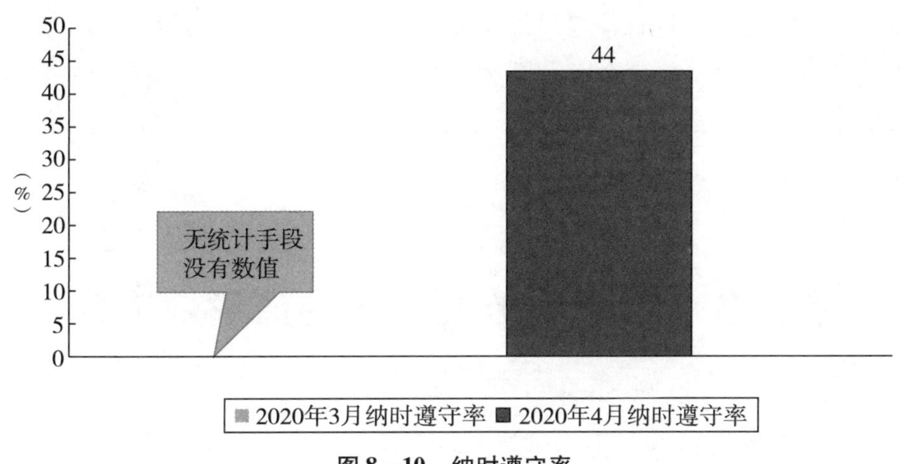

图 8－10　纳时遵守率

三、项目创新点

在新冠肺炎疫情的背景下，创造性地将新生事物“无接触考勤机”与互联网大数据共享结合起来，利用现有的成熟系统“钉钉”在无任何软件使用费用的条件下快速解决车辆资源紧张、影响物资交付的问题，缩短车辆排队时间，提高车辆周转率，降低入厂物流交付成本。

通过实施项目，只需利用一部智能手机即可实现管理，且交付计划共享没有时间、地点限制，可实时随地更新，便于业务人员操作。

在无大额投资的前提下，找到计算纳时遵守率的方案，填补了 ZNA 物资交付纳时遵守率统计的空白，为进一步加强账实精度管控，减少企业流动资金占用提供了新的管控思路。

四、项目实施效益

2020 年开年全球陷入新冠肺炎疫情的阴霾之中，所有行业遭遇前所未有的挑战，国内的汽车行业在经历连年的增长率下滑之后，如何寻找突破点，在疫情中求生存与发展，成为关键问题。对于汽车物流行业，降成本工作是重中之重，其中零部件入厂物流方面，对于一些资金流动性比较紧张，不允许大量投资又迫切想要提升车辆周转率、物资交付纳时遵守率，降低运营成本的企业可以借鉴 ZNA 中牟工厂的方案。

（1）避免系统开发的大规模投资，使用市面上非常成熟的钉钉打卡考勤系统与无接触考勤机实现对入厂物流交付车辆的管理，提高车辆周转率，降低物资交付成本。

（2）为汽车企业管控零部件纳时遵守率提供了一种简便易实现的新方案，省去了系统开发周期与成本，通过管控零部件物资到货时间，从而依据生产与库存变化调整零部件的安全库存，降低在库金额，释放资金流动性，助力疫情之下的企业发展。

（郑州日产汽车有限公司　何会齐、王梓宇、刘帅、翟永兴、王明欣、龚雪、张现锋、付博文、邢永建、刘光辉）

第三节　汽车制造业厂内物流解决方法

富田－日捆储运（广州）有限公司（以下简称“富田－日捆”）主要经营汽车、摩托车零部件运输、仓储、包装及整车运输、汽车租赁、软件销售等业务。经过20多年的发展，公司在汽车物流行业积累了丰富的运营经验。富田－日捆的物流管理系统（DMS）是由富田－日捆自主开发，应用于汽车制造业的厂内物流管理综合性平台。

一、项目背景

随着工业自动化的不断发展，主机厂一方面不断扩大产能，另一方面通过引入新科技，缓解了成本上升、出厂单价下调的压力。物流公司为了自身的生存和发展，也迫切要做出相应的改善。

2013年，主机厂对零部件供应商到货的信息、标识进行了统一规范，并导入条码信息技术，为厂内物流实现系统化奠定了基础。在以上背景前提下，富田－日捆决定在厂内物流领域，开发DMS系统。DNS系统开发原理如图8－11所示。

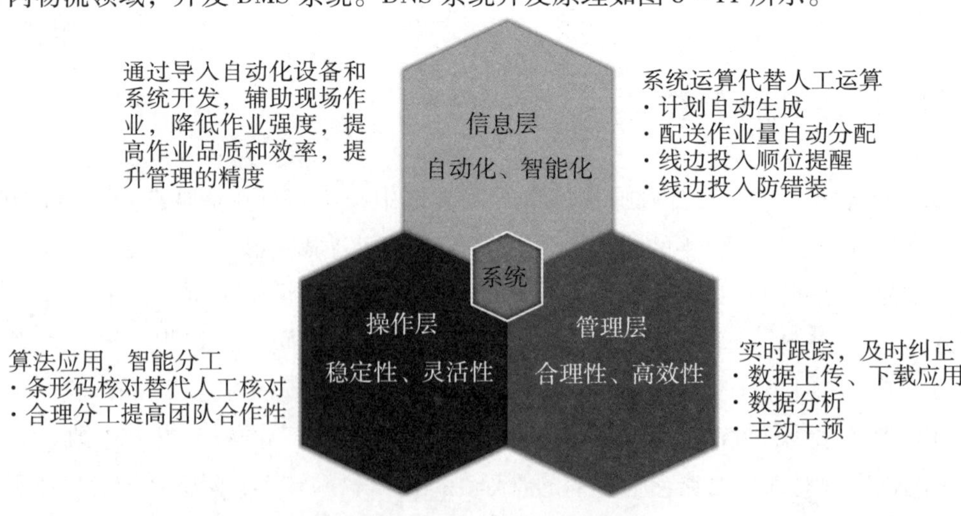

图8－11　DMS系统开发原理

二、项目内容

（一）订单管理优化

主机厂主要订单数据包括生产计划、供应商到货计划以及场内配送计划。其中生产计划根据市场订单和发展预测生成。供应商到货计划在生产计划后生成，由主机厂的系统根据生产计划匹配零部件表，按照预先设定的规则生成到货数据与到货凭据，零部件供应商根据到货数据将零部件供应到厂内，再根据厂内配送计划供应零部件到线边使用。

由于三个类型的订单数据分别由三个不同系统单独运作，彼此之间没有进行关联优化。不同的系统考虑的着重点不同，生产计划生成系统考虑终端客户的满足率，供应商到货计划生成系统考虑运输满载率和生产满足率，厂内配送系统考虑线边空间利用率和生产满足率。由于主机厂三个订单系统的数据没有关联，整体运作效率不高。

DMS 系统将以上系统数据进行有效整合，利用系统算法，将三组独立的数据进行两两核对，提前识别数据与数据之间的差异点，并给予改进提示。解决过往计划数据需要依赖人工经验核对的问题，不仅提高了计划的精度，也有效消除了人员流失过快对计划精确度的影响。精确的计划可以减少作业次数，减少料笼和储存空间的使用，如图 8 – 12所示，DMS 系统运算出来的数据比手工计算的数据更加标准，供件次数也相应减少。

分类		手工计划											DMS系统计划										
零件号+颜色	时间	7	8	9	10	11	12	13	14	15	16	17	7	8	9	10	11	12	13	14	15	16	17
零件1	数量	30	60	60	90	30	60	60	60	60	90	34	90		90	90		90	90		90	90	4

图 8 – 12　订单数据前后差异

DMS 还对供件指示的票据生成顺序按照切割算法进行优化，大大缩短了人工分拣票据的时间。切割算法原理如图 8 – 13 所示。

DMS 系统在供件计划算法设计中，充分考虑零部件到货最小包装、最大包装、车辆装载量、批次尾数处理方式，线边空间、时间精准度、供货节拍等问题，将数据按照预定设置好的参数输出结果，生成更加精准的供件计划。系统运用后有效减少了供件次数 14%，节省现场使用面积，缩短作业人员切换的工时。

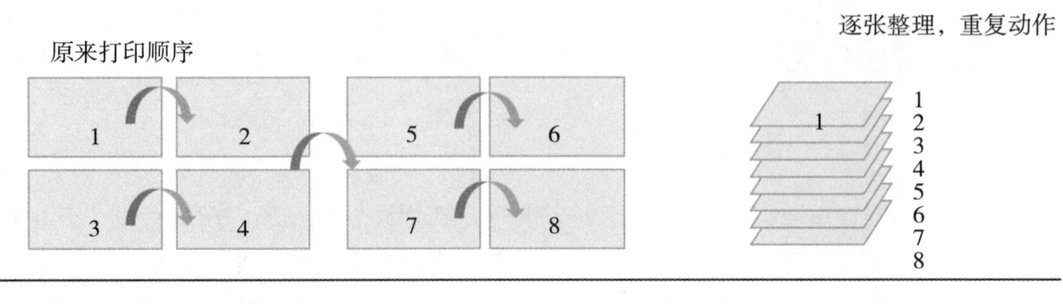

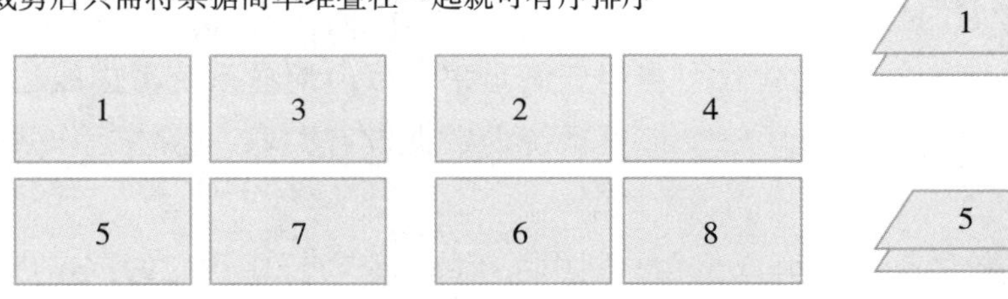

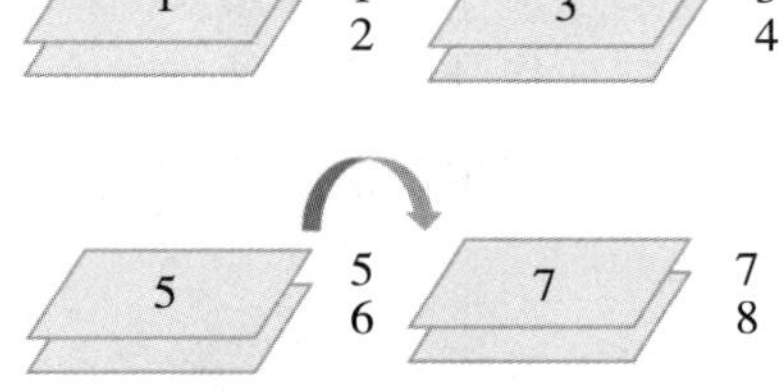

图 8－13　切割算法原理

（二）收货环节优化

汽车制造线边物流需要接收近 300 家供应商的上万种零部件，由于不同供应商管理水平的差异性，部分供应商供货品质有些波动，需要在接收前对零部件的符合性进行检查以及数量清点。为了防止问题的发生影响正常的生产，在数量清点方面，主机厂导入条码扫描技术，作业者通过 PDA 设备自动读取零部件标签上的信息，自动计数，上传到货数据到后台系统。但是零部件的符合性核对只能采用人工经验判断的方式。企业要培养一个合格质检人员，需要该员工有长期的工作经验和持续认真负责的工作态度。这样的员工培训周期一般在 2～3 年。在人员流失比较大的环境下，该工序的质量很容易受到冲击。

DMS 系统结合条码信息扫描技术，开发出图像调用系统。作业人员扫描零部件标签时，可以自动获取零部件的识别点，摆脱对零部件符合性核对作业人员经验的依赖，解决该工序因人员培训周期长而影响正常作业的问题。图像调用系统还可以设置在收货前端，将确认信息反馈给后台系统，系统根据反馈信息跟踪每种零部件的核查情况，发现异常可以随时进行干预，防止作业者因贪图方便跳过必要作业环节的情况，图像调用系统原理如图 8－14 所示。

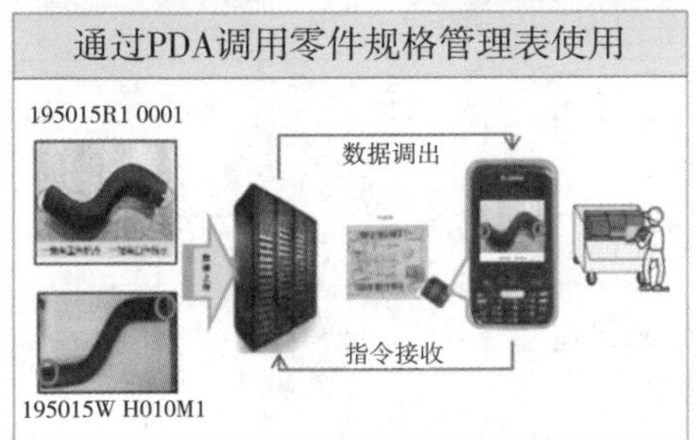

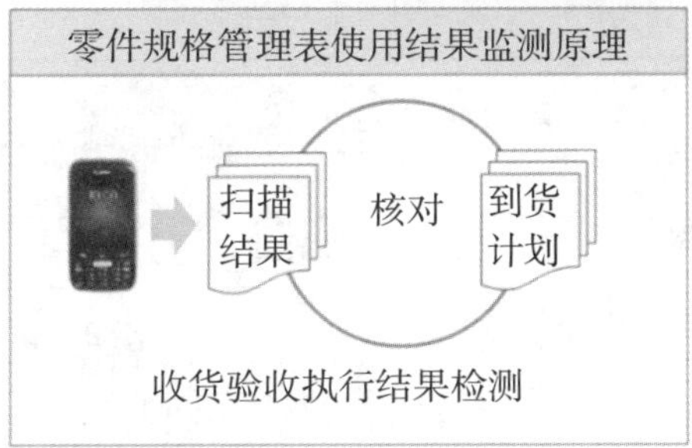

图 8－14　图像调用系统原理

（三）备货环节优化

传统的备货作业，操作人员根据手工计划提示品种和数量，按指定出库时间提前准备好零部件。在确认品种时，采用单人唱票或者双人唱票的操作方式确认品种正误；靠口算、笔算方式确认需求数量错误率比较高。品种和数量的差异，对下一工序影响非常大。特别是当岗位员工离职率比较高时，正确率更难控制。在作业进度管理中，由于作业者分散，数据没有及时得到收集反馈，也容易出现作业延迟或者提前过早，不仅占用材料、空间资源，还影响正常的生产。DMS 系统利用条码技术，将经过系统精确计算的作业计划通过 PDA 传输给作业者，作业者根据 PDA 提示的备货信息，扫描零部件标签。系统根据计划信息和零部件标签信息自动核对零部件正误，自动累计数量。品种、数量有差异时能通过声音提示作业者进一步处理。作业过程中的完成结果或者异常信息，作业者可以通过 PDA 直接上传到后台系统。系统汇集信息后通过现场看板、微信等方式传递给相关人员跟踪处理，使作业品质和作业效率都得到大幅提高，如图 8－15、图 8－16 所示。

DMS 系统通过对现场作业数据进行提炼与分析，把处理的数据作为员工绩效考核的基准以及后续作业分工改善的参考依据。对员工的作业积极性和作业持续改善起到良好的作用。在没有导入系统之前，员工的作业量很难具体衡量，大多数情况靠管理者经验进行提前分配。这种分配方式跟决策者的判断经验有很大关系，由于数据的缺失，很容易导致工时分配不平均，从而导致工时的浪费。DMS 系统制定标准作业工时

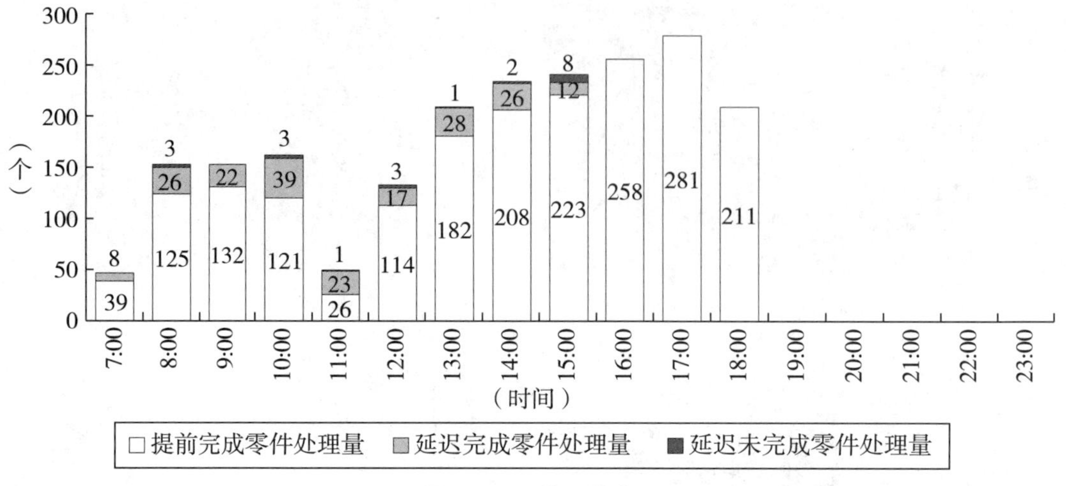

图 8－15　作业进度

工序	13点	14点	15点	16点	17点	18点	19点	20点	21点	22点	23点	24点
备件	144 334 60 532 538	133 286 40 456 459	148 332 35 515 515	167 335 37 532 539	189 301 7 495 497	191 172 25 382 388	0 342 44 386 386	26 426 86 538 538	108 293 112 509 513	123 357 136 614 616	134 324 122 573 580	117 194 24 334 335
出荷	18 14 4 36 36	20 3 2 25 25	15 18 0 33 33	29 7 0 36 36	19 6 0 25 25	27 2 1 30 30	0 10 12 22 22	0 23 14 37 37	5 21 2 28 28	15 14 3 32 32	15 10 4 28 29	18 5 2 25 25
供件	243 174 52 455 469	215 136 45 388 396	267 146 29 440 442	308 135 25 457 468	306 96 17 413 419	245 72 26 334 343	197 114 27 336 338	266 129 72 463 467	215 189 50 449 454	261 209 59 520 529	249 194 64 496 507	185 89 24 296 298
落点	207 190 71 454 468	184 167 45 387 396	219 193 30 437 442	268 168 31 451 467	271 127 21 410 419	215 95 33 329 343	185 119 33 333 337	229 152 84 455 465	176 208 70 434 454	210 240 79 506 529	219 211 76 486 506	160 114 24 296 298

图 8－16　作业进度数据

规则并输入系统，系统结合订单数量，测算出每个时间段、每个区域的标准作业工时，管理者可以根据系统提供的工时分布数据，提前做好人员分工，减少因分配不均匀导致的工时浪费，从而起到提升作业效率的目的。

（四）配送环节优化

零部件按照供件计划备货完成后，由牵引车司机按照供件计划将零部件配送到线边落点。DMS 系统导入前，每位供件司机领取的供件计划是一份纸质的供货清单。清单罗列当日每个时间段、每个落点所需要零部件的数量。供货清单如图 8－17 所示。

<table>
<tr><td rowspan="2">零件</td><td rowspan="2">落点</td><td colspan="6">时间</td></tr>
<tr><td>7:00</td><td>8:00</td><td>9:00</td><td>10:00</td><td>11:00</td><td>12:00</td></tr>
<tr><td>零件1</td><td></td><td></td><td></td><td></td><td></td><td></td><td></td></tr>
<tr><td>零件2</td><td></td><td></td><td></td><td></td><td></td><td></td><td></td></tr>
<tr><td>零件3</td><td></td><td></td><td></td><td></td><td></td><td></td><td></td></tr>
<tr><td>零件4</td><td></td><td></td><td></td><td></td><td></td><td></td><td></td></tr>
<tr><td>零件5</td><td></td><td></td><td></td><td></td><td></td><td></td><td></td></tr>
<tr><td>零件6</td><td></td><td></td><td></td><td></td><td></td><td></td><td></td></tr>
<tr><td>零件7</td><td></td><td></td><td></td><td></td><td></td><td></td><td></td></tr>
<tr><td>零件8</td><td></td><td></td><td></td><td></td><td></td><td></td><td></td></tr>
<tr><td>零件9</td><td></td><td></td><td></td><td></td><td></td><td></td><td></td></tr>
<tr><td>零件10</td><td></td><td></td><td></td><td></td><td></td><td></td><td></td></tr>
</table>

图 8－17　供货清单

供件司机每完成一个零部件的配送后在清单上进行标识。由于人员的流动和每个人的执行力不一，很容易出现完成计划提早或延迟的情况。供件计划只提供时间和数量的指示，对于相同时间相邻落点零部件的先后顺序没有严格要求。司机供应的结果存在一定的不确定性，导致有时某些落点有多个人同时达到的情况，引起现场的拥堵，影响作业效率，也产生了一定的安全隐患。

供件进度管理依靠管理者定期抽查每个供件司机的作业进度，来防止作业时间延迟或提早。当司机数量多，分布区域零散时，需要更多的进度确认人员，否则进度就会难以确认，这样也会导致运营成本的增加。

另外，供件司机分工在配送量和时间上会存在差异，因接收的计划内容不同，司机之间无法形成合作。例如，当生产线前端零部件供应紧张时，负责生产线末端的司机正空闲，但生产线末端的司机无法掌握生产线前端的作业进度，因此不会主动去帮忙。另外在分工已经明确的前提下，司机也只会完成分内的工作。管理者如果进行临时调拨，也会受到作业者不愿意配合的阻力，增加了管理难度。

DMS 系统对配送方式采取了如下的改进措施。

1. 按照循环取货原理，对生产线落点进行重新编码（见图 8－18 和图 8－19）

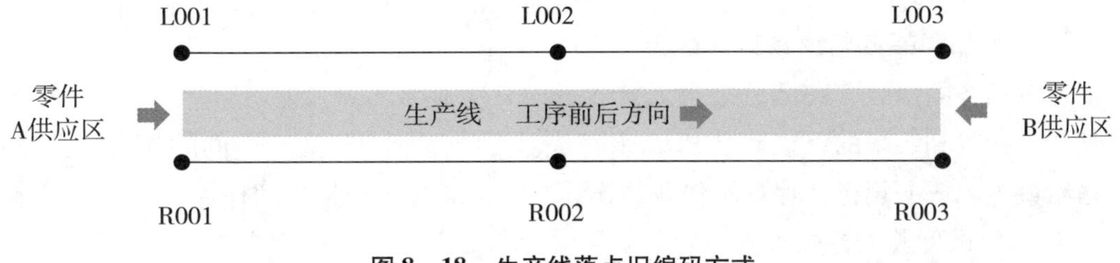

图 8－18　生产线落点旧编码方式

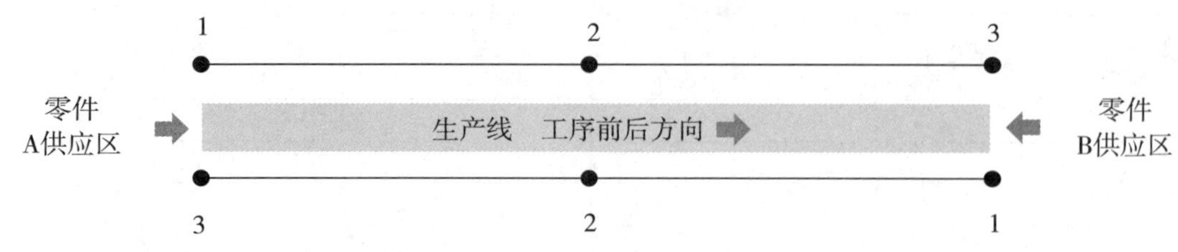

图 8－19　生产线落点新编码方式

生产线落点重新编排后，根据零部件供应的方向和前后顺序进行编码。相同一个落点，供应方向有两个，就会有两种不同的落点编码。将新落点编码结合供件计划的时间按照循环取货的方式进行整合，将一份供件计划生成多个批次的供件计划。供件司机按照新生成计划的顺序进行供件，杜绝了司机供件的随机性，使作业更加容易监测控制。每批次按照牵引车司机的最大装载量和线边空间的最大存放量来生成计划。保证运输效率的同时，保证线边空间的周转，也节省了线边切换零部件的工时。集中配送零部件供件指示如图 8－20 所示。

配送路线+趟次：L1–47　配送日期：20210118　配送时间：09:00　偏差分钟：0　作业代码：备件员0

当前路线总趟次：256趟　计划代码：A4AE03　收货地点：GAE03　来源：GAFW3

序号	厂家名称	零件号	颜色	供件日期	供件时间	推移时间	供件数量	传票号码	边线最大存放量	订货包装数	落点	排序
1									6	6	0P56	129
2												
3												
4												
5												
6												
7												

当前作业代码总趟次顺序：　L1–128–24　当天总趟次顺序：　256–47

图 8－20　集中配送零部件供件指示

2. 供件任务接收与反馈方式改善

司机任务的接收方式从原来每天接收一次任务变成每天接收多批次任务。改善后供件任务接收和结果的反馈通过 PDA 来完成。系统按照司机完成时间的先后，把任务推送给最先完成的司机。保证了作业的连续性，也避免了司机之间任务不平均的问题。

3. 作业进度监控方式改善

改善前，供件进度需要逐个作业者进行确认，一个确认人员需要同时确认多个作业者。不同作业者之间的作业进度容易产生不一致的情况。确认和调整需要花费的工时巨大。改善后管理者只需要确认最新一批的出货情况，就可以掌握整体的作业进度。

4. 供件司机考核方式改善

每个司机的供件趟次和完成时间被后台系统进行记录。管理者根据统计信息对作业者进行考核。还可以根据订单的分布情况提前对作业谷值和峰值进行干预调整。从而提高作业效率。

三、项目成果及创新性

系统实施后，厂内零部件物流作业系统覆盖率达100%，大大降低作业异常发生率和作业风险。DMS 系统上线后，节省作业工时 1044 小时/月，作业异常发生率下降到 3PPM 以下。各工序平均效率提升 17.5%，每年节约成本约 56.8 万元。

DMS 系统具有较高的实用性和灵活性，能很好解决汽车制造业厂内物流配送作业量随车型派生波动而导致人员作业量在时间上分布不均衡的问题；解决作业品质保证对作业者经验依赖的问题。实现物流配送的精准化、高效化、透明化，管理的精度进一步得到提升，得到了业务客户的一致肯定。

四、行业贡献

该项目整合了厂内物流信息管理流程，并落实了许多贴合厂内物流行业业务实际情况、能有效提高业务运作效率的业务模式，为厂内物流行业信息管理的发展及创新提供了经验及新的思维模式。

（富田－日捆储运（广州）有限公司　郑尉锋、吴文峰、刘铭清、梁子康、叶子豪）

第四节　基于视频智能 AI 分析技术在对叉车驾驶员安全管理中的应用

一、项目背景

《中国公路货运行业智慧安全白皮书》指出，在 2019 年，中国公路货运行业每百万公里事故数为 3.7 起，单次损失至少几十万元。而叉车作为一种最常用的厂内机动车辆，由于叉车驾驶员操作不当导致的安全事故率也一直居高不下。

对此，上海安吉通汇汽车物流有限公司对叉车司机驾驶状态的智能化监测进行了研究和尝试，顺利开发了“叉车驾驶员状态监测系统”（Forklift Driver Monitor Status，以下简称“FDMS 系统”），并进行了实际应用。

二、项目主要内容

（一）FDMS 系统核心技术应用

FDMS 系统的核心要素在于其视频智能 AI 分析功能，通过该功能可以识别每位叉车驾驶员驾驶过程中的功作特点，从而判断其是否处于安全驾驶状态中。在该视频智能 AI 分析功能中创新结合应用了 AI 边缘计算、mobilenet – SSD 目标检测模型、MTCNN 人脸检测算法以及 CNN 卷积神经网络识别等多项视频分析技术。

（1）AI 边缘计算：这是一种对云端计算技术进行优化和补充的技术，大幅提高了终端叉车设备端独立运算能力，提高了终端处数据处理的稳定性，同时减少了系统对区域网络带宽的需求。

（2）mobilenet – SSD 目标检测模型：这是一种可以在人脸识别延迟度和准确度上进行调节平衡的技术，在“FDMS 系统”中通过它可以加速系统识别过程以满足系统快速高强度的识别需求。

（3）MTCNN 人脸检测算法（核心算法）：这是一种将人脸检测和人脸特征点定位结合起来的技术，在 FDMS 系统中它可以在辅助 mobilenet – SSD 目标检测模型提高人脸识别准确率，同时为 CNN 卷积神经网络识别进行特征点识别提供基础条件，并且具有深度学习功能，通过不断地分析会逐渐提高其判断精度使得误判率逐步降低。由于记录叉车驾驶员的视频其背景不断处于变化的状态中，所以这种自主学习算法成为 FDMS 系统必不可少的功能。该算法的工作步骤主要包括快速选取候选图像、精选候选图像、实现特征点位的定位。

（4）CNN 卷积神经网络识别：对人脸的特征点位进行识别判定，确认其当时状态。为 FDMS 系统对驾驶员驾驶状态的逻辑判定提供原始数据。

（二）FDMS 系统实施情况

FDMS 系统在实施过程中经历了研发阶段、调试阶段、应用阶段 3 个主要的阶段。

1. 研发阶段

在系统研发阶段，将系统研发过程分成叉车末端设备调试、系统网络调试以及搭建数据化平台 3 个板块，且同步推进。在 3 个板块推进过程中分别碰到了各自的难点并予以攻克。

（1）叉车末端设备调试过程中遇到的核心问题：如何让系统识别驾驶员不安全的驾驶状态，以及能够识别哪些状态？

解决方式：通过对驾驶员主要的不安全驾驶状态特点进行解析，确认不同状态下的关键判断特点，并将其转化成判断逻辑使得系统辨识成为可能。

（2）系统网络调试期间遇到的核心问题：研发初期 FDMS 系统采用 4G/5G 已搭建的成熟网络系统，在应用到上海安吉通汇汽车物流有限公司集散中心运作点仓库时，受到仓库地理位置所处区域 4G 信号覆盖强度不佳，以及仓库结构对 4G 信息屏蔽的影响。在双重影响下，致使系统网络极不稳定，系统无法正常运作。

解决方式：利用仓库已有的内网（局域网）搭建可运行 FDMS 系统网络，并在系统研发后期实现了内外网信息互通问题。解决了使用 4G/5G 网络可能出现不稳定状态，及使用局域网无法实现外部远程查看的两难局面。为 FDMS 系统在信息网络传递保存方面额外扩展了多种可供选择的方案。

（3）搭建数据化平台期间遇到的核心问题：管理人员通过平台查阅数据时，存在一定条件的约束性和信息滞后性，不切合安全“预防为主”的管理理念。

解决方式：开发一款与数据化平台可以互动的手机 App，管理人员上班期间通过手机 App 登录后，当班期间所有经平台后台预设的高危风险项，都会通过手机 App 提示消息到锁屏界面来提醒管理人员及时处理（见图 8－21）。

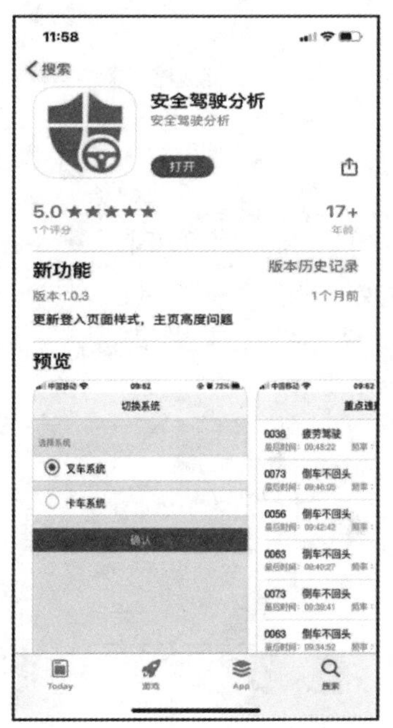

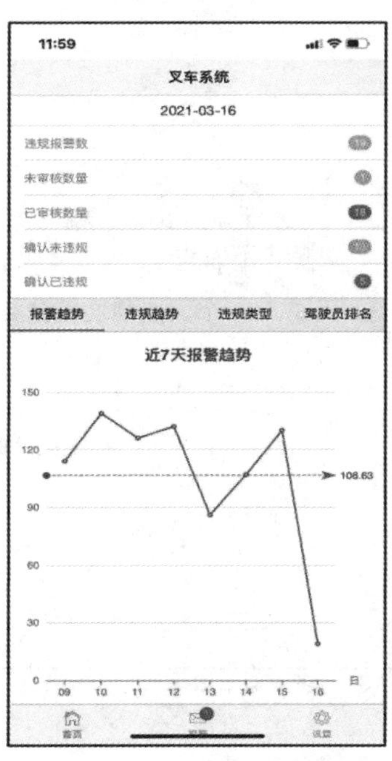

图 8－21　手机 App 功能

2. 调试阶段

在该阶段中，通过对系统各物理部件及系统程序进行微调，确认标准化的应用模板，并进行普及。

同时，通过大量的信息素材，利用 MTCNN 人脸检测算法的深度学习能力，可以大幅提高 FDMS 系统整体的判断精准率。

3. 应用阶段

在 2020 年 11 月初，管理人员通过该系统发现叉车工 A 的数据异常，并开始调阅分析其个人的二级数据（见图 8－22 至图 8－24）。

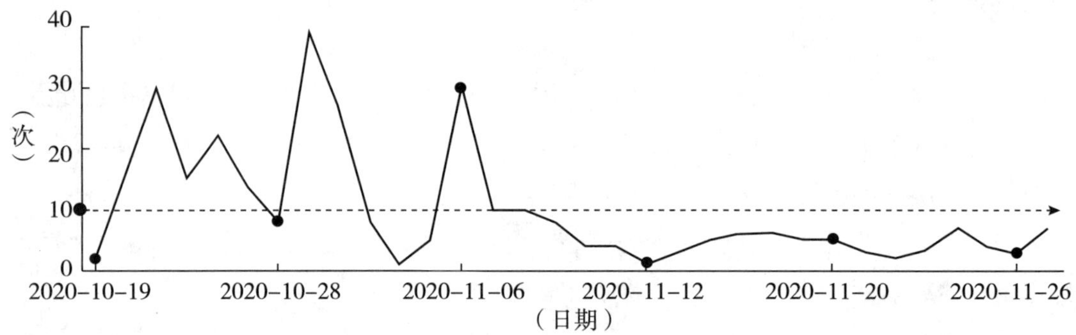

图 8－22　叉车工 A 个人违规次数变化曲线

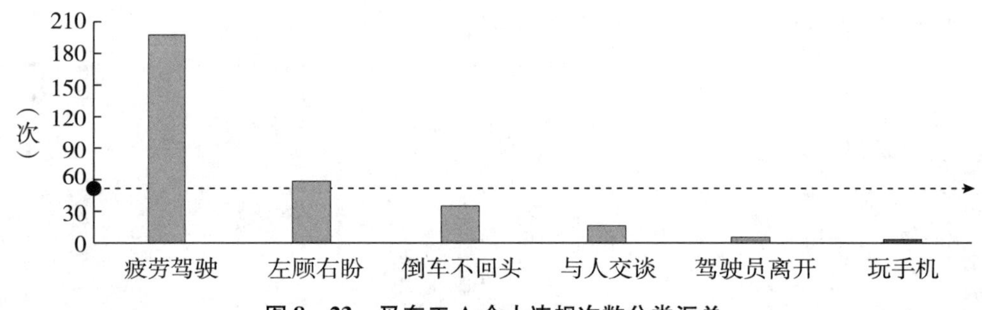

图 8－23　叉车工 A 个人违规次数分类汇总

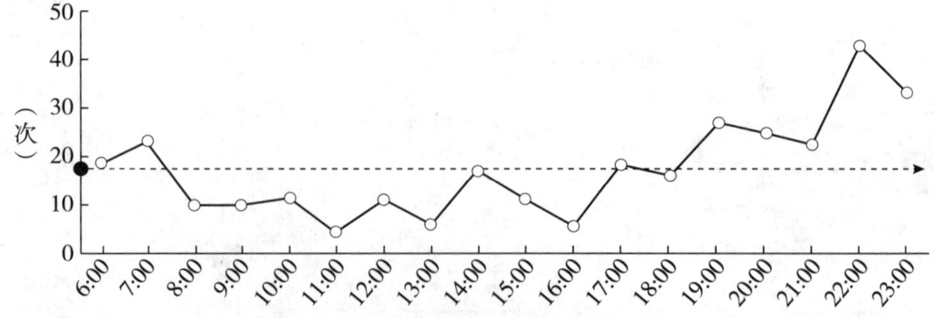

图 8－24　叉车工 A 个人违规次数时间分布

通过管理团队分析，发现叉车工 A 在夜班夜宵就餐过后约半小时（22 点）有一个明显的疲劳期，系统在该时段内出现了大量疲劳驾驶的报警记录。后续工段长在 11 月 7 日班会后与叉车工 A 进行了单独的交流沟通，了解到该现象是由于员工不善于调节工作节奏导致，并同时给出了合理改善建议。随后在 FDMS 系统中“叉车工 A 个人违规次数变化曲线”中可以看到该员工的问题曲线得到了明显改善。

三、项目成果及创新性

上海安吉通汇汽车物流有限公司所建议的叉车驾驶员状态监测系统无论是其研发过程还是其应用结果都具有一定的创新性，主要体现在以下几个方面。

（一）FDMS 系统首创实现了对于叉车驾驶员状态的监测

在传统的监管模式下，由于叉车是移动车辆设备的特性，导致管理人员难以掌握每位叉车驾驶员的驾驶状态，尤其是一些细节的操作状态根本无法做到监管，只能依靠安全培训以及员工的自我安全意识。

在应用 FDMS 系统后，由于视频的不间断记录性，使得系统预设的问题状态能够全部反馈给驾驶员本人以及管理人员。这样的系统特性不仅能够实现对叉车驾驶员的监管，同时系统产生的“监管威慑力”能让员工自发纠正作业期间的不良习惯，提高个人的安全意识。

（二）FDMS 系统使用 MTCNN 人脸检测算法让系统有了深度学习能力

不同于卡车封闭式的驾驶室，叉车驾驶员处于开放性驾驶状态，其视频背景会随着操作状态而不断变化，形成严重的视频判断干扰。

正是由于 FDMS 系统的深度学习能力，使得系统本身可以实现在识别准确度上的不断优化，避免误判甚至系统失效。系统应用初期受背景干扰会出现一些误判记录，随后系统通过人工审核反馈误判结论，系统自动将误判记录导入 MTCNN 人脸检测算法进行自我学习和修正，避免了误判的重复发生，提高了系统精度。

（三）FDMS 系统有很强的横向推广性

由于 FDMS 系统的独立运作和深度学习的特性，使得其具有很强的横向推广性。例如，物流卡车驾驶岗位、物流拖车驾驶岗位，或是任意一个具有固定工位的岗位均可以应用 FDMS 系统进行系统性的监管。

目前上海安吉通汇汽车物流有限公司已考虑将 FDMS 系统横向扩展至卡车驾驶，并已经投入试应用阶段（见图 8－25）。

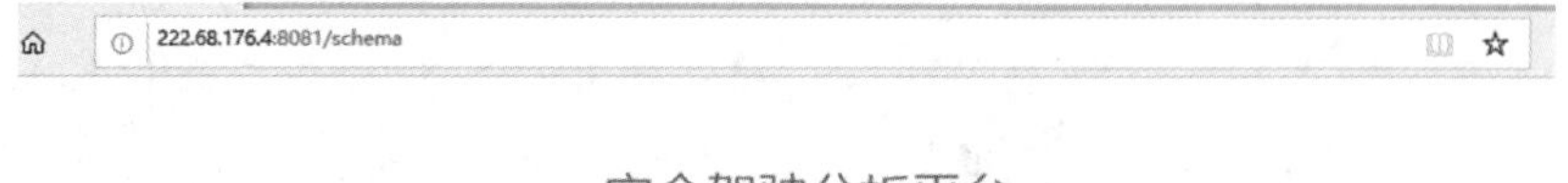

图 8－25　安全驾驶分析平台

（四）FDMS 系统具有很强的互联开发前景

FDMS 系统在研发时考虑到了与其他智能化系统的互联功能，在设计时就提前预留了相关的功能模块接口，使之具有更广阔的开发应用前景。

（1）FDMS 系统与仓库智能监控联动：实现人车轨迹交叉的提前预警，帮助叉车驾驶员在存在盲区的状态下也能提前了解危险情况及时采取制动避免意外。

（2）FDMS 系统与电动叉车联动：对驾驶员高危的不安全状态（如驾驶途中因疲劳导致长时间闭眼等），实现自动干预制动叉车，从而避免事故发生。

（3）FDMS 系统与带定位功能的仓库无线接入点联动：通过对设备轨迹的记录便于开展库位设置的 BC 分析、建立系统电子围栏干预设备的作业范围等。

四、项目对行业的贡献

该项目的实施应用，对于汽车零部件行业在安全管理上有以下几点突出贡献。

（一）有利于企业对关键性岗位进行系统性的管理，有效降低企业安全生产风险

通过对于关键性岗位应用 FDMS 系统，可以对相关岗位操作人员进行系统性的安

全监督。对管理人员来说可以及时发现潜在风险并加以控制，降低运作风险。对操作人员个人来说，通过即时的语音提醒及时纠正不安全的状态，防事故于未然。

（二）有利于管理人员安全管理数据化、标准化

传统的人工安全管理模式，由于监督人员检查过程中的判断偏差、监督人员无法全时段全方面排查出全部同类问题、考核人员对问题的定性偏差或是问题记录偏差等多种不确定因素，时常造成员工与管理人员的意见不合，进而导致双方矛盾，不利于企业的长期正常生产。

使用 FMDS 系统后，系统自动对驾驶员评分（见图 8－26），所有问题记录无遗漏、记录数据化、判断标准化；不仅使得员工提出异议时查有所依，还能使管理人员大幅提高在该环节内的工作效率。

报警分析　驾驶员评分

开始日期：2021-01-26　结束日期：2021-02-25　车牌号：　搜索　导出

车牌号	驾驶员	平均分	2021-01-26	2021-01-27	2021-01-28	2021-01-29	2021-01-30	2021-01-31	2021-02-01	2021-02-02	2021-02-03	2021-02-04
0053	李	99.81	100	100	100	100	100	100	100	100	100	100
0053	陈	99.71	100	100	100	98	100	100	100	100	100	99
0063	黄	99.52	100	100	100	100	99	100	100	100	100	100
0059	刘	99.45	100	100	100	100	100	100	98	100	100	100
0059	王	99.39	100	100	100	100	100	98	97	98	95	99
0029	张	99.19	94	99	100	100	98	100	99	100	95	100
0053	蔡	99.19	100	95	98	99	99	96	100	100	100	99
0063	梁	99.19	100	98	100	100	100	100	98	99	99	100
0063	汤	99.13	100	95	97	97	92	100	100	100	97	100
0055	鲍	99.1	100	99	99	100	99	99	100	100	100	87
0064	赵	98.81	98	100	97	100	99	99	100	95	100	100
0047	汪	98.45	95	96	98	98	99	95	98	97	97	99
0031	王	98.1	95	95	98	99	98	92	100	99	99	99
0073	赵	98.1	94	97	77	100	100	100	98	100	100	99
0056	慕	98.1	100	100	100	100	100	100	97	97	90	85
0063	黄	97.94	98	99	99	90	98	100	100	100	100	89
0059	周	96.58	94	97	90	93	95	95	100	91	100	100
0038	周	88.61	58	63	94	90	38	49	100	91	100	100

图 8－26　驾驶员评分

（三）有利于推进企业完善安全管理机制，推动安全文化的建设

FDMS系统实现了不安全状态的记录，对驾驶员的实时提醒，后台的数据反馈，管理团队的审核、介入干预以及后续跟踪数据曲线变化等的一系列运作过程。无形中帮助企业各个不同岗位重新认识并进行安全闭环管理，在不同岗位之间建立并深化安全管理的交流渠道，使得企业的安全管理能够更高效，进而推动企业安全文化的建设。

（上海安吉通汇汽车物流有限公司　徐佳亮）

第五节　中联物流取货物流管理系统

中联物流是一家第三方物流管理集团化企业，专注汽车供应链管理服务领域16年，为客户提供物流运输、零部件物流仓储、供应链金融、汽车新零售服务，同时依赖强大的信息化管理平台为中小物流企业提供订单、服务跟踪、结算、物流金融、覆盖全国的公铁水联运网络、一站式公铁水联运服务体系等系列增值服务。目前服务于30余家汽车制造企业以及上百家中小物流企业，设立10家子分公司，员工人数近1000人，业务驻点60余个。

一、项目背景

项目开始前，零部件是由供应商自主运输到主机厂周边仓库，再由仓库根据主机厂的投料计划配送到生产车间，每个仓库的管理能力、硬件条件、系统能力都存在很大差异，并且各仓库采用不同库存管理方式，导致库存分散、更新不及时。主机厂在控制库存、到货窗口实施、标准化容器等方面存在困难。

二、项目内容

本系统以成熟的运输管理软件OTM（Oracle Transportation Management）为核心，结合自身物流业务管理的需要，通过对订单、调度、运输、运力、价格、结算6大核心业务进行统一化、标准化、智能化、可视化设计，解决物流服务管理难、成本高、效率低等难题，并以系统平台为桥梁，衔接客户、供应商、承运商的信息共享。取货物流管理系统如图8－27所示。

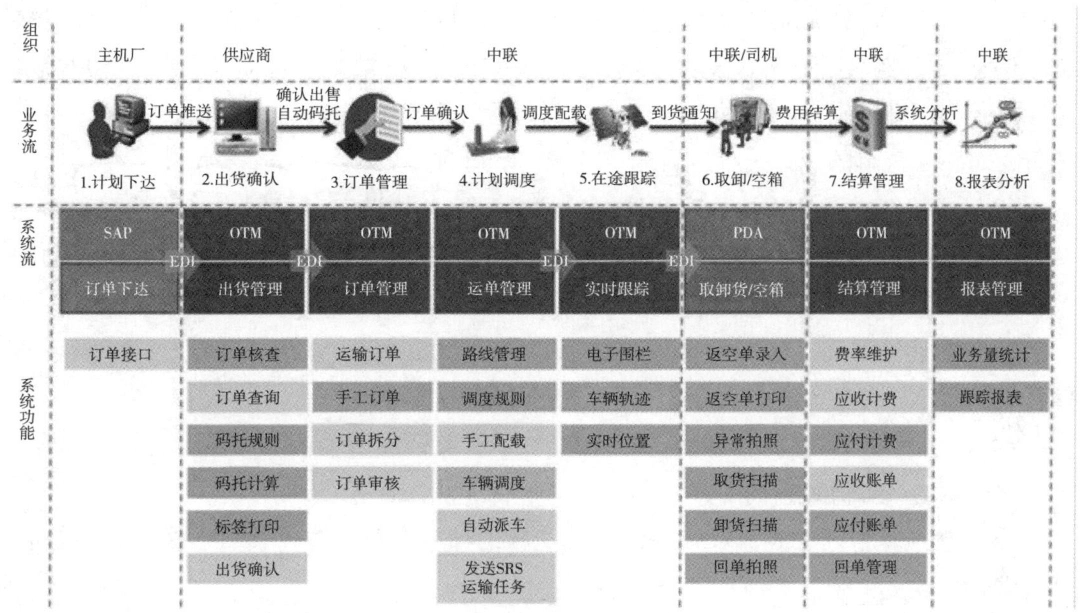

图 8－27　取货物流管理系统

本系统的总体架构分为前台、中台、后台、支撑四层系统群，采用“前后端分离＋微服务”架构，各模块均可单独部署、运行，支撑业务大规模发展或调整。其中前台系统主要面向客户、承运商和供应商；中台系统面向核心业务流程，其核心部分（订单＋调度＋运输）基于成熟产品 OTM 构建；其余子模块伴随公司业务发展，自主定制开发，主要包括运力管理、安全管理、客服、合同、价格、结算管理等。取货物流管理系统架构如图 8－28 所示。

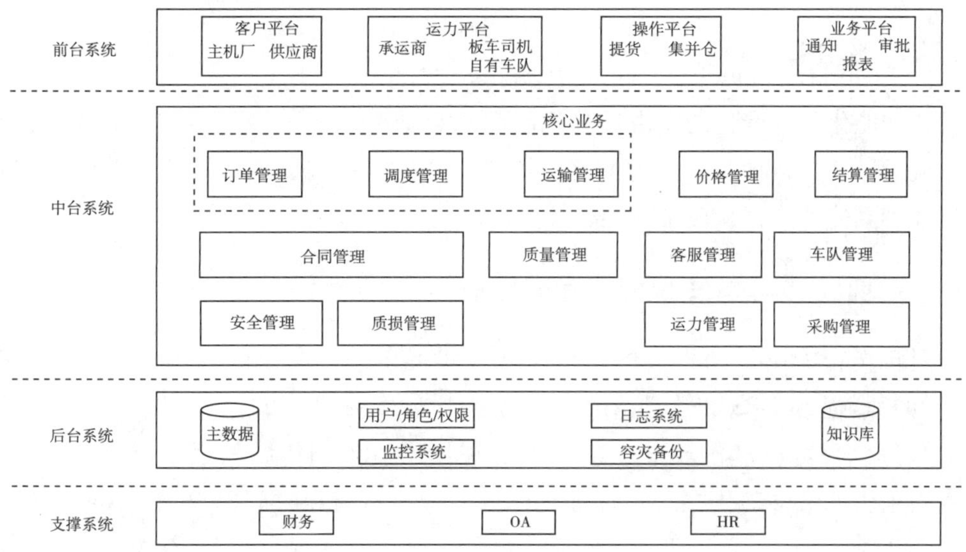

图 8－28　取货物流管理系统架构

（1）在客户订单层面，系统提供标准化的接口模块，支持与主机厂、供应商对接订单信息，可支持多种订单接入方式，提供标准化路由规则。根据不同的运输时效、运输方式和规则来确定不同的路由，并且自动生成相应的运输订单。通过运输订单的执行，对整个订单的执行过程进行相应的跟踪和管理。

（2）在调度层面，通过对零部件、运输车型的参数设定，根据系统码托规则、生产系统的码托方案，指导仓库进行码托作业。结合循环取/送货逻辑，通过系统自动配载，实现车辆配载的最优化。

（3）在运输层面，精准管理运输状态，通过手机 App、微信小程序、GPS 设备跟踪车辆的状态、位置、异常滞留，实时掌握异常和状态。

（4）在运力管理层面，系统提供了多种方式来管理承运商、车辆，可通过微信、App 进行新增、维护和查询。

（5）在结算管理层面，系统提供了可配置的计费模型，支持多种收入和成本支付的计费管理。

三、项目创新点

（一）系统装载优化

针对汽车零部件货物特性，在运输包装、单次运输量等方面的特性，在全国区域设置相应的集并中心，通过集并仓的集货处理，干线运输到 RDC 仓库。通过系统装载优化，在车辆满载率方面，从 75% 提高到 92%，调度工作效率提升 70%。

（二）路由智能拆分

设置智能化、标准化的路由拆分机制和“自动 + 人工”的调度配载方式。在订单进入系统后，首先自动匹配合适的路由模式，再根据中转点种类及覆盖范围等实际情况，匹配到具体节点，从而细分出具体路由。

（三）现场移动办公、智能标准作业

通过现场智能设备和强大的后台系统，实现自动、高效的现场作业管理。在提货点、卸货点通过 GPS 和移动 App 的电子围栏，实时自动的作业记录，保证车辆提货、交货等全程可视，各环节无缝衔接。现场人员告别传统的手工、经验式作业方式，直接采用无纸移动化办公、标准化作业，避免出错和时间的滞后。App 操作界面如图 8 – 29 所示。

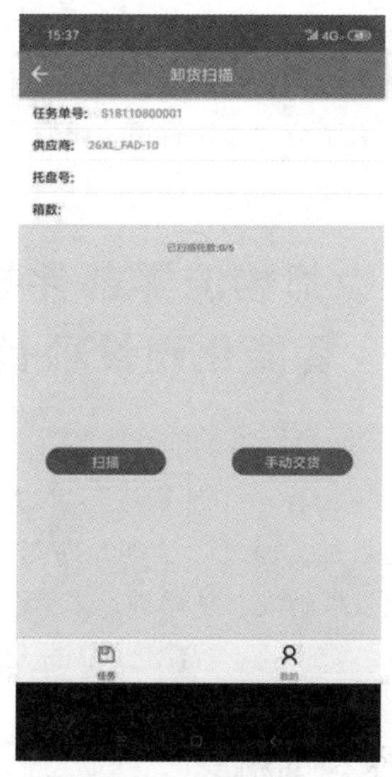

图 8－29　App 操作界面

（四）价格、结算管理清晰、智能

完善价格管理体系，设置如单价、补贴等各类特殊规则和标准价、暂估价、合同价的三级管理，实现价格、规则统一审批，这样价格、利润清晰可控，以便指导客户业务的快速扩张。同时，通过计费模块生成统一费用清单，包括运费、仓储费、补贴费用、扣款费用等，并根据客户、供应商的出账规则，支持定期汇总生成订单，方便客户订单自动对账、线上确认，如果对账出现异常，还可进行线上记录，方便后续跟进。

四、项目对行业的贡献

通过标准化、自动化的智能操作系统，实现各环节的自动流转和衔接，避免了人工操作的滞后、业务交叉的管理混乱，而业务的集中化、移动化管理，方便对异常情况进行及时处理，沟通效率、准确性大幅提升，实现用户体验最佳，为物流行业的流程改革提供新的思路。

无论是中联物流还是主机厂客户、供应商、承运商，都能清晰明确地看到货物的运输状态、异常情况等实时信息，改变以往依赖经验的管控方式，有效打通上下游数据对接，实现数字化、透明化的现代管理方式，有助于企业商品流、信息流、资金流的闭环管理，为企业转型升级提供体系支撑。

（中联物流（中国）有限公司　杨智勇、祝丽、谢国华、陈鹏、丁艳艳、熊波）

第六节　中都物流零部件物流数字化、智能化建设项目

中都物流有限公司（以下简称“中都物流”）以打造智慧供应链，成为科技驱动型智慧物流企业为总体战略目标，通过“从3PL向3PL+转变、从传统型向科技型转变、从专一化发展向多元化发展转变、从单纯追求劳动价值向寻求资本赋能转变”的方式，推动企业向“市场化、数字化、智能化、国际化”转型。

一、项目主要内容及创新点

（一）信息化、数字化建设

1. 信息化产品覆盖业务范围实现物流全程信息化管理

2018年7月开始，为满足主机厂排序需求，扩大现有业务和客户范围，在原有生产物流信息系统WMS1.0的基础上，中都物流自主设计研发并实施上线中都物流WMS2.0系统。通过与智能化设备的无缝对接，实现生产物流仓储、排序、运输全过程智能手持终端扫描作业，零部件拣选电子化以及收货入库自动化，可视化手段监控排序信息，自动产生排序任务等，改变原有手工作业模式及业务作业流程，极大地提高物流作业效率、排序准确率，降低人员设备成本。为向智能化、数字化企业转型提供强力支撑。

系统设计采用多层高可用架构模式，具有更高的安全性、集成性和可扩展性，并综合运用智能手持扫描终端App系统、智能预警系统、EDI电子交换技术网络、数据库、虚拟化、条码等物联网先进技术。

系统规划设计从供应链全局出发，实现零部件供应商与排序中心信息共享升级，降低物流链整体信息同步成本，提高物流链各环节作业效率，提高排序作业准确率。

2. 数字化产品应用成果

对于现代智慧物流企业，数据具有强大的驱动力，是企业最有价值的资产。数据的价值在于挖掘、分析及展现。此创新成果的内涵是通过建立大数据平台，统一收集

各个业务模块数据，进行数据分析及挖掘，将企业的各项运营指标通过可视化的界面进行展示，实现了数据的实时共享并提供相关趋势预测，帮助企业从信息中提取知识、从知识中收获价值，为企业决策人员提供客观数据依据，可对实际生产中遇到的问题进行诊断，对可能发生的风险进行事先预警，以达到流程优化、控制风险、提升服务质量、提高客户满意度的目的。

数据资产可以在增强已有业务流程的同时，衍生出全新的业务模式，达到以数据驱动业务、以数据创新业务，实现业务转型的目标。

通过新一代数字技术的深入运用，对传统管理模式、业务模式进行创新和重塑，提高客户服务的能力和企业竞争力。通过数字化、智能化的创新升级，不断投入使用电子运单、智能仓储、智能调度等手段，构筑数字化体系，打造智能化能力，驱动企业向智慧物流迈进，助力中都物流向科技驱动型智慧物流企业转变。

3. 电子数据交互（EDI）应用对接国际化标准

EDI 标准统一是中都物流开拓业务种类、满足更多零部件排序供应商业务需求的前提条件。中都物流排序中心系统 WMS2.0 与主机厂主要零部件供应商系统的集成采用全球标准化 EDI 解决方案，具有如下技术特点。

（1）单证格式化：EDI 传输的是企业间格式化的数据，具有固定的格式与行业通用性。

（2）报文标准化：EDI 传输的报文符合国际标准或行业标准。

（3）处理自动化：EDI 信息由 EDI 应用系统自动处理，无须人工干预。

（4）软件结构化：EDI 软件由五个模块构成，分别是报文生成与处理模块、标准报文格式转换模块、通信模块、内部接口模块、用户界面模块。

（5）运作规范化：EDI 以报文的方式交换信息是有效、规范的电子凭证之一，EDI 单证报文具有法律效力已被普遍接受。

通过与德国 IT 专家团队共同完成项目实施，增强对国外信息化项目管理方法论的了解与学习，培养了进行国际化项目合作的专业人才。

（二）智能化建设

1. 智能化提升作业效率

传统零部件排序采用拉动信息接收后生成排序单的方式，随后纸质单据交接、根据看板拉动物料、人工排序校验等，对排序工人操作流程要求较高，出错率较高；受物料种类多、存储面积大等因素影响，人工拣选零部件耗时长，难以保证排序的时效性和准确率；操作人员之间信息传递不及时，衔接不合理，无法及时发现问题。

在实施前，对原有监控方式和工作流程进行了改革创新，实现了排序信息实时屏幕显示，方便工人查看排序进度，可对现场的排序情况进行实时监控。提升现场作业管理的效率，实时了解当天作业计划完成情况，合理指导现场工作。从效益出发，节约人力成本，节省烦琐的单据交接流程。

在物流配送体系中，拣选作业是工作量最大、最烦琐、最容易出错且耗时相对较多的一个环节。中都物流排序系统 WMS2.0 与电子拣选系统对接，实现实时同步排序拣选任务。通过亮灯定位，减少传统模式下操作人员寻找库位、核对货物、确定数量等作业时间，实现无纸化作业，解放双手，节省人力，引导人员快速、准确拣选，改变以往人工拣选多种零部件时效率低下、复核困难、排序区占用面积大等问题。使操作人员能够根据电子拣选设备亮灯提示，实现“呆瓜式拣选”，节省排序区面积的同时，简化操作，极大提高排序的作业效率和准确度。电子拣选设备如图 8－30 所示。

图 8－30　电子拣选设备

2. 物联网应用实现降本增效

受汽车行业下行影响，汽车物流行业迫切需要创新与转型发展，降本增效、提升服务质量已成为汽车物流行业发展重点。积极推动物联网技术应用已成为智慧物流的发展趋势之一。

中都物流积极推动供应商零部件条码、物流条码标准化。通过条码、二维码技术的应用，系统将条码与智能手持扫描终端 App 系统相结合，在主机厂生产物流排序中心收货、货物上架、库内管理、排序拣货、排序校验、货物发运关键物流环节实现货物条码快速扫描，App 实时完成信息处理，做到信息流与物流作业实时同步完成。另外智能手持扫描终端 App 使收货物料校验、排序校验的准确性大大提高，改变了以往人工核对单据、人工排序校验的方式，提高了效率和排序作业质量，提高客户的满意度。智能手持扫描终端 App 如图 8－31 所示。主要成果如下。

（1）RF 扫描收货流程管控，实现收货零差异，保证库存准确率，节约收货作业时间，节约收货工人 1 名。

（2）RF 扫描上架流程管控，提高上架作业准确率，省去纸质单据交接过程，提高上架作业效率，节省叉车工人 1 名。

（3）RF 排序校验，提高校验效率，实现校验准确率 100%，节省复核工人 2 名。

（4）叉车终端动态分配作业任务，提高拣货准确率，极大提高作业效率，节省叉车 1 辆、叉车司机 1 名。

（5）排序中心业务单据全自动打印，无须人工打印，提升工作效率，节约工作时间。

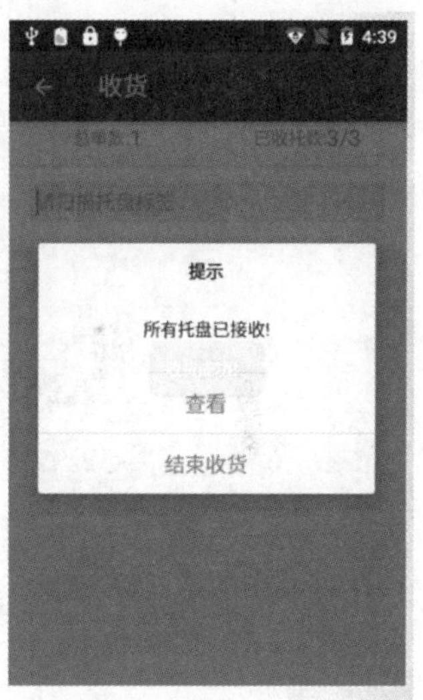

图 8－31 智能手持扫描终端 App

3. 智能化、自动化创新助力转型

排序中心针对库位紧张、周转效率低的特点，进行了作业流程自动化创新。传统的上架作业是在收货完成后，由叉车司机按照系统指引将货物上架到系统指引的策略储位。到货未超量时，可以满足生产需要，在超量到货的情况下，需要多个叉车司机同时不间断作业，耗时长且效率低。货物存储受叉车高度限制，搭建的传统货架一般在 6～8 层，库房面积利用率低。在此情况下，引进机器人和自动化立体库设备，通过信息系统与硬件设备对接，实现机器人抓取代替人工上架，自动化立体库空间利用率更高，节约叉车工及叉车成本，节省空间 1000 多平方米，实现自动化作业，降低了仓储运营成本。自动

化立体库如图 8－32 所示。

主机厂多车型混合生产，以线束为例，A 车型的线束零部件为 KSK 模式，排序中心库存量为 5～7 天，零部件库存套数总量至少 1500 套。此种模式对存储、拣货作业要求更高。

主机厂排序系统接收排序信息后，自动生成拣货任务，实时显示到高位叉车显示屏终端，叉车工人根据叉车显示屏终端显示的拣货任务，到指定的库位进行下架拣货操作，实现精准拣货零延时。通过信息化系统的自动处理，利用高效可视化的拣货作业模式，既提高拣货作业速度，又提高拣货准确率，保证了主机厂高效、平稳生产。

图 8－32　自动化立体库

4. 数字化产品应用提升数字化运营管理能力

（1）数字化仓库：因业务需求，需要各项业务指标更加直观地体现出来，中都物流 JIS 可视化项目应业务需要而成立。通过建立大数据分析平台，将各业务模块数据统一进行整合、处理、分析，通过可视化工具将各项业务指标以更直观的图表进行展现。在各零部件排序区域安装显示器进行显示，满足业务人员实时监控业务运营状况的需求。

（2）数字化在途：零部件从排序中心发货后，先送到厂内道口，然后从道口送到生产线边进行组装上线。目前零部件从排序中心发货到生产线边的过程中零部件状态无法监控，没有实时同步在途订单和零部件信息，为了能让业务人员实时监控在途库存、厂内道口库存，并在库存量少于阈值时及时进行预警，通过对系统数据进行分析，通过可视化的界面实时展示，实现了对零部件从排序中心到生产线边的全程监控，降低了因库存监控不及时而导致的风险，提升了线边的服务质量，提高了客户满意度。

（3）数字化工厂：零部件从排序中心发出后，先送到道口，然后从道口送到生产线边进行组装上线。该系统通过统计排序中心的库存情况、道口的库存情况和线边的库存情况，最终用于展示零部件的流转情况。

生产线边收货操作完成后，厂内复核操作人员会在零部件正式组装上线前依次进行厂内复核操作，确保了零部件排序无误。

二、实施效果

（一）作业模式的转变

1. 排序作业模式的转变

主机厂生产物流排序业务各个零部件供应商采用传统排序作业模式，由于缺乏有效的科学手段以及智能化的管理系统，主要依靠人工记录、人工核对、纸质单据交接的人工管理工作模式，传统作业模式缺乏预见性、统筹性和针对性，工作效率和工作质量难以保证，无法满足现代化、高标准的零部件排序业务。

中都物流为主机厂提供的生产物流服务采取了新型作业模式，对传统排序作业模式进行了优化、改进、创新，全部作业流程广泛应用智能终端代替人工作业。排序作业的工作人员利用先进的信息系统可以实时监控排序信息；排序信息接入 WMS2.0 后，系统整合所有人力资源和自动化设备，在产能上合理分配作业任务，实现不同作业流程无缝链接，极大提高作业效率。排序校验采用手持终端扫描，系统后台核对序列准确性，以系统代替人工校验，实现排序准确率100%的目标。新型的排序作业模式依托排序信息系统的支持，在精准作业的同时提高了拣货、排序、校验及发运工作的效率，实现了传统排序作业模式的革新优化，为生产物流服务的流程精细化、自动化管理打下坚实的基础。

2. 仓储模式的转变

中都物流为主机厂的零部件供应商提供生产物流服务中的一个重要业务环节服务就是仓储服务。传统的仓储模式中，大量依靠人工管理和作业，人工作业流程出错率高，作业效率低，提高作业效率需增加人力成本，库存准确率很难保证。

中都物流为主机厂生产物流排序服务所配套的仓储信息系统从根本上解决了传统作业模式的弊端。工作人员使用配套的信息系统可在收货作业、上架作业、分拣作业、排序作业实现全流程校验，信息系统对人工作业流程全局管控，从系统管控的角度出发，在历年供应商考核中，库存准确率全部为100%。对于高端车型零部件的仓储，属高价值物料仓储，在系统管控的作用下，实现库存100%准确率，树立中都物流高端品牌物流形象。

（二）业务模式的转变

中国汽车产业目前已经步入新的竞争阶段，提升物流和整体供应链能力，已经成为未来整车企业建立企业竞争优势的重要手段，这也使得主机厂对于物流的需求逐步从简单的仓储运输服务升级为基于供应链的整体物流规划和运作解决方案，以仓储、排序、运输等简单服务为主的传统物流模式正向供应链整合管理的现代生产物流模式过渡。未来主机厂的物流发展动因更多来自对物流优化的压力及外部服务供应的持续改善。

在这样的背景下，主机厂为避免大规模资本投入，着眼于削减整体成本，而不仅是削减物流运营成本，主机厂还希望保持供给的连续性，一体化的物流服务和解决方案必须涵盖供应链上所有企业的物流整合，而且随着主机厂在全国各地布局，所需物流服务的覆盖区域也必然扩大，因此必须保证各个业务环节的信息系统应用无缝整合。也正是基于此需求，中都物流打造 WMS2.0 信息系统产品，以实现对主机厂排序零部件物流环节的实时监控，从而达到仓储、排序、运输数据的实时无缝对接。

（三）社会效益

规范北京汽车物流服务行业，促进了区域经济发展。现代物流是区域经济的重要组成部分，物流业的发展对于实现经济的集约化、高效率增长有着极为重要的意义。现代物流是区域经济发展的强大后勤保障系统。区域经济是一种聚集经济，是人流、商流、资本流等各种生产要素聚集在一起的规模化生产，但各种要素的聚集是为了商品的扩散，如果没有发达的商业流通体系作为保障，生产出来的大量产品就会堆积在狭小的空间里而难以实现其价值，导致区域经济的基本运转中断。因此，在区域经济发展进程中，高效、完善而合理的现代物流信息系统对促进区域经济的快速循环起着基础性的后勤保障作用。

该项目的建设可以打破原有的汽车生产物流供应链各环节承运商散、乱、小的局面，利用信息化使社会物流资源由零散到整合，使汽车生产物流产业化、有序化、规范化、规模化，提升物流服务水平。

（中都物流有限公司　焦真真、张燕芳、蒋鑫、袁帆、朱超）

第七节 汽车零部件物流运包一体化研究

一、项目背景

近年来，随着汽车产业的升级和竞争的白热化，入厂物流业务也面临着降本增效的巨大压力。降本和增效不是互相矛盾的，两者是相辅相成的。本节结合入厂物流的运输和循环包装的一体化来分析上海能运物流有限公司（下称能运物流）的实践经验和心得。

目前主机厂都在推行禁止一次性包装上线，因为直接使用周转包装发运产品可以减少翻包的额外费用，但由于周转包装需要较大的一次性资金投入，并需要为此增加返空回收流程，增加包装清洁人员和场地，增加了企业负担的同时由于企业对包装运营管理的不熟还会出现很多破损及质量风险。能运物流推出的包装租赁业务以及运包一体化服务可以有效解决以上问题，降低企业固定资产投入的同时可降低企业的管理成本及运营风险。

二、实践经验

在当下，无论是主机厂还是零部件供应商，运输、包装管理等物流资金投入较多，掣肘了汽车行业把资金和重心投入核心优势的培育和研发中；运输和循环包装业务被不同供应商承接，无法进行可持续的整合优化；包装规格不一，零部件入厂流程较为烦琐；生产淡旺季备箱量波动大。以上因素都导致入厂物流成本的居高不下，同时还伴随着运输效率较低、包装及零部件破损风险较高（供应商忽视对非本方资产的保护）等痛点。

汽车“新四化”变革的到来，对物流信息化、智能化的要求也日渐迫切。零部件运输和包装管理的物流信息化、可视化程度较低，也成为入厂物流的一大痛点。一系列连锁反应互相作用，导致物流成本居高不下。

基于此，能运物流将零部件运输和循环包装实质性地纳入同一个物流场景中，形成闭环效益下的一体化运作，并依靠自主研发的运包一体化信息系统，更好地实现了主机厂和零部件供应商之间的供应链高效协同。能运物流包装现场如图 8 - 33 所示。

在传统模式下，包装管理与运输分开运营，导致空驶浪费情况严重、配套中转仓及操作仓过多、包装开环管理丢失及破损情况不可控的弊端。在能运物流运包一体化模式下，杜绝空驶情况，减少多次短驳费用；运输中转仓与包装操作仓合并，减少仓储费用；包装闭环管理，有效改善破损丢失情况；管理高效，降低沟通成本。包装案例对比如图 8 – 34 所示。

图 8 – 33　能运物流包装现场

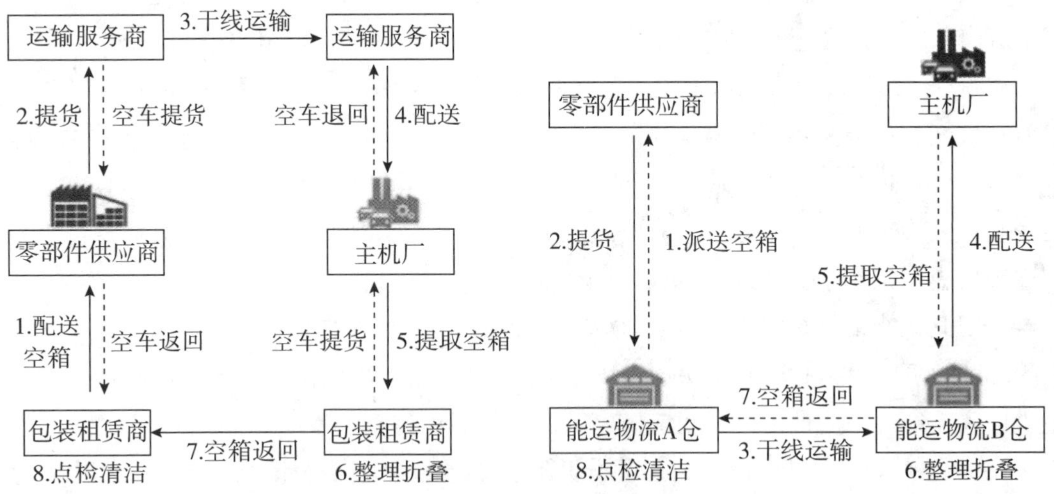

图 8 – 34　包装案例对比

这个规模效益是具有极大的优化空间和降本增效价值的，在包装规格统一的前提下，不同项目乃至不同客户可以共用包装，实现当地回收、当地配货发运。在淡季或者项目结束后，可转移给其他项目使用。而在旺季，可以借调其他项目闲置包装使用，这大大提升了运营效率，降低了运营成本。直接收益就是返空物流成本急剧下降，仓储成本随之拉低，不同项目调拨使用成本降低。运包一体化降本增效分析如图 8－35 所示。

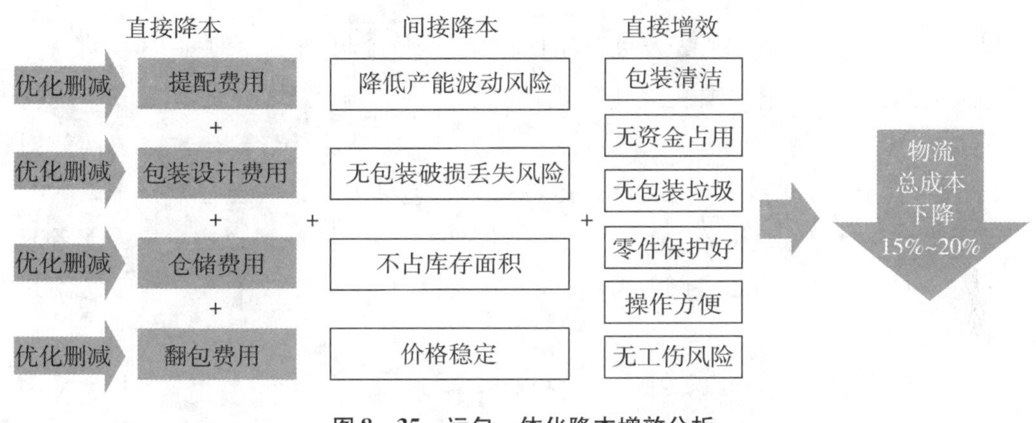

图 8－35 运包一体化降本增效分析

三、项目创新点

能运物流汽车零部件物流运包一体化解决方案利用云计算、大数据分析等技术，对运输中的零部件和流转中的循环包装进行实时监控和盘点，最大限度实现整个物流流程的智能化、实时数据透明化和集约化。

能运物流运包一体化信息系统，结合能运物流现有的 OMS 系统、TMS 系统、WMS 系统和 BMS 系统，通过物联网技术和物流信息技术，连接仓库、运输车辆、零部件供应商、主机厂等各大关键节点，借助循环包装的智能感知技术（RFID 系统等智能管理工具加持，使用手持设备在现场盘点或在仓库中使用门型天线减少人工成本），对零部件及其包装实行物联网化管理，实现在运输过程中对零部件运输质量和包装的动态监控。

运包一体化信息系统可以在线监控跟踪循环包装的工作状态，同时加强对各地能运物流循环包装服务仓库在线实时监控，实现智能库存管理和全程在途跟踪，当包装数量无法满足客户需求或出现偏离路径移动时，能够触发预警机制，及时启动应急预案，或从周边能运物流循环包装服务仓进行实时调拨，确保零部件供应稳定。

在大数据处理方面，能运物流的直营布局靠近零部件供应商和主机厂客户群的，容易建立循环体系，运输（车辆物流路由监控）、仓储中心（包装分类、清洁、分级、维修等固定区域）具有集约化规模效益，能够极大创造出成本节约的机会。同时利用运包一体化信息系统进行流向分析，结合往年需求波动，盘点空满箱在全国各处仓库的分布，结合包装器具利用率、周转天数、丢损率等各种大数据，在特定时期和特定区域提前储备足够的循环包装，满足各类客户的需求，并确保产线顺利渡过生产高峰期。

四、项目推广价值

能运物流运包一体化是一个高度定制化和灵活化的解决方案，根据不同项目特点，提供量身打造的物流服务，并配套丰富的增值服务，来契合项目的不同需求。不仅涵盖对回收的包装物内外进行清洁，去除失效标签、包装内杂物，打包准备下次使用等基础服务，更可以根据客户产品特性，定制适合的包装方案，包括方案设计、图纸制作及样品制作。针对性地进行器具评审，安排包装工程师前往客户或主机厂、零部件厂所在地，参与包装评审，讲解包装设计理念，分析优劣势，收集客户修改意见并修改样品器具。

值得一提的是，入厂物流领域的可循环包装管理缺少统一标准，包装维护职能落实不到位，造成了不必要的包装损失，而如果客户对包装进行采购，又造成资金被占用、包装成本无法剥离的困境。能运物流汽车零部件物流运包一体化的实施，利用多年研发的数字化物流等技术，解决了大部分客户的痛点，是一次业务模式和物流信息系统的双向创新，获得了众多客户的认可。能运物流实质性地将运包融为一体，并利用运包一体化信息系统，实现了全程可控、可视、可追踪的真实性一体化解决方案。

（上海能运物流有限公司　吕书翰、陈佳伟、杨瑛、徐忠云）

第八节　安吉智行 KD 包装设计的优化创新

安吉智行物流从事专业汽车物流多年。包装技术是物流的核心技术之一，安吉智行包装设计团队成立于2006年，拥有多名包装技术专家及资深设计工程师，包装设计范围覆盖零部件运输、售后、进出口、网络运输等主要汽车物流环节，产品涵盖各类标准包装与定制化专用包装。

随着近年来某主机厂 KD 项目发运量的大幅增加，客户对包装成本优化要求越来越高。包装设计团队持续不断挖掘各种可降本的途径，通过提升包装容积率、改善包装设计结构、精益化包装材料选取、引入包装新模式等多种方案对项目的包装成本进行了大幅优化，不断降低包装成本，为公司推行 KD 业务产品化奠定了良好的基础。

一、KD 包装业务概述

（一）KD 包装业务简介

KD——Knocked Down，即在国际汽车贸易中，整车出口国的汽车公司把成品予以拆散，以半成品或零部件的方式出口，由进口厂商所在国装配成整车成品后进行销售。按照汽车出口的散件状态，可分为 CKD、SKD、DKD（见图 8－36），目前安吉智行的包装业务以 CKD 和 SKD 为主。

CKD——Complete Knocked Down，即全散件状态。国际汽车贸易中，整车出口国的汽车公司把成品予以拆散，以全部零部件的方式出口，由进口厂商所在国装配成整车成品后进行销售。

CKD 全散件组装

SKD 半散件组装，部分总成件

DKD 成品组装

图 8－36　KD 的散件状态分类

SKD——Semi Knocked Down，即半散件组装，部分总成件状态。在国际汽车贸易中，整车出口国的汽车公司把成品予以拆散，以半散件组装，部分总成件状态的方式出口，由进口厂商所在国装配成整车成品后进行销售。

DKD——Direct Knocked Down，即成品组装状态。在国际汽车贸易中，整车出口国的汽车公司把成品予以拆散，以成品组装状态的方式出口，由进口厂商所在国装配成整车成品后进行销售。

（二）KD 包装现状

1. KD 包装设计无规划、规范性差

目前国内 KD 包装杂乱不一（见图 8－37）、统一性差、缺乏通用性，包装设计普遍存在设计独立单一、不能兼顾容积率和整体装载率的问题。在装箱的时候，因为包装形状各异、设计通用性不强、设计相对独立，只能随机进行装箱，造成大量的装箱容积率不足。

图8－37　KD包装杂乱不一

随着车型更新迭代的加速，市场需求变化加剧，KD包装设计无规范性、通用性差这一特点，无法跟紧汽车KD业务的发展步伐，使得包装总成本较高。目前安吉智行KD包装设计针对这一普遍存在的问题，在设计规划中尽量做到尺寸标准化、设计通用化，精简结构设计，提升包装的容积率。

2. KD包装设计无统筹性、无全局性

业内包装公司在KD包装设计过程中，对KD包装的结构方案、包装操作、组合装箱、配载规划等，往往缺乏全局性、统筹性考虑。通常是局部方案最优，而整体方案欠佳，对整个供应链的整体效率和成本缺乏全局考虑。

安吉智行KD包装设计思路则重点关注包装方案的合理性对于包装、装箱、物流等供应链全环节效率和成本的作用和影响，从全局化、统筹性的视角出发，追求对供应链整体最优的KD包装方案。两种KD包装运作模式对比如图8－38所示。

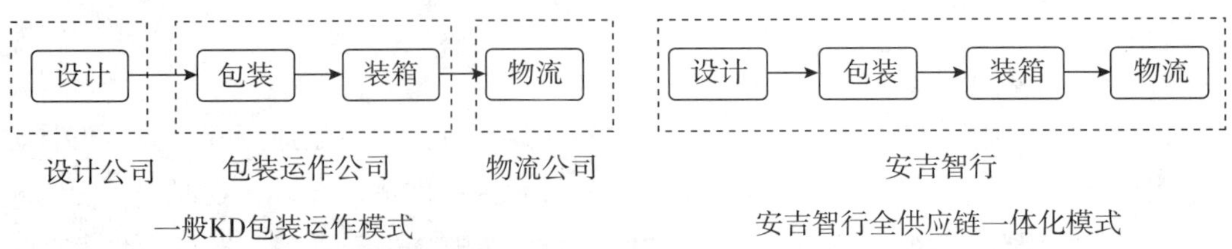

图8－38　两种KD包装运作模式对比

二、安吉智行 KD 包装总体设计思路

针对目前 KD 包装设计存在的问题，安吉智行主要从以下四个方向进行优化。①统筹性：以全局性的视角，整体规划，从运输集装箱开始由大到小，规划细分，控制项目进程，推动整体合理并有效实施。②尺寸标准化：对集装箱的内尺寸进行等分切割，将包装的长、宽、高模数化，使包装标准化、柔性化，达到省时省力省财的目的，并提升总体容积率。③通用性：导入模块化的设计理念，将包装结构作参数化的设计，增加设计的通用性，提升包装在不同项目与产品之间的使用兼容性与通用性。④容积率：容积率是检测包装满盈程度的重要指标。在各种降本增效的方式中，提升包装容积率最为直接，能快速降低单个包装的包材和运输成本。精益化设计，提升包装容积率，降本增效。

（一）KD 包装设计的统筹规划

目前出口项目的运输集装箱主流型号为 40HC，所有汽车零部件需要通过包装作为媒介进入集装箱。40HC 集装箱尺寸信息如表 8 – 1 所示。

表 8 – 1　　40HC 集装箱尺寸信息

40HC 集装箱 长×宽×高（m）		注水容积（m^3）
外：12.19×2.44×2.90	内：12.03×2.35×2.69（门高 2.58）	76.05

为了实现集装箱容积率最大化，对集装箱的内尺寸进行等分切割建立尺寸模数，考虑装配间隙、操作空间、制作公差等因素，对理论的等分数值进行实际运用的调整，将长、宽、高的模数等分尺寸排列组合形成包装尺寸系列。40HC 集装箱尺寸模数如表 8 – 2 所示。

表 8 – 2　　40HC 集装箱尺寸模数

<table>
<tr><th rowspan="3">约数</th><th colspan="6">模数等分值</th></tr>
<tr><th>内长（mm）</th><th rowspan="2">调整尺寸</th><th>内宽（mm）</th><th rowspan="2">调整尺寸</th><th>内高（mm）</th><th rowspan="2">调整尺寸</th></tr>
<tr><th>12030</th><th>2350</th><th>2580</th></tr>
<tr><td>1</td><td></td><td></td><td>2350</td><td>2280</td><td></td><td></td></tr>
<tr><td>2</td><td></td><td></td><td>1175</td><td>1140</td><td>1290</td><td>1250</td></tr>
<tr><td>3</td><td></td><td></td><td>780</td><td>760</td><td>860</td><td>835</td></tr>
<tr><td>4</td><td></td><td></td><td></td><td></td><td>645</td><td>625</td></tr>
</table>

续　表

约数	模数等分值					
	内长（mm）12030	调整尺寸	内宽（mm）2350	调整尺寸	内高（mm）2580	调整尺寸
5	2405	2380			515	500
6	2005	1980			430	417
7	1718	1700				
8	1503	1480				
9	1336	1320				
10	1203	1130				
11	1093	980				

对集装箱进行尺寸模数划分，能够从统筹规划角度更好地实现装箱配载，提升装箱容积率。

（二）KD包装的标准化

包装标准化是以包装的有关事项（如包装尺寸、包装设备、包装材料、包装工艺及其他相关活动等）为对象，通过制定和实施标准，以保障物品在贮存、运输和销售中的安全便利和节约，从而提高社会综合经济效益的工作过程。包装一般与运输和贮存条件紧密相连，因此，包装标准化中最重要的内容是包装尺寸标准化。

根据统筹规划中的尺寸模数，可以确定常用的二级包装尺寸。二级包装：可以直接通过铲车等机械工具放进集装箱的容器（木箱/大纸箱/金属箱等）。

尺寸规格：基于标准化尺寸模数的定义，在模数等分的长、宽、高排列组合中，选用覆盖率最大的、经济效益最佳的尺寸定义为二级包装标准规格系列。二级包装常用尺寸如表8－3所示。

表8－3　二级包装常用尺寸

序号	外长（mm）	外宽（mm）	外高（mm）	备注
1	1480	2280	1250	常用尺寸，适用抛货
2	1480	2280	835	
3	1480	1140	1250	
4	1480	1140	835	常用尺寸，适用重货

一级包装：不能直接进集装箱，需要先配载放入二级包装内的箱子，一般指小纸箱（见图8－39）。

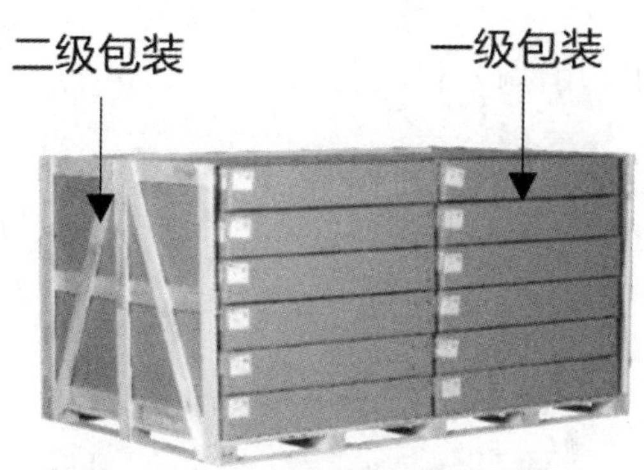

图 8－39　一级包装与二级包装关系

尺寸规格：以常用二级包装的内尺寸作等分模数制定的标准规格系列。常用二级箱尺寸和常用一级包装尺寸如表 8－4 和表 8－5 所示。

表 8－4　常用二级箱尺寸

常用二级箱		长（mm）	宽（mm）	高（mm）
木箱	外尺寸	2280	1480	1250
	内尺寸	2200	1400	1135

表 8－5　常用一级包装尺寸

序号	长（mm）	宽（mm）	高（mm）
1	170	265	175
2	345	265	175
3	345	530	175
4	345	530	350
5	345	530	525
6	345	1060	175
7	345	1060	350
8	690	265	175
9	690	265	350
10	690	530	350
11	690	530	525
12	690	1060	350

以标准化的装箱进行产品的包装设计，从供应链的总体效率最优出发，有效地利用装箱体积，最大化容积率，让包装达到整体最优状态。

（三）KD 包装的通用性设计

在 KD 包装标准化设计的同时，导入模块化的设计（见图 8－40）理念，将包装结构进行参数化的设计，增加设计的通用性，提升设计效率。模块化的设计能减少组件种类，缩短制作周期，利于生产制造。组装、拆卸、替换的便捷性，有利于标准化作业规范，提升现场运作的工作效率。

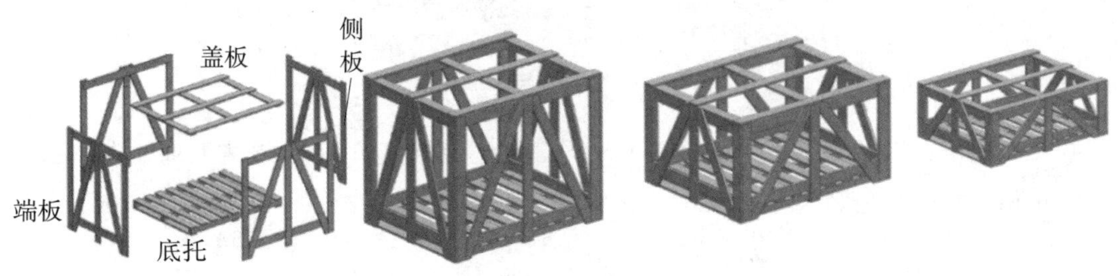

模块化（底托/侧板/端板/盖板）　1480mm × 1140mm × 1125mm　1480mm × 1140mm × 835mm　1480mm × 1140mm × 625mm

图 8－40　模块化的设计

以图 8－40 为例，三个木箱长均为 1480mm，宽均为 1140mm，只有高度不同，这样底托和盖板就能共用，提升了木箱制作的柔性和通用性。同时，也通过优化兼容不同的零部件设计需求，最大限度提升包装的柔性化与通用性，有效减少包装的投入种类，提高仓储利用率，降低管理成本。

以通用性的设计实现包材的结构可共用，提升组装、拆卸、替换的便捷性。以可折叠、可拆卸、可替换、可移动的灵活组装方式，提升通用型周转箱、通用型内衬的灵活性和通用性，以便适用于多种不同的零部件（见图 8－41）。

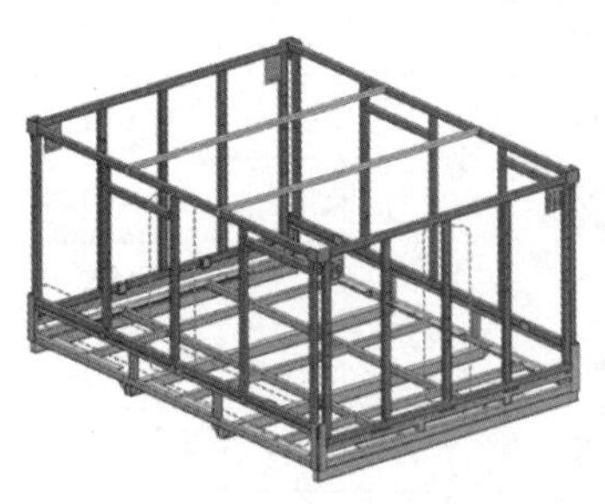

折叠、可拆卸、可替换
具有活动式限位结构的通用型周转箱

可拆卸、可移动、灵活组合
具有活动式卡槽的通用型内衬

图 8－41　包装的可拆卸和通用性示例

（四）KD 包装的容积率

包装的容积率是指包装中产品体积与包装容积的比例。

在各种降本增效的方式中，包装容积率的提升最为直接，能快速降低单个包装的包材和运输成本。提升包装容积率主要可以用模数化设计、优选装箱模式等方法。

运用专业的三维建模设计软件精确采集零部件的型面与关键尺寸信息，进行结构细化设计，提高产品的包装容积率、降低质量风险、提升设计效率。依据型面及结构设计包装的示例如图 8 –42 所示。

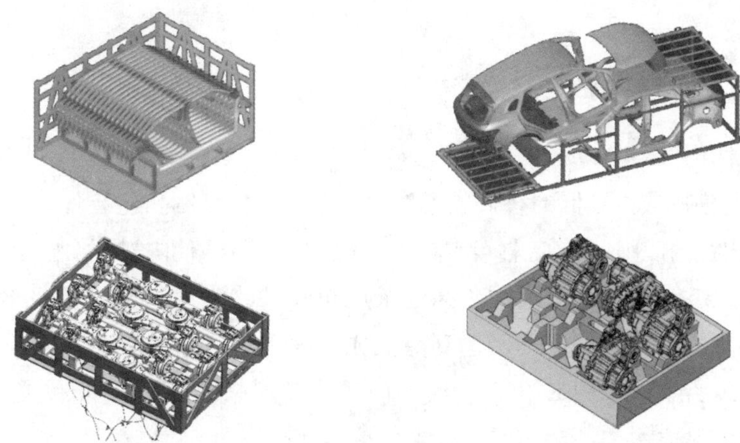

图 8 –42　依据型面及结构设计包装的示例

针对重点高成本的包装方案，通过数模有限元校核手段，模拟容积率最大化的材料受力变形分析，有效地确保材质选取的合理性和可靠性，避免过度包装。

根据发运策略 LOT 或者 MOQ（最小订单量），确定装箱数量，提升容积率。以 LOT 为原则，以 24、30 为两个基数，因这两个数分别有 6 个约数，例如 30 个前大灯包装，可选择 1 个灯用 1 个纸箱包装，也可选择 2 个、3 个、5 个、6 个、10 个、15 个、30 个灯具一起包装，选择范围大。

在 LOT 模式的基础上，引入 MOQ 模式的理念来定义设计方案，根据零部件分类，拟定最佳的包装数量。

（1）A 类零部件，原则上取 24 台套的倍/约数，使一种包装可同时满足 LOT 订货和 MOQ 订货的需求。

（2）B 类零部件，原则上取 12 台套、24 台套或 24 台套的倍/约数，且不超过客户一周的需求量。

（3）C 类零部件，选用的最小箱型满箱的数量即能达到最佳容积率。

也可以根据零部件尺寸与型面特征，考虑不同零部件在包装内的混装。一般一级包装内部零部件混箱较少，在设计过程中通过精益化设计提升容积率；二级包装内可根据客户要求适当进行混箱配载，利用零部件的结构配载，提升装载当量。

三、安吉智行 KD 包装优化创新应用实践

在统筹性、标准化、通用性、容积率的整体设计思路指导下，在具体方案设计过程中，安吉智行的工程师们分别通过包装材料优化、容积率提升、包装投入模式创新、混装设计创新、统筹配载的优化设计五个主要的途径降低包装成本，提升整个 KD 供应链的运作效率。

（一）包装材料优化

包装材料优化主要从以下两点入手。

第一，统筹使用成本较低的替代成本较高的包材，如纸制品包装代替木制品包装；第二，减少特殊内衬的使用（如特殊蜂窝板），改良内衬设计，使内衬更柔性化、通用化。

以变速箱包装为案例，用增加角撑的纸质包装替代木质包装（见图 8－43），采用价格较低的包材、减少人工操作，达到降低成本的目的。

以天窗包装为案例，用 EPS 开模成型内衬代替原来由瓦楞纸板和胶合板粘接成型的内衬，实现包材成本节约超 30%，如图 8－44 所示。

图 8－43　纸质替代木质包装优化案例

（二）容积率提升

在各种降本增效的途径中，包装容积率的提升最为直接，能快速降低单个包装的包材和运输成本。工程师主要从设计布局、包装结构、装载模式等方面对包装数量进行优化，以此来提升包装容积率。

优化前：瓦楞纸板和胶合板粘接成型，材料和人工制作成本高，材料易受潮、变形，导致定位、支撑的失效

优化后：EPS缓冲性能佳，耐候性好，模具一体成型，制作周期短，包材成本降低

图 8－44　天窗包材内衬优化案例

以缸盖包装为例，原摆放方式为平放，装箱数为 8 个，改为竖放的方式后，装箱数增加到 24 个（见图 8－45）；而且原定位材料制作工艺复杂，成本高，人机工程差，改为瓦楞纸板竖放，不仅显著增加了装箱数，还降低了包材、人工的成本，如表 8－6 所示。

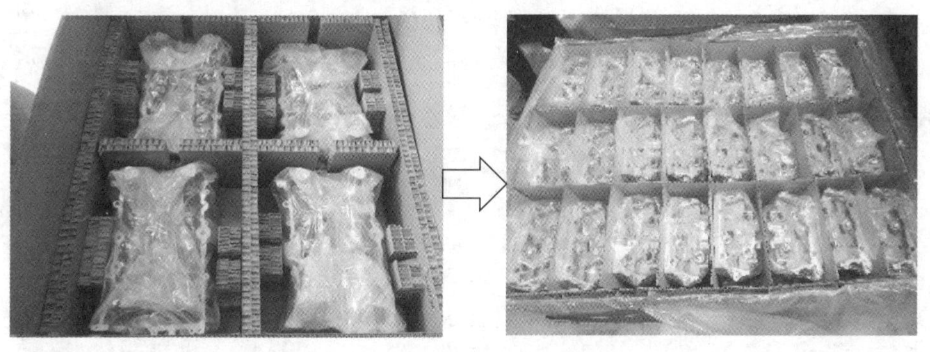

图 8－45　缸盖容积率优化案例

表 8－6　　缸盖容积率优化

包装方式	长（mm）	宽（mm）	高（mm）	数量（个）	容积率提升
平放	1140	980	625	8	100%
竖放	1140	1480	625	24	

（三）包装投入模式创新

包装投入模式创新，也是安吉智行对 KD 包装优化创新的一个重要方向。采用洲际循环包装箱网络租赁共享的模式代替传统的二级框架式木箱一次性投入模式，减少了包装的一次性使用浪费，有效规避了循环包装的回运成本。以租赁方式租借的

铁箱代替一次性木箱使用（见图 8－46），是以 KD 包装运作模式的创新达到经济实用的目的。

图 8－46　二级木箱更换为洲际循环铁箱

（四）混装设计创新

通过不同零部件混合装载来提高装箱率，是安吉智行针对 KD 包装优化提出的一个新的思路。安吉智行的工程师们集思广益，将混装的创新型设计应用于很多产品。图 8－47 示例的是根据零部件的形状、承重特性，将门把手包装箱混放进前悬架扭转梁箱内，以此提升零部件的容积率和集装箱的装载率。此案例混放后，将两种零部件的容积率提升了 30%。

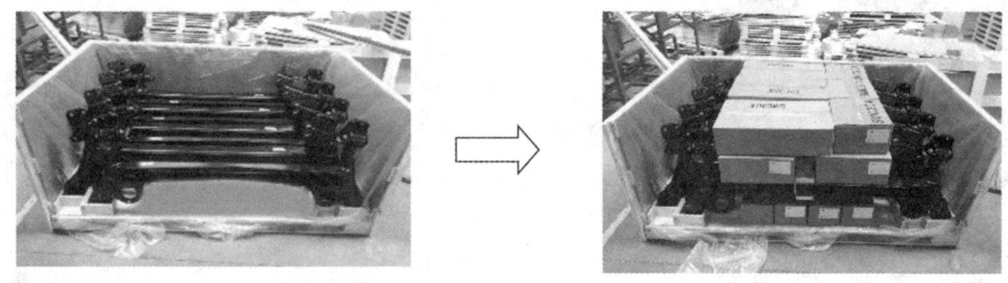

图 8－47　一级箱混装创新设计

图 8－48 所示的是利用零部件的结构空间配载，将排气消声器与其他一级箱混装，提升装载当量。

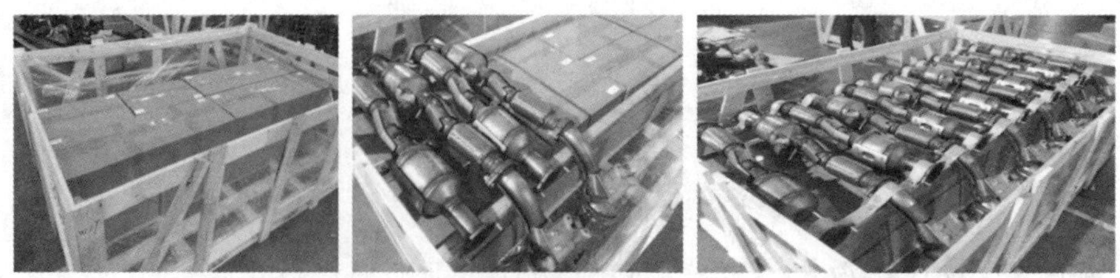

图 8－48　根据型面混装的创新型设计

（五）统筹配载的优化设计

统筹配载，是基于全局统筹考虑以实现对整车出口零部件进行最优化配载布局的设计理念，下面以车身料架配载为例来说明统筹配载的实际应用意义。将传统的一次性车身料架进行结构创新，更改为有限次循环的简易料架，通过模块化的设计，使得料架的拆装更加便捷；同时，采用折叠机构设计（见图 8－49），使料架返回比高达 1∶8。

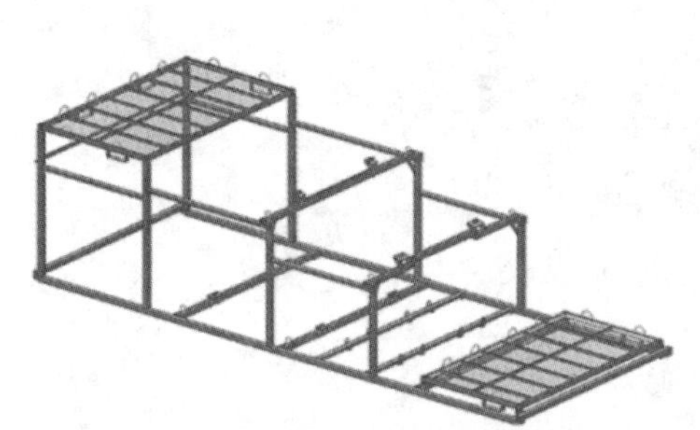

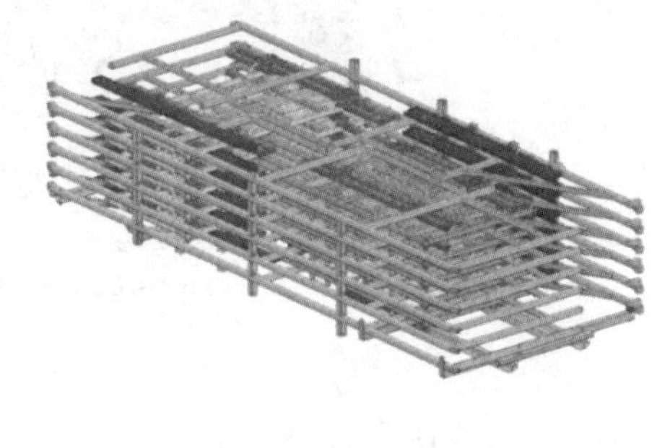

图 8－49　高返回比折叠机构设计

依据配载原则（下平台 > 上平台 > 下车身内部 > 上车身内部、上层抛货、下层重货），并且根据订单灵活组盘，在车身的下平台、上平台以及内部均配置相应的包装，使得料架整体配载体积达到 6.4m^3，单台套配载当量提升 3.2m^3（见图 8－50）。

（a）优化前

（b）优化后

图 8－50　配载当量最大化

充分考虑车身内部配载，充分利用车身内部空间（见图 8－51），让空间利用率大于 75%，可配载的零部件范围覆盖 400 余个零部件，大大减少二级箱的使用数量。通过统筹配载的优化设计，最终实现单台套成本节约达 30%。

图 8－51　车身内部空间的充分利用

四、优化创新的实施效果

安吉智行包装团队对 KD 包装设计持续进行优化创新，通过提升包装容积率、改善包装设计结构、精益化包装材料选取、改变包装成型工艺、引入包装新模式等多种方案，对项目的包装成本、包装容积率、集装箱装载率进行了大幅的优化提升，使项目的总体运作成本不断下降。从 2019 年 12 月实施到 2020 年 12 月，包装容积率提升约 10.5%，包装直接成本降幅约 8.2%，集装箱当量提升达 8.3%。

五、推广价值

行业应用方面，由于包装在各行各业的广泛应用，包装的标准化、通用化、统筹规划、提升容积率等方面的创新优化，除了可以在汽车行业大力推广外，还可以在快速消费品行业、一般重工企业及其他传统制造业得到广泛的推广应用。安吉智行所推行的统筹规划——优化创新的模式，除了为单一企业用户带来显著的成本下降和物流效率的提升，其所推行的包装标准化、通用化理念，有利于促进国家商务部倡导的物流体系建设、平台建设、物流标准化工作的顺利实施，有助于推动全社会商品物资的大流通，为社会物流总体效率提升作出有益的贡献。

（安吉智行物流有限公司　张华、张家山、宋加平、于思丰）

第九节　标签与翻包执行系统 2.0

随着科技的迅猛发展，自动化、数字化被推到了前所未有的高度，其也是舍弗勒物流 2025 战略规划中的重要组成部分。另外，物流操作人员流动性高，汽车客户需求复杂多变，不断地推动着公司拥抱新技术，进行自我变革以适应 VUCA（Volatility 易变性，Uncertainty 不确定性，Complexity 复杂性，Ambiguity 模糊性）时代的业务发展。

一、项目背景

（一）公司简介

舍弗勒于 1995 年开始在中国投资生产。20 多年来，舍弗勒已成为中国汽车和工业领域重要的供应商和合作伙伴。秉承“本土资源服务本土市场”理念，舍弗勒大中华区致力于本土生产和本土研发，为客户提供高品质产品与近距离服务。目前，舍弗勒大中华区拥有员工约 1.2 万人，在上海安亭、湖南长沙设有 2 个研发中心，在太仓、苏州、银川、南京、湘潭等地设有 10 座工厂，在全国各地设有 20 个销售办事处。

（二）在成品仓库出库环节面临的问题

1. 定制化要求高

汽车客户定制化要求较高，目前很多主机厂为了优化零部件在入场物流环节的管理，需要供应商在出库前将主机厂的内部标签贴到托盘和内盒包装上。目前仓库的 216 家客户有定制化标签的需求，同时每家客户的标签类型都不一样。从传递方式来看有三种：第一种，客户通过自有网站发布标签；第二种，客户通过邮件的形式直接将标签发送给仓库；第三种，客户提出要求，舍弗勒根据客户的要求单独设计标签模板。无论哪种形式，仓库需要根据接收到的订单信息分别打印这些标签并裁剪整理后进行粘贴。

2. 下单提前期短

舍弗勒面对众多主机厂的需求，时常会发生客户集中下单并在同样的时间点多家客户同时提货的情况，这也给仓库的资源调配带来了很大的挑战。

3. 操作量大

汽车零部件行业的普遍特征是每票订单的托盘量大，平均一票订单达到 12 个托盘。

很多货物需要拆托后才能进行重新包装，占用大量的场地，同时工人劳动强度也非常高。

以上这些问题给仓库的运作带来了极大的挑战，因此要求舍弗勒必须要有一套快速、高效的操作模式来支持运营团队，克服这些痛点，从而满足业务的需求。

二、项目方案及实施

（一）项目方案设计

针对成品在出库过程中面临的问题，舍弗勒在出库环节从系统流程到实物操作分别进行了优化，主要涉及订单排产、实物包装、客户标签管理。在仓库管理系统（WMS）原有的基础上增加了翻包执行系统（LPS 2.0）模块，主要涉及出库订单排产、拣配任务分配、标签管理、仓库控制系统（WCS）对接等功能。

1. 在订单管理方面

当 SAP 将出库订单以 EDI 的方式传递给 WMS 时，仓库会将相应的汽车客户订单导入 LPS 2.0 中。这时系统会结合订单的大小和客户的需求时间，以及工作站的效率，对接收到的订单进行排产（见图 8-52）。随着导入的订单不断增多，系统会定时滚动更新排产计划。当订单被锁定执行时，系统会对订单进行分割，产生若干个操作任务。当流水线上的货物包装完成下线后，系统会根据排好的计划，实时拉动下一个任务，这个任务将会被传递至配货人员的手持终端。如果是散托，配货人员根据自己拣配的货物判断是否执行下一个任务。任务完成以后生成二维码，将二维码粘贴到货物上并将货物驳运至包装线入口。流水线会根据二维码信息将货物分配至对应的工作站。货物到达对应的工作站后，包装人员对货物进行扫描识别，同时 LPS 2.0 系统在工作站显示对应客户的包装要求，从而指导包装人员的操作。包装人员扫描对应内盒上的 SKU 标签，系统自动打印出客户所需的定制化标签。

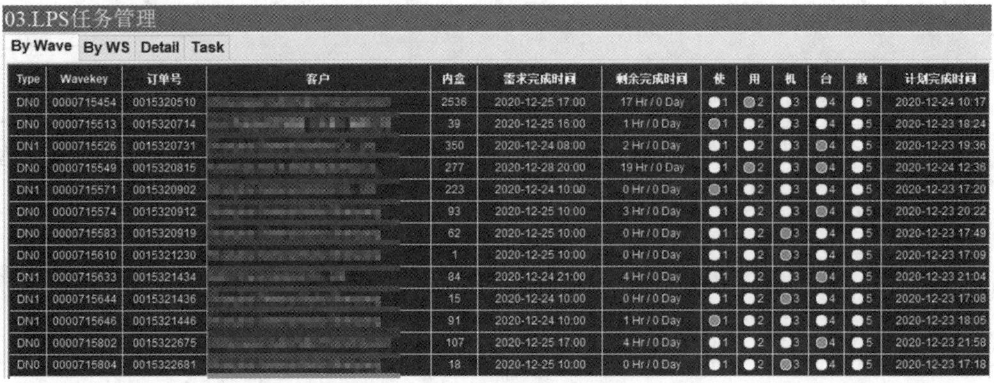

03.LPS任务管理

By Wave | By WS | Detail | Task

Type	Wavekey	订单号	客户	内盒	需求完成时间	剩余完成时间	使	用	机	台	数	计划完成时间
DN0	0000715454	0015320510		2536	2020-12-25 17:00	17 Hr / 0 Day	1	2	3	4	5	2020-12-24 10:17
DN0	0000715513	0015320714		39	2020-12-25 16:00	1 Hr / 0 Day	1	2	3	4	5	2020-12-23 18:24
DN1	0000715526	0015320731		350	2020-12-24 08:00	2 Hr / 0 Day	1	2	3	4	5	2020-12-23 19:36
DN0	0000715549	0015320815		277	2020-12-28 20:00	19 Hr / 0 Day	1	2	3	4	5	2020-12-24 12:36
DN1	0000715571	0015320902		223	2020-12-24 10:00	0 Hr / 0 Day	1	2	3	4	5	2020-12-23 17:20
DN0	0000715574	0015320912		93	2020-12-25 10:00	3 Hr / 0 Day	1	2	3	4	5	2020-12-23 20:22
DN0	0000715583	0015320919		62	2020-12-25 10:00	0 Hr / 0 Day	1	2	3	4	5	2020-12-23 17:49
DN0	0000715610	0015321230		1	2020-12-25 10:00	0 Hr / 0 Day	1	2	3	4	5	2020-12-23 17:09
DN1	0000715633	0015321434		84	2020-12-24 21:00	4 Hr / 0 Day	1	2	3	4	5	2020-12-23 21:04
DN1	0000715644	0015321436		15	2020-12-24 10:00	0 Hr / 0 Day	1	2	3	4	5	2020-12-23 17:08
DN1	0000715646	0015321446		91	2020-12-24 10:00	1 Hr / 0 Day	1	2	3	4	5	2020-12-23 18:05
DN0	0000715802	0015322675		107	2020-12-25 17:00	4 Hr / 0 Day	1	2	3	4	5	2020-12-23 21:58
DN0	0000715804	0015322681		18	2020-12-25 10:00	0 Hr / 0 Day	1	2	3	4	5	2020-12-23 17:18

图 8-52 LPS 2.0 排单模块

2. 在客户定制化管理方面

仓库会事先在标签管理模块中设计好每一家客户的标签，形成固定模板。客户的标签分为两个部分：一是固定部分，即客户名称及此库存保有单位（SKU）属性等信息；二是随订单变化的数据，如订单信息流水号和二维码等。当舍弗勒接收到客户的订单时，会将不同客户以各种形式传递过来的信息进行收集整理并同步将客户的这些变动信息上传到数据库。当工作站扫描到对应订单的对应 SKU 时，系统将会从标签系统中调取相对应的模板和数据库中的变动信息，实时打印出客户的定制标签。

3. 在自动化包装方面

针对仓库货物的包装特点，此项目采用的是辊筒式传输线，同时在线体上安装了升降台、打带机、缠膜机、称重机和贴标机。实现了在出库环节的自动打带、自动缠膜、在线称重、自动贴标等包装作业。主线的 WCS 会根据接收到的排单任务和排序信息，分配每个托盘去对应的工作台，同时也会将每个托盘的包装要求传递给相应设备来执行对应的操作，并在最后自动贴上外箱发运标签。下线时系统会根据这票订单的大小和发运区目前的库位情况推荐到合适的发运通道。

（二）项目实施

2019 年 4 月由舍弗勒仓库规划部门主导，启动了舍弗勒昆山成品仓库 LPS2. 0 项目的立项研究。通过对仓库痛点的分析，结合自动化实施的思路，邀请了物流集成商一起参与方案的设计和调整，最终在 6 月初完成了最终方案的设计。项目的实施主要分为两个部分：一是硬件设备部分，二是软件部分。硬件设备从 2020 年 1 月开始逐步进厂，受新冠肺炎疫情影响，最终在 5 月底完成设备的安装。其间也同步完成了系统及软件的开发和调试。经过一个多月的试运行，项目于 2020 年 7 月正式上线。LPS 2. 0 实施现场如图 8 – 53 所示。

图 8 – 53　LPS 2. 0 实施现场

三、项目亮点

相较于目前行业内自动化比较普及的电商仓库，本项目的难点主要在于客户的定制化程度高。几乎每个客户都有自己的包装及标签要求，同时仓库属于3PL（第三方物流）运营仓库，仓库的WMS系统是3PL投入，这对项目系统的整合以及项目投资和后续收益的分配都是很大的挑战。

（一）标签集成

216家客户有定制化标签的需求，标签的样式及数据来源不一，主要分为以下三大类。

（1）从客户的门户网站上打印。

（2）随客户订单以邮件的形式传递给仓库。

（3）客户提出要求，舍弗勒设计标签。

无论上述哪种模式，舍弗勒在接收到客户订单后，都需要花大量时间进行标签的整理和制作。LPS 2.0的标签模块，将每个客户的标签模板进行提前制作并存储于系统数据库中。当客户订单下达时，仓库将订单所带的信息上传至系统数据库，数据库自动调取信息并生成标签。当包装出库时，包装人员扫描相应订单及SKU，系统自动打印出对应的标签。

（二）系统集成

在此之前仓库主要使用的是3PL传统的WMS系统，LPS2.0项目的实施要求舍弗勒SAP系统、LPS2.0系统、标签管理系统和硬件设备WCS系统必须协同作业。基于系统的属性结合仓库的实际业务流程，项目规划了在WMS系统架构下新增一个LPS 2.0模块（见图8－54）。在WMS的框架下LPS 2.0系统实现了出库订单的排产、标签模块设计与集成，同时通过内部EDI的形式对接自动化设备的WCS系统实现数据交互，从而解决了多系统集成的问题。将之前的人工分配任务和人工制作标签集成在系统中让系统去完成，并由系统驱动硬件执行作业。

（三）商务模式

舍弗勒昆山成品仓库为第三方物流运营模式，双方合作以量计费。双方在大额固定资产的投入方面都较为谨慎，且对后续的收益分配有较大顾虑。针对以上问题，项目团队从仓库运营的特点出发，采取了甲方出方案，3PL负责设备投资、项目实施的方式推进项目的落地。经过双方运营团队和商务团队的共同协作，约定了项目的投入及收益，并对收益的分配约定了合作双方共享的模式。此商务模式有效解决了行业面临的由第三方物流运营的仓库难以实施大金额自动化设备投资的难题。

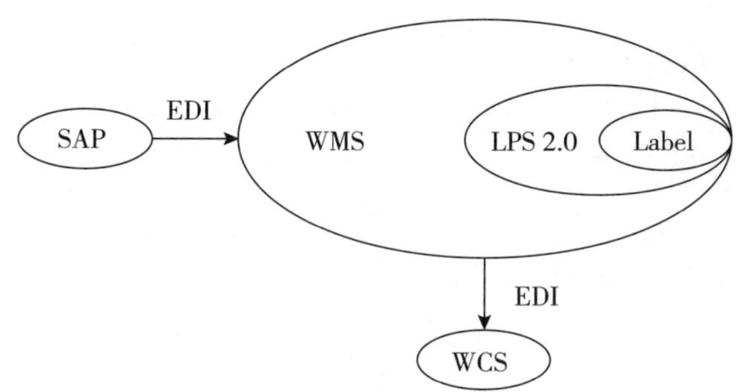

图 8－54　LPS 2.0 与相关系统的关系

四、应用效果及示范作用

项目实施以后，仓库实现了拉动式生产，拣选与包装同步，将之前地面包装缓存区的等待时间从 4 个小时缩减为在线缓存 30 分钟，解决了地面包装缓存区面积需求大的问题。操作效率也有了显著的提高。在配货环节，系统对整、散托盘做了区分，将配货的效率提升了 1.2%；在包装环节，实现了货到人的操作，同时自动化包装设备以及升降机和旋转平台的使用，使得每个订单操作效率提升了 30%。现阶段，整条标签与翻包线的综合处理能力为 24 托盘/小时。整个项目在包装和配货环节的效率提升实现了操作人员的精减，共计可精减 17 个操作人员，投资回报约为 2 年。未来随着系统的进一步完善以及设备能力的进一步提升，将有更多的汽车客户和工业客户需求被纳入这套系统中来执行。计划在 2024 年实现 90% 以上的出库包装通过 LPS 2.0 系统来执行。

相较于物流自动化程度较高的电商行业来说，汽车零部件行业在物流自动化方面的投入较为保守与谨慎。舍弗勒通过此项目的实施，在物流自动化领域做了初步尝试，为公司带来了较为显著的成果。希望此项目的完美落地能对行业内有类似业务场景的同仁提供一些借鉴和思路，以推动物流自动化和数字化在汽车零部件行业的发展和普及。

（舍弗勒（中国）有限公司　曾一清、张勤、刘志文、贾斌）

第十节　物流供应链协同管理平台实践

南京长安民生住久物流有限公司（以下简称“南京住久”）是一家具有国际视野的现代化第三方物流企业，由重庆长安民生物流股份有限公司、住友商事株式会社（日资）合资建立。南京住久为国内的汽车主机厂（如长安马自达汽车、长安福特马自达发动机等）和主机厂配套的供应商（如伟巴斯特、博世、法雷奥等）提供物流服务，包括零部件仓储配送、保税仓储、商品车仓储及运输、厂内物料操控、售后件仓储及运输、物流方案设计、系统开发、包装规划设计制作、包装管理、国际货代、循环取货等全方位的物流服务。

一、项目背景

（一）基于国家宏观环境要求，推进供应链创新与应用

国务院发布的《物流业发展中长期规划（2014—2020 年）》提出，2020 年，基本建立布局合理、技术先进、便捷高效、绿色环保、安全有序的现代物流服务体系。鼓励传统运输、仓储企业向供应链上下游延伸服务，建设第三方供应链管理平台，为制造企业提供供应链计划采购物流、入厂物流、交付物流、回收物流、供应链金融支持等集成服务。

2017 年国务院发布的《国务院办公厅关于积极推进供应链创新与应用的指导意见》明确，随着信息技术的发展，供应链已发展到与互联网、物联网深度融合的智慧供应链新阶段。为加快供应链创新与应用，促进产业组织方式、商业模式和政府治理方式创新，鼓励企业以信息化为突破口，促进制造协同化、服务化、智能化，促进制造供应链可视化、智能化，从而推进整条供应链的供给侧结构性改革。

（二）基于物流行业改革与发展需要，推动行业供应链信息化管理水平提升

现代物流行业的改革与发展要求将生产制造、运输、仓储、库存、装卸搬运以及包装等物流活动综合起来形成一种新型的集成式管理，其任务是尽可能降低物流的总成本，为顾客提供最好的服务。

在“物联网时代”，信息化已然成为物流业发展的核心，信息共享是实现供应链协同管理的基础，供应链的协同运行建立在各个节点企业高质量的信息传递与共享的基础之上。因此，有效的供应链协同离不开信息技术的大力支持。

（三）基于企业技术赋能需要，推动企业高质量与改革创新的发展

物流专家研究发现，企业每投入1元钱进行信息化改造，平均能带来1.61元的经济效益。事实表明，在信息技术赋能的进程中，企业传统的生产方式正发生着巨大变化，信息技术在企业的广泛应用使提高劳动生产率、降低资源消耗和生产成本成为可能。把信息技术、物联技术运用于物流领域，就会全面提高货物装卸、运输、仓储、检验和通关的智能化水平，实现物流业的高效、快捷、集约、透明，节约管理成本，提高管理水平。

信息技术水平的有效提升，不仅有助于提升我国物流业在未来国际竞争中的竞争力，而且有助于提升企业在整个物流行业，或者整条供应链中的效益。因此，物流企业应当充分认识到信息技术、信息系统对于提升企业信息化管理水平发挥的重要作用，加快企业线下实体产业与线上信息技术的融合，推进企业信息化管理水平的提高，促进企业高质量，改革创新发展。

二、项目主要内容及创新点

（一）推进物流供应链协同管理平台构建的内涵

由于传统供应链存在的管理手段落后、信息闭塞甚至断链、协同响应效率低下等痛点，以信息化为手段，构建3PL为供应链中心，构建智能供应链平台，实现对供应商、物流方、主机厂的连接，以全链条信息共享为目标，打通整条供应链的数据，消灭信息孤岛，实现信息流的全面畅通，全程信息可追溯。同时，通过技术赋能，实现整条供应链精益管理的革新。

（二）推进物流供应链协同管理平台实践的做法

1. 供应链协同管理的痛点及现状

现有供应商、物流商、主机厂整个供应链业务过程相关环节系统管理缺失，未实现整体过程的信息化、可视化，无法实现物流状态全程追溯。基于客户诉求和实际业务运营与管理的需要，信息断链的供应链直接影响异常风险的及时识别及应对，造成库存及物流成本等浪费，运营效率、准确性低，直接影响供应链的精益管理。

（1）自身结构和运作方式致使“牛鞭效应”出现

供应链由多个节点企业构成，核心企业的供应链管理能力不够强，集成化供应链系统未构筑，则供应链的结构层次一般较多，这必然会导致上游企业无法实时共享末端用户的需求信息。当用户的需求信息从供应链末端自下而上传递，经过层层过滤，必然会扭曲、失真。同时，需求预测、批量定案、价格波动以及短期博弈等运作方式

也致使信息不对称和变形。因此，多层次的供应链网络、未集成的供应链系统、节点企业独立地进行库存及订单决策导致“牛鞭效应”产生。

（2）缺乏规范和标准化程度低阻碍供应链共享信息平台的建立

物联网技术的应用与发展起步较晚，由于物联网涉及的技术多，因而缺乏技术标准和行业规范，供应链管理过程繁冗且信息编码标准化程度很低，阻碍了供应链管理共享信息平台的建立。从主机厂入厂物流供应链分析，主要面临的供应链问题如下。

①主机厂没有一套连接供应链各方的订单系统向供应链主要参与者发布订单、标签、交付单相关信息。

②南京住久物流管理系统多，如 STR 物流在途可视化系统、调度系统、GIS 物流地理信息系统、WMS 仓库管理系统、CMS 容器周转管理系统，系统可追踪循环取货零部件的在途信息，但追踪的信息比较局限，未能追踪到具体的在途数量信息。没有一套完整的智能供应链系统实现对入库后零部件的在库管理等，无法管控自送零部件相关在途及入厂信息。各系统独立运行，数据无法整合，信息获取效率低，且数据未与供应商、主机厂实现共享。

③供应商备货出货核对环节缺乏系统管理，无法实现信息共享及追溯，异常风险无法及时识别，对供应商库存无监控，存在库存呆滞的风险；人工核对效率低下，存在较大的人力成本浪费，同时准确率较低，易出现未严格按照订单要求进行备货，订单错发、漏发的风险。

④自送零部件在途追踪及入厂管控系统缺失，无法实现订单在途及交付状态的跟踪，取货供应商系统在途追踪信息不精确，且信息未能与供应商、主机厂共享，导致零部件交付风险无法及时识别，交付状态无法全程高效追溯。

⑤多环节系统缺失，入厂纳入环节外协件收货缺失系统管理，人工收货存在较大的人力成本浪费，同时操作准确率低，影响到零部件的财务结算；收货故障无系统管理，人工管理存在较大的人力成本浪费，且处理效率低下，周期长；缺件管理缺失系统支持，人工分析效率低、周期长，易引起不必要的额外紧急拉动费用。

⑥零部件入厂纳入上架系统管理缺失，存在零部件上架错误及由此带来的质量风险，且库存不足时无系统预警功能，缺件风险无法及时识别，存在因缺件影响生产的风险。

⑦容器周转台账人工管理，容器周转状态跟踪效率低，交接责任不清晰，容器损耗率高。

2. 业务管理逻辑的梳理与重构

南京住久在原有 AWM 系统（预约排队系统）、WMS 系统、CMS 系统、STR 系统、AWDM 系统（厂内调度系统）、GIS 系统的引进应用过程中，在进行仓储管理、包装管理、调度管理、运输管理等流程优化的基础上，随着本次智能供应链平台（ISC 系统）

建设及整条供应链参与者的多系统集成，整个入厂物流供应链管理流程发生诸多变化。

从具体业务流程优化来看，智能供应链平台在订单协同管理、取货与交付计划的协同、交付异常的协同等业务领域实现管理优化。智能供应链平台上线之后，改变了原先入厂物流业务操作流程。上线之前订单的分发、取货与交付计划的共享、交付异常等信息基本依靠人工，部分环节利用了信息化手段或系统，但流转仍然靠人工。入厂物流过程信息严重闭塞，供应商备货、物流商在途、线边生产进度等信息孤立。智能供应链平台上线后，打通了南京住久内部，南京住久与供应商、与工厂的接口，物流业务流转完全由系统自动进行，实现了与供应商之间的部分集成，实现上下游数据交流。业务流程优化前后如图8－55和图8－56所示。

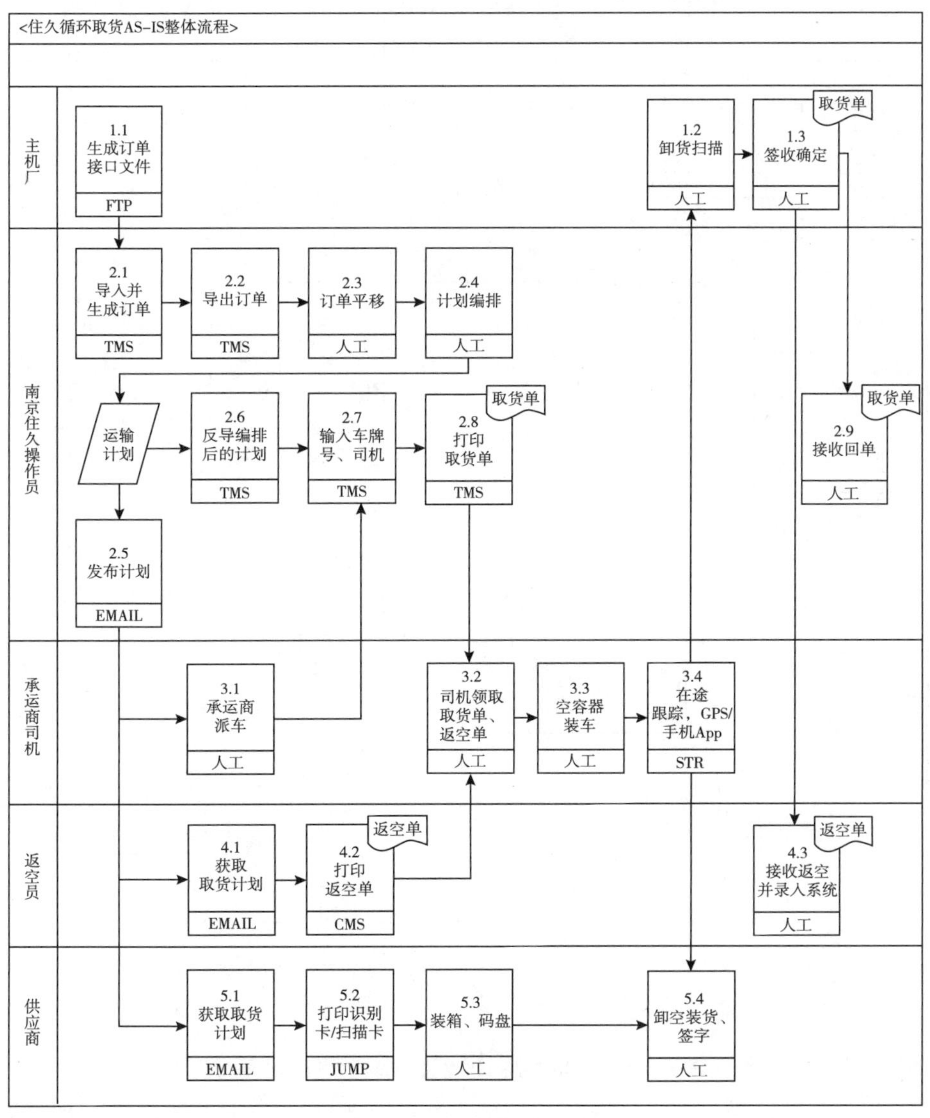

图8－55　优化前业务流程

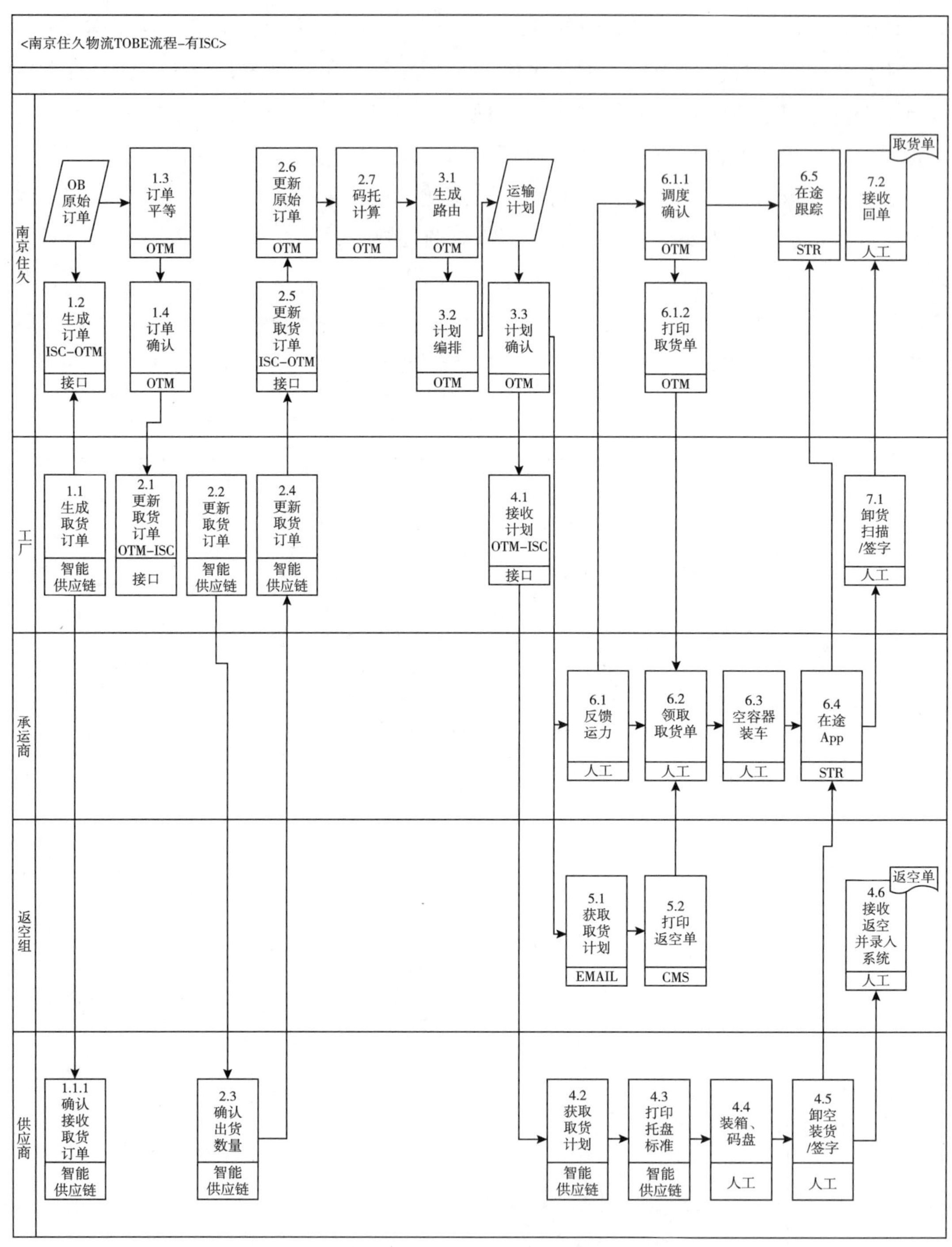

图 8－56　优化后业务流程

3. 加强对精益管理体系理念的学习和理解，推进精益供应链管理

精益管理的核心是消除供应链中一切不必要的活动，简化跨越供应链的流程、增

加灵活性，为客户、自身带来更多的价值。精益供应链是从精益生产的理念中蜕变而来的，是精益思想在供应链管理中的应用。其核心是追求消灭包括库存在内的一切浪费，利用尽可能少的资源创造尽可能多的价值。

在推行精益供应链的过程中，普遍采用了各种不同的方法，比如6σ、SCOR模型、看板管理等。但无论哪种方法，精益供应链策略的终极目标是促成一个高效和反应快速的组织，实现供应链流程的同步，及时响应客户需求的变化。要实现这一目标，所有供应链的参与者都必须拥有对信息的可见度，并由此在整条供应链活动中，流程中获得更大的、多方面的控制力。

（1）建设精准高效的物流服务管控能力。

为获取精准高效的物流服务管控能力，主要依托原有WMS系统、南京住久ERP系统、STR系统等，新上线OTM（I－TMS）系统以及ISC系统，通过OTM（I－TMS）系统的订单管理、运输计划、基础数据管理和报表管理等模块，数字化、自动化地管理物流运输业务，通过ISC系统与OTM（I－TMS）系统、WMS系统、ERP系统、STR系统实现数据集成，在ISC系统上整合所有的有效数据，打通上游供应商、企业及主机厂之间的数据壁垒，从计划到送达实现更加精准的线上管理，提高了运输效率。

通过精准高效的物流服务管控能力建设，持续推行精益物流改善活动，消除浪费，以最优的成本交付给客户最新鲜、高质量的服务，基于精益运营管理体系，聚焦核心业务的信息化全覆盖，优化内部管理，打造平台化、透明化的物流运营一体化平台，加强系统建设的纵向流程贯通、横向组织推广、整体集成应用，以车载智能终端全覆盖、数字化园区标杆打造为抓手，提升物流信息共享，大数据统计、分析与应用，为管理优化和降本效率提供支撑。围绕财务、采购、设备、人力资源、投资管理等企业基础应用按总体规划，分步实施的原则进行建设，实现核心业务系统化、标准化、一体化管理。

（2）注重成本精细化管控能力。

为获取财务管控优势，梳理业务系统、财务系统业务流程，制定系统对接规范，搭建中间平台，建立业财一体化指标大数据平台运营监控机制，实现业务数据、结算数据与财务数据互联，提高运营效率，实现销售、运营、财务三大流程一体化，完善企业管理，实现一体化指标体系，促进财务以及结算模型创新。实现所有业务系统与财务系统的无缝衔接，保证数据标准化、一致性、透明化。

（3）强化服务质量和服务安全的管控能力。

以信息化建设为抓手，积极引进国外先进的物流信息技术，结合精益管理体系要求，规范物流信息技术的标准，利用好TMS、ISS（智能配载系统）、STR等智能运输系统，实现信息高度共享和交流，在符合顾客质量要求的前提下准时到达，客户也能对货物状态实时查询，从而提高客户关系管理水平；与供应链上的企业建立合作伙伴关系，加强供应链管理。站在顾客的角度考虑，对顾客不满意的地方积极改进，及时处理客户投诉，提供优质的物流服务，增强企业核心竞争力。

对现有智能管理系统有效集成，打造供应链协同平台，整合物流信息，在企业内部做到信息共享，实现物流企业为客户提供更加个性化以及周到的服务，保证货物运输过程中的质量与安全。同时，通过智能供应链平台，与主机厂供应商建立起物流战略联盟，形成物流企业与供应商之间的优势互补，可以整合多种物流资源，为主机厂提供更加周到、高效的物流服务，增强与主机厂供应商的黏性，深挖其他业务。

4. 以信息技术为手段，建立智能供应链平台，创新协同机制

智能供应链平台要求以相应的信息系统技术，将从零部件采购到商品车销售给最终用户的全部企业活动集成在一个无缝流程中，是基于协同，精益供应链管理的思想，配合供应链中各实体的业务需求，使操作流程和信息系统紧密配合，做到各环节无缝链接，形成实物流、信息流、单证流等信息合一的领先模式，实现整体供应链可视化、管理信息化、整体利益最大化、管理成本最小化，从而提高总体水平。ISC 架构如图 8－57 所示。

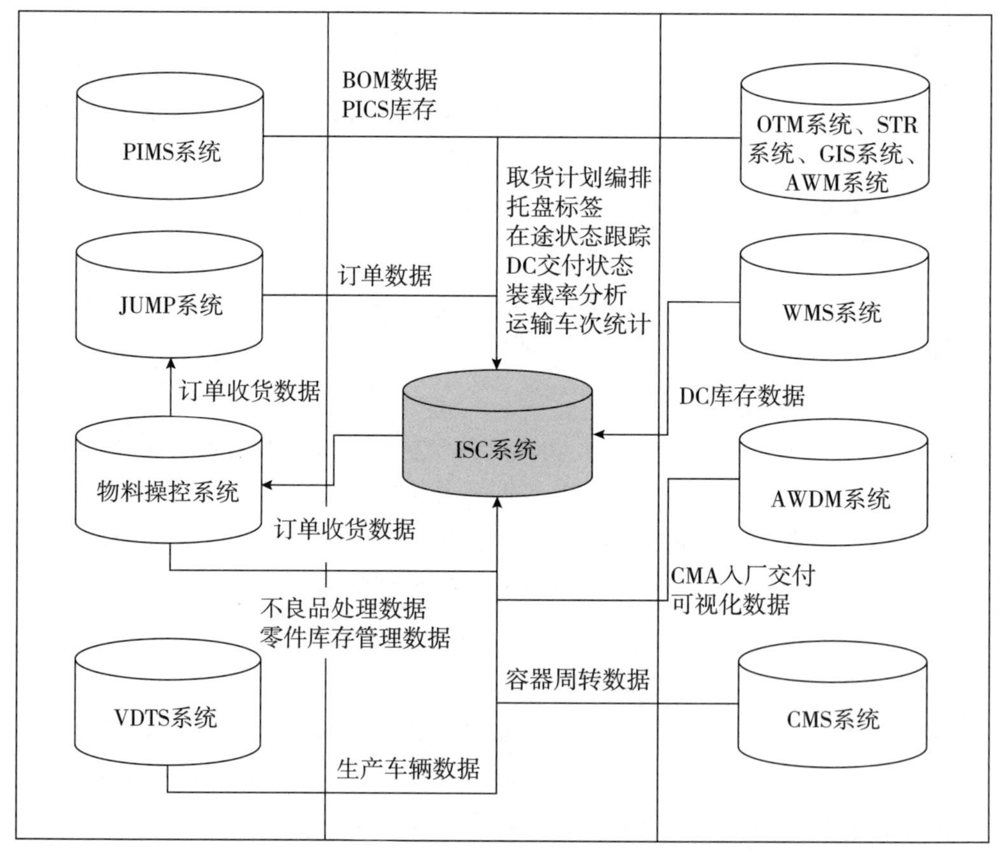

图 8－57　ISC 架构

5. **供应链数据资源整合，支撑供应链运营与管理决策**

围绕整条供应链的数据资产，以智能供应链平台为抓手，在整个供应链流程中，全面采集前端、后端和历史产生的所有数据，创建覆盖完整供应链的数据仓库，基于智能供应链平台数据，推进供应链大数据分析，深度挖掘数据价值，推动整条供应链持续精益改善。ISC 大数据分析如图 8－58 所示。

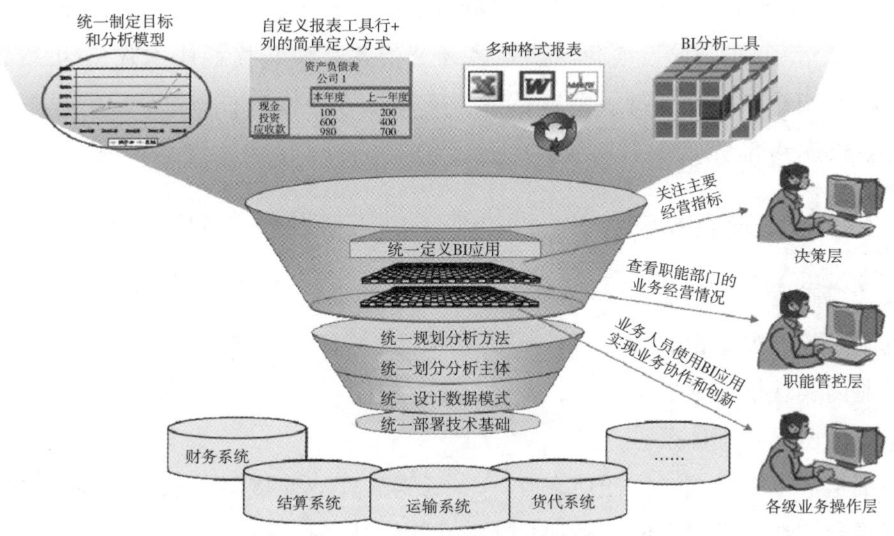

图 8－58　ISC 大数据分析

在大数据技术的支持下，主机厂根据对用户的大数据分析，能够预测核心城市各片区的主流商品车的销量需求，提前在各个物流前置库分车；或者根据历史销售数据和对市场的预测，帮助供应商制订更精准的生产计划，以应对主机厂生产的高峰。对 3PL 来说，从全国仓储资源的智能布局，到运输路线的优化；从装载率的提升，到“最后一公里”的短驳配送优化；从运营操作层面的持续精益改善来说，依托供应链大数据资产，开展内部、跨部门，甚至整条供应链的改善课题研究有着积极的推进作用。

三、项目实施效果

（一）夯实企业自身发展，助力公司效益和质量稳步提升

通过智能供应链平台（ISC 系统）打通整条供应链，实现供应链物流状态可视化及全程追溯，多方协同降低供应风险，提升供应链响应速度，消除供应链库存呆滞，提升作业效率及准确性，减少物流成本浪费。

1. **效率提升，降低停线风险**

信息可视化，多方协同提高生产保障及柔性应对，提升供应链响应速度，缩短停

线时间 50%，折算减少停线成本损失约 28.8 万元/年。

2. 信息协同，助力人员优化

业务操作信息化，提升供应链整体效率及作业准确性，节约人力成本超过 180 万元/年。

3. 管理精益，推动技术降本

提高供应链整体运营效率及作业准确性，快速精准地应对来自各环节生产、供应、库存、物流等领域的风险及变化，消除各环节浪费：包装损耗成本降低约 75 万元/年；零部件账实相符率提升、盘点精度提升，库存盘亏成本降低约 27.5 万元/年，同时降低库存盘亏率约 80%。

（二）始终聚焦客户需求，助推整条供应链及整个物流行业的信息化发展

1. “精益管理+信息系统”，创新协同管理体系

基于完整的数据链，消除供应链信息孤岛，实现供应链快速响应，全程追溯，首次在行业内实现供应链数据共享，推动精益、精准的供应链管理，打造更精益、更高效的供应链协同管理体系。

围绕精益生产模式，依托信息化平台赋能，打造连接整条供应链各方的智能供应链协同平台，在提升供应链高效协同响应程度的同时，以“数据共享，计划协同，进度可视”为目标，促进了供应链精益化程度的提升，推进了供应链管理方式的变革，实现供应链管理全程可视、可追溯。

（1）供应商通过智能供应链系统实现库存数据管理，各方库存等信息互通、共享，降低因供应商备货、出货问题导致的取货、交付异常故障率；供应商、主机厂依托智能供应链平台实时查询各个节点的信息，有效做好对于各种异常的提前应对。

（2）供应商、物流商在备货环节应用二维码技术，交货单、装箱单、托盘标签、外箱标签、成品入库标签通过二维码扫描，实现备货、出货等各环节的系统防错，切实推进前段入厂环节“一单到底”。

（3）二维码扫描作业覆盖整条供应链，实现纳入环节系统防错、收货故障处理的可视化管理等一系列操作模式的创新。全程以二维码为抓手的信息流转方式，实现了供应链全链条数据采集率达 96% 以上，同时，在整条供应链中，也实现了以二维码为基础的追溯机制的建立。

2. 运营数字化

“数据驱动”紧紧围绕公司“1368”的总体战略思想，借助两化融合技术手段，以数据为核心，实现数据驱动业务、数据驱动管理、数据驱动决策。

围绕智能供应链平台，推进提升整条供应链信息化水平，以目视化设备为载体，

实现运营管理可视化，供应链数字化，创新实践数字化运营。

数字化赋能必须聚焦供应链伙伴企业的协同作业，以及可持续发展所依赖的资源，包括供应商资源和数据资源的汇聚和利用。因此，基于智能供应链平台的运用，各节点状态基于大数据的分析，实现预警和决策的自动化、可视化。

（三）落实国家政策，创新运营协同，稳固企业发展

在经济下行压力不断加大、汽车行业面临巨大挑战的严峻形势下，南京住久有效响应和落实国家宏观政策要求，通过供应链协同机制的创新，内练技术，外拓市场，深耕长马（长安马自达），立足产业，不断加大南京住久的市场业务份额，增加公司服务收入。

2020 年公司收入虽同步有所下滑，但是得益于本项目的实施成果，利润同比提升 4.08%。围绕智能供应链平台（ISC），以 3PL 为桥梁，联合供应商、主机厂，开展整条供应链的精益改善，实现自身降本数百万元，一致得到主机厂、供应商的认可。

（南京长安民生住久物流有限公司　邱云、毛德寿、张应虎、胡小祥、张瑞、周立、朱银飞）

第十一节　汽车零部件物流低成本自动化研究实践

面对汽车行业激烈的竞争态势，建立精准、高效、稳定、可靠的汽车零部件物流和线边物流实现精益生产是各汽车制造企业共同追求的目标。零部件物流是混合了多种车型、多个品种，并可随着市场和客户需求的变化随时改变物流策略和布局的物流过程，这种大型的零部件物流配送过程同时也离不开人工作业。

在物流改善的过程中，先进的自动化物流设备和技术很受欢迎，但由于其成本过高，极大降低了收益，所以在技术选用过程中越来越多的企业青睐成本投入更少的低成本自动化物流技术，低成本自动化是指运用机械原理、气动、电动其他动力源等技术手段，通过融入重力、杠杆等基本原理制造结构简单的自动装置，以此消除浪费，满足精益物流的需求。

一、项目背景

在汽车行业生产制造过程中，汽车制造四大工艺中的冲压、焊装、涂装、总装均

已实现了高精度的自动化，因此对于零部件入场物流过程而言，作业依然以人为主，除转运设备外，其他物流设备自动化程度不高，现场环境复杂多样。现场物流管理小组需不断地深入创新，调整现场布局，研究制作出适合于物流运行的低成本自动化设备及辅助工具来满足客户需求，消除浪费和不均衡，优先考虑人机协助，用简易自动化装置代替人的步行、搬运、翻包等无附加价值作业，让作业者只做备料、配送、装卸等高精度的工作，大幅降低员工的劳动强度。基于对低成本自动化简易装置的了解，现场可根据生产需求改进装置的适用性，由于结构简单，可实现快速组装，便捷高效，出现故障时，现场人员可自行维修，制作成本及运行成本极低，推广实用性强。

通过了解力的传递机构、结构原理的相互配合，更加理解实施低成本自动化的意义。项目实施方向：通过低成本自动化辅助工具研究实现：①物流领域内的自动化水平提升；②作业的高效率；③消除作业过程的人机工程伤害。

二、项目主要内容及创新点

在当代汽车制造过程中，零部件物流是重要一环。通过低成本自动化的学习、研究、运用，单一机构与十大动力源的相互结合及多种机构之间的相互结合，选用适合现场的各类低成本自动化辅助设备，实现了以下效果，提升了现场自动化水平。

（1）辅助设备的小型化：减小设备尺寸及重量，减少走动的距离。

（2）作业手元化：最便捷的取料方式，符合人机工程及取料高度和取料方向的要求。

（3）设备自动化：重复性的工作尽量以简单的装置代替手工作业。

（4）现场少人化：根据现场实际的需求，调整工艺布局，利用自动化的装置和设备代替人工的操作。

三、项目实施案例

（1）空满箱自动交换对接料架：采用对接的模式完成空满箱的交换，设计了触发式的杠杆限位机构完成料箱在对接前的静止摆放，利用导向轮的转动触发杠杆限位的挡板从而打开限位完成空满箱的交换，减少原人工多次搬运料箱的操作过程，节约大量的操作时间，改善人机工程作业，便捷高效，员工满意度高，节约资金达 44166 元。人工及自动对接料架如图 8－59 和图 8－60 所示。

图 8－59　人工对接料架

图 8－60　自动对接料架

（2）大件翻包辅助工具研发：大件物料翻包，前期采用人工操作的方式完成翻包工作（见图 8－61），存在以下难点：①零部件大，质量重，工作强度大；②零部件边缘锋利存在割伤风险；③操作空间小人机工程伤害大；④离职率高人员成本大。学习低成本自动化理念，利用闲置低成本的材料，根据现场的实际运行情况，结合现有的气动资源和气动工具，定向研发制作符合零部件特征的翻包辅助工具（见图 8－62），消除翻包过程中的安全风险及人机工程伤害，取代人员高强度的操作过程，实现少人化、降本增效的工作目标。（人员减少及过程优化共计节约 83400 元/年）

图 8－61　手动翻包过程

图 8－62　利用翻包辅助工具

（3）便捷式龙门架平台搭建：根据现场的实际情况，使用低成本的管制材料（第三代精益管），利用其轻便快速搭件的特性，设计符合现场的龙门架平台，提升现场操作的运行效率，消除物料堆积及物料二次损坏风险，较原来的横向使用空间（见图 8－63）增加现场纵向空间的使用面积 28 平方米（见图 8－64）。（节约 35212 元/年，管材成本 860 元）

（4）模型研究制作：模型的制作可以使我们快速了解各种机构的运行原理，提升想象力，按照模型的结构放大，完成符合现场的低成本自动化准备，同时也能将机构原理展示给更多的人了解学习，开展更多的研究改善。制作模型如图 8－65 至图 8－67 所示。

图 8－63　横向使用空间

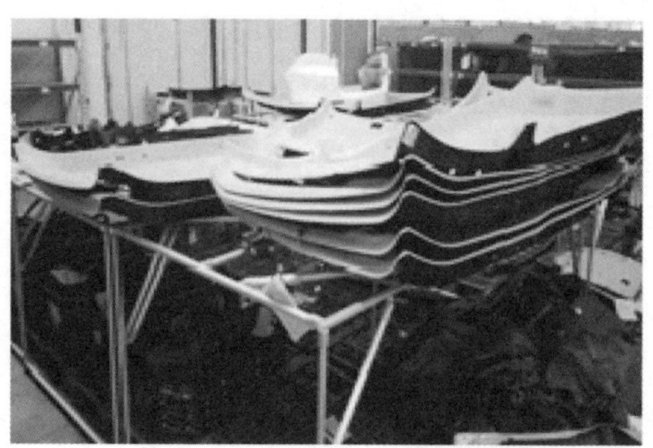
图 8－64　纵向使用空间提升利用率

图 8－65　空满箱自动对接机构模型

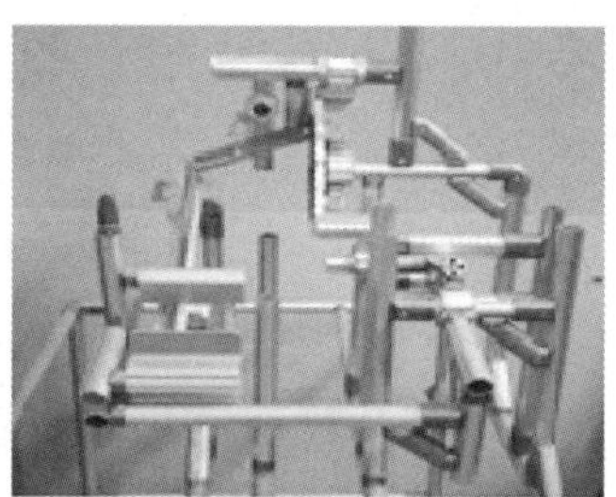
图 8－66　定数取量装置模型

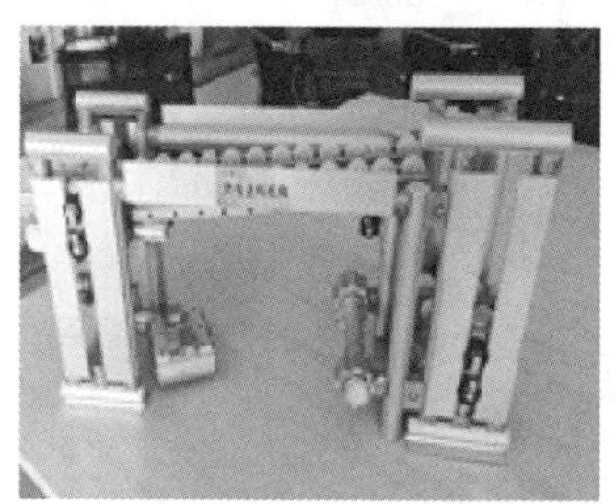
图 8－67　跨线配送装置模型

四、项目对行业的贡献

自 2019 年 5 月至今，低成本自动化项目已完成数 10 余项辅助设备研究与运用，有效减少了 3 名操作人员，节约员工操作时间 3750 秒/班次，共计节约金额 228426 元，给企业带来了有效价值。

低成本自动化辅助工具研究与运用是一项来源于现场回归于现场的持续性改善工作，优势在于可以通过简单的方法获得更好的效果，以最低成本的材料取得，制造最大的改善价值。汽车行业的竞争加剧迫使汽车制造企业“精益生产”的推进与执行，作为汽车物流研究的起点——生产线边物流和零部件领域，各大企业通过零部件物流模式优化、包装容器改善及低成本自动化物流技术的应用，不断提升“精益物流”水平。满足生产需求的低成本自动化物流技术的应用实践、跨界与融合，体现了该技术的有效性与可推广性。

（上汽通用五菱汽车股份有限公司重庆分公司　黄春笋、程翔、汪洲、刘聪、贾玉龙、赵俊才、李伟、王廷林、赖登强、于强、杨胜举、高书萍、樊小维、谷鹏达、张家豪、刘诗婷）

第十二节　汽车成套零部件智能配载集成应用实践

一、项目背景

近年来，面对宏观经济进入承压期、汽车行业进入变革期、国内市场进入调整期“三期叠加”的严峻考验，各大车企的销量、利润等多项重要经营指标都受到了巨大的挑战。同时，受益于工业 4.0 和制造产业升级，工厂自动化物流需求旺盛，以自动化立体仓库、自动化输送分拣线、AGC、拣选机器人为代表的一系列新兴物流装备迎来快速成长。在这种情况下，上汽通用利用在精益管理、模式变革、技术创新三大领域的经验积累与成果积淀，从入厂、接收、仓储、拣选、上线、下线、发运、出厂 8 个汽车物流业务环节全面部署自动化技术，联合内外部资源，整合优势，推进汽车物流领域的人机协同，打破传统运作模式，运用自动化技术赋能汽车物流，挖掘出物流运作成本上的潜力。

在 8 个业务环节中，拣选环节由于场地布局各异、操作流程复杂、工时占用较大，急需一种新的运营模式。而成套配载模式实现了多品类零部件的组合拣选，极大地减少了现场运作面积，因此常作为拣选环节的一种主流的供给方式。如何在该场景降低成本、提高效率成为汽车制造企业在物流领域的关键课题之一。成套配载供给的两种主流方式如图 8－68 所示。

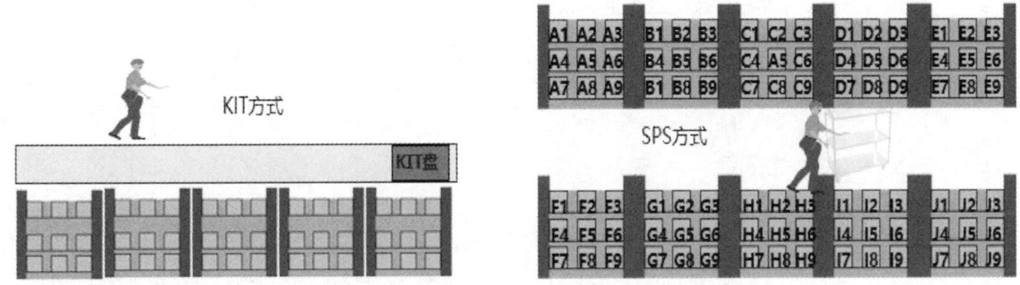

图 8－68　成套配载供给的两种主流方式

上汽通用通过研究、利用行业成熟及新颖的自动化技术，试点凯迪拉克工厂动力总成变速箱装配车间旁的集中成套配载区，以实现成套零部件的自动配载，减少人工配载工作量并突破自动化技术难点。

二、项目主要内容

汽车成套零部件智能配载集成应用使用的主要技术包括高效稳定的关节机器人，实现变速箱阀体零部件尺寸级别的高速分拣；成熟可靠的伺服桁架机械臂，实现同种零部件批量化配载，且实现投资优化。柔性材质的夹爪和吸盘配合500万像素的2D视觉相机，实现对零部件精准识别、特殊保护和柔性抓取。托盘式滚子链取代了人工操作，实现了零部件托盘在工位间自动流转。此外，面对视觉和抓手无法直接识别和抓取的散乱零部件，上汽通用积极探索实践，采用振动盘系统，对散装的挡片类和销子类先行试点，通过二次定位方式着力解决散乱零部件的配载，进一步提高零部件配载的自动化率。此外，通过安全围栏和光栅双重保护，确保自动化设备运行的安全性。方案通过上述设备间的整线集成、精准对接、互联互通，不仅着力杜绝人工配载中的潜在质量问题，而且着力提高集中配载区的自动化水平。

因变速箱成套零部件质量要求高，配载环节需要零部件无划伤和磕碰伤，同时配载过程不能有零部件错漏配情况产生，否则会造成配载的返工或质量问题。项目在确保顺利进行的前提下，整合公司资源、联合攻关，着力优化人员并提升质量。在项目具体实施过程中主要经历规划准备、实施部署和上线运行三个阶段。

（一）规划准备阶段

项目组进行人工配载模式运作流程分析，将人工工作内容进行拆解和分析，识别出潜在可用自动化技术替代的工作，并对其制订方案，包括设备整体布局、配载模式、工位配置、零部件夹紧方案、KIT盘定位方式、防错方式、设备初步选型等内容。

根据概念方案进行可行性评估，包括投资收益、安全性、布局等内容，经项目小组联合评审后完成项目的初步报批。

（二）实施部署阶段

汽车成套零部件智能配载集成应用在实施部署阶段有两个重要的节点，分别为设计审核和预验收。设计审核阶段要对方案进行详细设计和审核，包括详细的数模图纸、制造图纸、电气图纸及平面布置图，此外对工位配置表、工位节拍、尺寸链、机器人可达性等数据进行充分计算和评估。因项目技术难度大且涉及配载领域的自动识别和自动配载技术，在该阶段需要对成套零部件反复进行视觉拍照测试，以确保相机识别有效。同时，制作夹爪样件，对成套零部件进行批量抓取测试，以确保夹爪的可靠性和稳定性。

根据以设计审核的内容制定的预验收标准进行预验收，检查设备的供货范围、制造质量、节拍效率、控制标准、安全及人机工程等。根据标准验证智能配载设备的24个小时空运转，8个小时零部件配载能力，检查所有设备运动动作、配载精度，OK/NOK检测设备的有效性，报警后设备停止，安全门安全光栅或急停按钮有效性，以确保设备能顺利进入运行阶段。

（三）上线运行阶段

在上线运行阶段，项目组主要考核设备的稳定性和开动率，不断对设备性能、现场布局、运作模式进行优化，同时对现场相关人员进行操作培训、编程培训和维修培训以确保汽车成套零部件精益化自动配载应用项目的顺利投产。

三、项目成果及创新性

在拣选环节部署自动配载系统，其创新点总结如下。

（1）业务环节创新：实现拣选环节的自动化突破，深化物流工艺机器人的应用范围，进一步提升了物流运作效率。

（2）新技术引入：特制的夹爪和视觉相机相结合，实现小误差高精度配载。

（3）集成经验：集合机器人技术、抓取技术、视觉技术，完成自动拣选集成经验的积累。

（4）联合攻关：上汽通用整合物流部、设备规划部、安保部等公司资源，成立联合项目小组，开发柔性化的机器抓手、对特殊零部件设计具有二次定位功能的送料机构并结合视觉识别技术，通过与控制系统的集成应用等，实现项目技术难点攻关。

成套零部件的自动配载集成应用作为行业中首个自动化配载案例，该项目显著提升人工效率，精益运作成本。上汽通用在四大基地动力总成车间开始逐步推广成套零部件的自动排序，每年可节省运作费用数百万元。此外，上汽通用也在逐步探索总装车间成套零部件应用场景，项目如逐步推广，预计可优化上千万元的运营费用，经济效应明显，实现汽车行业从传统物流向智能物流转变。

四、项目对行业内的贡献

汽车成套零部件智能配载集成应用实践，是上汽通用在入厂、接收、仓储、拣选、上线、下线、发运、出厂的8个供应链业务环节实现全面自动化战略的延续与技术突破。项目不仅提升了拣选环节的人工效率，同时也为汽车物流行业实现全局自动化提供了宝贵的技术借鉴与经验积累，在行业内具有巨大的应用价值与正面推动意义，加快推进传统物流向自动化智能物流转型升级。

（上汽通用汽车有限公司　沈杰、罗诚、张杨、江浩、夏磊杰、杨开楷、宋飞、吴浩民）

第十三节　北京普田物流有限公司怀柔分公司后悬置分装流水线

一、项目背景

本项目是由北京普田物流有限公司怀柔分公司所承接的北京福田戴姆勒汽车有限公司欧曼车型后悬置分装业务。该车型后悬置共分为 3 大类，现有分装台不能满足通用，依据现生产 JPH 值计算，平均 300s/台，现人均作业时间为 159s/台。其存在 7 大浪费中的三项：“制造过多（早）浪费”（分装待发区存放成品量约 6 ~ 8h）、“动作的浪费”（人员作业无分配，生产动作不规范统一）、“等待的浪费”（人员等待时间过长）。

针对以上问题，分装作业依据分装区域布局、人员作业用时、分装作业模式等现状对后悬置分装进行规划设计。后悬置人员分装作业时间分解如图 8 – 69 所示。

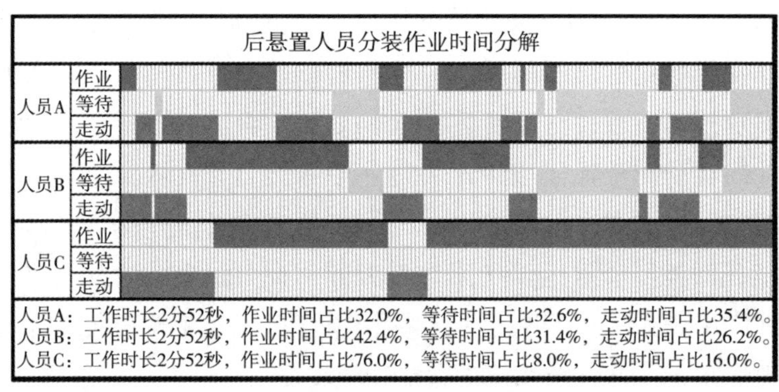

图 8 – 69　后悬置人员分装作业时间分解

二、项目目标

怀柔分公司后悬置分装效率提升项目规划，主要从公司品牌形象、作业效率、分装成品品质、作业布局等方面进行目标设定。

现有自动化、信息化设备率较低，为提升物流公司品牌形象，特对后悬置分装区域进行规划，采用自动化、信息化设备，建立公司标杆，并以此为契机，大力推动物流绩效改善。

通过对分装作业流水线进行规划，引入自动化设备，对分装作业进行重组。规划实施后实现节省人员 2 人（双班）、节省计划打印费用 2 万元/年。

通过信息化设备使用，实现分装作业计划指示、分装清单指示及分装工艺文件电子目视化显示，错漏装率从 5% 降低至 0，同时消除打印耗材及纸张费用。

三、项目内容

本项目主要有以下内容。

（1）数据收集：主要针对后悬置分装类型、分装形式、库存数量、零部件图号、作业时间、作业面积、上线器具规格进行收集。

（2）作业分析：针对分装作业人员的作业动作及用时进行分解并制作成山积表，分析后悬置分装作业过程中产生的浪费。

（3）作业组合规划：根据后悬置分装作业的山积表确定分装作业优化、组合形式。

（4）流水线规划：按照作业重组，采用 AGV 牵引分装台形式，形成分装作业流水线。

（5）布局规划：依据最新分装作业、人员组合、流水线方式对分装区布局进行规划。

（6）器具规划：针对后悬置类型进行设计并制作可移动通用化分装台，进行分装和上线。

（7）跟进实施：针对项目整体布局、作业组合、器具改进情况进行整体推进。

（8）项目验证：对项目整体实施效果进行验证。

四、项目规划

1. 数据规划

（1）按现有生产 JPH 值计算，平均 300s/台。

（2）依据现有人员作业用时进行分解。

（3）依据山积图针对分装作业进行重组（见图 8－70）。

（4）人员①：共计 12 个作业，平均 233s/台。

（5）人员②：共计 16 个作业，平均 235s/台。

（6）人员③：共计 14 个作业，平均 226s/台。

（7）人均作业时间 232s/台，每人增加 20s 进行各工位自检，单班、单线节省 1 人，作业效率提升 25%。

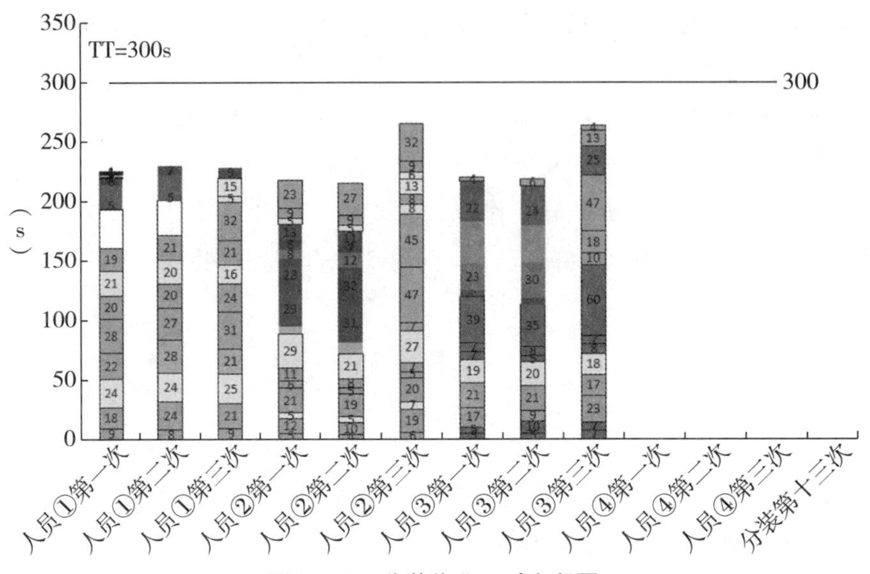

图 8－70　分装作业工时山积图

2. 设备规划

（1）采用分装器具及 AGV 牵引分装，根据人员分装作业时间设定 AGV 定点停止。

（2）成品上线、空器具返回采用潜伏式 AGV，共计 6 台 0.5t（采用 5 台正常使用及 1 台线上备用形式），AGV 采用在线充电形式，充电点设立在分装区域旁。

AGV 是 Automated Guided Vehicle 的简称，表示装配有自动导引（如电磁或光学）的装置。它是一款可以沿规定的导引路径行驶且具有非常高性能的安全保护系统以及不同移载功能的搬运车。

在工业应用的过程中无须驾驶员驾驶，用可充电的蓄电池作为 AGV 小车的动力来源。一般通过电脑来控制小车的移动方式和行为，还能利用电磁轨道来设置小车的行进路线。电磁轨道是粘贴在地板上的，AGV 小车依靠电磁轨道的信号进行移动和基本作业。

3. 系统规划

（1）MES 系统将 PBS 精排点车辆实时顺序发送给 LES 系统。

（2）LES 系统将底盘 110 工位作为实时计划拉动触发点，LES 系统单台份发送一次拉动任务，由于后悬置区域位于底盘 230 工位，实物使用工位与信息数据不同步，所以需设计按钮功能执行上下车辆装配翻页。

（3）开发 LES 系统与显示屏数据接口，将生产任务显示到分装区显示屏（见图 8－71）。

（4）显示屏分为两部分，左侧为精排生产计划，右侧为分解后单台所需物料清单。

（5）分装区域设计分装完成确认按钮，完成分装后进行确定，生产计划跳转至下一条，同时将分装完成信息回传至 LES 系统。

后悬置分装计划指示屏

序号	订单号	总成物料号	分解计划			
1	6000012797	C3253DMPGB1D709127	生产线	序号	图号	物料名称
2	6000012798	C3253DMPGB1D709127	Z1	1	H4426030006A0	加强吊卡箍
3	6000012799	C3253DMPGB1D709127	生产日期	2	H4426030005A0	右加强支架
4	6000012800	C3253DMPGB1D709127	2019年2月28日	3	H4426030004A0	左加强支架
5	6000012801	C3253DMPGB1D709127	生产项次	4	H4426030001A0	主扶手管
6	6000012802	C3253DMPGB1D709127	10	5	H4426020207A0	上车踏梯焊合总成
7	6000012803	J3259DMPKHA3902024	总成物料号	6	H4426020101A0	扶手焊合总成
8	6000012804	1239VMPHB-G1Z00100	C3253DMPGB1D709127	7	H4426050105A0	工作走台盖板
9	6000012805	1237VMPHB-G1Z00100	订单号	8		
10	6000012806	1237VMPHB-G1Z00100	6000012797	9		

图 8－71　后悬置分装计划指示屏

项目作业流程如图 8－72 所示。

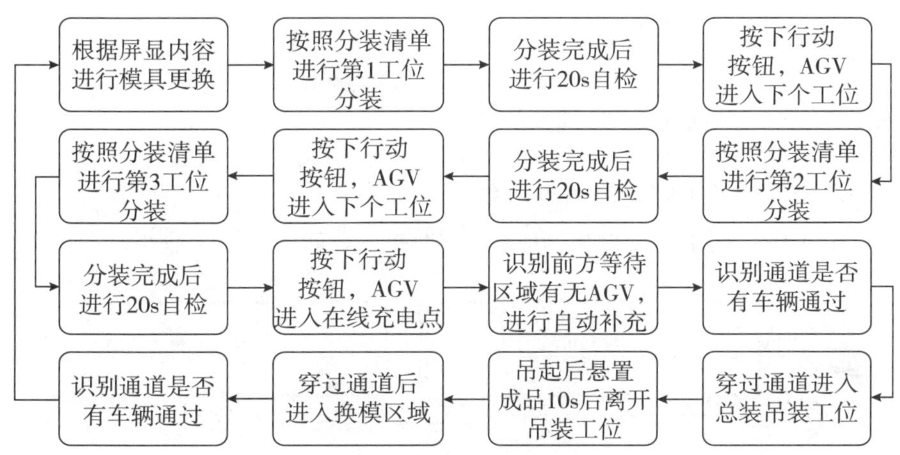

图 8－72　项目作业流程

（北京普田物流有限公司　张伟、魏龙辉、张熙睿）

第十四节　零部件干线及末端运输物流车升级应用

一、项目背景

汽车零部件入厂物流运输过程主要包括干线和末端运输。干线运输追求大批量、小频次，末端运输追求小批量、多频次。

干线运输方面，主流运输车型为 17.5m 板车，但随着 GB 1589—2016 新标准出台及现阶段环保政策不断加严，17.5m 板车将被逐步淘汰，中置轴运输车作为新运输装备已经进入物流行业应用阶段，这种车型将飞翼厢车与中置轴飞翼挂车有效组合，组成运输列车从事运输业务，提升零部件运输车辆装载量，对于提高运输效率、降低物流成本具有重要意义。

末端运输方面，目前多数汽车制造企业仍使用燃油厢车或牵引车用于园区内的物料周转，需要投入大量的人力、燃油，增加了企业物流成本，此次新冠肺炎疫情暴发，对制造企业和物流企业此类劳动密集型产业影响巨大。目前市场上无人运输主流产品为 AGV 小车，但是随着汽车制造企业的不断发展，AGV 小车运行效率低、安全性差、路线不灵活等劣势逐步显现。因此，设计开发一款低成本的、灵活的无人驾驶配送设备具有重要意义。

基于以上背景，本项目对干线及末端运输车辆进行升级应用。

二、项目主要内容

（一）干线中置轴翼展式列车应用

汽车零部件运输采用中置轴翼展式列车，车辆类型主要分为两种：①两个 7.82m 货箱；②一个 9.6m 货箱和一个 7.2m 货箱。车辆示意如图 8－73 所示。

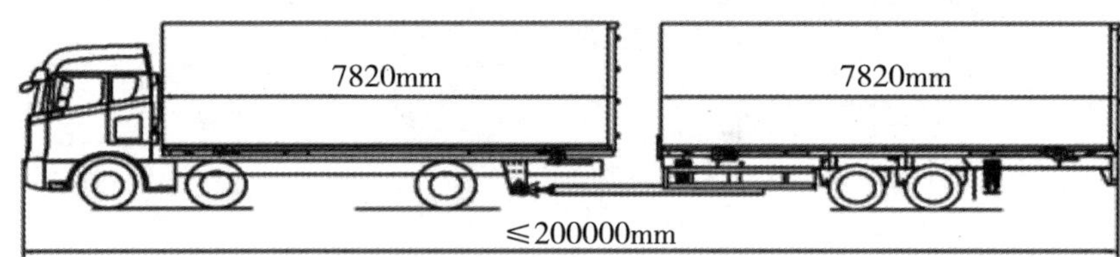

货箱为两个7.82m箱体的中置轴汽车列车

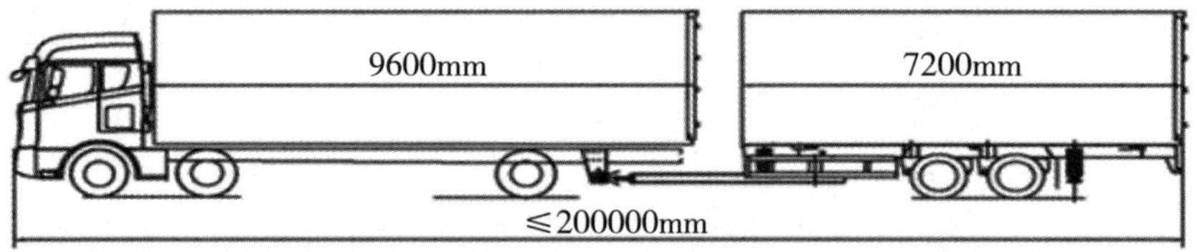

货箱为9.6m和7.2m箱体的中置轴汽车列车

图 8－73　车辆示意

基于汽车零部件运输行业货物及包装尺寸特性，选用 9.6m 和 7.2m 货箱的 4/5 轴中置轴翼展车，较行业内普遍在使用的半挂厢车货箱长度增加约 4m，有效提升装载量。

（二）末端无人驾驶物流车应用

1. 无人驾驶物流车主要技术：视觉定位与导航、路径规划、避障、多传感器融合

视觉定位技术有多种，包括单目视觉、双目视觉、多目视觉、RGB－D 等，后三种方法可以使图像具有深度信息，这些视觉“眼睛”亦可以称为VO——视觉里程计。VO在物流车乃至计算机视觉问题中，是一个通过分析处理相关图像序列来确定牵引车的位置和姿态的解决方案。现今，随着计算机图像处理技术的不断进步以及传感器电子科学的飞速发展，使得越来越多的研究者采用摄像机作为全自主移动牵引车的感知元器件，这主要是因为常见的超声或红外传感器感知信息能力有限、鲁棒性差，而视觉系统可以弥补。

但是投影在摄像头感光器件（CCD/CMOS）上的图像是二维的、平面的，基于摄像机的视觉处理目标就是从感知到的二维图像中提取有关的三维世界信息，用于物流车的定位、障碍物识别与导航。

对物流车周边的环境进行光学处理，先用摄像头进行图像信息采集，将采集的信息进行压缩，然后将它反馈到一个由神经网络和统计学方法构成的学习子系统，再由学习子系统将采集到的图像信息和牵引车的实际位置联系起来，完成牵引车的自主导航定位功能。

基于滤波器的定位算法主要有KF、SEIF、PF、EKF、UKF等。也可以使用单目视觉和里程计融合的方法。以里程计读数作为辅助信息，利用三角法计算特征点在当前牵引车坐标系中的坐标位置，根据特征点在当前摄像头坐标系中的三维坐标以及它在地图中的世界坐标，来估计摄像头在世界坐标系中的位置。这种方法降低了传感器成本，消除了里程计的累计误差，使得定位的结果更加精确。此外，相对于立体视觉中摄像机间的标定，这种方法只需对摄像机内参数进行标定，提高了系统的效率。低速无人驾驶系统模块示意如图8－74所示。

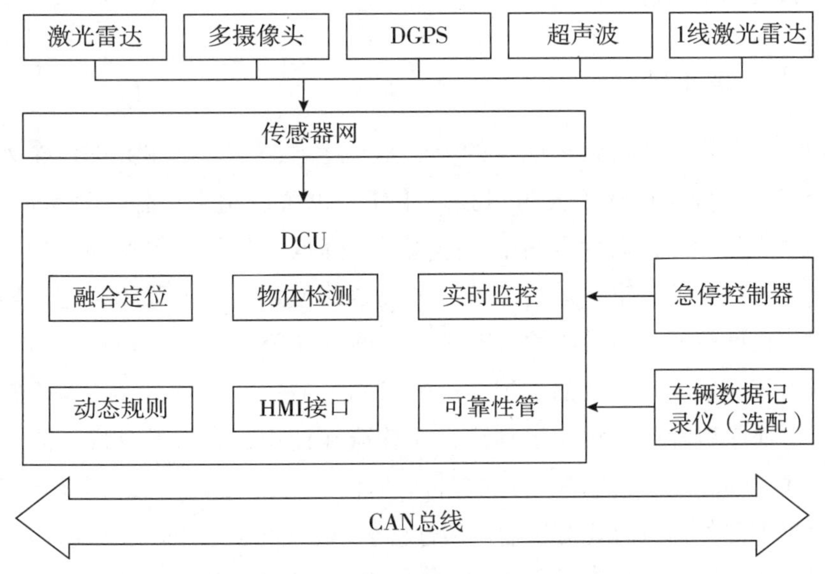

图8－74 低速无人驾驶系统模块示意

2. 调度系统对接

云端基于大数据和智能驾驶计算平台通过无线网络对车辆状态进行监控和调度。

运输管理系统（TMS）通过智能配载自动转化业务订单形成运输任务，并与无人驾驶控制云端实时交互，下发指令，结合车端和云端的技术能力，实现无人驾驶物流车在长城汽车徐水园区内运行，如图 8 –75 所示。

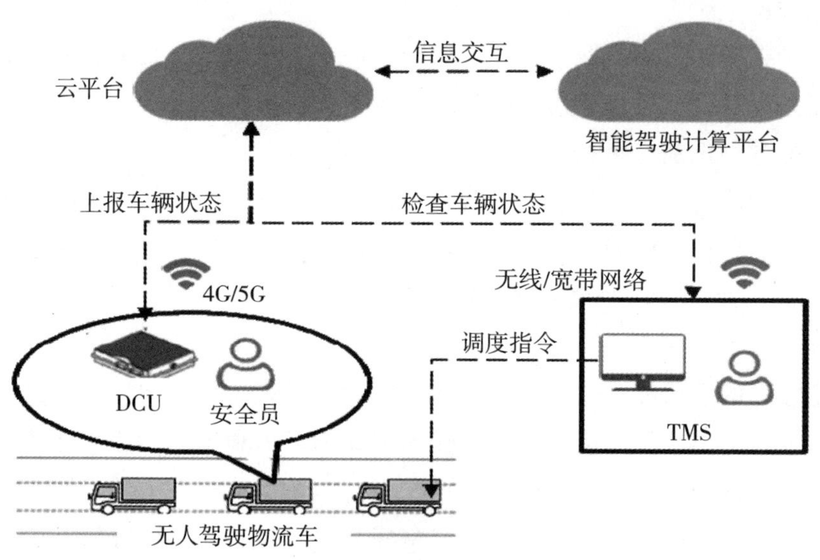

图 8 –75　调度系统示意

三、项目的创新性

（一）中置轴车辆

中置轴翼展车采用二类货车底盘的牵引车，运载两个标准单元的汽车列车，在模块化运输模式下，各模块化单元可以独立工作，也可以组合运输，具有高效、经济、灵活、可靠性高等优点，减少道路中货车数量，降低单位货量下燃油消耗及尾气污染物排放量。目前在欧美国家货运物流行业得到普遍使用。当前我国货运车辆结构类型庞杂，标准化程度较低，与其他载运工具、站场设施等缺乏统筹衔接，制约了甩挂运输、多式联运等先进运输方式的发展，影响了物流的机械化和自动化运作，降低了物流整体效率。而中置轴列车相对于物流行业普遍在使用的合规半挂厢车来说，牵引钩拆挂时间约在 20min，优于合规半挂厢车拆装时间，可以实现甩挂、甩箱等多种运输模式，满足汽车零部件物流行业对运输灵活性的要求。同时较市面上普遍使用的 4 轴、5 轴半挂牵引车底盘更低且货箱总长度增加 3 ~4m，可以有效提升装载量，容积和灵活性优势明显，既能降低企业的运营成本，也有利于促进企业规范化发展，具有良好的社会意义及可观的经济效益。

中置轴车辆目前在快递行业已有部分应用，但是在汽车零部件入厂物流中应用还处于试验阶段。2020 年长城汽车蚂蚁物流有限公司在保定—天津汽车零部件运输中首次进行了实际应用，应用效果如下。

1. 经济效益

中置轴翼展车较普通半挂厢车装载量增加 34%（见表 8－7），单位货量成本降低 17%。

表 8－7　普通半挂厢车与中置轴翼展车车型对比

车型	普通半挂厢车	中置轴翼展车	车型差异
水容积	$72m^3$	$106m^3$	—
平均装载量	$56m^3$	$75m^3$	中置轴翼展车比普通半挂厢车平均装载量多 $19m^3$，增加 34%

2. 节能减排

保定至天津线路全年减少运输趟次约 3000 趟，减少 11 辆普通半挂厢车投入，有效降低车辆使用数量，减少道路通行压力，降低能源消耗及尾气污染物排放。

（二）无人驾驶技术

无人驾驶物流车主要技术：视觉定位与导航、路径规划、避障、多传感器融合，实现厂区无人化运输，彻底取消安全员、驾驶员。云端基于大数据和智能驾驶计算平台通过无线网络对车辆状态实施监控和调度，实现车辆云端智能运营管理平台与运输系统 TMS 对接，取消调度员，实现自动调度派车。极大限度降低人工投入，解决人工驾驶不可控问题。

四、项目在行业内的贡献

（一）中置轴翼展式列车

传统的运输模式由于运输组织化程度低，主车等待装卸造成运输周期长、里程利用率较低，往往导致单位运输成本偏高，在中长途货运中表现得更加明显。中置轴列车甩挂运输作为一种先进的运输组织模式，不仅可以提高主车的运行效率，减少车辆投入，节约主车购置成本，还可以通过短途集拼、集中装卸等提高实载率和里程利用率，从而大大提高运输效率，降低单位运输成本，提高企业经济效益。

在运输效率上，中置轴翼展式列车的2节车厢，作为GB 1589—2016中规定的最大合规车型，中置轴翼展车主车货箱长9.6m、挂车货箱长7.2m，整体货箱长可达到16.8m，水容积高达106m^3，相对于传统的普通半挂厢车装载量提升约34%，运输效率得到明显的提升，同时此车型能轻松实现主车、挂车分离，使运输过程更加灵活方便。

在节能减排上，中置轴车辆整体各项能耗水平基本与普通半挂厢车持平或略高，但装载量的增加更好地降低了车辆资源投入，减少运输趟次，降低道路通行压力，同时降低单位运输货量下能耗及污染物排放水平，积极响应国家节能减排号召。

在运输成本上，驾驶人员资质及能耗水平基本与普通半挂厢车一致，装载量大幅提升，货物单位运输成本更低，同时有效减少车辆投入数量，降低投资成本，具有可观的经济效益。

（二）无人驾驶物流车

智能驾驶技术与物流计划成功实现对接，从运营层实现人员成本递减；从应用层利用物联网管理平台，打通数据孤岛，促使物流业务标准、规范运营，聚焦物流业务核心软件系统，实现物流的数字化运营；从决策层基于事实数据的采集、清洗及分析，应用大数据核心技术，支撑物流过程分析及优化，辅助现场管理及经营决策。

综上所述，通过应用新型运输装备及智能技术既能降低企业的运营成本，也有利于促进企业规范化发展，具有较高的社会意义及可观的经济效益。

（保定市长城蚂蚁物流有限公司　齐小松、焦伟周、马冀川、耿颖璞、赵锋、苏建浩）

第十五节　发动机器具柔性化的设计与推广

一、项目背景

制造企业中物料的品种规格繁杂，涉及存储、运输、分拣、供给、返空等物流环节，造成器具品种多、数量大。以发动机所用器具为例，一种发动机一种器具，周转环节多，物流路线长占用大量的制造成本。如何通过技术、管理手段减少发动机器具品种、数量迫在眉睫。为了解决此问题，经过长时间的调查研究，发现在工位器具设计、管理过程中存在的主要问题点：品种多、数量大；器具通用性较差；器具通用化改制对器具强度存在影响，同时准备时间长；器具投入物流成本压力较大。

工位器具在设计阶段，对器具制造品种、通用性考虑不足，导致一种车型一种器具，每到产销旺季，产量需求增加，需大量补充器具，否则会发生停线待料风险；在产销低迷期，器具大量闲置；车型 EOP（停产），器具作为废品处理，造成成本浪费。

二、项目主要内容

该项目在能用尽用、标准优化的原则基础上，通过对器具外框进行标准化，实现了器具在存储、运输、集配等环节的通用性。通过对发动机定位结构方式模块化，降低改制成本，提高转换效率。通过器具定位模块的连接方式优化，使器具随着车型、产量变化而快速转换成为可能。

通过对发动机器具尺寸标准化、模块化及连接方式的改善，为发动机厂家及其他器具制造厂家提供一种器具投入少及车型间器具能快速切换的柔性化设计思路。

三、项目成果及创新点

（一）器具外框标准化

1. 改善思路

依据发动机尺寸、器具 SNP、调达运输车辆尺寸、上线方式、线边空间位置尺寸等因素，综合考虑优化器具的外框尺寸。

2. 实施效果

优化前后发动机器具外框尺寸如表 8 – 8 所示。

表 8 – 8　　发动机器具外框尺寸

序号	车型	原发动机器具外框尺寸（mm）	SNP	优化后器具尺寸（mm）	SNP
1	A	2195 × 885 × 1060	3	2200 × 980 × 1140	3
2	B	2280 × 980 × 1140	3		3
3	C	1780 × 985 × 1120	2		3

（二）器具通用化

1. 改善思路

对发动机定位结构方式模块化，减少改制成本，提高转换效率。针对不同车型的发动机器具，根据年度、季度产量预测，利用优化后的器具外框及模块化的定位结构，即时转换为适用车型的器具，减少因产量调整造成的器具需求增加或器具闲置。

2. 改善效果

根据公司产销信息，A 车型发动机需求量由 2020 年的 2000 台/月调减为不足 500 台/月，适时通过定位结构模块化将 A 车型发动机器具转换为 B 车型发动机器具 100 套。

（三）定位模块连接方式优化，减少改制对器具的影响，实现不同车型器具的快速切换

1. 改善思路

对器具结构进行分析，如果改制器具，尽管外框无须改制，但必须将焊接在框架上的定位结构切割下来，再将新制的定位结构焊接到器具外框上。切割工作及其产生的应力会对辅助横梁强度、结构稳定有一定影响，而且效率较低，一旦 A 车型产量提升，则无法将原定位结构快速置换。但定位模块的连接方式由焊接改为螺栓连接的话，就能够实现 A、B 车型发动机器具之间的快速切换。

2. 改善效果

定位模块连接方式优化，减少了切割对器具的影响，使车型间器具依据产量变化快速切换成为现实。

3. 改善效果分析

改善前新制一套发动机工位器具约需 3500 元，增加 100 套工位器具约需 350000 元。通过规范改制，新制、置换一套定位结构模块约需 445 元，改制 100 套器具约需 44500 元。总计节约费用约 400000 元。

4. 其他收益

（1）一旦 A 车型产量提升，置换下的定位结构模块可以切换为 A 车型器具，无须重复投资，如果 A 车型 EOP，B 车型产量继续提升，可以直接改制为 B 车型器具，实现 A、B 车型器具之间的切换。

（2）通过定位结构与外框连接方式的改善，可以提升车型器具之间的切换效率。

（3）减少资源浪费：器具报废处理 = 700 元/吨 ×0.5 吨 = 350 元，单个减少浪费 = 3000 元 − 350 元 = 2650 元，100 套可节省 265000 元。

四、项目社会效益

通过对发动机器具尺寸标准化、模块化及连接方式优化的创新，使器具依据车型、产量的快速转化成为现实，同时为发动机厂家及其他器具制造厂家提供一种提升器具通用化、柔性化设计及推广的工作思路。

（郑州日产汽车有限公司　陈永鹏、李文义、唐承红、温鹏哲）

第十六节　无人收货柜在汽车售后备件物流领域的应用

一、项目背景

（一）规避限行，服务保证，提升客户感知

随着汽车的保有量不断增加，与此相关的问题也陆续暴露，最明显的就是道路堵塞情况，相信在北京、上海、广州、深圳这四个一线城市生活过的人都知道，堵车已经成为一种常态。为了解决塞车这个民生问题，不同城市分别出台了不同的限行政策，对物流从业人员来说，不认真研究各城市的地方政策很有可能就会糊里糊涂地被罚款扣分。

各城市逐步实施及加强交通管制，城市配送面临的困难日益严峻，直接影响东风日产售后配送体系80%以上的覆盖面，严重影响客户感知体验。探索夜间配送新模式势在必行，因此为保证东风日产关联客户所需的备件能按质、按量、按时配送，确保公司优质服务，最终决定将符合既定标准的线路网点配送时间由白天变更至夜间，真正解决城市配送白天限行、缩短公司整体配送交期的问题。

（二）物流行业高速发展，配送模式创新势在必行

中国近几十年GDP快速增长，人民生活水平不断改善，居民收入水平提高，促进了全民消费能力CPI指数的提升，对高品质的消费品追求日益强烈。汽车行业抓住了发展机会进入快速发展通道，消费品中特别是居民自用的乘用车消费呈现大众化趋势，从20年前几千万辆的市场保有量一下跃升至现在的2.5亿辆（全球仅次于美国），售后市场规模呈几何级增长，更是突破万亿元，发展空间巨大。

而且，中国汽车后市场一直将美国后市场当作参考样板。而这也有着现实考量。整体来看，中美两个市场同样具有幅员辽阔、车型众多以及市场容量巨大等市场特征。然而，以美国后市场为样板多年，到目前为止，中国后市场却并没有成为美国市场的那般模样。1940—2020 年中美市场汽车保有量对比如图 8 – 76 所示。

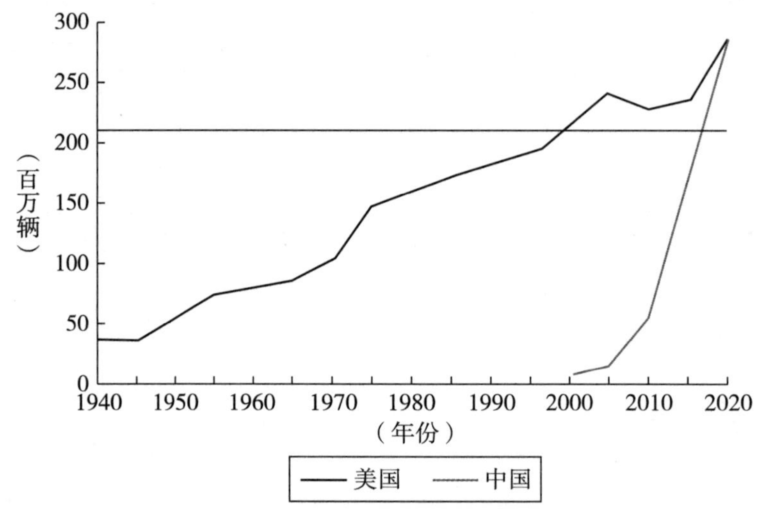

图 8 – 76 1940—2020 年中美市场汽车保有量对比

各方数据综合显示，目前美国售后服务市场中，4S 店占比 20% ~30%，独立售后占比 70% ~80%。反观中国售后服务市场，4S 店占比 60% ~70%，独立售后则占比 30% ~40%（见图 8 – 77）。

其实，中美两个市场在政策法规、市场配套、人工费用、租金成本、互联网成熟度等依然有着明显的不同。因此，成熟的美国后市场或许能成为一个样板，但也要考虑自身市场的不同。

样板能在一定程度上指引前进的方向，中国 4S 店销售地位一定会被削弱，走独立后市场渠道销售支撑万亿元级销售规模，也是中国汽车后市场必然要走的路。所以，汽车后市场销售模式多元化发展，汽车企业如何解决配送“最后 100 米”问题，满足顾客多样化需求，特别是直接面对终端客户的物流业务，包括快递业务、汽车售后市场配送业务等，物流业务量攀升的同时产生了很多问题，基本上被客户投诉的都是到达时间不满意、服务质量不高、物流货损、交接手续烦琐、行业标准不统一等。

传统的后市场配送模式不再能满足消费者的配送需求，配送模式必须要有所创新。值得一提的是，2020 年年初，新冠肺炎疫情让人自觉避免直接接触。因此，东风日产也顺势推出了“无接触配送服务”。

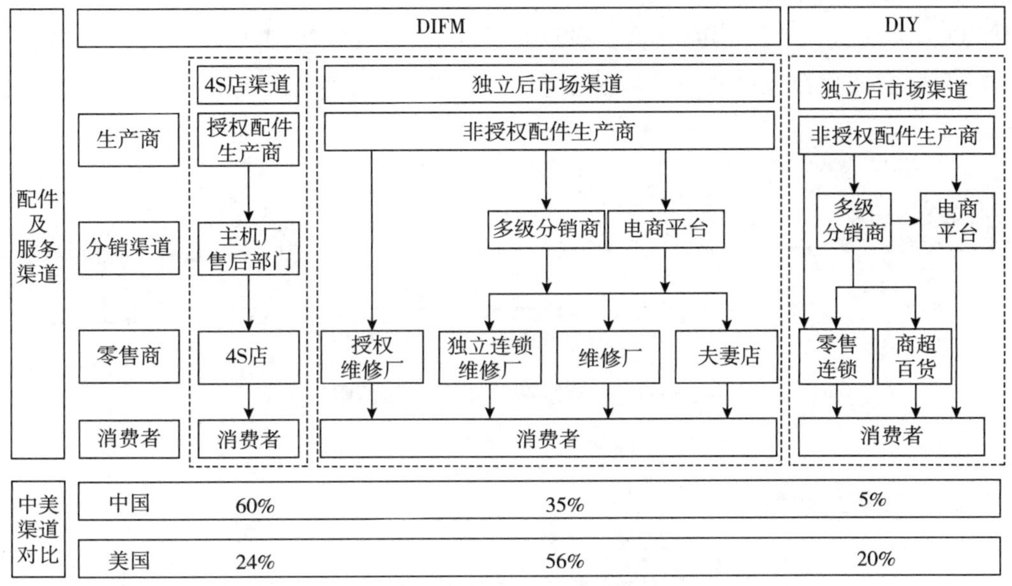

图 8－77　中美汽车后市场销售渠道对比

资料来源：《中国汽车后市场物流服务洞察报告》、公开信息、德勤研究。

二、目的及意义

通过对国内各城市交通管制的政策调查与研究，发现夜间各城市基本无限行规则，所以，可将配送车辆大型化，可以大幅提升车辆装载体积，同时增加线路配送网点，提升包月车辆利用率，进而实现节约线路配送成本，如图 8－78 所示。

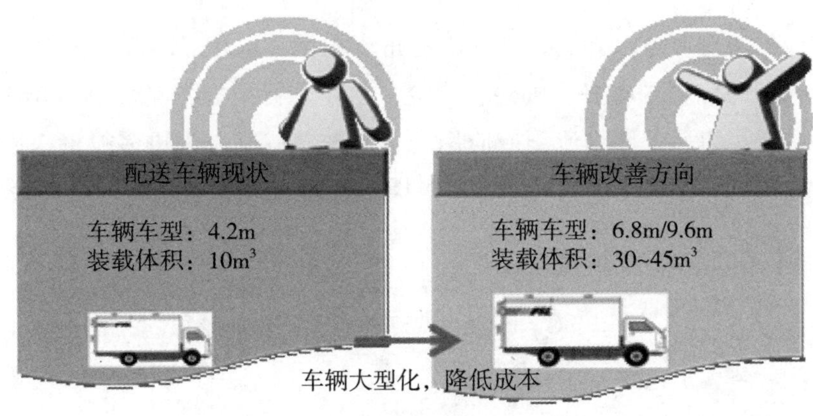

图 8－78　配送车辆大型化改善设想

通过调整物流配送波次截单时间，将网点到店时间从次日的9点到18点调整为当日21点到次日的7点，缩短备件配送供给时间，促进资源利用效率，提升车辆周转利用率，最终实现提升客户维修保养服务感知，如图8－79所示。

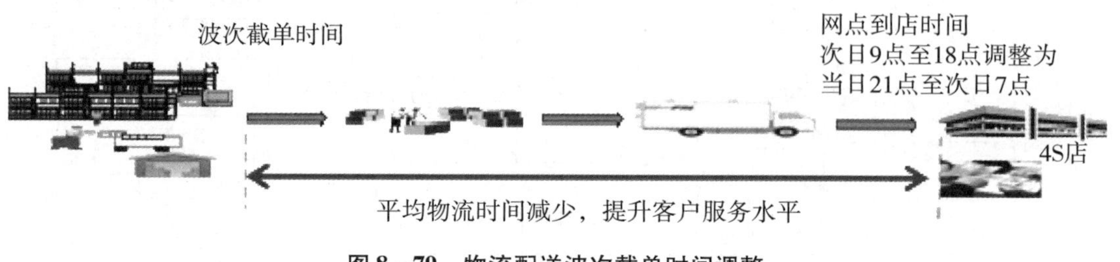

图8－79 物流配送波次截单时间调整

三、解决方案

根据市场需求以及国家、地方政策法规的变化，如何解决好汽车企业后市场配送“最后100米”的问题？如何满足客户多样化的需求，抢占万亿元级消费市场？如何下沉更多的销售渠道，提升客户感知以及满意度？采用夜间配送方式，调整物流配送波次截单时间，缩短备件配送供给时间；采用大车化配送模式，增加线路配送网点，提升包月车辆利用率，实现双赢模式；采用智能无人柜。以上模式可以很完美地解决这些问题。

2020年2月，国家邮政局建议要积极推广定点收寄、定点投递、预约投递、智能快递箱等模式，尽可能减少人员接触，最大限度保护一线员工和消费者的生命安全、身体健康。

为了响应国家发展号召，从战略发展的角度出发，运用SWOT分析法，对汽车后市场智能无人柜的优势、劣势、机会、风险多角度进行把握，利用WTOWS矩阵总结智能无人柜在汽车售后备件物流领域应用的未来发展战略，为更多投资人以及汽车后市场物流配送模式的创新增强信心和提供可操作性理论支撑，如图8－80所示。

（一）模式构想与设计要求

到店时间由次日的9点到18点调整为当日21点到次日的7点，专营店收货人员不需要固定时间收货，灵活安排工作时间。

1. 场地规划受限

智能无人柜尺寸相对统一，需要专营店场地配合，品种尺寸规格设定在2～3种。

由于网点场地受限，智能无人柜尺寸设计能满足全品种售后备件的存放与管理。

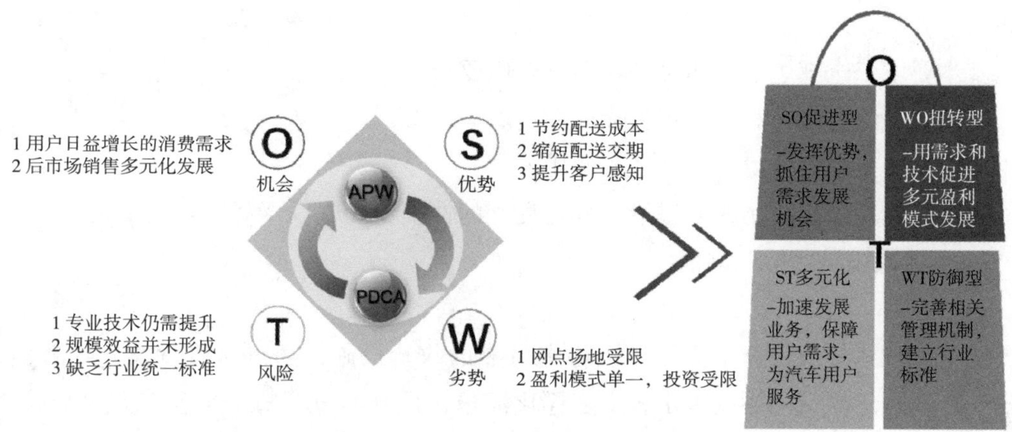

图 8－80　汽车后市场智能无人柜的战略分析

2. **智能无人柜式样设计要求**

整体要求：实现交期缩短，考虑无人柜交接设计式样需求，解决限行问题、收货时间固化问题以及装卸痛点，主要是发动机、动力蓄电池、变速箱、钣金件、油管、排气管等超重超长件。

具体功能要求如下。

（1）全程视频监控，使用门禁卡或者短信认证出入，实现夜间无人投递、取件交接功能。

（2）柜体容量根据线路网点需求投放，统一设计标准，提升销售形象。

（3）运输车辆与无人柜无缝对接，实现自动装卸，自动扫码验收。

（4）无人柜与备货器具按模数化设计，按托交货。

（5）无人柜实现系统模拟装配存储，空间利用最大化。

3. **运营模式构想**

从备货—装车—运输—卸货—无人交接全流程考虑，制订随车备货、发货可回收式容器、装车排序、到店车辆与轨道对接简易卸货、全程视频监控无人交接、无人柜外观品牌宣传等相关方案。

（二）解决方案

1. **项目总体概述**

由于各城市交通管制力度不断加大，受限行影响的专营店逐渐增多，配送难度日益加大，为解决白天限行问题、缩短配送物流时间、提升到店服务质量，计划在专营店周边投放智能无人柜，夜间车辆到店投放备件至智能无人柜，白天专营店从智能无人柜取出备件完成收货入库等。为此需进行专营店收货设施建设。

基本要求：全部施工和建设必须满足使用要求。

标准性：符合国际和国家相关标准规定。

稳定性：设备性能稳定，且经久耐用。

经济性：在满足应用的前提下，具备良好的性价比。

2. 项目建设

（1）总体目标。

为夜间配送提供一套坚固耐用、稳定可靠的收货设施，通过该收货媒介代替白天配送，解决白天限行问题，满足客户多样化需求，提升客户感知，实现多方盈利局面，完美完成“无接触配送服务”的概念推广。

（2）项目需求。

单网点日订货量不一，存在波动；各网点订货量有较大差异，上至30m^3/日，下至0.5m^3/日不等，智能无人柜因定制成本高，难以统一标准；智能无人柜投放占用专营店土地资源，同时对整体外观形象有一定影响；因夜间配送通过智能无人柜完成，无专营店人员在场，交接异常情况难以判定；汽车售后备件形状各异，有大有小、有重有轻，装卸单人操作困难且危险。

为解决以上需求及问题，方案要求如下。

①设计多种规格智能无人柜，满足不同专营店需求。

各专营店具体投放智能无人柜型号要求水容积不低于专营店平均货量的150%，智能无人柜与发货器具按模数化设计，按托交货；智能无人柜实现系统模拟装配存储，空间利用最大化。

②智能无人柜要求外观整洁美观，具体颜色需求根据专营店实际需求而定。

③要求智能无人柜供应商提供配套的监控设备并安装至指定位置，实现全程视频监控无人交接。

④安装简易卸货对接轨道及自动验收装置，实现到店车辆与轨道无缝对接，结合人体工学，减轻负荷。

3. 项目设计及实施

夜间配送收货设施建设项目主要分为四部分：系统架构（见图8－81）、监控设备、智能装配存储、柜体设计。以下从智能无人柜的安装、监控系统设计要求等方面介绍。

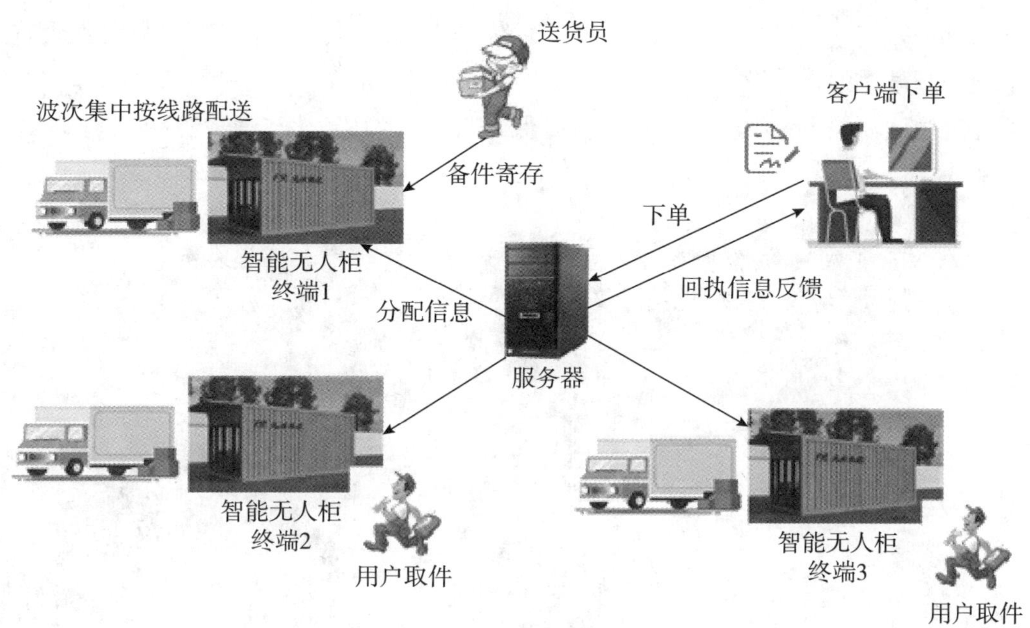

图 8－81　系统架构示意

智能无人柜宜靠近备件库，减少收货人员转运工作量；监控设备要求能覆盖整个交接区域（智能无人柜箱门周边），实际安装位置以各专营店要求为准。智能无人柜安装位置示意如图 8－82 所示。

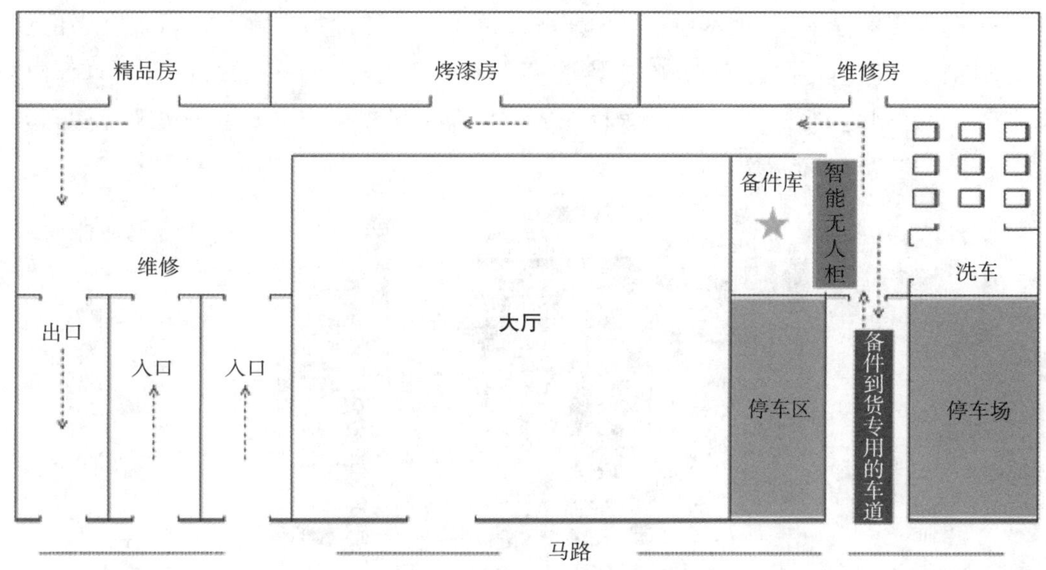

图 8－82　智能无人柜安装位置示意

在实施过程中，与监控系统相关的设备以及技术也简单介绍一下，比如智能无人柜电源管理板的电源输出功能，管理员可以进行定时管理、智能管理。例如，晚上没有人投件的时候，照明灯自动关闭，有送货员过来送货时，再将照明灯调到合适的亮度。电源管理板的智能设计可以为专营店节省不少电费成本。

全程视频监控系统实现统一标准，确保无人交接物资安全。监控设备安装示意如图 8－83 所示。

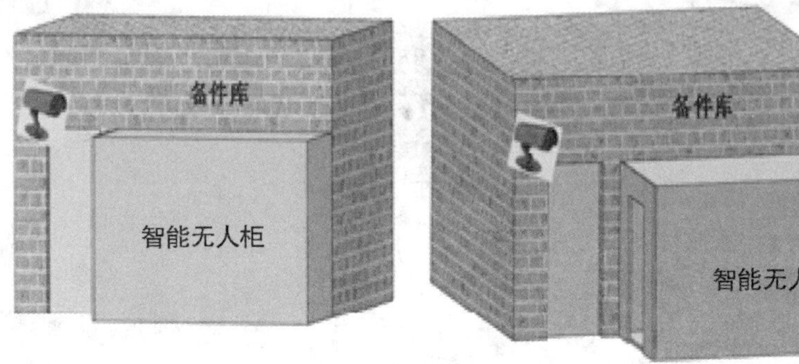

图 8－83　监控设备安装示意

监控画面要清晰，能够监控到进出柜体的人员及柜体内的货物画面，输出分辨率为 1920×1080；支持硬盘配额和硬盘组存储模式，可对不同通道分配不同的录像保存容量或周期（录像保存时间不少于 30 天）；支持标签定义、查询、回放录像文件；支持网络检测（网络流量监控、网络抓包、网络通畅）功能。

验证码应用技术简要说明如下。

随机数字输入验证。基本原理：向服务端请求，生成随机的字符，写入会话请求，同时将随机字符生成对应图片，响应给前端；前端输入对应字符的验证码，向后台发起校验。目的也是非常明确：实现全程无人交接，确保交接物资安全，实现责任到人、责任到岗。实际操作流程如图 8－84 所示。

图 8－84　实际操作流程

通过简易卸货对接无动力滑轮轨道设计及自动验收视频扫描装置，实现到店车辆与简易轨道无缝对接，结合人体工学，快速验收扫描入库，节省交接时间和点检验收时间，减轻送货人员工作负荷。

装配模拟仿真：通过物流配送波次截单时间调整，将线路网点订单集中处理，按网点到达顺序进行运输配载，同时后台系统模拟网点订单订货量以及出库发货容器装载情况，优化智能无人柜规格设计，使空间利用率最大化，如图 8－85 所示。

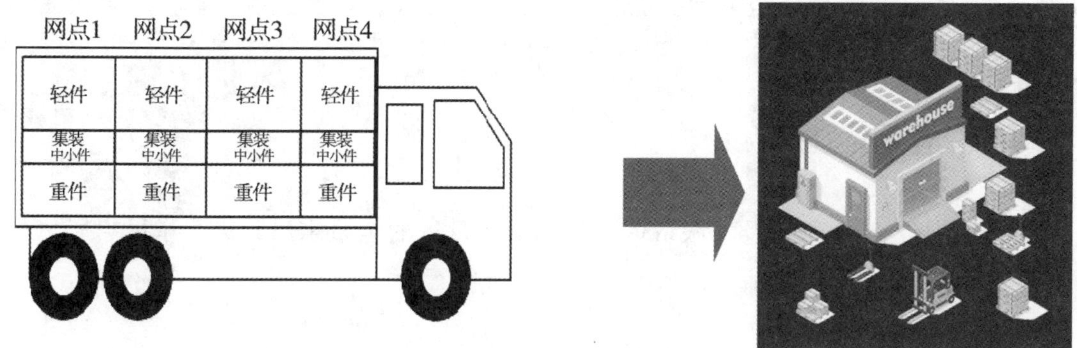

图 8－85　装配模拟仿真示意

柜体式样设计：通过对东风日产全系配件服务 1000 多家专营店的月出库数据分析统计（见图 8－86），发现正常件占 52.21%，超长件占 46.74%，超重件占 1.05%，其中超长件主要为保险杠。因属于一次性成本投入，充分考虑了网点货量波动的影响及 4S 店的场地问题，以及最初项目设计配套要求，得出初期采用的智能无人柜设计外尺寸：2.4m×2.4m×4.0m，内尺寸：2.1m×2.1m×3.7m，水容积：16m³，按照备件装载体积：12m³（见图 8－87）。

NO.	备件分类	占比	备注
1	正常	52.21%	
2	超长	46.74%	
3	超重	1.05%	
4	总计	100.00%	

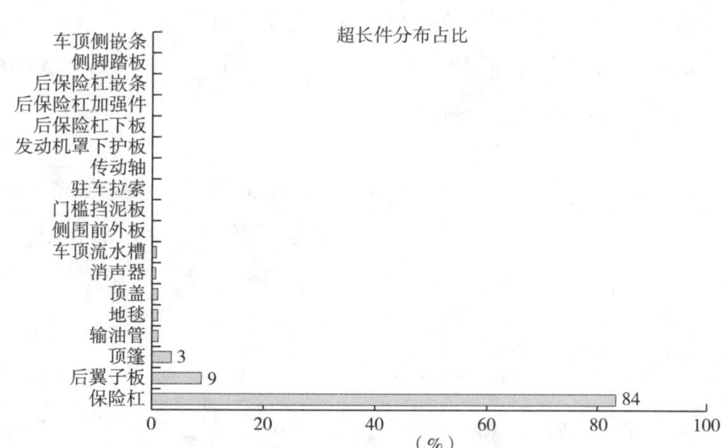

图 8－86　专营店的月出库数据分析统计

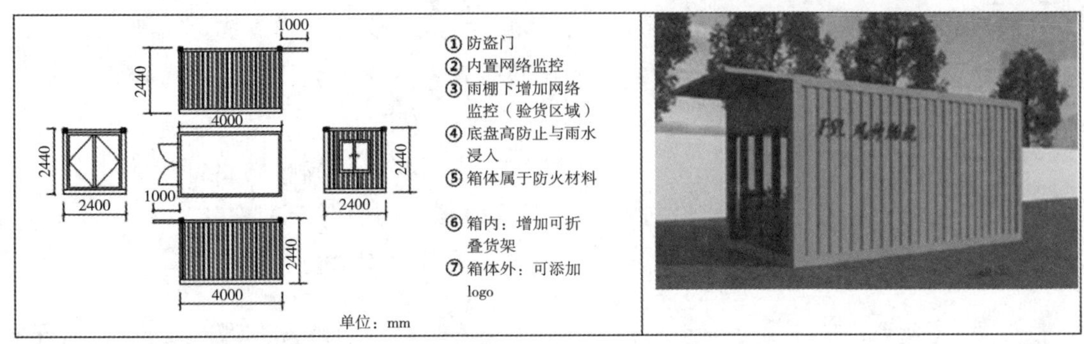

图 8－87　柜体式样设计

四、应用范围

全国满足条件的限行及非限行区域可实现次日达的全系东风日产、东风启辰、东风英菲尼迪等相关联专营店或授权、非授权的品牌门店。

建立实施区域的甄选标准。

目的 1：规避限行，保证服务。

标准 1：重度限行区域。重度限行区域白天配送较为困难，迫切需要进行优化。

目的 2：开源节流，降低成本。

标准 2：区域多网点/线路——实现规模化，满足车辆大型化的货量保证。

目的 3：缩短交期，提升客户感知。

标准 3：次日达直送网点——缩短备件物流时间，提升客户服务。

（RDC 覆盖城市距离仓库较远，无法实现截单当日晚上到店，无交期改善）

根据上述制定的甄选标准，进行网点所在城市对应分库覆盖数据分析（见表 8－9），筛选全国限行城市 21 个，针对次日达城市进行选择，符合条件的城市有 10 个，主要为北京（已实现夜间收货）、华东分库及华南分库所覆盖城市（无规模效益），符合条件的为华东分库 24 家网点。

表 8－9　网点所在城市对应分库覆盖数据分析

<table>
<tr><th rowspan="3">仓库</th><th colspan="2">标准 1</th><th colspan="2">标准 2</th><th colspan="3">标准 3</th><th rowspan="3">是否推行夜间收货及理由</th></tr>
<tr><th colspan="2">直送城市</th><th colspan="5">直送限行城市</th></tr>
<tr><th>不限行</th><th>限行</th><th>当日达</th><th>城市（数量）</th><th>次日达</th><th>城市（数量）</th><th>次日达网点数</th></tr>
<tr><td>北京分库</td><td>15</td><td>6</td><td>1</td><td>1</td><td>5</td><td>5</td><td>45</td><td>否：已实现夜间配送</td></tr>
<tr><td>成都分库</td><td>21</td><td>2</td><td>2</td><td>2</td><td></td><td></td><td></td><td>否：无交期改善</td></tr>
</table>

续　表

仓库	标准1		标准2		标准3			是否推行夜间收货及理由
	直送城市		直送限行城市					
	不限行	限行	当日达	城市（数量）	次日达	城市（数量）	次日达网点数	
华东分库	12	5	1	1	4	4	24	支持夜间收货，满足
华南分库	16	4	3	3	1	1	6	否：无规模效益
华中分库	24	1	1	1				否：无交期改善
济南分库	21	0	0					否：无需求
沈阳分库	21	1	1	1				否：无交期改善
乌市分库	12	1	1	1				否：无交期改善
武汉分库	11	1	1	1				否：无交期改善
合计	153	21	11		10			

五、效果确认

以东风日产华东分库覆盖城市无锡对应网点为例，将推广夜间配送、智能无人柜应用的情况作为项目实施效果进行分享。主要分为有形收益和无形收益两大类。有形收益表现在如下两点。

（一）线路合并，增加线路配送网点，车辆大型化，提升包月车辆利用率

4.2m 车辆的最大装载量为 $10m^3$，6.8m 车辆的最大装载量为 $30m^3$。如表 8－10 所示，结合以往线路车辆配送到店时间来看，可以将 2 条线路 2 辆 4.2m 车辆的业务合并为 1 辆 6.8m 车辆的业务去运营，通过车辆大型化，提升包月车辆的利用率，从而实现运输成本降低。

表 8－10　　原无锡线路包月车辆（4.2m 厢车）使用情况

线路	网点名称	5—10 月波动率（波动率＝样本均方差/平均货量）	配送车辆（包月）	车型
湖州－J1	无锡威邦新区	50.47%	浙 E27＊＊5	4.2m
	无锡威孚	68.29%		
湖州－J2	无锡明乐	64.55%	浙 E5B＊＊7	4.2m
	无锡广联达	57.47%		
	启辰无锡南华	4.61%		

无锡线路根据货量浮动进行车型的调整，夜间配送，白天支援 8 点波次分别对杭州、嘉兴、湖州、绍兴线路配送，提高车辆实际利用率。由于订货量的波动，无锡余货会在次日进行串线配送，降低了余货的产生，提升了客户满意度。

车辆运营时间推移分析如图 8－88 所示。

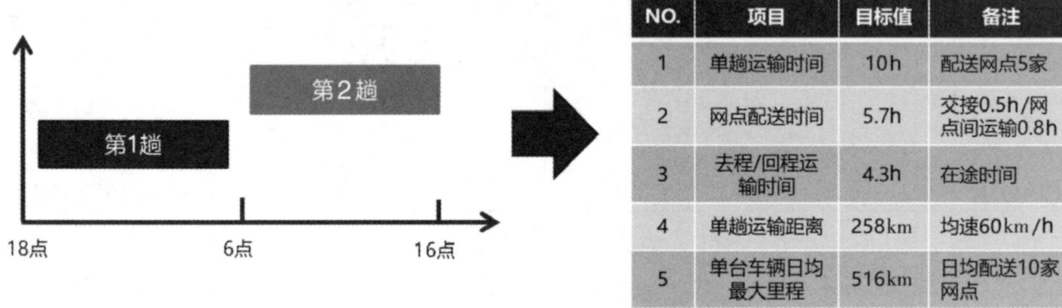

NO.	项目	目标值	备注
1	单趟运输时间	10h	配送网点5家
2	网点配送时间	5.7h	交接0.5h/网点间运输0.8h
3	去程/回程运输时间	4.3h	在途时间
4	单趟运输距离	258km	均速60km/h
5	单台车辆日均最大里程	516km	日均配送10家网点

图 8－88　车辆运营时间推移分析

车辆收益测算逻辑：基于趟均配送网点 5 家/线，单台车辆日均最大行驶里程为 516km，才满足日夜运输的条件，无锡最短线配送里程为 314km，需要第二趟配送湖州或杭州线才满足或减少配送网点数，每减少 1 家网点，配送里程提升 156km。

夜间收货适用场景：单边配送距离少于 150km 且货量超过 2 条线路的城市（最优情况为单店货量较大），有助于提升车辆的稼动率，无锡线线路条数、货量条件、距离均满足要求。

通过两条线路合并，增加线路配送网点，车辆大型化由 2 台 4.2m 车辆合并成 1 台 6.8m 车辆，提升包月车辆利用率，效益为减少 1 台 4.2m 车辆，预计成本每月降低 50% 以上，且实现“余货 0 化”。

（二）缩短到店交期，提高客户满意度

改善前后交期对比数据如图 8－89 所示。

（1）改善后专营店平均到货时间提前了 11.5 小时。

（2）改善后平均物流交期整体降低了 0.34 小时。

（3）专营店反馈前台客户预约准确率提高了，非常满意。

无形收益：提升客户品牌认知，刺激整车销售和增加维修保养的回店率；创新推广“无接触配送服务”的概念，考虑人体工学，降低劳动强度，提升从业人员幸福感；响应国家号召：“厉行节约、反对浪费”，为社会做贡献，体现大企业担当。

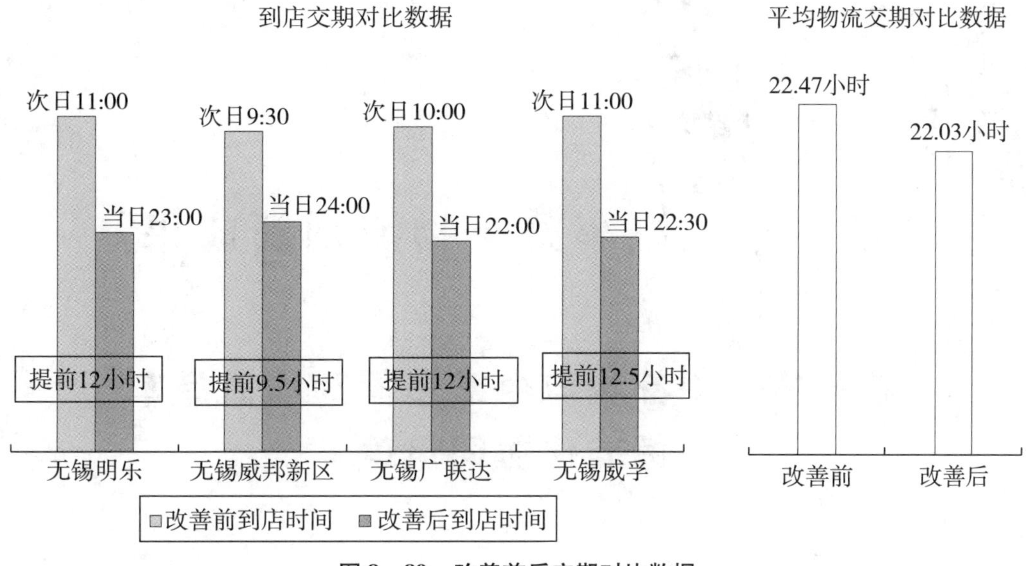

图8－89　改善前后交期对比数据

六、总结

通过“互联网＋”及“O2O经济”时代下的产物——智能无人柜解决了汽车后市场销售模式多元化发展后带来的物流配送壁垒，为汽车企业解决实质性的配送“最后100米”问题。

通过物流配送波次截单时间调整，将网点到店时间从次日的9点到18点调整为当日21点到次日的7点，真正从消费者视角看待问题，提升客户品牌认知度，刺激整车销售和增加维修保养的回店率。

根据汽车后市场物流配送产品特性，结合物联网技术，从备货—装车—运输—卸货—无人交接全流程考虑，制订随车备货、发货可回收式容器、装车排序、到店车辆与轨道对接简易卸货、全程视频监控无人交接、无人柜外观品牌宣传等方案，为汽车后市场物流行业夜间配送无人交接提供了样板。

（东风汽车有限公司东风日产乘用车公司　刘海清、王勇、梁小光、余渊、胡加、蔡荣洛、刘波）

第九章 汽车整车物流创新成果

第一节 中都物流中欧多国跨境商品车标准化协同运输

一、项目背景

（一）面向未来，适应国家政策及适配公司战略

随着全球和区域经济一体化的不断加强，我国经济产业结构不断调整，我国的对外贸易事业迅速发展，成功跻身世界贸易大国行列。在此背景下，国家对鼓励商品车进出口也推出了新政策。

同时，北汽集团也迎合国际汽车产业发展，将国际化战略放进集团“十四五”战略规划中，不断落实“走出去”的目标任务；中都物流的“1234”企业战略中的“四化驱动”，已将国际物流作为重要一环，继而不断深挖客户需求，以“一带一路”沿线各国和地区为重点，以中欧铁路运输项目为载体，不断积累国际物流业务经验，助推公司国际化发展战略的实现，将开拓国际市场作为中都物流未来发展的新方向。

（二）推动国际物流行业运输新模式

国际汽车进出口市场的机遇变化，为国际物流运输模式也带来了新的挑战。传统国际物流运输主要以海运为主，以铁路集装箱运输为辅。在汽车物流领域，传统的国际运输模式存在其固有痛点：海运的运输时间长，容易受港口排期以及天气因素的影响，无法保证运输效率；铁路集装箱运输商品车运能较小。此时，专用封闭车厢在国际跨境汽车物流中的使用可行性便成为新的探讨点。

与海运、空运和公路运输等货运方式相比，铁路运输具备低成本、高时效、环保可持续、受天气和交通条件的限制小等优势。同时，已有汽车企业提出要在未来实现汽车制造的“碳中和”，不仅需要大幅降低汽车产品的二氧化碳排放，还需从生产制造

等汽车全生产周期进行减排，物流运输更是其中重要的一环，属于环保供应链的中欧铁路运输将成为车企的优选。

专用封闭车厢运输的出现填补了国际汽车物流单一运输模式的空白，为未来商品车进出口运输模式探索了新方向，为主机厂改善运输结构提供运输新选择。

（三）换位思考，满足客户多样化服务需求

与逐年攀升的商品车进口量一起变化的是客户需求，经销商客户的需求从原来单一追求低成本，变化为需要个性化、多元化服务。单一的低成本已经无法满足客户需求。越来越多的客户追求定制化的物流服务，比如，在指定时间内将商品车运至目的地，在运输过程中提供个性化的服务等。未来这样多样化的客户需求将不断增多，客户对运输时效、运量、运输成本要求也将不断提高。因此新的国际运输模式——专用封闭车厢，是为了迎合客户多样性的需求而产生的。

二、项目主要内容

（一）项目总述

中都物流有限公司（以下简称“中都物流”）看准市场机遇，勇于积极创新尝试，旨在突破现有汽车国际物流运输固有模式的行业痛点，结合国内铁路商品车运输优势经验，探索并使用区别于传统海运、集装箱模式的铁路专用封闭车厢运输模式。2019年中都物流创新性地通过六列封闭式车厢以及四列集装箱的双运输模式，将1484台商品车从德国始运，途径波兰、俄罗斯、立陶宛、白俄罗斯、哈萨克斯坦等7国，最终抵达中国重庆，完成商品车的全段运输、清关及木托盘和绑带返回德国的供应链一体化工作。此项目解决了当时进口商品车海运时效过长所导致的部分新上市车型投放国内市场较慢的问题，满足了客户从欧洲进口商品车的需求。

（二）创新内容

2017年起，中都物流在国内商品车铁路运输业务经验的基础上，提前布局，组建项目团队，制订首个5年项目阶段计划：市场调研，实地考察；前期测试，梳理流程；提升运能，制定标准；开发市场，实现对流；全面推广，形成常态。

1. 市场调研，实地考察

2018年，中都物流与客户就提高单批次、大运量进口商品车运输时效的问题展开探讨。此前客户从德国将商品车进口至中国主要以滚装船海运的方式为主，并少量使用铁路集装箱。客户若选择海运模式，干线运输时间长。而若选择铁路集装箱运输需

经过马拉舍维奇、阿拉山口的换装点，要考虑换装点堵线、拥挤等问题，导致时效无法完全保证。中都物流调研发现，中国和德国使用的是1435mm标准轨，俄罗斯使用的是1520mm宽轨，因轨距不同，列车无法直接通行。所以无论是专用封闭车厢还是集装箱列车都需要找对应的换装点。各国站台如图9－1至图9－4所示。

图9－1　德国站台

图9－2　俄罗斯加里宁格勒站台

图9－3　波兰马拉舍维奇站台

图9－4　中国霍尔果斯站台

在逐一寻找解决不同铁路轨距问题以及商品车的换装方案后，最终确认使用专用封闭车厢运输的方案可行，使用专用封闭车厢跨境运输，可同时解决时效和运量问题。

2. 前期测试，梳理流程

2018年8月，中都物流在客户及合作伙伴的支持下，在全球首次通过专用封闭车厢，测试运输了112台商品车，从德国运至中国重庆，取得了中都物流国际业务的初步成功，验证了新运输模式的安全性、实用性，同时验证了前期调研的专用封闭车厢运输流程的可靠性。

专用封闭车厢运输对比集装箱运输增加了两次不同国家之间的换轨，但中都物流在换装环节上做了创新，此前的换轨方式需要将集装箱从原有铁路封闭专用运输车厢上卸下来，再装到另外轨道的铁路封闭专用运输车厢上，过程需要搭建爬梯。而为了提高转运效率、解决站台的限制问题，将商品车直接从德国车厢装载至俄罗斯车厢，免去落地环节，避免不必要的质损，也为未来商品车换装提供了新的解决方式。

3. 提升运能，制定标准

2019 年 10 月，中都物流再次将 1484 台商品车批量通过专用封闭车厢和集装箱运输模式从德国不来梅哈芬出发，途径波兰、俄罗斯、立陶宛、白俄罗斯、哈萨克斯坦等 7 国，最终抵达中国重庆，完成商品车的全段运输、清关及木托盘和绑带返回德国的供应链一体化工作。运输线路总长约 10810km，平均耗时约 16 天。

（1）运输计划接收与运输模式分配。

中都物流首先和集装箱运输平台公司以及专用封闭车厢运输承运商沟通，了解德国、俄罗斯、中国对应线路的运力情况，发现德国不来梅集装箱运力紧缺，需要从德国杜伊斯堡调取，铁路封闭专用运输车厢运力除了德国起始段运力能满足需求外，俄罗斯和中国霍尔果斯的专用封闭车厢运力需要从全国调运，需要在满足运输需求同时以相对低的成本完成此次运输，因集装箱目前属于一个常规化运输，会有较为稳定的运力，因此首先满负荷使用集装箱运力，余下的容量使用铁路封闭专用运输车厢运输，从全国各地将铁路封闭专用运输车厢运力调运至对应的换装点。

（2）国际运输协调。

中都物流创新性的门到门运输服务涉及国际段运输、在途追踪、仓储、报关报检、仓储倒运、末端运输等各类型业务环节，各环节位于不同的国家，需要协调中、德、俄 3 国企业共同完成。业务模式包含专用封闭车厢和集装箱，运输协调范围覆盖 3 国企业和政府、海关，旨为客户提供柔性化门到门的一体化解决方案，搭建全过程质量管理体系及制定标准，提供灵活的增值服务优化方案。

（3）创新模式构成。

①最优化装载方案。

此次运输计划时间紧、任务重，项目组成员一改以往的模式，将车辆按照等比例尺寸在电脑中进行模拟，避免出现到达换装点无法装载要运回的情况发生，并且可以得到最优的装载方案，如图 9－5 所示。

②质量管理标准。

在中欧铁路运输项目中，由于在封闭专业车厢的运输中，会经历前期在德国不来梅哈芬的装车，以及在俄罗斯加里宁格勒和中国霍尔果斯的换装，其间的操作不规范极有可能造成商品车的划伤、磕碰等质量问题，所以项目组成员为了保障商品车质量，分别前往操作现场监督操作过程。接渡板操作如图 9－6 所示。

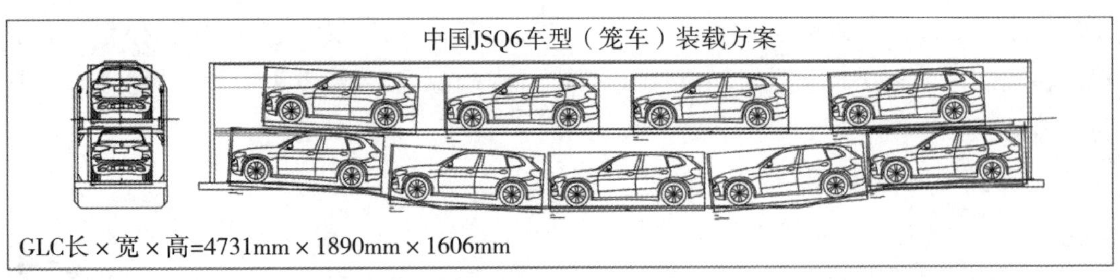

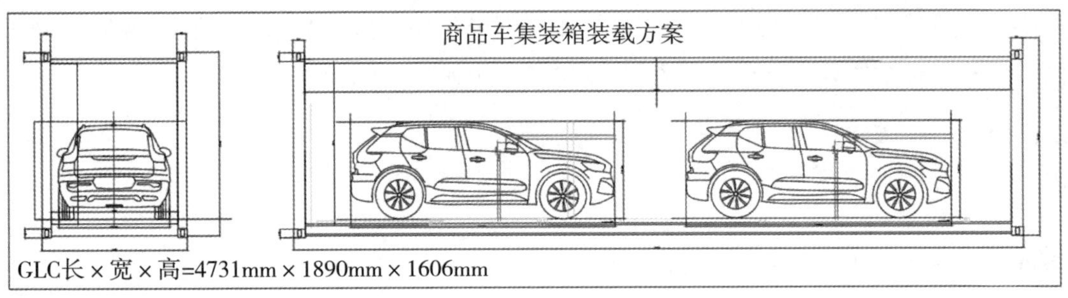

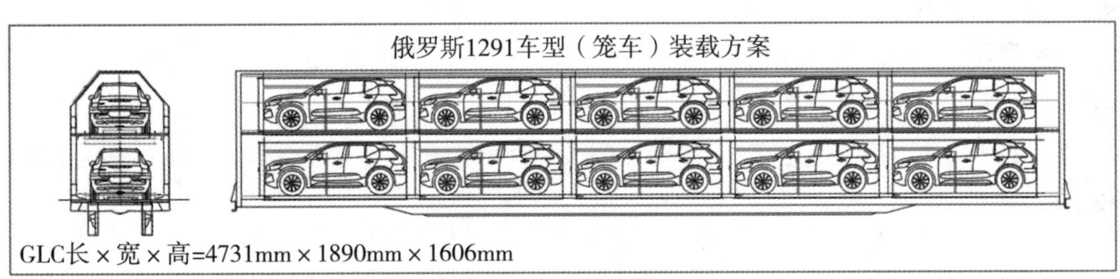

图9-5　最优化装载方案

图9-6　接渡板操作

由于不同国家操作标准不一，操作人员素质参差不齐，且语言不通，对统一操作流程和标准造成很大的困难，所以经过项目组成员与中、德、俄3国公司进行多次沟通以及组织质量管理培训，将中都物流的操作要求和经验进行分享，面向主要沿线国家和合作方推广中英文双语版本“中国标准”和“中都标准”，搭建了完整的质量管理体系。经过数十次的修改和补充，撰写了《人员着装规范指导书》《商品车铁路装载作业指导书》《场地标准规范检查作业指导书》等十余本作业指导书，保证了运输过程的规范性。

③在途追踪。

国际段运输过程中对车辆的安全性监控是重要环节，传统的铁路运输模式为铁路到达某个站点后，该站点记录列车位置信息后上报，因为各个国家的系统不对接，需要经过层层邮件信息传递才能将在途位置信息告知中都物流，环节较多，信息常常无法及时准确地传达。为解决车辆位置监控问题，中都物流采用定位追踪对商品车位置实时监控，同时可以对商品车车内温度、湿度、振动、倾斜度、停留时长进行实时监控。该项目为客户提供完备的全程运输计划，提供运输各环节质量监控管理、每日运输状态跟进。

④报关报检。

中欧铁路运输项目为客户准备全程进出口报关、转关、清关文件，提供全面的应急处理办法，满足客户多维度、个性化业务需求。在商品车清关阶段，由于列车抵达时间间隔较短，数量多，对海关部门工作造成了一定的压力，故中都物流与海关部门经过多次研究、沟通，共同探讨出“前出执法”的创新模式，中都物流与海关部门全程监控商品车转场倒运，有效解决从专用封闭车厢到整车口岸“最后一公里”问题；同时，采取“并批检验”便利化措施，大大缩短通关时长，从报关到放行压缩至 4 小时以内。

⑤整车仓储。

基于此次运输的商品车具有“运量大，到达时间集中”的特点，专门为客户提供专业的仓储管理服务、灵活的仓储场地，与物流园区沟通，可在 CIQ 检测场地暂存商品车，降低了车辆转移过程中的风险。

⑥二次分拨。

此次项目基于中都物流全中国的多基地多网点运力网络，为客户提供全国多基地多网点运力网络，满足客户的车辆末端分拨需求；借助公铁水多式联运为客户物流运输降本增质，提供高效保障。

4. 开发市场，实现对流；全面推广，形成常态

中都物流计划在保持现有国际业务的基础上寻求国内外优质合作伙伴，增加进出口业务量，扩大国际物流业务规模，增强国际物流服务能力，打造多样化的服务。将封闭车厢运输模式全面推广，形成进出口业务对流，拓展运输服务范围，将封闭车厢运输打造成国际运输的常态化运输模式。

三、实施效果

（一）经济效益

与传统集装箱装载 2～3 辆商品车相比，每节专用封闭车厢可放 9～10 辆商品车，每列专用封闭车厢单次装载量最多可达 290 台，是集装箱装载量的 3 倍以上；在运输时效上，从德国不来梅到中国重庆，海运需要 45 天，而专用封闭车厢铁路运输平均只需 16 天。

（二）未来展望

未来，中都物流基于与重庆国际物流枢纽园的良好合作，将洽谈进一步的合作意向，将在金融、国际物流领域开展新合作。建设高端立体 VPC 和 PDI 场地，为客户提供仓储、PDI、维修等配套服务；开展物流金融合作，针对园区大贸车进口需求，提供采购端到消费端的金融服务，同时拉动物流需求；借助重庆当地综合保税区优势，可连同当地海关对商品车提供保税服务；合力打造国际化供应链服务一体化平台。为客户提供集合国际物流、综合仓储物流、报关报检、物流金融等一体化解决方案。就此以重庆作为中都物流国际专用封闭车厢运输业务的孵化站。

在外部市场开拓上，发展“一带一路”沿线城市，拓展成都、西安等中欧班列汇集区域，打造成国际业务新网络。拓展运输内容，由现在的整车运输发展到汽车零部件，甚至普货运输，将专用封闭车厢国际运输变为常态化国际运输模式。

（中都物流有限公司　焦真真、张燕芳、蒋鑫、袁帆、朱超）

第二节　基于区块链技术的长安福特整车物流应用

一、项目背景

当前，全球新一轮科技革命和产业变革方兴未艾，以人工智能、区块链、云计算、大数据等为代表的新一代信息技术不断涌现，并加速向制造业渗透融合。

一直以来长安福特整车物流团队不断探索信息化、新技术在整车物流方面的应用，之前已经成功导入和实施 RFID、GIS 等物联网智能化新技术，实现了提高整车物流操作效率、降低物流成本的目标。探索更多新兴技术应用在整车物流领域并实现降本增效一直是长安福特整车物流团队追求的目标。基于此，长安福特和长安民生等物流服务商一起不断挖掘整车物流存在的痛点，经过双方团队讨论，认为在商品车交接环节和整车运费对账环节还存在诸多改善空间：2020 年之前长安福特在整车交接单据流转方面和大多数企业一样采用纸质单据，而纸质单据存在流转环节多、人工管控成本高、作业效率低、回单周期长、容易丢失等问题。并且主机厂和整车物流承运商对账结费也是凭纸质单据，这样不但结费周期很长，而且单据需要单独整理、核对和存证，整车物流结费环节的隐性成本较高。鉴于纸质运单弊端明显，经过长安福特及长安民生双方充分调研与论证，决定引进区块链技术以及研发商品车交接 App，代替整车物流纸质运单和人工线下对账。

二、项目内容

本项目属于区块链技术在整车物流的实际应用，通过整车物流关键业务数据上链管理，实现物流运输过程中的订单、运单电子化，以及上下游企业在线对账模式，能够有效降低传统纸质单据的成本，提高单据交接效率和整车运费对账效率。

（一）项目目标

通过区块链技术应用项目，实现单据流转无纸化、自动对账，同时通过数据流转积累数字资产，并为后期接入金融服务建设金融体系做准备。项目组充分考虑了平台的扩展性，为后续的链上金融融资提供支撑。

（二）主要业务架构

万向区块链运链盟集合了整车物流各业务相关方，包括汽车主机厂、物流总包商、承运商、4S 店等。为保证目标一致和各方利益，首先需要汽车主机厂、物流总包商、区块链平台提供商相关方签订三方协议，三方协议也确保区块链智能合约的执行。另外，为了保证经销商电子收车真实有效，主机厂与经销商签订了电子用印协议。通过万向区块链运链盟各方的汽车整车物流的关键业务数据上链管理，汽车主机厂和物流总包商在线发布订单和运单；经销商车辆签收数据上链记录，并传输至主机厂、物流总包商和各级承运商。另外，主机厂、物流总包商和各级承运商将作业交接凭证、结算凭证等业务数据记录在线，并实现上下游企业在线双盲对账，如图 9－7 所示。

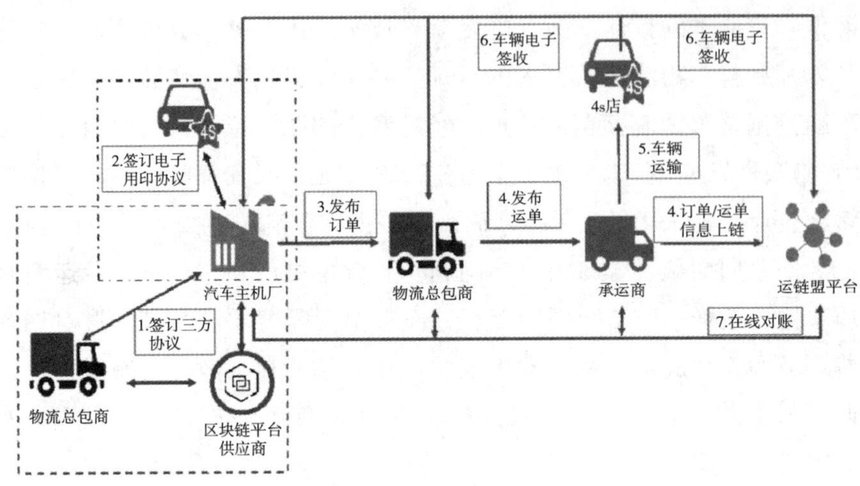

图9-7　整体业务架构

（三）系统平台架构

利用密码学原理，区块链平台生成相关方的公钥和私钥，主机厂和物流总包商等相关方将业务数据通过公钥加密上链，在链上通过私钥解密和核对数据。系统平台架构如图9-8所示。

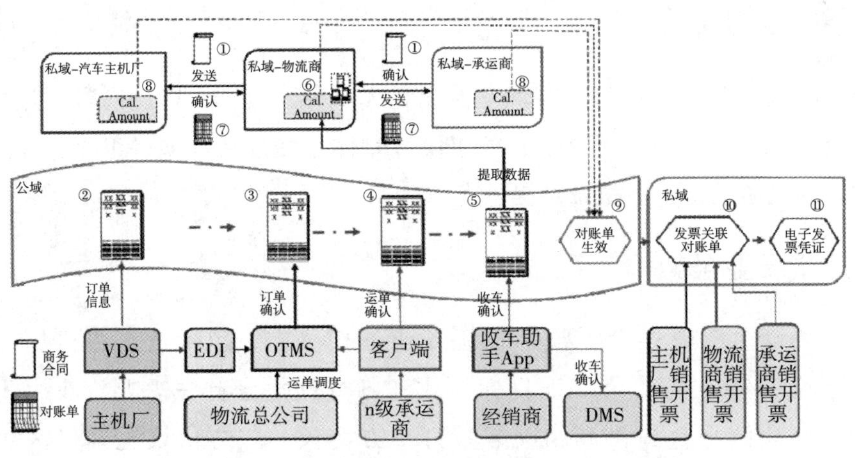

图9-8　系统平台架构

（四）实现功能

万向区块链运链盟实现物流运输过程中的订单、运单电子化，以及上下游企业在线对账模式，有效降低传统纸质单据的成本。其次，业务流程链上管理，上下游企业可实现数据共享，节省多方沟通的时间成本、核查成本，而点对点实时对账核算，使企业边际成本大幅下降。此外，区块链可保障记录数据真实可靠，为所有业务方提供全流程可追溯、穿透式资产确权和验证渠道，减少造假可能性，是企业的有效数字资产。基于不可篡改的电子订单、运单信息及在线应收付账对账数据，可扩展实现在线融资申请功能，为承运商提供高效且成本较低的供应链金融服务。

三、项目收益

项目于2020年正式上线，已经有超过35万台商品车通过区块链平台实现电子交付和线上对账，并将相关整车物流数据上链管理。

（1）替代纸质运单的收益：项目上线后电子运单替代了纸质运单，节省纸质运单成本以及运单回收成本。

（2）效率提升收益：区块链技术应用于长安福特整车物流后，实现了车辆交接、签收到对账核算全程数据跑腿，改变了原来手工一一核对纸质运单的模式，效率提升95%以上，准确率达100%。

（3）价值链资金收益：通过区块链技术实现了“交付即可挂账”，对账周期缩短了至少30天，在整车物流链条上的物流商和承运商减少至少1个月资金成本。

（4）社会效益：电子运单替代纸质运单减少了纸张浪费，满足国家倡导的低碳环保要求，另外，深入贯彻区块链和实体经济深度融合的政策理念，为区块链技术在整车物流领域的落地应用提供示了示范性解决方案。

四、项目创新点

“区块链+整车物流”的创新应用：利用区块链技术的特点，创新性地将其应用到长安福特整车物流领域，对物流由传统的后勤保障职能向基于“互联网+区块链”的创新型物流服务模式转变具有标志性意义，实现了“区块链+整车物流”的深度融合。

技术创新降成本：相较于整车物流增加多式联运或降低采购商务成本这些以牺牲效率或对方利益来降成本的方式，本项目应用技术降成本不仅提高了效率，而且提升了整个价值链的收益，是创新性的降成本方式，实现了多赢效果。

新技术解决信任和法律效力问题：利用区块链技术去中心化、开放性、信息不可伪造和篡改、自治性和智能合约等特点，长安福特整车物流区块链项目向主机厂、第三方物流服务商、承运商、经销商、金融机构开放，各方参与者的计划发布、任务分配、承运人及承运车辆信息、实车在各个物流节点状态、在途位置、经销商收车信息等自动上链实时传输并向链上相关方开放共享。采用区块链技术实现整车物流信息流、实物流流转与交接的确权存证，通过兼顾数据隐私及数据一致性的技术方案解决供应链各方信任问题及法律完备性。

数字资产：区块链技术应用于整车物流领域后，实现了全程数据跑腿，发运信息、签收信息和对账信息均采用电子化加密方式传递并永久存储，并且这些信息不可伪造和篡改，是企业可信任的数字资产，为将来扩展大数据、云计算等应用提供可靠的基础数据。

五、项目对行业的贡献

区块链技术应用于整车物流领域，在全国同行业中长安福特是较早尝试和成功运行的。“区块链＋整车物流”应用的成功经验，可在各品牌整车物流广泛推广使用，以提高整车物流运输环节交接和结算效率，实现电子化交接和线上对账，减少纸质运单和结算人员，降低整车物流成本。

解决了整车物流供应链上主机厂、3PL、承运商、经销商各参与方之间的信任问题，为整个供应链的高效流转，包括实物流转效率、信息传递效率、资金流转效率，同时也为更多新业务场景、新商业模式奠定了基础。

可基于共同的业务场景构建行业性联盟，扩大“朋友圈”，促进全行业供应链协同，打造行业生态，实现降本增效、价值创造。

（长安福特汽车有限公司　庄昌波、向月琴、旷春鹏、徐操、王中煜；重庆长安民生物流股份有限公司　罗族军、彭良浩、周庚；上海万向区块链股份公司　陶颖、沈璐、付柿喜、茅公胤、马晓）

第三节　商品车物流网络货运平台项目

一、项目背景

近年来，商品车物流行业发展面临诸多问题，如个体运输商品车结算和取票难问题。运输经营者因专业性不够、车籍挂靠、车辆联营合伙等原因，无法向商品车物流承运商提供规模运输发票，导致结算难取票难；运输大数据采集难，传统承运商在车辆信息管理和调度工作中，因缺乏技术手段，对实际承运人在途情况，比如装卸货时间地点等数据，无法及时有效采集；信贷难，金融机构普遍缺失承运商业务资金等数据，无法进行真实性认证，导致放贷难；在途监管难，承运商对于实际承运车辆擅自更改行驶线路等行为，无法做到实时监管，造成承运商面临承担额外运输费用的风险；返程空驶率高，承运商空驶率居高不下，返程车配载问题无法解决。

天津长久智运科技有限公司（长久智运）是北京长久物流股份有限公司的全资子公司，致力于成为物流行业数字化、智能化、集约化的互联网科技公司，公司专注于打造“商品车物流网络货运平台”。为解决上述商品车物流行业发展的突出问题，长久智运网络货运平台通过整合大数据资源，向汽车物流承运商提供开放式运力资源调度系统 PaaS（平台即服务）平台。

二、项目内容

通过整合车辆运输轨迹实时位置、流向数据、司机认证数据、车辆认证数据、车辆空满载状态实时数据、运输业务实时数据等大数据资源，向汽车物流承运商企业提供开放式运力资源调度系统 PaaS 服务，为汽车物流承运商提供个体及挂靠运输经营的实时调度，燃油费、路桥费、司机运费预支及结算，回单管理、业务品控等网络货运业务服务。解决行业普遍存在的在途数据采集难、在途车辆监管难、司机运费结算难、货主企业取票难、返程车辆配货难、空驶率高、信贷难等行业痛点问题，实现企业财税合规，推动行业向智慧物流发展并实现物流行业降本增效。

（1）提供实时分油、预付/结算 ETC，并解决司机运费及司机在途无票费用结算问题。本平台与税务总局、银行、交通运输部无车承运监测平台等系统实现联网，通过数据实时报备，实现司机运费业务的在线认证和实时上报，以数据佐证还原真实运输业务场景，并由平台作为担保取票结算。

（2）平台在物联网基础上采集大数据，在大数据的基础上通过财务成本的模型和测算，最后实现智能调度和配载，依托发运资源，助力承运商取得返程车资源。

（3）平台根据承运车辆类型、运输里程、途径公路段收费标准、车货总重量等大数据联网智能计算得出司机行为分析、ETC 价格预算、风险预估等分析结果。

（4）根据承运商在平台的无车承运业务数据，平台联合金融机构可为承运商提供快捷、个性化、低成本的融资服务。

三、项目成果及创新点

（一）实现认证流、轨迹流、现金流等功能

认证流、轨迹流、现金流是网络货运平台的基本价值，也是网络货运平台建设这

几年里逐步夯实的核心能力。通过 PaaS 平台将货物信息、司机认证信息、资金流水单、GPS 轨迹信息等数字化的实时数据传送至监管部门，使税务部门能够通过无车承运大数据，向监管部门申报并取票。解决了平台发运企业委托个体司机发运后的结算及发票抵扣问题，推动了行业无车承运合规化发展。

在认证流方面，注册企业通过“天眼查”系统进行验证。司机身份合法性校验与公安部相关系统对接。运输车辆合规性校验与交通运输部相关系统对接。司机身份、运输合同、包车合同通过人脸识别技术与电子合同技术进行校验及存证。无法通过第三方系统进行数字验证的证照，也全部通过人工查验，符合资质要求的货主、司机才能在平台上运营。

在轨迹流方面，平台通过对国家相关位置服务文件的学习及理解，实现了交通运输部 JT/T 808—2019、JT/T 809—2019 标准协议的支持，运输车辆的轨迹服务商，只要符合标准协议即可接入。除此之外，平台还研发了基于 Web 协议的 JSON 数据格式的轨迹接入，先后接入了 G7 平台轨迹系统、CPS 平台轨迹系统、EXLIVE 平台轨迹系统。完善轨迹接入的同时，平台还研发了 App 轨迹获取功能。通过司机的 App 与车辆轨迹的拟合，确认运输业务的真实性，符合管理部门的要求。

在现金流方面，平台完成了与银行之间的银企直联。通过银行的银企直联功能进行油品采购、路桥费用支付、司途费支付。通过现金流向佐证业务的真实性。

PaaS 平台对接了资金流（银行、信贷公司、支付企业等）、轨迹流（GPS 服务商）、业务流（上下游企业）、认证流（交通、税务部门），打通了企业与政府管理部门、上下游企业与金融机构的隔断，建立起了信息、数据、流通的桥梁。真正实现商流、物流、资金流和信息流的高度集成，解决数据采集难问题。通过大数据分析技术，做到信息透明、全程管控，同时大数据结果同步金融机构，大大提高金融机构的审贷效率，降低物流金融信贷风险。真正解决承运商融资难等行业痛点问题。

（二）载货状态感知、智能车货匹配

随着平台的发展，对业务智能化的要求越来越高。车辆在途状态的信息收集变得尤为重要。因此开发了载货状态感知器，通过在商品车运输车的载货区域安装探头，以“物联网 + 云计算 + 大数据”的技术手段，为网络货运平台实现司机运费自动结算、自动报税、智能调度、智能车货匹配建立了业务数据感知基础。在商品车运输车上安装传感器，实时感知商品车装卸状态发生变化的时间、地点（GPS 提供），通过车载 GPS 设备透传到网络货运平台，对商品车发运的时间、交付的时间、发运的地点、交付的地点、往返运输空载率等形成了在途大数据监管模型。利用物联网大数据技术实现运输数据全程透明化、数字化、可视化。智能运输车示意如图 9 – 9 所示。

以此为基础，天津长久智运网络货运平台创建了空载运力池。同时根据货主派发的运单创建了运单池。根据运单、车辆的起运地和目的地，将车辆与运单进行智能匹配。货主在零散发运时，可通过“返程车小程序”功能选择运单同流向的有空载运力的车辆进行发运。货主可以降低发运成本，而司机可以降低空载率。利用平台返程资源，向中小承运商提供既定规则的资源匹配服务，形成业务批量化、碎片化的智能配载和运力对流，降本增效，提高承运商和司机的经济效益，有效提高装载率、降低空驶率。

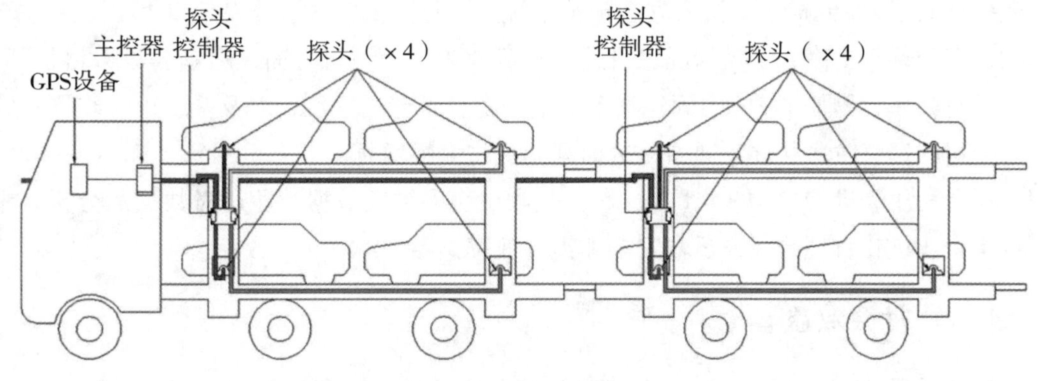

图9－9　智能运输车示意

（三）驾驶安全预警系统的接入

精准建立车辆在途监管模型，包括ETC异常报警、油品异常报警、驾驶行为异常报警、防刮顶报警等监管工具，在实时监管和稽查各类非正常运输行为和驾驶行为的基础上，为保证运输过程安全性，解决监管难问题，接入驾驶安全预警系统。

采用智能视频分析技术对驾驶员进行人脸检测和人眼检测分析，以判定被检测人员的疲劳程度，并根据设定的规则进行疲劳报警和警示。车辆行驶过程中，通过内外双摄分别监控司机和前方道路，全天候监测驾驶员的疲劳状态、驾驶行为等。

驾驶安全预警系统，主要由疲劳检测专用摄像机、外部摄像机和疲劳检测终端主机组成，通过安装在驾驶仪表台上的摄像机直接拍摄驾驶员的脸部，并准确定位驾驶员的眼睛，系统将自动判定和分析人眼的闭合状态和闭合的频率、驾驶员的脸部朝向，同时结合当前车辆行驶的速度，并根据设定好的检测逻辑规则，以多种参数为分析依据来判断驾驶员的疲劳状态。例如，当处于某个车速、眼睛闭合时长达到报警值时，或是驾驶员脸部超过一定时间没有朝向正前（如低头3秒）的情况出现，系统将自动发出报警声音，提示驾驶员误操作和疲劳驾驶；当情况严重时，系统还将通过网络将报警信息通知后台监控中心，由人工干预的方式实现对驾驶员进行监督。

四、项目价值

（一）经济效益

在项目投入运行后，注册货主企业通过网络货运平台政策，获取税率为9%的增值税专用发票，降低了2%~4%的税费成本。利用智能车货匹配，为货主企业的零散发运业务降低了5%的成本。接入安全预警系统后，将降低安全事故发生率40%，货主企业收入有望逐年提高，空驶情况也将逐步得到改善。而司机方面，运输公里数增加了，降低了空驶率，增加了5%的额外收入。未来随着平台运行稳定以及系统进一步优化完善，公司的销售收入会逐年递增，进而利润也将大幅增长。

平台利用先进的“AI+IoT”技术，获取在途多维度数据，通过对数据的分析，帮助货主企业优化管理，保证运输安全和提升效率。

（二）社会效益

平台通过ADAS智能硬件识别前向碰撞、车道偏离、车距过近、行人碰撞等不安全因素并对司机进行提醒，利用DSM智能硬件及AI模式判断，能够及时识别司机的不安全驾驶行为，并及时提醒管理人员进行干预和处理，保障了整个货运过程安全，有效降低物流成本。平台将货物、司机以及车辆驾驶情况等信息高效地结合利用起来，提高运输效率、降低货物损耗、清楚地了解运输过程中的一切情况，极大地降低安全事故发生率，对于物流运输安全具有非常重要的意义，进而推动汽车物流产业持续、快速、稳定、健康发展。

（三）平台对传统物流的改造及创新模式的影响

助力数字化监管转型：对拟入驻平台承运商的个体/挂靠车辆信息进行严格审核，确保实际承运车辆的车况良好、手续齐全、无重大安全隐患、安全设施齐备等，保证个体/挂靠车辆上传至平台的信息真实有效。通过平台数据收集，上述信息将上传至交通运输部，形成认证流，最终确保平台发出的运单、上下游认证信息和最终所产生的业务流数据真实有效。从而加强了对实际承运司机的管控，提高承运商管理效率。

提升信用监管：平台对运输全程实时监管，可对订单状态、车辆轨迹、车辆配载情况，燃油费、路桥费的支出状况及司机运费进行全程监管。同时，平台实现与监管平台对接，便于政府部门对承运商进行监管。

建立行为画像，增加评价体系：平台基于大数据构建了无车承运人司机画像和诚信服务评价体系，承运服务结束后，系统通过对实际承运人的线路熟悉度、安全驾驶行为、历史质损数据、从业年限等的数据采集，形成司机画像大数据。有利于提升承运商对司机的有效管控，提升承运商的运输服务质量。

（北京长久物流股份有限公司　唐真）

第四节　智能化车货匹配平台，助力汽车高效流通

一、项目背景

近年来，随着汽车新零售的变革、电商的崛起、二手车市场的壮大、销售渠道的下沉、个人运车需求的出现，即时性托运和散车托运的数量逐年成倍增长。但散车即时托运具有订单随时产生、货源零散、数量不定、起始地和目的地随机等特点，为运力的准备带来了极大的挑战。运力匹配困难，导致发车用户需要多方寻找物流公司询价议价，耗费大量时间成本。

大多数的传统汽车物流企业，以主机厂的专线运输为主要业务，面对即时性发运和散车托运服务有很大的局限性，用户运车需求难以和传统轿车托运的规模化运输相匹配。在传统轿车托运行业，因货源与运力的非集中化和信息不对称，且缺少有效的组织和规划，返程空载、长时间等货的情况频繁发生，导致运输效率低下，运输成本居高不下。

二、项目主要内容

针对整车即时发运市场中订单零散和随机的难题，北京运车网网络科技有限公司（以下简称“运车管家”）一方面采用平台化对接模式，整合全国优质运力资源，集合海量货源，打造了一个连接人、货、车三个维度的数据平台；另一方面基于大数据、云计算技术，搭建智能化车货匹配平台，通过大数据算法，实现订单分拆合并、线路规划、自动报价，助力发车人和承运物流快速完成匹配。

（一）平台化聚合海量车货信息

运车管家采用平台化运营模式，整合社会各类轿运车运力资源，完成强大运力储备，构建覆盖全国的干支线及门到门物流运输网络。在货源层面，运车管家通过发车

App、发车 H5、支付宝小程序、大客户平台对接系统等用户终端，实时采集用户订单数据，聚合海量货源信息。

为确保承运人真实可靠，运车管家建立了严格的物流注册审核机制和在线审核流程，平台上的物流企业都经过企业资质、司机、车辆及运输线路等层层审核，并通过系统及人工双重检验，符合运车管家承运标准的才能成为运车管家承运商。在日常运营中，针对物流服务、时效等建立用户评分系统，结合平台考核制度，定期对承运商进行综合考核，从而保障承运物流的服务质量。

（二）智能化车货快速匹配

为解决车货匹配的效率问题，运车管家自主研发智能化车货匹配系统（见图 9－10），提供订单拆分合并、线路规划及存储优化等算法，通过线路数据库组合运单，依据路径、时效与成本模型，为用户规划最优运输方案，结合全网运力的发运计划、运输能力，智能科学分配运输任务。

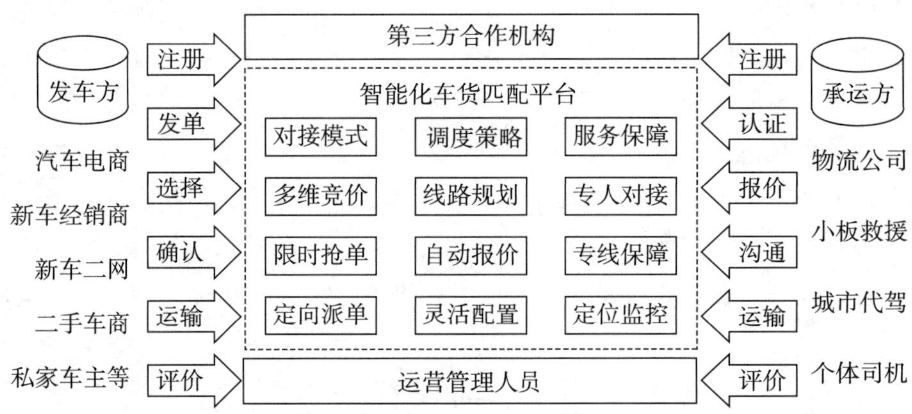

图 9－10　智能化车货匹配系统

平台提供竞价、抢单、派单三种交互模式，满足用户多样化需求，利用专线数据、历史数据等大数据库，结合多种匹配算法，快速智能匹配全网运力资源，实现秒速出价、多家物流报价，极大缩短了报价响应时间。发车用户可根据需求自主选择物流和报价，点击接受报价并支付预付款，即可成单发运，极大提高车货匹配效率，降低用户成本。

（三）应用推广情况

截至目前，运车管家已整合 3000 多家物流企业和 40000 多名司机，月承运能力突破 15 万台，车辆托运业务覆盖全国 2200 多个市县，年运量突破 35 万台。运车管家平台用户注册量超过 15 万，入驻支付宝、大风车等流量入口，客户涵盖汽车电商、金融机构、主机厂、新车经销商、新车二网、二手车商、个人车主等。同时，运车管家凭借自身平台的规范化运营、专业化运作以及强大技术研发能力，正式通过政府部门的严格审核，成为北京市第一家获得“网络货运”牌照的企业。

三、项目创新点

（一）智能化车货匹配平台

运车管家基于大数据、云计算等先进技术，自主研发智能化车货匹配平台，在汽车物流行业创造性利用专线、历史数据等大数据和自有匹配策略算法，结合物流竞价、抢单等多种交互模式，实现秒速自动报价和多家物流报价。报价时效由原来的 30 分钟提升到秒级，大幅度缩短客户等待时间，提升用户体验，帮助发车人和承运商快速完成匹配，提高汽车流通效率。

（二）交易模式创新

行业首推一口价抢单交易模式，用户发布一口价货源信息后，通过车货匹配平台大数据算法，规划最优运输方案并推荐给多家最优匹配承运商，承运商抢单后即可成单发运。此举一方面为有预期价格的发车用户免去了烦琐的询价议价等环节，节约用户时间成本；另一方面加速车货匹配，帮助物流承运人快速成单。

（三）平台化运营模式

在汽车物流行业率先采用平台化运营模式，整合社会各类轿运车运力资源，集合新车经销商、二手车商、私家车主等的丰富货源，打造了一个连接人、货、车三个维度的数据平台。通过智能化车货匹配系统，快速匹配全网运力，为发车人提供高效优质物流服务的同时，也为承运商带来稳定可靠的货源渠道，解决传统汽车整车物流行业运力空载、空闲，以及用户长时间找车等问题，降低运输成本，打造多方共赢的商业模式。

四、项目社会效益

（一）大幅提升车货匹配效率和行业资源利用率

通过智能化车货平台，车货匹配时间最大限度缩短达到秒级，原本分散在全国各地的轿车托运物流、小板救援、城市代驾公司、个体司机等产业链上下游承运商被平台整合并精准配置用户需求，解决传统汽车整车物流行业运力空载、空闲，以及用户长时间找车等问题，大幅提升资源利用率和汽车流通效率，降低行业运输成本。

（二）降低客户成本，平台模式去掉中间环节

发车用户可以通过平台找到满足自己运输需求的物流公司或司机，并且自主选择合适的运输价格，无须花费大量精力和时间比价议价，降低客户时间成本。去掉不必要的中间环节后，供需双方交互更直接，价格更透明，用户自主性更强。

（三）供需预测提前调配，缓解高峰期运力压力

为应对“6·18”“双十一”等托运高峰期运力需求的瞬时暴增，运车管家通过对全国各地消费者购车趋势的大数据分析，对销量、车型、区域、线路做到精准预测，提前对平台运力进行调配和准备。同时，通过智能化匹配和运力、线路的提前锁定，活动期间车、货匹配时间能达到秒级，缓解高峰期运力压力，全面保障运输时效。

（北京运车网网络科技有限公司）

第五节　整车仓储全局数字化升级

上汽通用汽车有限公司成立于1997年6月12日，由上海汽车集团股份有限公司、通用汽车公司共同出资组建而成。目前拥有浦东金桥、烟台东岳、沈阳北盛和武汉分公司四大生产基地，共八个整车生产厂、四个动力总成厂，是中国汽车工业的重要领军企业之一。坚持“以客户为中心、以市场为导向”的经营理念，上汽通用汽车不断打造优质的产品和服务，目前已拥有别克、雪佛兰、凯迪拉克三大品牌，二十多个系列的产品阵容，覆盖了从高端豪华车到经济型轿车各梯度市场，以及MPV、SUV、混合动力和电动车等细分市场。

一、项目背景

近年来，受内外部多重因素影响，尤其是2020年新冠肺炎疫情的暴发，国内宏观经济承压，居民收入增速有所放缓，消费动力明显不足，导致汽车消费持续疲软，国内汽车市场走势持续低迷，行业整体不断下行，同时，劳动力成本的不断上升、土地

资源的稀缺、租赁价格不断提高等各种内外因素，都导致物流成本的大幅提高。汽车行业与物流行业都面临着高转型压力，市场需求与产品服务供给需要做到更精准、更快速的对接，对制造、供应链及物流提出了更高的要求。另外，互联网时代迅猛崛起的行业新贵、新技术在各个领域的应用，以及社会物流的蓬勃发展，也使得公司面临着跨界竞争的威胁。

与此同时，在技术快速迭代升级的外部大环境下，在工业互联网、工业4.0及“中国制造2025”的新浪潮下，物联网、大数据、算法建模、人工智能等先进技术不断发展成熟，新的自动化生产设备及数字化信息技术的不断升级涌现，汽车行业物流在业务模式相对稳定的情况下，传统的精益体系导入及深化改进对企业的生产及物流管理、运行效率和经济效益的改善成效逐年趋缓、收效甚微。目前的物流体系已经达到了一个瓶颈期，若不及时寻求突破性的业务发展，就会陷入故步自封、被竞争对手逐步取代的局面。如何突破传统体系这个瓶颈，除了精益化管理，更需要通过模式变革、技术创新作为工具，提升物流管理新能级，在车市严冬和汽车行业物流成本增长的重重压力下，挖掘出新的可能。

近年来，整车仓储环节全局数字化改造将管理逐步细化，由面及线，由线及点，全面提升运作效率与管理能级。通过搭建数字化系统平台，对整车运输需求进行全面集成整合与分级管理，实现整车需求与运输资源的完美对接，为运行决策提供智能辅助支持，为全面降低整车运输成本奠定了坚实的基础。

二、项目主要应用技术

（一）RTK高精度地图系统

将仓储位置采集转化为全数字地图，建立智能管理的基础。

基于RTK高精度地图及定位系统推动AGV自动驳运：GPS基准站与AGV上的移动站通过卫星实现位置信息的实时修正，导航精度可以达到5cm以内，实现AGV精准定位、高效地自动驳运。

（二）双层机械立体库

随着仓储需求的增加与土地资源稀缺的矛盾日益显著，长期存在外借库容需求，且外借库地理位置分散、短驳成本高、质损率较高，而二层立体停车设备，采用简易双柱式设计，使用电机控制托盘，将车辆举升至上层，从而提升仓库的土地利用率，提升库内运作效率。该停车设备具有运作效率高、节省土地资源的特点，可以大幅降低短驳费用及质损风险，且属于设备，施工简单快速，可拆卸，不涉及消防验收，方便部署，近年来在各主机厂 VDC 仓库中已有多个使用案例，如图 9－11 所示。

图 9－11　双层机械立体库

（三）集装箱立体库

利用集装箱堆垛提高存储空间利用率，通过平面式改立体式，改变整车存储方式，提高土地资源利用率，优化备库成本，实现仓库自动化存储；并采用自动化替代人工，推动自动化场景下物流模式变革、技术创新，对接智能化转型，提升仓库运作效率，降低质量风险；同时利用集装箱的可移动性，可实现立体库设备全国调配、整体仓库统筹使用，将传统固有式改为可移动式，改变平面场地库容资源不可转移的现状，灵活调配全国各 VDC/VSC 库容，削峰填谷，解决由于库存不均衡导致的库容资源短缺及浪费问题，为中长期的决策提供保障，大幅提高仓库利用率。

（四）无人机盘点项目

随着盘点工作效率和准确度要求的不断提高，使用无人机进行整车盘点的需求逐步迫切，车辆在库内管理过程中已普遍使用 RFID 技术，使用无人机安装 RFID 读取器进行整车盘点技术上进入可实施阶段。在 VDC/VSC 整车仓库使用无人机携带 RFID 读取器对在库整车进行盘点，实现无人工干预的整车库存静态盘点，提高盘点准确性，并通过 RTK 高清地图精准自动规划飞行器飞行线路，实时传输商品车精确库位，大幅提高盘点效率。无人机可在仓库内根据设定线路及高度飞行扫描，日常盘点及找车工作也可以使用无人机进行，并且年度盘点时可使用无人机替代人员出差进行人工盘点，并自动识别资产类别，降低盘点数据分析难度，使盘点工作智能化、精准化，如图 9－12 所示。

图 9－12　无人机盘点

（五）智能穿戴设备项目

整车仓储管理作为传统劳动密集型工作，以人工操作的运作模式为主，信息传递方式比较落后，仓储管理中自动化、智能化技术应用较少，实施难度和投入大，风险高。近年来通过实施 RFID 信息采集、RTK 数字地图、整车驳运 AGV、无人机盘点、两层机械立体库等智能化项目，逐步向智能化、自动化的新型仓库运作模式转型。通过人员穿戴手持设备，实时进行精准定位并进行信息交互，实现仓库人员行动轨迹数字化，智能任务下达、监控及优化仓库管理，为仓库智能化突破最后一个人工瓶颈，对全面打通仓库内操作、全面数字化提供了强有力的技术支持。

通过 RFID 技术绑定商品车与智能穿戴设备，然后使用 RTK 定位技术等数字化技术，精准定位库内运作人员实时位置，跟踪人员及车辆行驶轨迹，通过定位，可将人员工作数字化，为实现智能分配奠定了数据基础；自动规划行驶及行走路线，智能分配并推送短驳任务，大幅减少人员的无效走动，实现库内短驳路线最短、效率最优，同时，对于场内人员测速，实时监控报警，可以起到强有力的管控作用；通过整车库内运作的数字化实现，结合运作效率的统计与分析，挖掘潜在改进机会。

（六）轿运车进出库智能识别系统

轿运车进出库智能识别系统通过人脸识别技术，结合车牌识别技术，在司机驾驶板车进入场地时，语音智能指导操作，优化原有人工纸张记录作业流程，并进行信息实时交互与判断，给出是否抬杆放行的语音指导，并记录入库时间，作为排道依据，同时在车辆出场时，自动判断是否可以放行，并记录出库时间，大幅提升进出场地运作效率。

车辆入库及出库时间精准电子化统计与分析，对分析车辆驻场时间较长原因及后续优化提供了数据支持；板车进出场时间电子化统计后，可通过报表统计对各车队驻场时间进行排名分析，优化装卸操作并进行车队绩效考核，找出用时较长车队并进行分析整改，提高整体装卸效率。通过分析装卸时间超过 3 小时的车辆，得出板车在库时间较长主要是由于商品车质量问题等待换车造成的延误，经过进一步分析质损换车流程及执行过程，优化上报质损信息方式，缩短从发现质损到换车发运的时间，实现换车过程的优化，最终缩短装车时间。

通过轿运车进出库智能识别系统的应用（见图 9 - 13），关注重点车型、车队运行状态，寻找潜在优化点，以及深入分析装卸时间较长车辆问题，改进换车流程及验车、板车整理步骤，优化作业时间，将整体装车时间由 3 小时优化至 2. 5 小时。在优化板车装卸时间的基础上，进一步优化发运场地面积，减少发运道位数，各基地 VDC 可进一步利用优化道位，提高库容利用率。

板车进入 VDC 到完成装卸后出场，由人工统计入场及出场时间的方式改为智能自动化统计分析入场及出场时间，为仓库智能化突破人工效率瓶颈，对打通仓库内操作全面数字化提供了强有力的技术支持。

图 9 - 13　智能识别系统

（七）库位分配逻辑智能优化

上汽通用汽车有限公司武汉分公司在生产基地建有 51 万平方米的大型商品车停车场，受产销计划调整、市场销售波动、运输计划安排等因素的影响，在库商品车的库存量、不同车型和配置的商品车在库时间等仓储数据在一定周期内存在较大的差异。

WMS库位分配逻辑主要是按生产日期、空余库位随机分配，与商品车快、慢流属性无关联，且下线一次性分配为固定库位，后续无设定条件触发库位调整。

上汽通用对于在库商品车的质量管控有详细、全面的标准，要求在一定时间内进行外观清洗、轮胎充气等商品车质量维护工作，这些工作需要将商品车从库位行驶到PDI车间，但也因此需要大量短驳驾驶员，而且会使商品车的里程数上升。通过对各车型、配置、颜色商品车的在库时间大数据分析，研究商品车库龄与仓库分配的逻辑关系，在WMS系统中对于下线商品车定义为快流车、慢流车的不同属性，按生产日期集中分配库位，后续WMS根据各车型的快慢流历史数据，并分析时间段内的趋势、变化，从而及时调整WMS系统分配库位逻辑，将不同属性的商品车以PDI车间为中心，由远及近地设置集中停放，并根据每台商品车的库龄增长情况，在质量维护时分配新库位，逐步靠近PDI车间新库位，实现库位与库龄的实时联动调整，提升商品车车库的运作效率，从而达到提升人员效率和降低单位周期内商品车里程数的目标。

根据测算，以上汽通用武汉分公司商品车车库计算，本次项目的实施可提高人员效率，节省燃油费用，同时随着商品车在库时间的增加，每增加一个维护周期，同比例减少商品车里程，可有效提升交车至经销商时的满意度。上线实施成功后，将推广至上汽通用所有基地VDC。库龄大数据分析和库位分配系统算法逻辑可适用于各品牌主机厂。

三、实施效果

通过整车仓储全局数字化升级的搭建与应用，主要取得以下阶段性效益及成果。

（一）经济效益

在整车物流自动化、数字化、智能化应用方面，提升盘点效率、提高机械立体库利用率、优化库内操作、降低人员费用。

（二）社会效益

1. 引领产业链整体发展

上汽通用充分发挥了汽车行业的龙头作用，携手经销商、物流服务提供商等共同探索和实践整车物流数字化、智能化管理，引领产业链的整体发展；拉动整个汽车产业链向数字化、智能化转型发展，应用前瞻技术实现各领域资源最大化利用，以绿色、低碳、循环发展的物流运作新模式，持续推进物流环节中的节能减排和资源循环利用，引领绿色物流发展趋势。

2. **培养国家先进制造业/先进服务业人才**

上汽通用与全国部分重点高校就物流数字化管理开展全面战略合作，依托各级政府和集团公司的指导，一方面利用高校的学术资源，对上汽通用数字化物流前瞻技术的研究和应用进行集中攻关；另一方面，支持高校开展智能制造、物流管理等相关应用学科体系建设，建立人才培训基地，树立校企合作的成功典范，加速培养一批跨学科、复合型、具有实际操作技能的国家先进制造业/先进服务业的相关人才，为国家制造业产业转型和升级发展提供坚实的人才输送保障。

3. **推进行业标准建立**

积极主动参与国家智能制造成熟度落地的相关研讨，为智能物流管理相关部分的标准规范研究与制定提供相关意见；同时，作为国内汽车制造行业的领先企业，开展数字化、智能化物流管理应用试点示范，形成一批可复制、可推广的物流数字化管理新模式和新机制案例，为国家智能制造/智能物流的推进贡献力量。

（上汽通用汽车有限公司　倪斌、马尔杰、金汇龙、王斌）

第六节　RPA 数字员工跨信息系统移动数据对接平台

随着近年来汽车产销量的快速增长，整车物流服务的需求量也快速增加。久海纳（北京）物流有限公司（以下简称“久海纳”），在整车物流行业中开始逐渐壮大，拥有完善的物流、仓储服务体系。

一、项目背景

在整车物流过程中，线下实操人员需要面对不同的主机厂品牌类别，实时登录各类上级单位的物流管理平台系统，通过邮件、平台下载等方式获悉运输订单。各办事处对物流计划需要整合数据信息，再导入久海纳 TIS 物流管理系统平台。该管理方式存在效率低、出错率高、Excel 模板导入烦琐、占用各办事处员工大量时间等诸多问题。久海纳携手北京牛卡福网络科技有限公司，采用“RPA + AI”技术，在不依赖系统 API 接口的条件下，模拟手工，完成多系统之间的 EDI 建设，以及跨越系统内外网分离的壁垒，达到随存随取的目标。“RPA 数字员工跨信息系统移动数据对接平台”作为新型的 RPA 云服务，充分考虑物流领域的发展形态，无须用户软硬件的投入，后台 RPA 智能运行，根据品牌实际发生数量占比，灵活调配品牌轮询，获悉间隔次数以及优先级、品牌计划信息执行情况，整理成人工易阅模式的统计报表，按批次实时录入久海纳 TIS 物流管理系统平台，并将录入结果通过微信平台、手机信息等方式通知实操人员录入结果和异常。操作流程如图 9－14 所示。

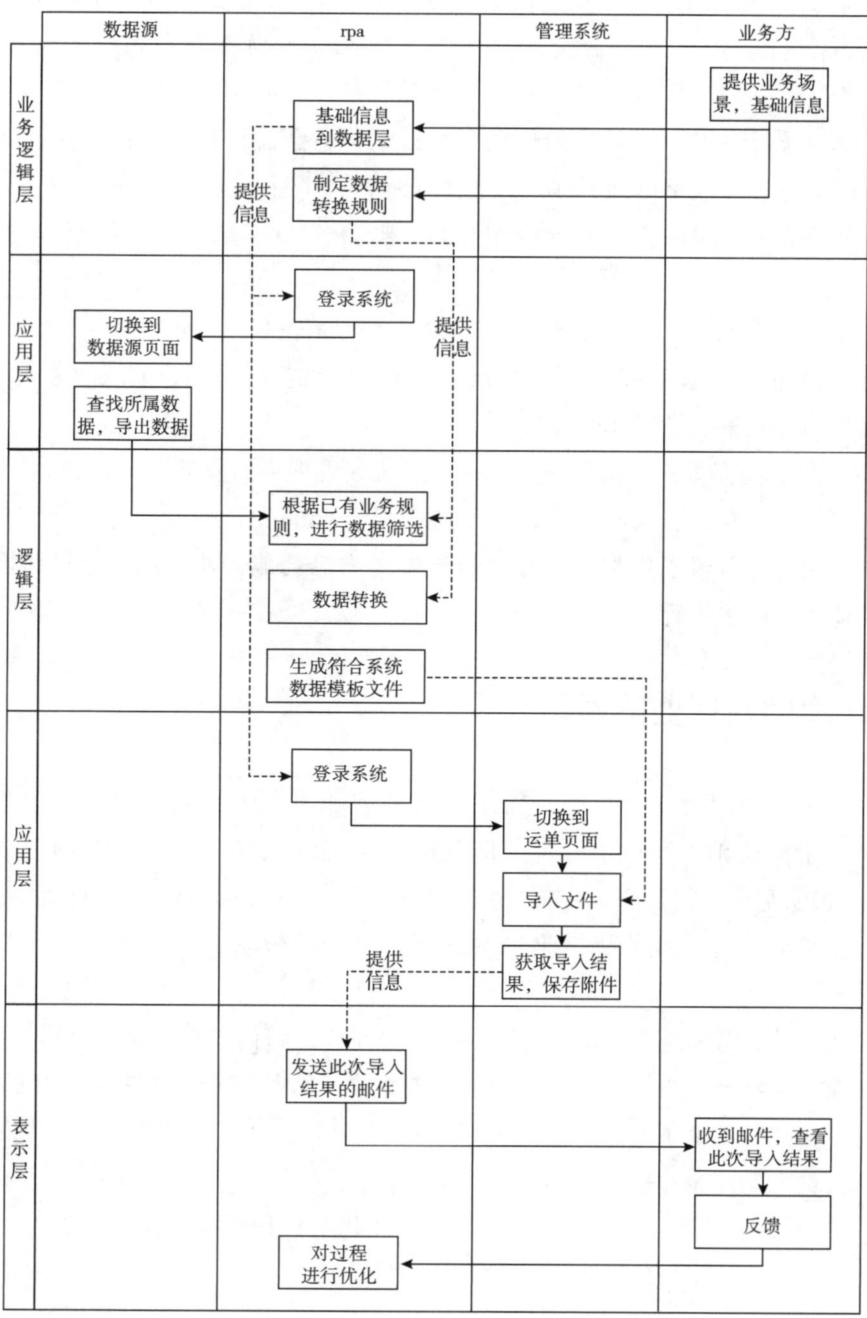

图 9－14　操作流程

二、项目创新点

（1）系统对接智能化：打破传统的IT项目建设，不再依赖系统之间的API接口，起到系统之间断点续传、EDI信息交互的作用，该流程自动化处理功能均通过在云端的流程自动化智能平台实现，对于久海纳TIS物流管理系统平台没有任何影响。

（2）人员效率优化：一站式的信息采集自动化，全流程自动化的引用，减少了人员的操作时间，工作效率得到了提升，业务流程得到了优化。

（3）业务流程成熟：采用智能协作方案，当业务数据增加时，以负载均衡的方式吞吐业务。

（4）时效性提升：协助各办事处在整车运单管理等多个流程上提升，每天编辑Excel模板导入的工时节省2~3小时，更贴近业务人员的实操习性，缩减业务人员的繁杂工作，切身体会到重复性工作的锐减。

（5）安全性能完善：在信息采集时保证了流程管理中的业务安全性和数据的安全，并对用户采用身份验证和权限控制，为系统提供全面的安全防御措施。有完善易查的日志功能，同时也保留了异常提示、关键步骤录屏等功能，便于进行审计跟踪非法操作，以及业务问题追查等。

三、项目对行业的贡献

上游计划流转问题一直是困扰轿运行业的问题，众多企业设置办事处管理人员专注于解决上游运单下发后下游企业能及时、准确地更新状态，RPA的上线让轿运车企业管理更高效，为业务人员减少重复工作时间、角色的转换，为企业带来立竿见影的降本增效、管理规范化、业务人员能力提升的效果，为行业带来信息化建设的创新。

项目实施后，久海纳TIS物流管理系统不仅完成了跨信息系统移动数据对接平台建设，更加深了与物流网络内各合作伙伴之间的配合，为物流行业带来智能化的新体验，为物流信息化建设奠定了基础。同时也是轿运物流企业向科技物流企业转化的成功样本，让科技助力物流企业成为现实。

（久海纳（北京）物流有限公司　范青伟、王维）

第七节 整车物流智慧盘点

一、项目背景

华通汽车物流从事整车物流行业十余年，一直致力于打造“中国供应链定制服务商”，围绕“质量、成本、体系、创新”的八字方针，通过内、外循环不断提升服务意识和质量，不断让客户满意惊喜。华通汽车物流作为行业内整车仓储具有代表性的企业，在创新的道路上结合客户需求和自身业务发展需求不断地实现自我突破和持续创新。

整车行业每个月及年每年度都需要对在库商品车进行盘点，以确保客户的商品车存放在库区的准确性，华通汽车物流沈阳库区共计占地面积 26 万平方米，最大库存能力达到 11000 台，每个月都需要人工进行盘点，盘点耗时、耗力，且经常出现错误。盘点中存在众多难点，如何能够提高盘点的准确性？如何能够实现自动盘点，减少员工在户外辛苦盘点？如何能够实现盘点的高效？针对以上难点，库区管理层经过多次讨论和头脑风暴，决定结合库区现有的 RFID 技术，对库区作业的短驳车进行技术改造，并通过公司信息部门自主开发小程序，最终实现库区盘点的自动化。

二、项目内容介绍

整车仓储在运营期间均需要对在库商品车进行定期盘点，核对实物与系统是否一致。传统的商品车盘点基本是利用纸质单据或手持终端进行，盘点流程：手持终端扫描车架号—车架号信息生成电子表格—盘点车架号与系统内车架号匹配核对—生成盘点报告。

华通汽车物流仅沈阳仓库按照客户要求每月需要进行一次盘点和年终盘点，沈阳仓库共计可存储商品车 11000 台，仓储面积 26 万平方米，每次盘点需要 8 ~ 12 名操作员盘点至少 3 小时完成，另一名数据员辅助最终输出盘点报告需要 4 小时左右，人工盘点浪费时间且经常发生盘点错误，盘点错误后的复盘更是浪费人力和时间。

仓储操作过程中使用电瓶车（短驳车）接送员工进行作业，需要对电瓶车进行改造，具体改造如下。

在电瓶车上安装 RFID 采集器；在电瓶车内安装 10 寸工业平板电脑（接收盘点数

据）。采集天线和移动平板都是通过电池供电，不需要外部供电设备。华通汽车物流沈阳仓库接收客户下线商品车入库前在主机厂已经实现 RFID 标签（标签存放在商品车前风挡循环使用）与车架号绑定。

智慧盘点具体流程如下（见图 9－15）。

盘点员驾驶安装 RFID 采集器的作业短驳车，按照库区驾驶路线行驶并沿途采集商品车内 RFID 标签（RFID 标签与商品车已绑定），采集器采集的 RFID 信息通过蓝牙传输方式传输到车内的工业平板电脑内，然后通过自主开发的 App 小程序将采集的 RFID 信息转化为商品车信息，同时通过无线网络传输到 WMS 系统中，WMS 系统与采集到的商品车数据进行比对，自动生成盘点差异。

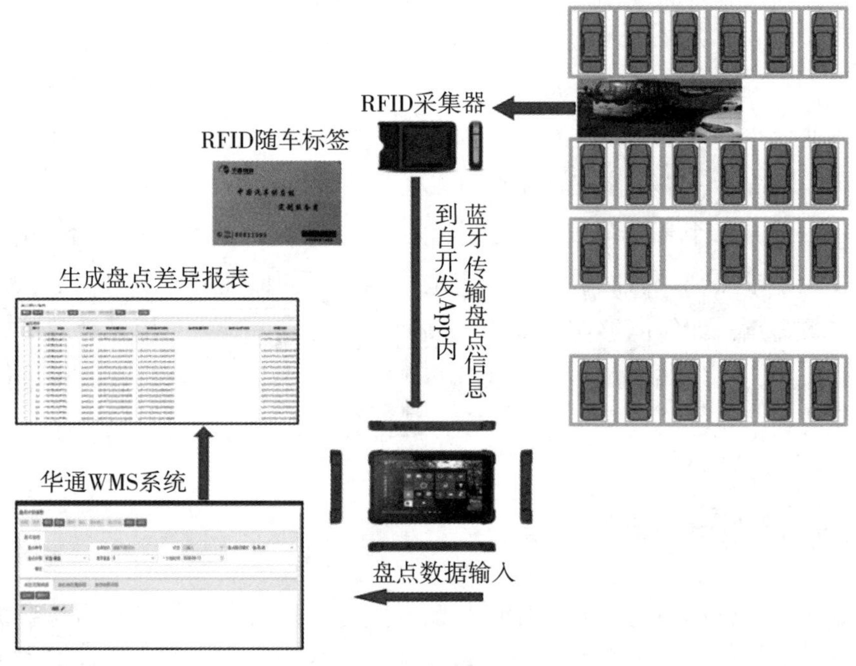

图 9－15　智慧盘点流程

智慧盘点不受人员影响，不受天气影响，可做到随机静态盘点，与之前盘点对比，每次可节省盘点人员 8～12 人，节省 1 名数据员，每次盘点 26 万平方米库区仅需 1 名电瓶车驾驶员驾驶安装 RFID 采集器的电瓶车 30 分钟内即可完成盘点并自动生成盘点报告。实现盘点人工成本的零投入和数据输出的零差异。

三、项目贡献

使商品车盘点模式由人工手动记录盘点—手持终端扫描盘点—无人盘点等过程演

变，华通汽车物流仓储团队利用现有 RFID 技术，在与公司信息部门共同努力下，最终实现了短驳车“智慧盘点”的模式，实现了整车行业盘点业务上的创新和突破。

（华通汽车物流有限公司　李君祥、徐清涛）

第八节　二手车物流贸易一体化平台

一、项目背景

近年来，我国新车市场销售的增长虽有所放缓，但是整个汽车市场的存量上升却非常迅速，特别是我国的二手车市场，在二手车限迁政策取消后，全国二手车交易增速明显。据了解，2019 年全年二手车累计交易 1492.28 万辆，2018 年全年二手车累计交易量 1382.19 万辆，同比增长 7.96%，交易金额为 9356.86 亿元，同比增长 8.76%。从跨区域流通情况看，2019 年二手车转籍总量为 415.91 万辆，转籍比例为 27.87%，与上年同期相比增长了 1.66 个百分点。然而，在全国二手车消费、转籍等业务日趋增长的市场环境下，物流问题却一直是制约二手车异地交易的重要因素。目前存在的车商、消费者与物流公司信息不一致，运输价格不透明、时效低等问题，迫使部分二手车商不得不将交易车辆自行驾运，投入大量的人力、财力，且车辆安全性无法得到保障。因此，对于二手车业务供应链来说，拥有完善成熟的全国物流运输体系，有助于国内二手车市场的大力发展，是使二手车商走向平台化、规模化、成熟化的前提。

二、项目主要内容

基于二手车市场行情与机遇，深圳民生捷富凯物流有限公司（以下简称 SMGL）作为一家从业于汽车物流的企业，除了在传统新车运输上发力，也于 2019 年正式启动二手车全国运输相关业务，并着手打造一套二手车物流贸易一体化平台，向二手车商及个人车主提供透明的运输价格、高效物流及运输定位跟踪等专业的全方位物流服务。

本平台设计采用 App 与 Web 设计相结合，服务对象涵盖二手车商、汽车经销商、汽车电商、物流调度管理员、承运商、大车司机等，服务内容包括二手车运输服务、运输状态查询，以及为二手车商提供金融类服务。

Web 管理系统（见图 9－16）主要为客服、物流调度管理员、车队承运商使用。主要功能：客户服务、订单管理、承运商填报、在途及交车管理等。在线客服通过线上接单，与客户对接，反馈订单物流信息、运价等，物流调度管理员根据承运商运输路线分配客户订单，承运商填报车辆、司机等信息，安排装载时间、地点等，生成发车计划；而大车司机在提车、装载、在途以及交车的全过程中，可通过 App 上报二手车运输状态信息，结合 GPS 技术，掌握车辆实时位置、有无异常等。

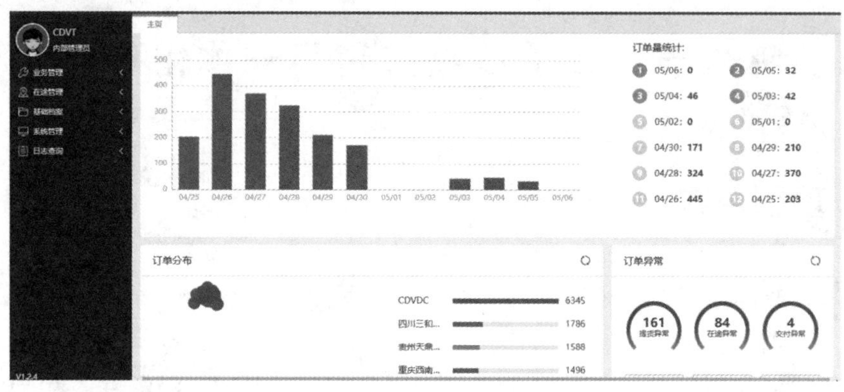

图 9－16　Web 管理系统界面

App 客户端（见图 9－17）主要供二手车商、汽车经销商等客户使用。主要功能：运价估算、托运服务、在途追踪。运价估算：根据起运地与目的地里程、车辆估值、保险、托运方式以及其他增值服务估算运价；托运服务：二手车商等客户通过 App 线上下单，智能匹配线路托运车辆；在途追踪：客户通过 App、Web 管理系统追踪车辆在途位置、异常状态等。

图 9－17　App 客户端

三、项目创新点

运输价格透明化。通过系统估算提送车、线路、保险、服务费等成本，使二手车商、客户能准确了解物流运输成本。

二手车运力资源及线路匹配及时。依托SMGL全国70个城市150多家承运商7000多辆商品车运输车辆的资源，通过该平台迅速匹配运输资源，覆盖范围广。

在途车辆可视化监控。运用GPS定位技术，从提车、在途运输，到交车全过程可视化监控，及时报告车辆在途信息及异常预警等。

二手车物流贸易平台化的高速与便捷性。利用该平台，打通全国二手车物流中的二手车商、二手车平台、物流车辆与个人车主等各方，使二手车商快速找到运输资源，及时获取物流信息。

四、项目社会效益

在二手车全国购日趋兴旺的形势下，二手车商、二手车平台如何快速安全地把二手车运送到消费者手中，成为目前行业亟须解决的问题。通过本项目，可解决以下问题。

（1）平台资源匹配。连接发起方与承运方，匹配全国各地相关线路及承运商，使二手车商快速找到相关运输资源，也有效提高商品车运输车辆的装载率。

（2）信息的透明化。无论是物流价格还是车辆托运状态，信息及时共享，使二手车市场贸易运作更加透明化，有利于降低二手车采购成本。

（深圳民生捷富凯物流有限公司　周洋、曾涛）

第九节　OO运车平台项目

一、项目背景

随着5G、大数据、云计算等新技术的有效运用，中国商业正在发生巨大的变革，每个企业、每个行业都面临信息化、数据化的转型难题，如何快速升级企业管理是每个管理者思考的问题。

由于整车运输企业整体信息化水平较低，所以企业转型更是难上加难。整车运输企业拥有信息零散、异地员工较多、信息同步困难、数据滞后严重等难题，所以整车企业数字化转型势在必行，如何帮助这些企业快速转型为数字化企业，牛卡福一直在思考这个问题，2020 年“OO 运车”项目是公司年度重点项目，意在帮助这些传统管理的整车运输企业走向数字化升级。

OO 运车平台是一个助力运输企业数据化、智能化升级的管理平台，帮助提高企业的运营效率、降低人工成本、实现用数据驱动业务增长的目标。

二、项目主要内容

（一）项目推进过程

OO 运车于 2020 年 1 月正式启动，至 2020 年 6 月正式上线使用，此项目负责人具有丰富的项目操作管理经验和行业解决方案实施经验，在整个项目推进过程中，以贴合业务实际需求为主旨，在前期调研中，项目小组深入一线走访物流企业每个业务部门、每一个操作岗位，整理每个岗位的需求，对需求进行可行性分析并形成最终的实施解决方案；在开发过程中，确保每个开发出来的功能与企业的实际业务需求相结合，减少无用功。

（二）项目标准化梳理

系统分析师到企业内部逐一深入调研，收集业务，了解需求。完成了业务流程梳理，组织架构权限梳理，财务报表数据梳理，形成了功能需求文档和基础数据清单。梳理系统的基本处理流程（包括系统逻辑、业务逻辑）、系统的组织结构（一级功能、二级功能等）、模块划分（不同的功能模块分析）、功能分配、接口设计（公用接口、私有接口、类的继承等）、运行设计、数据结构设计（数据表的设计）和出错处理设计等。调研中收集各部门人员对于使用系统的需求和意见，总结得出共性需求并记录；有时涉及相对个性化的需求无法直接判定是否是真实需求，会先记录下来，然后经过多次反复调研、实践后进行标注及筛选，并汇总反馈给总需求对接人再次确认、调整和记录。

（三）项目开发过程

在项目开发前期，如对系统的框架搭建不够全局化考虑，在开发业务模块和财务模块时，会产生系统搭建、现有的框架无法满足功能的开发等问题，直接导致系统的重构工作；在重构新系统时，需要对所有需求做预想性操作，对所有的场景做预留，以便日后随时增加。

（四）功能前期测试

在个性化开发阶段，通过对具体需求一一进行调研确认，并形成详细设计文档和功能系统原型，以及描述实现具体模块所涉及的主要算法、数据结构类的层次结构和调用关系。在各部门对每一个原型确认之后开始具体的编写程序工作，分别实现各模块相应功能，从而实现对目标系统的功能、性能、接口、界面等方面的要求。编码完成之后，进行单元测试、系统测试和用户测试。测试无误后，发布版本。

三、项目成果及创新

研究解决升级数据库的软架构。在保持原数据的完整一致性的前提条件下，对数据库的关系结构进行重新设计。

解决了实际场景中配置化的计费引擎，考虑多种不同费用项的规范不同、计费不同的情况（即公司结算部门可不重新编程的前提下，根据运输线路、车型、承运车辆类型、交车城市数量、途径点自由配置计费方式），将这些不同放入单个计费引擎中，实现了整体管理。

智能调度：本项目率先将所有运输节点的经纬度录入基础数据，从而可根据高德地图自动预估运输里程，同时自动推荐运输路线和交车顺序。

自动对账：系统可根据导入各上下游 Excel 表的方式实现直接与上下游自动对账，通过配置化各上下游字段的方式兼容各种不同的表结构。

实时运营数据：通过系统自动判断机制将重驶和空驶自动绑定，实现运输成本的归类，实时估算每张运单的收入成本数据。由于数据的透明化，通过数据比对可实时掌握全国运输区间的油价、路桥费数据，为科学地规划路线节约物流成本提供依据。通过大数据展现功能，实时展现各项运营数据到大屏幕和手机端。

全员在线：手机 App 实现在线扫码制单，驾驶员在线报到，接收调令，在线交车，查看结算单，管理人员手机一键打款，一键审核，实现全员在线保障业务运行。全程可视化使用户随时随地都能掌握货物的运输动态，使上下游各方通过不同的页面得到可视化信息

四、项目社会效益

本项实施目的是让汽车物流领域在同行业技术中处于领先地位。项目本身在技术

上有较强的核心竞争力。全员在线操作的落地让在线办公成为可能，减少纸质单据传递，减少重复劳动，对节约能源、资源和环境保护都有重要作用。

智能化的调度通过配置能够实现对于一次物流作业各个环节的时效设定，并指导后续作业的执行，帮助物流企业获得竞争优势。

（北京牛卡福网络科技有限公司　刘艳翠、邵涵）

第十节　基于5G网络覆盖的专用通道商品车自动驾驶转运模式研究

通过研究商品车区域内短途运输的进展和历程发现，行业内一直沿用人工驾驶地跑模式实现主机厂缓存库至物流公司仓储基地库的转运。随着交通路网、物流体系、物流智能化的变化，智能运输、无人驾驶等逐渐成为研究焦点。一汽物流利用专用通道的硬件设施，引入智能车、智能载具的新技术设备，以5G网络覆盖及信息调度系统为软件支撑，建设集离地倒运、自动驾驶为一体的综合物流体系，实现区域内短途转运自动化、智能化。

一、项目背景

（一）青岛基地背景

一汽物流青岛基地利用半封闭专用通道（4.6km）进行商品车转运工作（见图9－18），应对主机公司年产30余万辆的车型工作任务，目前转运模式为司机人工驾驶地跑（35km/h）完成客户园区至一汽物流库房转运。存在运距长、转运效率低、车损大、责任划分困难、司机数量多等问题，急切需要通过自动化、智能化进行技术提升和现有模式突破。

通过现场勘查、项目研讨，认为离地自动驾驶是不错的选择。虽然节拍很紧张（60s）、专用通道有坡度（3.3°）也有转弯（70°），但车型单一、道路专用（无社会车辆），是自动驾驶最好的应用场景。

鉴于广义的自动驾驶在安全性、效率、成本、节能减排的优秀表现，对项目进行宏观分析。安全性方面，事故数量下降，控制更加精准，减少人工操作的事故可能性；离地运输，减少磨损；全过程自动化，减少人工参与。效率方面，均衡作业，节拍转运，提升各环节转运效率，无须进行转运司机回流，无等待的时间浪费，提升效率。

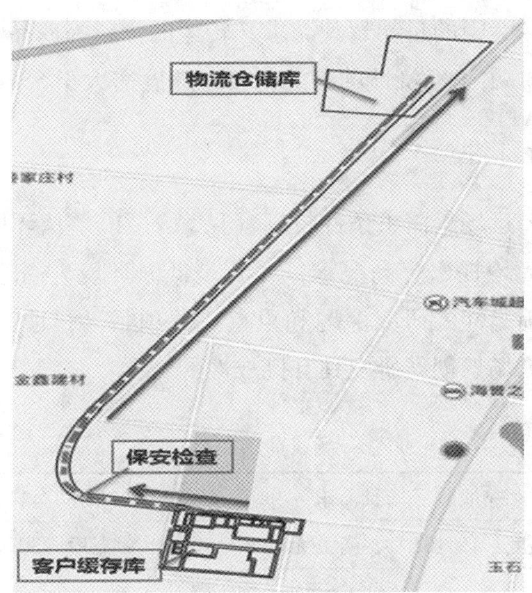

图 9－18　青岛基地场景

成本方面，节省转运司机 25% 以上，降低人工成本；离地运输，年节约燃油成本 200 万元；无须转运司机的中型客车，节约成本 50 万元。节能减排方面，电动车智能化、无排放、降低空气污染；V2X 通信，降低噪声污染；编队行驶，节约电能消耗。

（二）长春基地背景

一汽物流长春基地利用半封闭专用通道（8.2km）进行商品车转运工作（见图 9－19），应对主机公司年产百万辆的多车型转运工作任务。目前转运模式为司机人工驾驶地跑实现客户园区与一汽物流智慧物流园间的转运。

目前运距较长、转运效率低（司机需集中回程）、车损大（人工驾驶交通事故）、责任划分困难、司机数量多。需要通过流程优化、模式转变、智能化及自动化来解决问题。

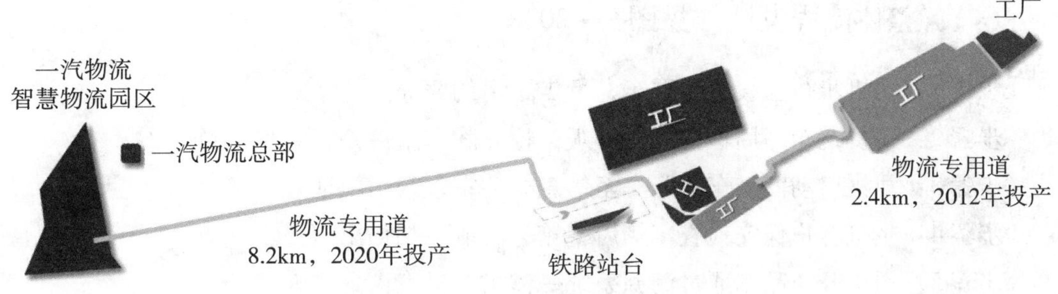

图 9－19　长春基地场景

两个场景都有短途运距的自动驾驶需求，转运的物料为商品车，自重（平均1.2～1.5吨）、体积均较大。出于经济性的考虑，转运速度需大于55km/h。

（三）场景的特殊性

商品车自动驾驶转运场景需求条件较高（见表9－1）。从环境、运距、载重、运行速度、精度、制动方面均提出更高要求，尤其是低温环境、高速运行、高精度错车及同步制动成为行业内前瞻性的研究课题和重点攻关项目。目前市场上根本没有标准化产品可直接适配场景，场景创新研发具有挑战性。

表9－1　　场景需求参数

参数	一般园区场景需求	商品车自动驾驶倒运需求
环境	温度－15～35℃，南方无雪	温度－30～35℃，北方雪地
运距	2～4km	8.2km
载重	5～10吨	大宗重货最重达38吨
运行速度	10～15km/h	55～60km/h
精度	接泊位停车50cm	高架桥对向错车及接泊位停车20～30cm
制动	不要求严格同步制动	高速大惯性场景下同步制动

同时，两个场景自动化、智能化在实现时无法通过在商品车上直接加装自动驾驶模块来实现，需离地倒运。参考目前商品车长途运输轿运车的装载和运输方式，分析数据发现，轿运车装载效率低、质损较高。装载一次需要两个工人合作操作25～35分钟，质损多发生于商品车装载和卸车环节，如果将立体装载模式变更为单层装载模式，将有效提高装载效率，减少质损。

二、离地转运

（一）整体流程设计（见图9－20）

步骤1：司机步行至缓存区取车，行走距离约80m。

步骤2：司机绕车一周检查车辆外观，检查随车附件是否完整正确。

步骤3：司机启动商品车，开车至信息办公室领取出门证。

步骤4：主机客户保安检查车辆后备箱，收取并扫描出门证。

步骤5：司机开商品车通过溯源系统一体机，进行信息录入。

步骤6：司机将商品车开至备车区，等待装车。

图 9－20　整体流程

步骤 7：司机将商品车开至拖板列车指定位置。

步骤 8：整列拖板列车装满后，司机启动自动捆绑按钮进行自动捆绑。

步骤 9：由智能车牵引拖板列车通过专用高架桥通道驶至物流园。

步骤 10：到达接驳站，手动摘挂。

步骤 11：摘挂后启动自动解绑。

步骤 12：调整鹅颈，前向依次将车卸至暂存区。

步骤 13：智能车按照系统指令，到达指定站点，手动上挂。

步骤 14：智能车牵引空拖板列车返回客户缓存库。

（二）智能载具（拖板列车）研发与设计

1. 整体设计

整体设计要求：单层装卸、单向装车及卸车、渡板连接地面、自动捆绑。

设计理念：以装车安全为基础，保证拖板长期使用稳定性，提高装卸车效率。

设计方案：单层拖板装卸、利用鹅颈实现前向卸车、使用渡板连接地面、列车各段之间取消衔接抽拉跳板、利用自动捆绑装置实现自动捆绑。整体设计图如图 9－21 所示，具体参数如表 9－2 所示。

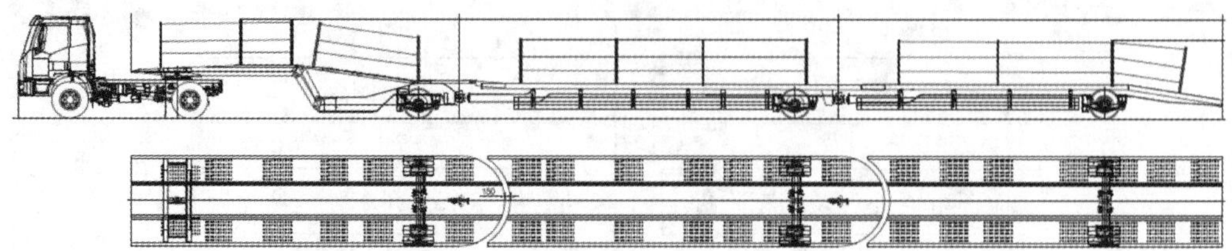

图 9－21　整体设计

表 9－2　具体参数

序号	类别	参数	序号	类别	参数
1	外廓尺寸（长×宽×高）（mm）	①92XX×25XX×27XX ②105XX×25XX×22XX ③106XX×25XX×22XX	4	车桥	BPW 11.5 吨 轮距 1850mm
2	整备质量（kg）	①6000 ②5000 ③5600	5	轮胎	245/70R19.5
3	牵引销	“JOST 2” 装配式	6	牵引车马力要求	>260 马力

2. 装载及卸载方案

司机驾驶商品车利用 7°～9°的渡板登上拖板车，车辆通过过桥板到达各个指定装载位置，如图 9－22 所示。

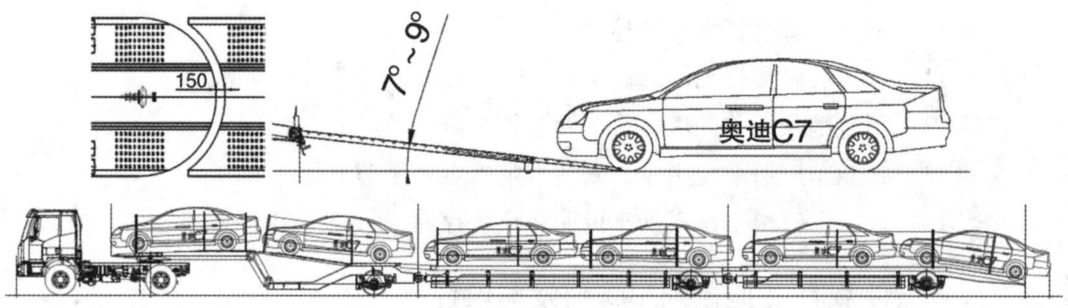

图 9－22　装载

卸载时，首先将智能车摘挂，将鹅颈前向着地，商品车依次正向驶下拖板列车，如图 9－23 所示。

卸车状态

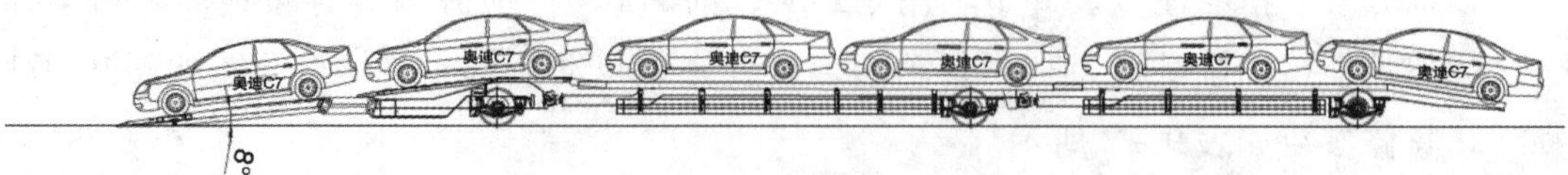

图 9－23　卸载

三、智能车方案

（一）智能车选型及功能确认

以实际运营为基础，提出运营场景对智能车的功能需求。结合市场化智能车产品的对比，基于速度、温度、爬坡角度等参数的局限性，在考虑运营稳定性的基础上对比了行业内多款智能车。最后以解放 J7 底盘为基础研发的 J7 智能车能够满足现有场景的需求，并且在性能上存在冗余。场景需求如表 9－3 所示。

表 9－3　　场景需求

分类	场景需求	J7 智能车满足情况
基础车功能	马力需求 260～460 吨	Ok，550 马力
	吨位 28～35 吨	Ok，39 吨
	车速＞55km/h	Ok，110km/h
	限高 3900mm	Ok，原车 4000mm，拆除导流罩 3800mm
	爬坡 4°	Ok，30°
智能车功能	点到点自动驾驶	Ok
	自动泊车（含倒车）	Ok
	精准停车	Ok
	车道识别	Ok
	静止障碍物避障	Ok
	动态障碍物绕行规划	Ok
其他	人机交互	Ok，车辆借助仪表、显示屏、通信识别及相关警示设备，实现车与人、外界环境、后台的信息交互
	接管与应急处置	Ok，系统失效时，车辆具备报警、功能禁用、接管、安全停车、远程干预等应急处置功能
	数据记录与上传	Ok，车辆借助通信设备可将车辆运营状态、环境信息进行记录与上传

在满足场景要求的基础上细化智能车的参数。分别在基础车、车辆线控化、车辆智能化三个方面对技术进行展开，分析车辆的功能参数，以确保投入运营后的使用稳定性。智能车参数如表 9－4 所示。

表 9－4　智能车参数

子项	内容
基础车	2020 款 J7 AMT 自动挡 高顶大排半驾驶室
线控化	进口 ZF 转向机 WABCO 冗余制动电控系统 发动机智能线控系统 进口 ZF12 档自动变速箱 智能车身控制系统 智能驻车系统 定制化高功率安全电源管理系统 定制化 5G 网联通信系统 定制化激光雷达、摄像头、毫米波雷达等装置专用支架
智能化	1 个激光雷达传感器 1 套 GPS 及惯导定位导航系统 5 个毫米波雷达传感器及处理系统 7 个视觉摄像头 1 个智能 IBOX 1 个智能域控制器

（二）智能车配置确认

在现有 J7 智能车配置的基础上进行场景与配置的重新匹配与选择，以更加适应场景的需求，在保证运营质量与效率的基础上，去除冗余的配置，降低单台智能车的成本。配置选配如表 9－5 所示。

表 9－5　配置选配

序号	选装配置	可选型号	选配
1	发动机选装	CA6DM3—55E51/CA6DM3—55E52	CA6DM3—55E52
2	EPS 厂家选择	ZF_ EPS/BOSCH_ EPS	ZF_ EPS
3	变速器厂家	FAW/ZF	ZF
4	缓速器选装	有缓速器/无缓速器	无缓速器
5	交流 220V 逆变器选择	功率 300W/功率 1000W	不要此配置
6	速比选择	2. 688/2. 867/3. 077/3. 417/3. 727/4. 1/4. 444	3. 417

续　表

序号	选装配置	可选型号	选配
7	鞍座类型选择	90 销轻量化鞍座/90 销复合鞍座/50 销复合鞍座/50 销鞍座/50 销低鞍座	50 销低鞍座
8	鞍座连接板高度	高 5mm/35mm	高 5mm
9	仪表选择	全液晶仪表/彩色 TFT	全液晶仪表
10	洗涤器选择	大容积洗涤器/小容积洗涤器	大容积洗涤器
11	小消声器选项	无小消声器/有小消声器	不安装
12	副驾驶座椅扶手选项	副驾驶座椅无扶手/副驾驶座椅有扶手	副驾驶座椅无扶手
13	侧围车贴选装	有侧围车贴/无侧围车贴	无侧围车贴
14	导流罩	有导流罩/无导流罩	无导流罩
15	铝合金钢圈	铝合金钢圈/普通钢圈	普通钢圈
16	驾驶室铺位	大排半	大排半
17	座椅	格拉默/普通座椅	普通座椅

在缓速器、逆变器、小消声器、副驾驶座椅扶手、侧围车贴、导流罩进行了功能去除，在发动机、EPS、变速器、速比、鞍座连接板、仪表、洗涤器方面进行各种型号功能对比，并选择了最适宜场景的、稳定性高的配置。

四、建设车路协同一体化系统

车路协同一体化利用智能车载系统、智能路侧系统、智能云端系统，实现车辆智慧化、道路智慧化、决策与管理智慧化。车路协同一体化系统从技术架构上分为设备层、终端层、系统层和应用层，如图 9 - 24 所示。

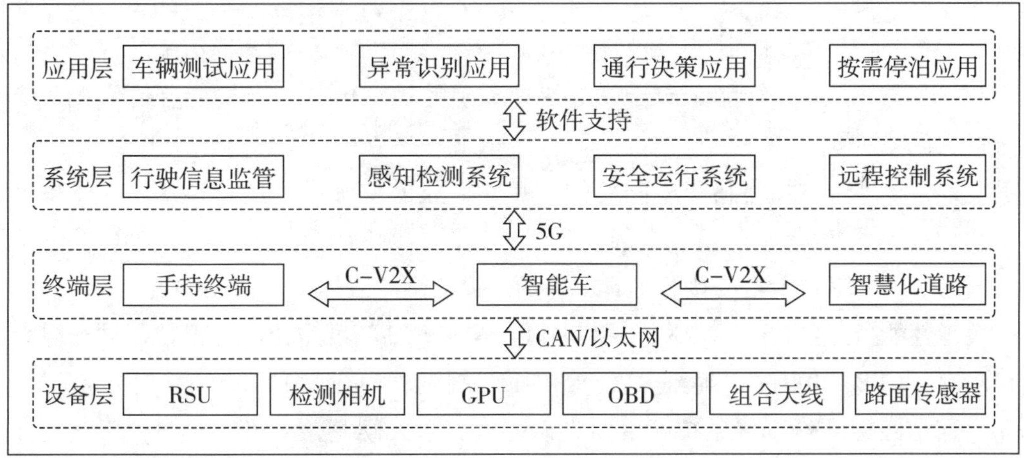

图 9 - 24　车路协同一体化系统技术架构

车路协同一体化系统的优势第一在于提供超视距的信息，进行全路况交通事件预警，解决单车智能不能确定的安全性问题。第二，进行盲区预警和碰撞预警，解决因车辆体积大，无法及时检测车中部、尾部危险的状况。第三，在变道与错车场景，提供车车通信、协作式变道，避免会车时的干涉。第四，通过各种信息交互，提高整体系统的决策效率和准确率。第五，利用编队行驶或协作式行驶提高整体运输效率。

（一）路侧智慧化

车路协同路侧设备基于全量、连续环境信息，依托边缘计算，准确识别路网交通状态、时间、车辆等信息，提供数据采集、融合、预处理、分发等基础功能，实现对自动驾驶车辆、V2X 网联车的安全辅助与效率引导支持。核心设备包含传感器（摄像机、微波雷达等）、计算单元、RSU。

路侧智慧化的核心能力，包括边缘计算与全息感知、超视距视角预警、指挥整体驾驶策略进行群体控制、交通全要素网联化。

边缘技术与全息感知，汇聚及感知区域交通与道路数据，获得动态感知数据、驾驶数据、行人数据、交通环境数据、信号数据等。

超视距视角预警，优化无人驾驶策略，进行盲区预警、碰撞预警、道路湿滑预警、前方事故预警、弯道预警、限速预警等。

在全息感知和超视距预警的基础上进行多车协同驾驶、路径规划、全体控制以及关联各种交通基础设施和停车基础设施等。

（二）云控平台建设

基于 5G 网络覆盖，建设大数据中心云控平台。建设 5G 基站，实现 5G（3GPPR15/16）覆盖，支持 NSA 和 SA，在 5G 网络中充分发挥低时延、高可靠的性能，做到传输时延 3 ~ 10ms，可靠性达到 99.999%。5G 网络覆盖用以满足 V2X 通信中的智能车与路侧、智能车与智能车、智能车与云端等快速准确的信息传递，为整个自动驾驶系统的安全提供保障。

建设云控平台，构建物流线路感知、互联、分析、预测及管控一体化的体系。负责接收/发送感知设备、车辆上报的信息。经过融合判断生成预警信息及 RSM 信息发送。同时负责向平台上报或接收平台下发的广播信息。云控平台功能如表 9 - 6 所示。

关键性能指标包含 C—V2X（3GPPR14）覆盖，高精度定位服务覆盖，动态厘米级定位精度（CEP68 0.1m），通信时延≤10ms，端到端时延≤100ms，数据更新频率≤10Hz，通信距离≥500m，系统可用性 99.999%，全天候覆盖，可应对各种天气，含极端天气，全道路覆盖，包含机动车道路、人行道路、非机动车道路，支持 OTA 功能。

表 9－6　　云控平台功能

功能	功能描述
运输路径规划调度	通过 RSU、云控平台实现全局路径规划/局部路径规划，指导车辆行驶最优路线
运输状态分析与管控	通过路端感知系统/车端上传数据到云平台，实现物流数据汇聚，对运输状态分析管控
云端指令下发	云端控制智能路侧终端及智能车终端，实现云端指令的下发
交通事件获取	云端获取路端上传数据和路侧感知系统数据，实现交通事件判断
应急救援	云端实现与路端、车端的信息交互，实现应急救援等相关功能

云端控制系统通过各项子系统发挥作用，整个系统体系自上而下包含云端控制系统、路侧系统、智能车调度系统、单智能车控制系统。

（三）车路协同具体场景应用

结合具体场景，在商品车自动驾驶转运环节中可应用停泊引导、出发检测、交叉通行辅助与安全预警、跟车减速等 11 项车路协同的具体应用，如图 9－25 所示。

图 9－25　车路协同的具体应用

以交叉通行辅助与安全预警、跟车减速、非法闯入识别为例。当 A、B 两台智能车分别由不同方向行驶至路口，车辆调度系统检测到可能存在侧向碰撞的可能，则向车辆自动驾驶系统发出决策引导，发出车辆减速或停止的信号。在运输过程中应保持车距防止追尾，车辆调度系统帮助车辆感知前方车距，并在必要的时候对车辆本体控制系统发出减速引导。全路段感知功能可以精准识别非法闯入的动态目标，将非法闯入信息及时上报云端进行分析，云端远程控制车辆暂停。

五、智能牵引＋挂车拖板运行模式测试

本项目在实际应用场景率先展开测试，主要转运的商品车尺寸为 46 ×× mm × 18 ×× mm × 14 ×× mm，日工作时长 20h，转运限速 30km/h。基于以上数据，展开对智能牵引车头及底盘的研发设计，考虑到倒运路段的宽度、转弯等实际问题，选择杭叉牵引车 3.0 车体进行线控化、智能化改造。

主体采用甩挂运输模式，由智能牵引车牵引挂车拖板运行，甩挂运输，两端装卸，牵引头与拖板组人工分离，牵引装卸完毕的拖板组返回。

根据实际工作节拍进行仿真模拟，测算出资源需求。并进行多轮模拟运行（见图 9－26），满足节拍需求。

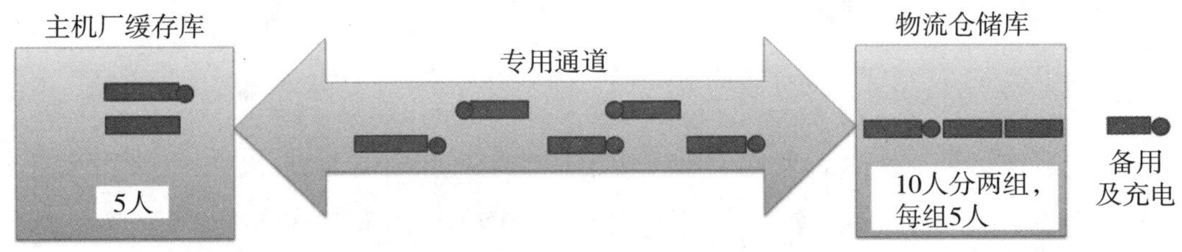

图 9－26　模拟运行

根据实际业务场景，对装车、捆绑、运输、制动、专用通道转弯、上坡、下坡、停车、卸车、入库位等全流程进行测试。测试包含车头运动控制和全系统自主测试，如图 9－27 所示。

图 9－27　实地测试

车头运动控制对车辆转向、刹车、油门控制及控制车辆跟随路线行驶等展开测试，满足功能要求并且控制精度达标，车速达到 15km/h。全系统自主测试包含带挂、重载（5 台商品车）、夜视等全工况测试，基本满足工况要求，不足之处体现在车速及主挂车的同步制动仍需要进行技术提升。

基于测试数据进行分析，单次转运商品车数量由 1 台增至 5 台，车速由平均 30km/h 降低至 15km/h，装卸车平均各需 8 分钟。综合众多测试数据，转运效率增幅不明显，转运司机数量下降，两端辅助人员上升，总体操作人员略有下降。测试后的工作集中在速度提升以及主挂车制动同步的性能优化。

六、智能车调度系统

基于云控平台的大框架下，在展开测试的同时，研发车队级的智能车调度系统，实现多台智能车实时有效调度。

根据实际运行场景，展开智能车调度系统模块开发和接口设计，共开发 10 个模块，设计 8 个数据接口（见图 9－28）。实现智能车调度系统向下与智能单车进行信息交互，向上与一汽物流 V－LMS 整车管理系统对接、与云控平台对接。

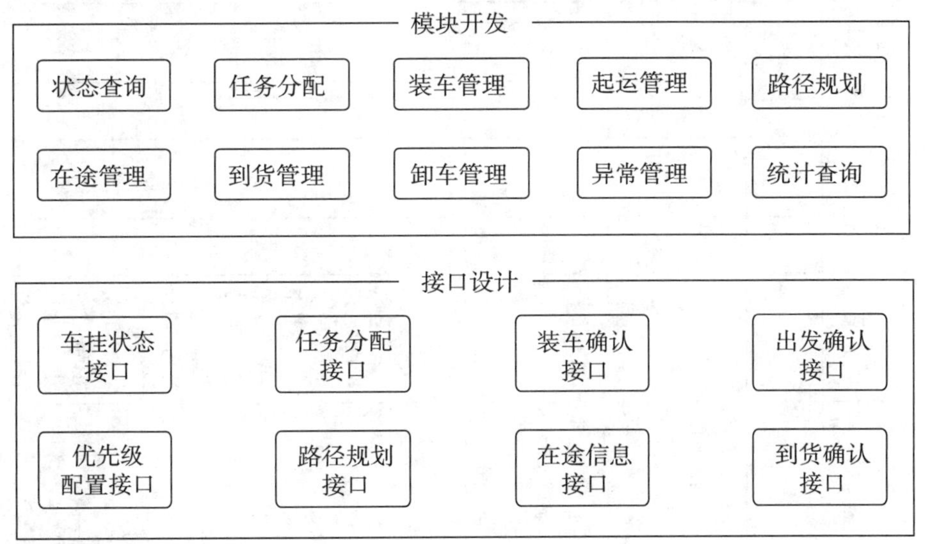

图 9－28　模块开发及接口设计

根据设计的模块及接口，进行流程分析，将流程中的细节操作与模块及接口匹配对接，完成系统流程设计。展开的局部系统流程设计如表 9－7 所示。

表 9－7　　系统流程设计

流程		模块开发										接口设计							
		状态查询	任务分配	装车管理	起运管理	路径规划	在途管理	到货管理	卸车管理	异常管理	统计查询	车挂状态接口	任务分配接口	装车确认接口	出发确认接口	优先级配置接口	路径规划接口	在途信息接口	到货确认接口
备车	智能车控制																		
	智能车调度	1. 实时记录站点、挂车状态	2. 商品车经过溯源系统产生信息，调度系统产生装车任务 3. 调度系统通过挂车状态分配装车任务										溯源与智能车调度系统						
装车&捆绑	智能车控制																		
	智能车调度			1. 转运司机根据 App 显示的商品车拟装载挂车信息进行装车 2. 司机进行伴随式捆绑 3. 转运司机在 App 上确认商品车与挂车绑定关系、装车完毕信息										智能车调度与智能车控制					

续　表

流程		模块开发										接口设计							
		状态查询	任务分配	装车管理	起运管理	路径规划	在途管理	到货管理	卸车管理	异常管理	统计查询	车挂状态接口	任务分配接口	装车确认接口	出发确认接口	优先级配置接口	路径规划接口	在途信息接口	到货确认接口
返空车辆至接驳位	智能车控制			5. 控制系统控制智能车开至指定车位 6. 控制系统确认车辆停放到位（传感器识别到具体信息）				7. 传递给调度系统											智能车调度与智能车控制
	智能车调度	1. 实时记录站点状态	3. 调度系统通过车位状态分配指定车位			4. 调度系统进行路径规划确定行车轨迹及车头朝向		2. 电子围栏发出到货信息											
摘挂	智能车控制													智能车调度与智能车控制					
	智能车调度		1. 安全员在调度系统识别停泊到位通知转运司机摘挂 2. 安全员在App上确认摘挂完成信息					3. 调度系统将摘挂完成信息传递给控制系统											

针对具体流程，进行智能车调度系统细化，分流程细化分析调度系统功能。以装车起运流程为例，分析 8 个具体作业下的系统使用方式及信息流向，如图 9 – 29 所示。

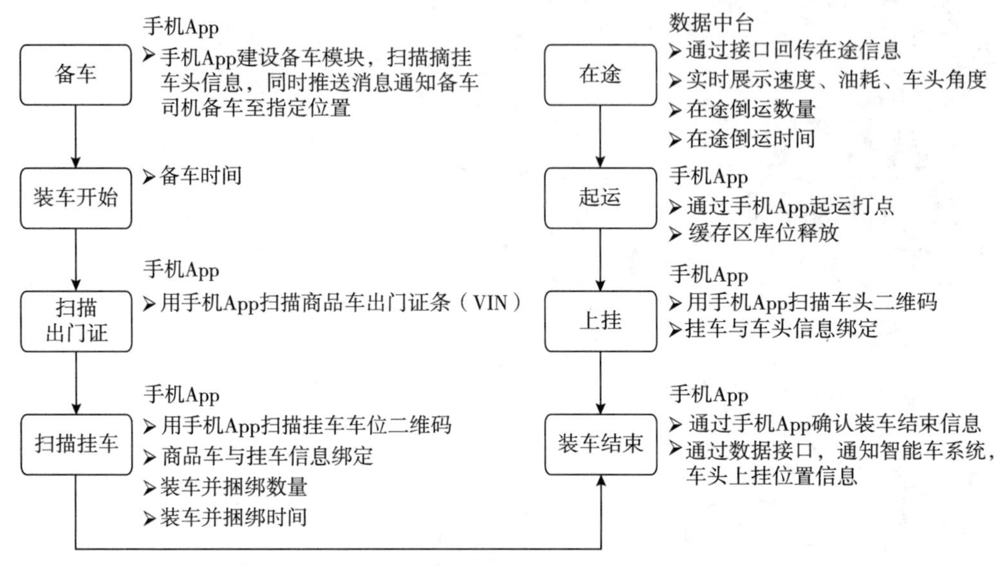

图 9 – 29　装车起运流程

基于全程数据可视化的需求，设计数据平台，显示实际全流程的运行场景。平台上对各流程环节进行分析，对数据进行收集，同步视频播放现场实时画面。无人驾驶数字化中台如图 9 – 30 所示。

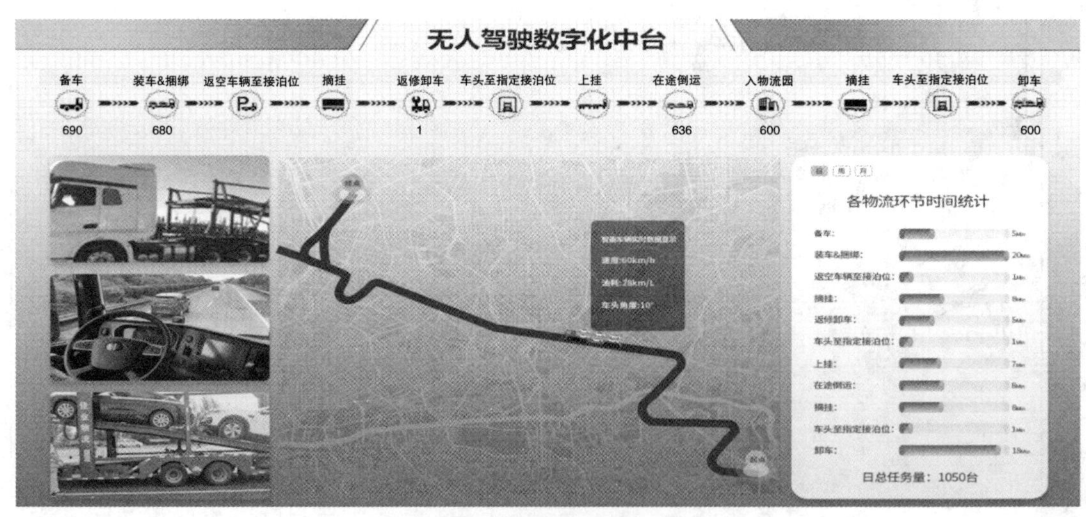

图 9 – 30　无人驾驶数字化中台

七、总结与展望

本课题的研究在多个方面做了创新性的尝试，对未来自动驾驶在物流行业各环节的应用起到推动的作用。

第一，进行了转运模式创新，改变长期以来传统的商品车地跑转运模式，更新为离地运输，减少商品车售前行驶里程，减少车损，实现流程信息可追溯。这是汽车工业至今的首次短距离转运实现离地运输。为后续定制化生产配送提供依据。

第二，对短距离转运装卸技术进行创新，有别于长途运输的装卸技术，短途转运装卸技术对装卸效率、便利性、捆绑固定方式、全车型的通用性都提出了更高的要求，短距转运装卸技术通过对装卸设备的结构、机械、自动化控制的研究运用，满足了高节拍转运的需求。

第三，转运无人化模式创新，将商品车离地运输和自动驾驶结合，实现了全流程无人化，是物流领域机器换人的细分方向应用。

第四，搭建了以智能车系统、路侧系统、车辆调度系统为支撑的大数据云控平台，实现全流程可视化的信息管理。自研智能车调度系统，通过算法的优化与升级，实现更加平稳、安全的智能车调度。

最终通过项目示范运营，加速自动驾驶技术在物流领域的商业化运营，并积极参与车路协同自动驾驶领域智能车及物流方面相关标准的编制。

本课题面向场景应用创新展开研究，在具体的算法、调度层面未展开分析，可另立专题展开研究，对现有算法等进行深度挖掘与迭代，助力自动驾驶技术、车路协同建设更快更好地在各个场景发挥作用。

（一汽物流有限公司智能物流技术研发院　王丽娜、李智昊、祁英）

第十一节　电动车与燃油车共线生产物流模式创新规划

一、项目背景

随着新能源技术的逐渐成熟及家国政策的鼓励引导，各主机厂逐渐把新能源汽车的研发和生产作为企业主要发展方向，郑州日产于2017年取得电动车生产资质，目前具备完善的电动车整车研发、生产、销售能力。

因电动车在生产工艺上和燃油车有所差异，三电物资的包装、存储、运输、装配等环节与燃油车相比均有所差异，对燃油车与电动车共线生产在物流模式、装配工艺等方面均提出了严格的要求。

二、项目主要内容

该项目在传统燃油车生产线体基础上，通过对物流模式、生产工艺的创新规划，实现了P15EV车型在总装现有燃油车生产线体的共线生产，大大降低了线体改造投资成本。在现有老总装车间有限空间内布置KIT分拣区域，并导入防呆系统，通过对KIT区域料位进行布置、AGV路线进行反复优化设计，实现料位扩大300点以上，二次物流供给实现AGV无人化作业，有效解决线边料位不足问题，同时提升线体作业效率，线体节拍由8 JPH提升至10 JPH。电池包装的创新设计，极大提高了物流运营效率，使规模化物流运输、存储、检测、排序、安装的便利性成为可能。

物流前沿技术智能化、网络信息化、自动化、同步供给、调达物流等在此项目中得到综合应用，解决生产中重大疑难问题。

三、项目成果及创新点

项目通过对线体内饰KIT供给，CPM/FEM模块化供给规划、改造实施及电池包装、上线方式的创新设计，实现了在有限的线体长度及料位数量下燃油车和电动车的共线生产，并实现了投资最小化及运营成本最优化。主要改造区域与创新点如表9－8所示。

表9－8　　主要改造区域与创新点

序号	区域	位置	物流模式创新点
1	内饰KIT分拣区	线体南侧	KIT防呆＋AGV供给
2	FEM分装助力	左侧9工位	INSITE模块化供给
3	CPM分装助力	右侧15、16工位	INSITE模块化供给
4	电池分拣上线区	线体北侧	分拣排序上线

（一）二次物流KIT供给实现无人化设计

老总装A线体料位不足，内饰＋底盘线体工位总长度320米，现有燃油车线体零部件分布数量4000余种，平均每米分布点数12种以上，已经不满足物流标准设计，线体料位已严重不足，电动车型在该线体上生产、线体料位布置更加困难。

针对生产线料位布置课题，规划实施 KIT 扩大模式，导入 2 个 KIT 循环圈，在车间内线体外区域布置规划 KIT 分拣区，并导入 KIT 防呆系统，KIT 供给后采用 AGV 供给至线边料位，二次物流实现无人化，提高了物流作业效率、有效缩短了线体作业瓶颈工序作业工时，如图 9－31 和表 9－9 所示。

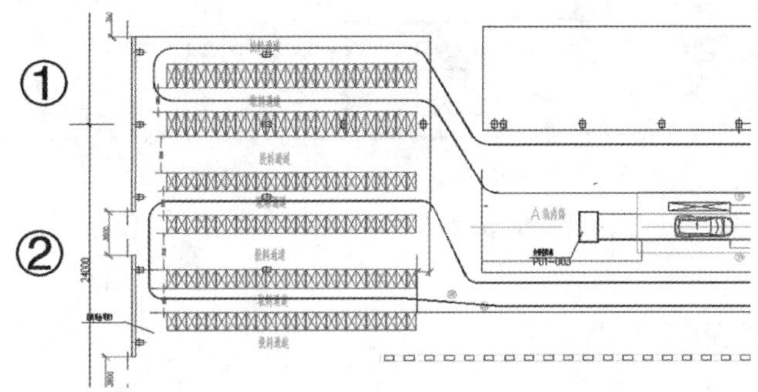

图 9－31　内饰 KIT＋AGV 循环圈规划

表 9－9　KIT 循环

项目	内饰左侧 KIT 循环圈	内饰右侧 KIT 循环圈
扩大点数	100	202
下线工位	内饰 8 工位	内饰 14 工位
AGV 循环圈长度	180m	252m
KIT 小车投入数量	16 辆	22 辆
无人化 AGV 规划数量	5 台	6 台

KIT 区域取料作业引入防呆系统，员工根据亮灯指示进行部品分拣，员工错漏配概率由 0.5% 降低至 0，如图 9－32 和图 9－33 所示。

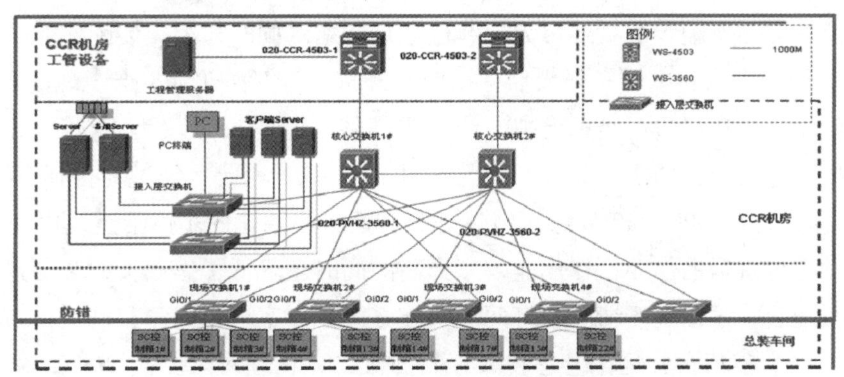

图 9－32　KIT 防呆系统拓扑示意

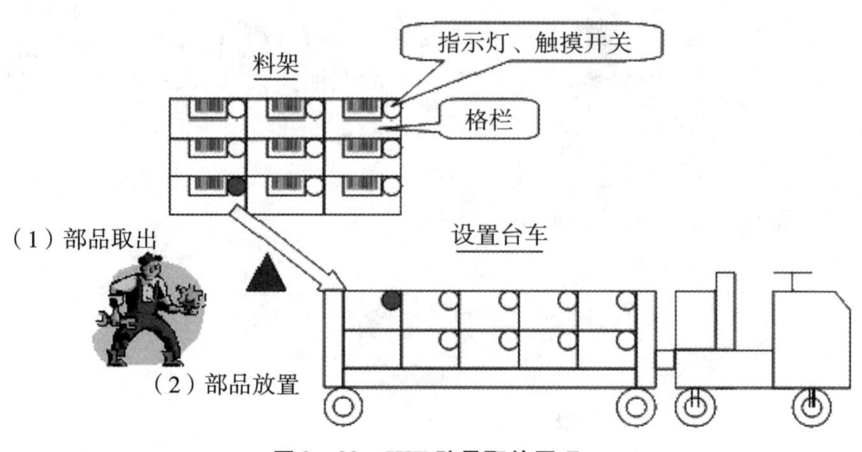

图9－33　KIT防呆取件原理

（二）供给模式多样化

对线边重要零部件物流模式进行重新规划设计，电动车导入后老总装A线新增零部件点数1233点，通过KIT消化528点，线边仍然存在料位不足情况，为解决此问题，对线边零部件物流模式按照标准件集中投放、大件排序供给、INSITE模式导入方式重新规划设计。

标准件集中投放：老总装A线标准件原存放区分布在每个工位，虽然方便线体取用但也存在占用线边面积大、库存量大、集配效率低等问题。因标准取用频次较低，经过对比分析，确定在线体外就近分区域设置标准件集中投放区，标准件集中存放，物流集中投放，作业员自主取件。标准件集配点由原来的42个减少至8个。在削减标准件占用线边料位的同时也提高供给效率。

大件排序供给：原老总装A线车型单一，大件都在线边存放，电动车导入后同样面临料位不足的问题。结合现场实际在库房设置排序区，按照装配线体生产顺序信息，对顶棚、线束、地毯、电池等大件进行排序供给，并按生产顺序供应到线边，从而实现多车种混流部品集配，解决线边大件料位不足问题的同时还缩短装配作业挑选时间。

INSITE模式导入：电动车导入后，CPM、FEM新增零部件84点，现场料位不足，大多零部件无法送达线边，经过模拟，线边零部件“露脸率”仅为40%，如不改善会给生产及集配造成很大的困扰，并严重影响生产效率。为此，经过充分研讨，确定导入INSITE模式，把CPM、FEM移至线体外分装后再模块化同步供给至线边，线边空出场地导入助力设备辅助作业，在作业效率提高的同时还降低了作业员的劳动强度。

方向明确后，根据现场情况制订两套实施方案。方案一：CPM、FEM和新总装INSITE共线生产，然后再转运至老总装A线；方案二：在理料区设置INSITE分装区，分装后直接供给至老总装A线，示意如图9－34所示。

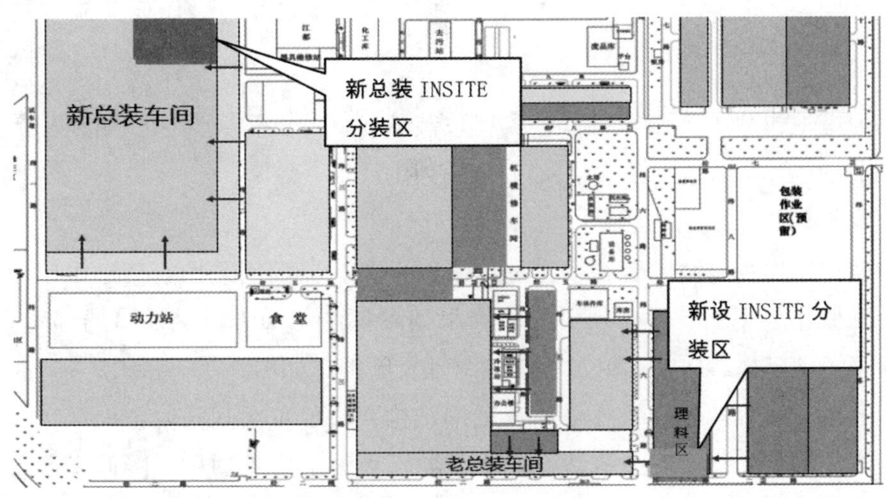

图 9－34　INSITE 分装示意

经过验证和对比最终选择方案二，老总装 A 线就近设置 INSITE 分装区，对比分析表 9－10 所示。CPM 和 FEM 吊装辅助作业如图 9－35 和图 9－36 所示。

表 9－10　　方案对比表

分类	项目	方案一	方案二
		和新总装 INSITE 共线生产	理料区设置 INSITE 分装区
Q	总成品质	新总装距老总装较远，雨雪天转运存在品质风险	理料区与老总装中间有雨棚通廊，可避免此问题
C	场地投入	无	$100m^2$
	器具投入	30 个	30 个
	设备投入	牵引车 1 台	牵引车 1 台
	转运成本	0.63 元/台	0.05 元/台
D	转运频次	10.3 分/次	2.8 分/次
结论		不采用	采用

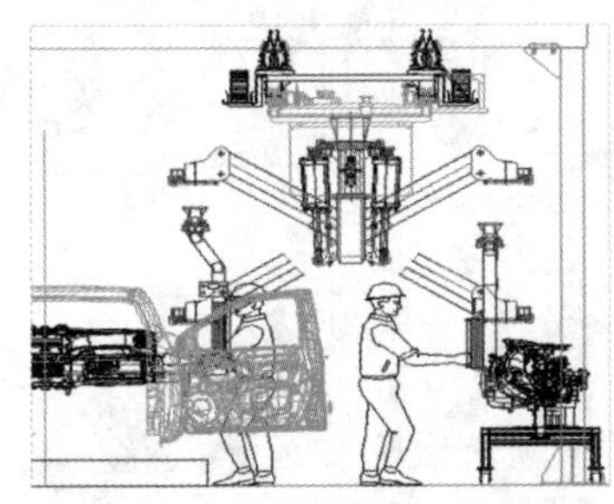

图 9－35　CPM 吊装辅助作业

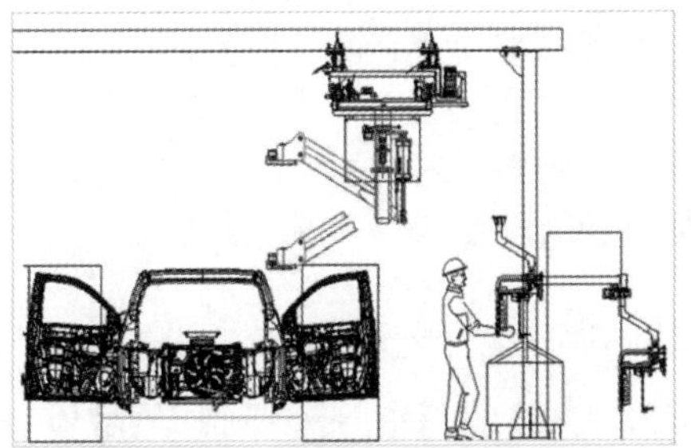

图 9－36　FEM 吊装辅助作业

（三）电池包装创新设计

对动力电池包装进行创新设计，实现包装从存储、运输、性能检测到分拣上线全供应链环节的一体化、效率最大化及可循环使用。

电池容器创新点如下。

容器整体结构：电池放置在容器底部平面上，容器四周采用直角形限位块，上部压块进行压紧，底平面、限位块、压块均采用聚氨酯材质，插接端口局部重点防护，可有效保证电池品质，防止运输过程中的窜动及磨损，如图 9－37 和图 9－38 所示。

容器通用化：容器限位装置采用燕尾槽结构，头部可实现长度方向调节，尾部可实现宽度方向调节，可实现电池结构尺寸差异不大时的容器通用，降低容器投入成本和运营管理成本，提升供应链竞争力。

容器自动化：压紧装置内有扭力式弹簧，打开插销后会自动弹回，方便电池在检测、运输、排序过程中的作业。

容器防呆设计：容器采用三向叉车槽，容器两侧和电池包后部可进行叉车作业，前部考虑重心问题，将叉车孔封住，避免叉车作业时误操作。

防雨防尘：对电池包底部进行保护，整体缠绕防尘膜，防止运输、卸货及存储过程中的淋雨损坏。

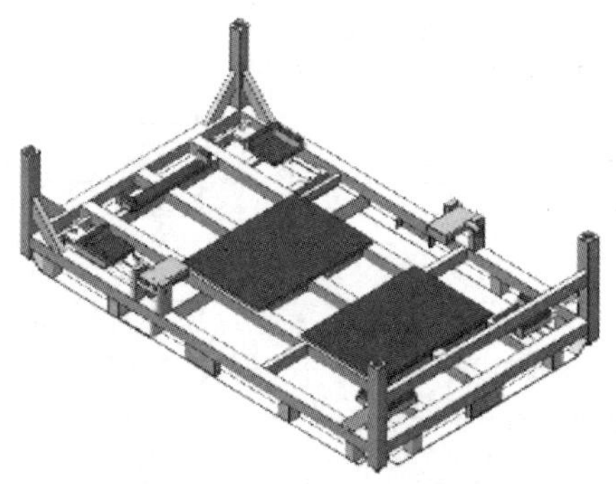

图 9－37　电池器具式样创新

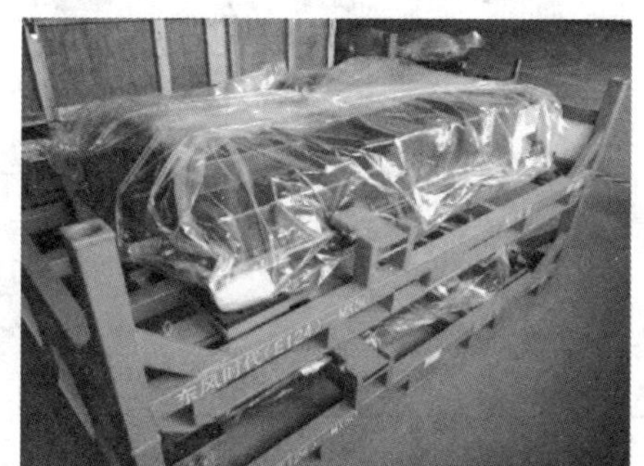

图 9－38　实物状态

（四）实施效果

实现了燃油车与电动车的共线生产，确保了电动车按期投产，为年度产量达成提供可靠保障。KIT 化率由 4.3% 提升至 35% 以上，二次物流供给实现无人化。错漏配比率由 0.5% 降低至 0。线体瓶颈工序节拍得到改善，线体整体能力由 8JPH 提升至 10JPH。

四、项目社会效益

KIT 防呆、AGV 配送、INSITE、同步/排序供给等物流模式的组合运用及创新规划，实现了传统燃油车与电动车共线生产。

在传统燃油车生产线体基础上，通过对部分工位改造、合理规划物流模式，降低了线体结构性改造投资，充分利用了线体产能，为其他主机厂电动车生产提供了宝贵的借鉴经验。

（郑州日产汽车有限公司　王梓宇、张现锋、付博文、李林、于双双、宫爽、翟永兴、孔艳鹏）

第十二节　基于信息协同的整车装载作业去中心化改善

一、项目背景

广汽丰田物流有限公司（以下简称“广丰物流”）成立于 2006 年，是一家由广州汽车集团商贸有限公司、丰田输送株式会社及丰田通商株式会社共同投资成立的中日合资物流公司，主要业务为广汽丰田和进口丰田成品车仓储及运输，其中仓储作业主要是提供成品车外观点检、终检、搬运入库、整列出库等仓储服务。目前，企业在整车物流仓储领域信息化方面，还可以引进更先进的整车物流管理理念，通过提升信息化管理水平为企业发展注入新的动力。

（一）项目由来

2020 年上半年在车市寒冬及新冠肺炎疫情的影响下，乘用车市场整体下滑，广汽丰田逆势增长，产销量持续增加。产能提升，商品车出库量持续增加，对拖车装载道的周转能力提出更高要求。目前商品车装载现场装载道数量少，受车场环境限制，无法进行扩容，迫切需要在作业环节进行改善，提高作业效率。改善创新前，装载作业信息传递以纸质媒介的形式展开。发车中心制定运输任务后，场内作业员将商品车从仓储区移至待装区。承运商收到运输任务的电话联络，调度车辆并安排拖车准备。拖车准备完成后前往装载现场，在门岗处登记车辆信息。进场后，驾驶员前往发车中心办理入门登记手续，领取运单，返回拖车并进入装载区开始装车作业，作业过程需人工核实车架号信息，并在装车完成后，返回发车中心办理出门登记手续，通过系统校验装运商品车的信息。具体作业模式如图 9－39 所示。

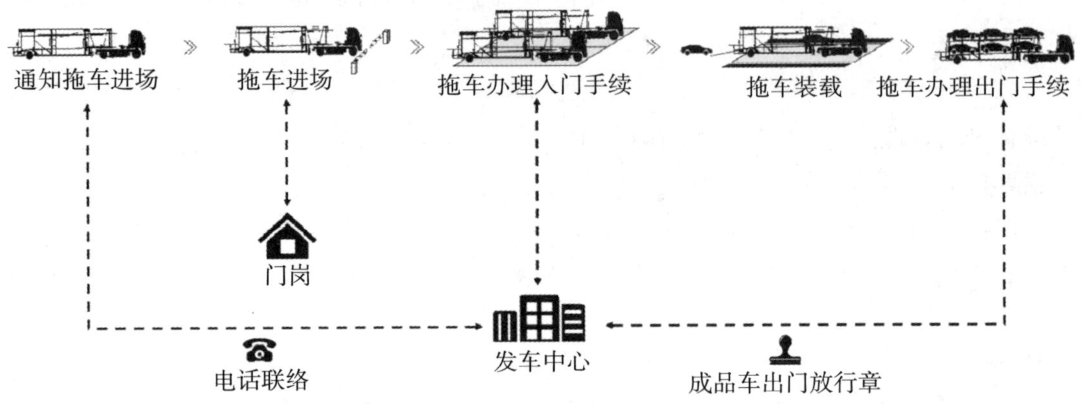

图 9－39 作业模式示意

（二）需解决的问题

1. 缺乏协同，信息交流不顺畅

原作业模式主要是靠人力来协调各作业环节间的信息沟通和共享，配车员需要使用电话联络各个承运商，告知其装运任务（见图 9－40）。这种模式需要花费大量时间和人力，存在着信息无法实时互通，同时该作业模式下单向联络导致出现信息反馈延迟、效率低下等问题。

承运商接收到发车中心的联络后，开始调度拖车并安排拖车准备，信息不对称导致承运商响应不及时，待装区的商品车长时间等待拖车入场，资源利用率不高。当拖车准备完成计划进场时，发现多台拖车已在排队进场，短时间内造成通道拥堵，甚至挤占市政道路的资源，影响社会车辆正常通行（见图 9－41），发车中心此刻还需要安排人员应对处理拥堵问题。

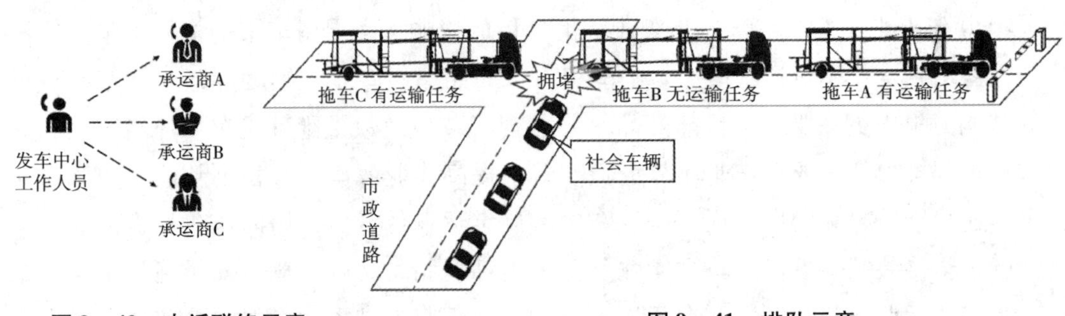

图 9－40 电话联络示意

图 9－41 排队示意

2. 拖车装载区周转效率低

拖车到达物流门后，需要下车前往门岗处登记车辆信息，保安对拖车登记放行入场装载。拖车进入装载区临时车道后，驾驶员需要往返发车中心办理出入门登记手续，造成拖车在装载区临时车道长时间等待；另外，当驾驶员装载完毕后，需要从装载区往返发车中心办理出门登记手续，也会造成拖车在装载区长时间等待，降低装载区周转效率。

3. 信息技术建设落后，商品车装载校验手段落后

当前是数字化、网络化、智能化的时代，智能化设备在数据采集、整合及应用方面，扮演着重要角色。当前广丰物流对智能化设备利用率低，发车中心与承运商之间缺乏系统的衔接，导致信息不通畅、供求不匹配的现象，影响资源间的有效转换，一定程度上制约了商品车的装运效率。当前信息系统不健全，信息技术手段无法在日常作业中充分体现。传统的人工作业占据主导，中心集中模式弊端凸显，运输任务量的增加导致排队时间长，影响业务的正常开展。在商品车装载校验环节，人工对照商品车车架号与运单车架号是否一致，可能会出现驾驶员装错商品车情况。若装载完成后，系统自动校验发现错误，就需要组织运力调换正确的商品车，增加其运输成本和安全隐患。

二、项目内容介绍

本项目应用无线智能终端实时传输技术，与承运商共享整车物流装载信息，实现装载各环节的信息交互，如图 9－42 所示。

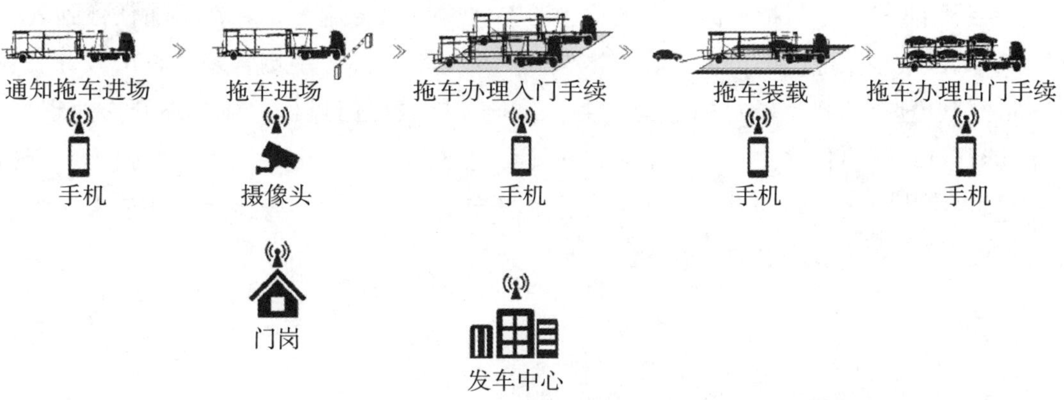

图 9－42　各环节信息交互

本项目从以下三个方面改善了原装载模式的问题。

（一）提高响应速度，优化了装载秩序，提高了装载作业效率

广丰物流将整车物流信息系统与微信平台进行对接，通过移动端达成数据实时传输的目的，提高企业本身与承运商之间数据信息交互的准确率。广丰物流在微信平台上开设服务公众号，内置两大板块，分别为现场管理和承运商。现场管理板块含入门登记管理、出门登记管理子项；承运商板块含承运商工作台，驾驶员入口、队长入口子项。发车中心通过服务公众号发布运输任务，承运商在工作台上查收运输任务，根据在途拖车的到达时间、在库拖车的出勤时间，提前调度车辆，安排拖车准备，并在平台上预约装车时间，承运商点选运输任务后，出现预约装车时间界面，可以选择精确到秒的时间。发车中心接收到预约的装车时间，安排场内作业员将商品车从仓储区移至待装区，并实时将商品车的在库动态信息通过服务公众号反馈给承运商。当承运商接收到运输任务的可装运通知时，拖车已提前抵达物流入口。作业时间的信息协同，从根本上解决了发车中心与承运商关于装运任务信息不对称的问题，缓解了装运的供需矛盾。同时，解决了无装车任务拖车在物流场外闲置而挤占市政道路的问题。

（二）装载作业去中心，缩短承运商移动距离，提高装载道周转率

发车中心在物流门入口设置了车辆智能识别系统（见图 9－43）。拖车进入物流门道闸，摄像头自动扫描车牌号，与后台运输拖车列表相匹配。若该板拖车有装载任务，道闸杆自动抬起放行；若是无装车任务拖车，系统将语音提醒该拖车离场，后台将记录违规拖车信息。拖车进场后，驾驶员打开服务公众号，出示运输任务二维码，现场管理员点击入门管理，扫描二维码即可完成入门操作。

系统接收到指令后根据商品车的库位号自动分配装载道号，并在运输任务列表中显示。驾驶员根据电子运单进入装载区装车，装车完成后，现场管理员点击服务公众号的出门管理，扫描驾驶员的运输任务二维码，完成出门操作，拖车离开作业现场。无线智能终端信息传输技术的应用，将作业信息的传递方式由纸质媒介转换为电子信息，打破了中心集成的约束，实现了各作业环节智能管理，驾驶员无须往返发车中心办理业务，提高装载道的周转效率。

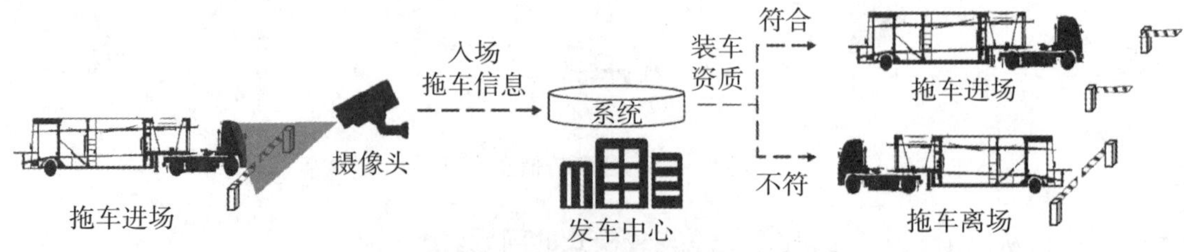

图 9－43　车辆智能识别系统

（三）装车智能校验，彻底避免装错车，解决行业多年顽疾

商品车装载正确与否关系到交付及安全品质。发车中心在手机端设置了装载自动校验功能，驾驶员点击运输任务，获取承运商品车的车架号。开始装车作业后，驾驶员先对商品车展开一周点检，点检无误后，使用手机扫描待装商品车上的钢印二维码，车架号在运输列表内，就会在状态一栏打勾变为绿色（见图9－44），若不正确，则提示“该车架号不属于当前运输任务”。为防止驾驶员一次性扫描多台商品车，将扫描间隔时间调整为60s，驾驶员装载完1台后，再重复操作继续第2台商品车装载作业，直至完成运输任务内的商品车装载。装车完成后，现场管理员使用手机扫描运输任务二维码，查看商品车的装载情况，确认无误后，就可以盖章放行出门。商品车装载校验功能的运用，有效避免了装错车的问题，解决了行业多年的顽疾，同时通过装车扫描时间间隔，杜绝了拖车司机装车超速的行为，提升了装载作业品质。

图9－44　操作示意

通过本次改善创新，消除了驾驶员往返发车中心的时间浪费，达成装载作业去中心化的改善效果。在拖车进场环节，移动应用数据的实时传输在一定程度上缓解了信息不对称导致的运力供需差异大的问题。无装载任务拖车在物流场外候车的问题也得到了解决，有效避免了因拖车排队导致的交通拥堵。拖车入场效率提高63.9%。在装车作业环节，驾驶员通过移动端接收数据，无须往返发车中心，拖车装载道周转效率提高14.3%，电子媒介的应用，每年可节省纸张办公成本18万元。通过移动端进行装车校验，实时传输信息给后台系统进行校验，实现商品车装载无错误，解决了行业多年来装错车的顽疾。系统应用前后对比如图9－45所示。

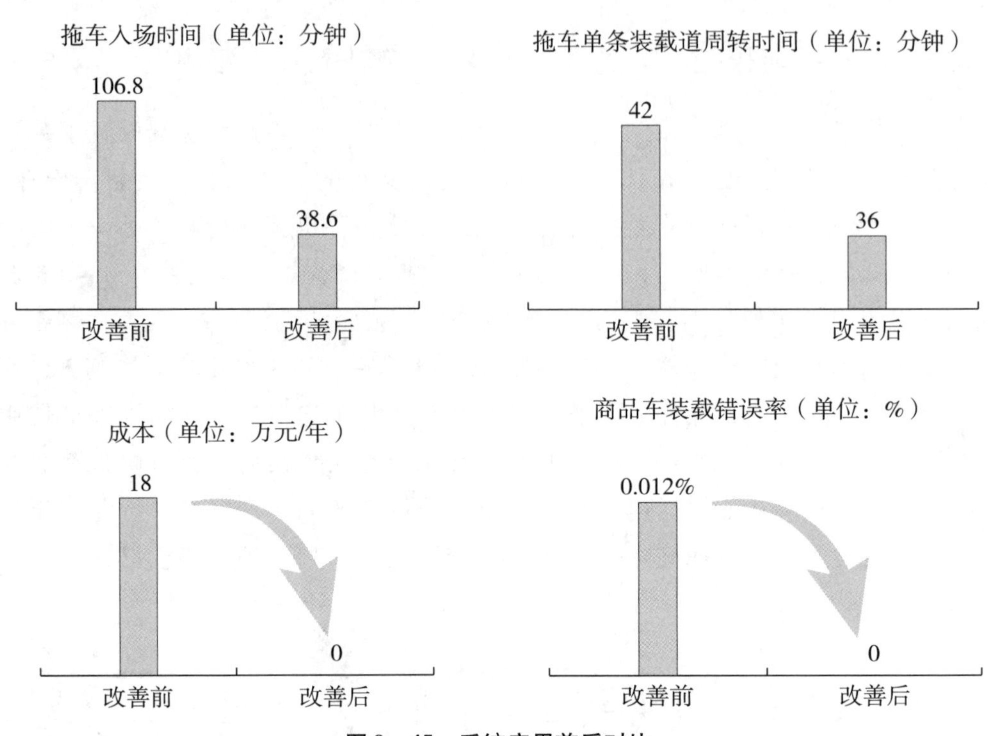

图 9－45　系统应用前后对比

三、项目发现、发明及创新点

该项目以移动终端传输技术、微信公众平台为载体，实现整车物流信息协同。创新地实现了与承运商之间的信息交互，资源共享。通过微信平台将运输任务整合后发送至承运商，由承运商综合考虑运力与实际需求的差异，合理预约装车时间。发车中心根据承运商反馈的装车时间合理安排整列出库作业，承运商根据发车中心的整列出库作业进度调整运力，打通上下游物流人员的沟通壁垒，破解信息不对称的矛盾。预约申请指令的信息协同、作业时间变化的及时传达，消除了因拖车调度及拖车准备产生的延误，提高资源利用率。

该项目以信息技术手段为依托，实现装载作业去中心化。摒弃了一个中心的作业模式，以电子媒介作为主要的信息传递方式，将装运信息及电子运单传输至承运商及驾驶员的手机上，各作业节点实现智能化管理。驾驶员不用再往返发车中心办理业务，实现装载作业去中心化，节约作业工时，提高作业效率。

商品车装载智能校验，实现车辆信息的实时跟踪。手机端与后台系统数据的实时对接，突破了以往商品车装载人工校验，装车后 PC 端校验及记录过程复杂的课题。后台系统及时精准判断及反馈，确保每一台出库的商品车都在运单内，彻底避免装错车。

四、项目对行业的贡献

2020 年受新冠肺炎疫情的影响，汽车消费市场大幅下滑。整车物流行业面临巨大挑战和压力，企业间的竞争愈加激烈。由于整车物流企业准入门槛低，许多企业在管理流程和方法的运用上并不统一，一直存在着服务质量不稳定、服务需求响应速度慢等问题，导致物流成本高、资源闲置及低效运作产生的大量浪费。目前整车物流企业信息化渗透率不高，技术创新不足，不利于企业成本控制及行业的长远发展。

本次创新项目的应用，解决客户与承运商信息不对称的难题，促进信息共享，使行业间的合作更加紧密。承运商根据协同的物流信息合理高效地调整运力，提高了运力利用率，达到降低物流成本的目的。

移动端的应用，保障数据传输的完整性，杜绝了作业路线浪费，降低商品车作业损伤，提高拖车装载道的周转效率，各相关方能够实时把握商品车的出库情况，保障商品车交付及时率，提高用户体验。

本次创新项目的开展，促进客户、承运商、服务及支持团队的多方位合作，推动了整车物流企业逐步走出传统作业模式，向信息化、智能化发展。为整车物流提供合理、系统的技术借鉴，促进同行业企业的高质量发展。

（广汽丰田物流有限公司　冼一峰、陈烘林、谢羡）

第十三节　基于“契约锁”电子签章的运单流转模式的创新与实践

保定市长城蚂蚁物流有限公司（以下简称“蚂蚁物流”）总部设立在河北省保定市，是长城汽车股份有限公司（以下简称“长城集团”）的全资子公司，自 2020 年开始自主化独立运营。

为适应汽车物流行业正在发生的数字转型变化，蚂蚁物流制定“233”战略，旨在打造“科技、生态、绿色”的现代化物流企业，支撑和引领整车物流、零部件物流、国际物流、新业态四大业务领域的快速有效发展。在汽车物流数字化转型升级浪潮中，蚂蚁物流正在积极开拓新技术、新模式，以创新助力汽车物流行业发展。

一、项目主要内容

基于“契约锁”电子签章的运单流转模式的创新与实践是蚂蚁物流利用长城集团电子合同平台项目的契机，利用“电子签名技术”，开拓无纸化办公的新道路。打破了传统纸质运输单据的流转模式，以新技术赋能汽车物流运输单据流转场景，形成汽车物流整车运输业务无纸化模式的大胆实践。

相比于传统纸质运单，电子运单不仅可以节省纸质运单在制造、运输、储存、管理中的各项费用，还可以提供更精确及时的运单流转数据，避免关键信息被恶意篡改，降低数据冗余度，对降低企业运营成本、提高运输业务效率以及加快企业国际化进程大有助益。

（一）项目技术介绍

为了规范电子签名行为，确立电子签名的法律效力，维护有关各方的合法权益，《中华人民共和国电子签名法》于2005年正式施行，明确规定：“可靠的电子签名与手写签名或者盖章具有同等的法律效力”，从法律上为其“验明正身”。

电子签章是电子签名的一种表现形式，利用图像处理技术将电子签名操作转化为与纸质文件盖章操作相同的可视效果，同时利用电子签名技术保障电子信息的真实性和完整性以及签名人的不可否认性。

电子签名是提供用户数字签名和相互验证对方数字签名能力的一种数字展示技术，能够保证交易和操作的不可否认性和可追溯性。

电子签名作为一种新的数字技术，签名人员可以通过手机、计算机等电子设备线上签订，省下了线下奔波的麻烦，文件签署和流转效率都更高。

电子签名签署的文件会以电子数据保存在第三方电子签名平台云端，并且使用了哈希值技术，合同丢失、被窃、被篡改的可能性大大降低。除此之外，电子签名还省下了纸张成本和快递成本。

（二）项目管理目标

本项目的核心目标是降低企业运营成本、提高运输业务效率，开拓整车物流无纸化运作新模式，主要包含以下内容。

（1）利用电子运单模式取消纸质运单打印和流转，缩短中间环节，降低企业运营成本、提高运输业务效率，为企业数字化发展赋能。

（2）利用电子签名的便捷性和不可篡改性，为客户提供便捷的无接触服务的同时，全方位保障客户的合法权益。

（3）利用电子签名应用的试点示范，为行业探索低成本解决整车物流无纸化运作的可借鉴经验与标准范本。

（4）利用电子签名技术，带动绿色、低碳、环保的运单流转新模式，充分承揽企业公民义务，积极履行社会公共责任，引领绿色物流发展。

（三）业务现状分析

1. 纸质载体下的运单流转流程烦琐、效率低下

在传统的整车物流业务中，所有运输业务单据均为纸质，需要依靠人工流转，货物从主机厂到经销商，要经历纸质单据从主机厂到主机厂物流，再到车队司机，再到码头铁路，最后到经销商的多个流转环节。整个流程烦琐、效率低下。纸质运单流转过程如图9－46所示。

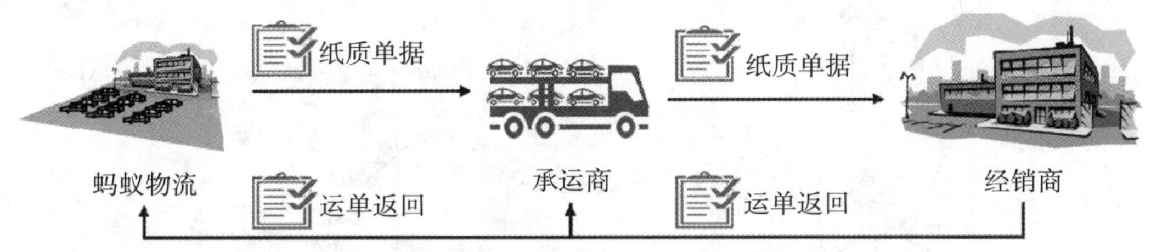

图9－46　纸质运单流转过程

2. 纸质载体下的运单流转带来的成本压力

受运作模式影响，蚂蚁物流铁水中转库布局较多，各现场运输单据打印至少一式三份（经销商、出门证、物流商或中转库等），且所有单据签署完毕后均需要作为结算依据并设专人专岗进行回收，极大浪费人力和资源成本。

参考2019年长城集团纸质运单流转过程，产生直接或间接费用估算约100万元，主要包含纸张成本、快递成本、制单人员和单据审核人员人工成本。

（四）解决方案介绍

在互联网信息化高度发达的今天，要靠大量纸质单据才能流转的交接环节，极大地浪费了人力和资源成本，是汽车物流营商环境极大“痛点”。于是在2020年5月，基于公司数字化转型要求，以长城集团电子合同项目为契机，蚂蚁物流正式启动“整车物流运输单据电子化”。

1. 确定实施思路

结合蚂蚁物流实际业务流程与系统现状，蚂蚁物流利用电子签名技术，实现整车

运输业务无纸化运作，最终实现降本增效。

2. 组建项目组织机构

组建无纸化项目小组（见图9－47），小组成员包括长城集团计划融资部、长城集团企业数字化中心、蚂蚁物流战略企划部、仓储管理部、整车市场拓展部。

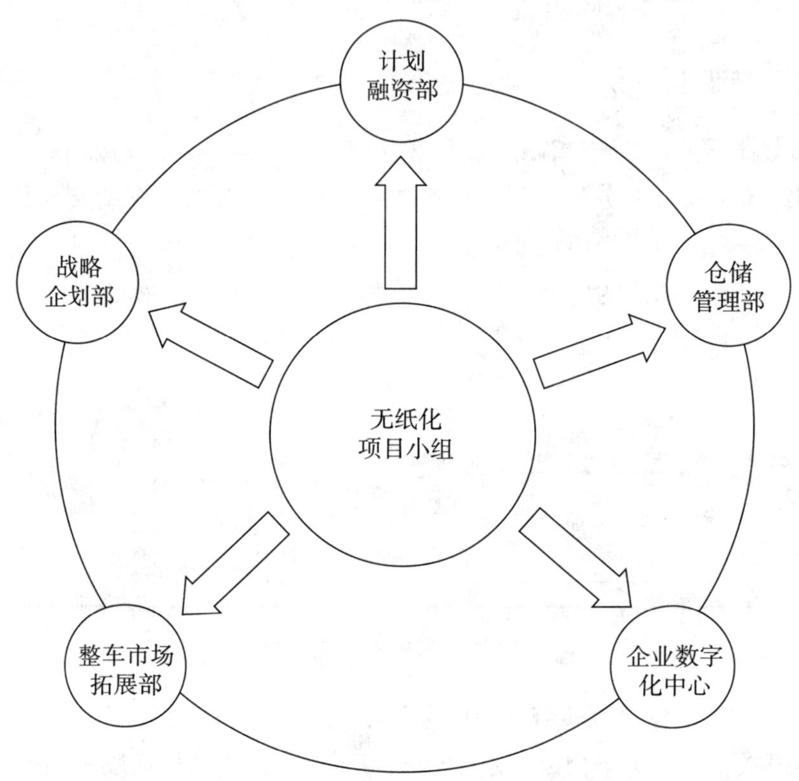

图9－47　无纸化项目小组结构

3. 确定项目方案

结合当前业务流程及系统现状，从投入产出比最优的角度，确定电子运单实现方式，具体方案流程设计如图9－48所示。

4. 配套系统完善及系统对接

对现有业务系统进行改造并对接电子签章平台，实现整车物流运输业务无纸化运作。蚂蚁物流对整车物流管理系统（V－TMS）进行模块化改造，集运单签署发起（见图9－49）、运单签署状态监控、运单查询（见图9－50）等功能于一体，提供完备的线上平台，可以对运输单据进行签章（见图9－51），并且可以对单据流转状态进行监控，实现运输单据流转的线上管理。为方便运单的签署和运单签署状态的查询，提高操作运营效率，研发并于手机App端、微信小程序端和PC端上线，如图9－52所示。

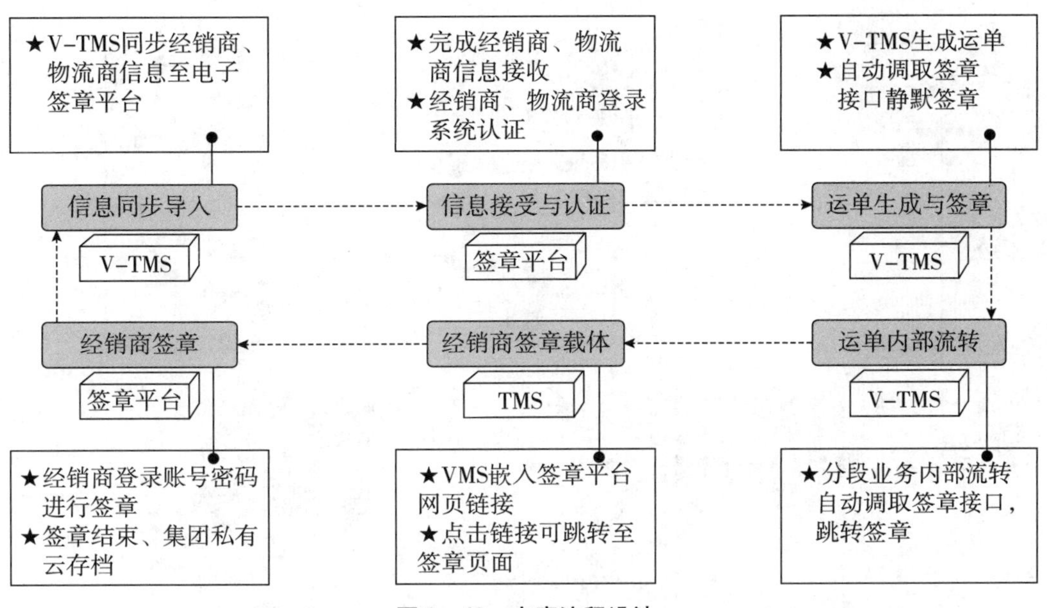

图9-48　方案流程设计

图9-49　运单签章发起界面示意

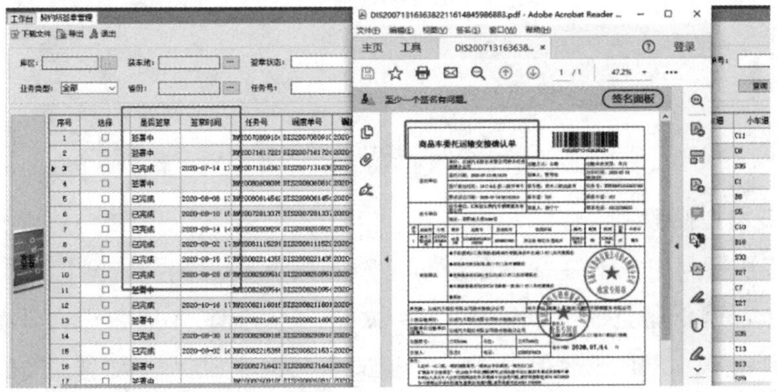

图9-50　运单签署状态监控及运单查询界面示意

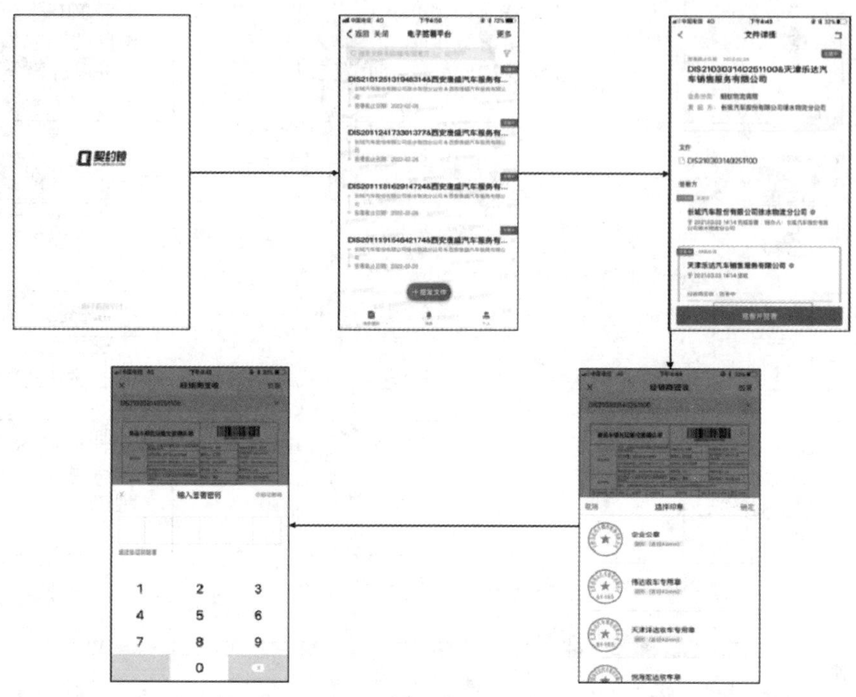

图 9－51　App 端电子签章操作示意

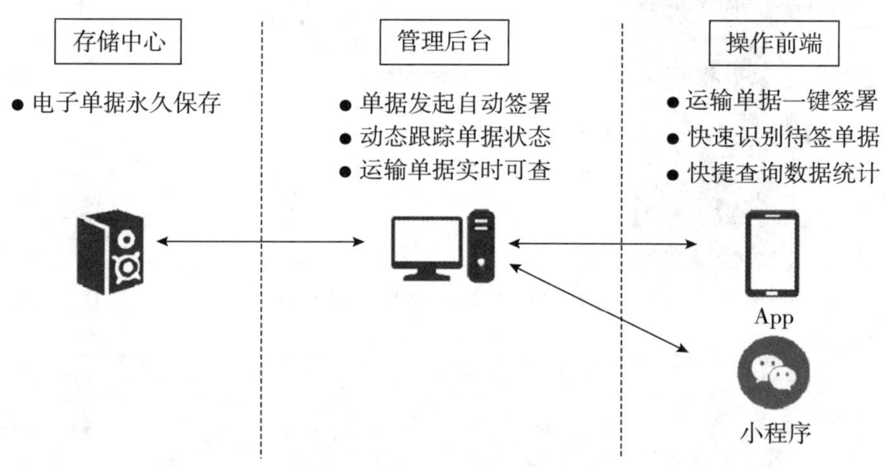

图 9－52　操作平台示意

5. 实施及推广阶段

蚂蚁物流积极利用电子签章平台进行整车物流运输单据模式推广，提高单据流转效率 99% 以上、降低运营成本 100 万元/年以上。今后还将不断改进提升系统运行管理水平，学习国际先进的电子运单模式，并尝试与其他主机厂、大型运输公司进行数据对接。在打造智慧化汽车货运的道路上不断突破。

（1）公路直发模式使用情况。

蚂蚁物流全力推动公路直发模式下的电子运单推广。2020 年下旬电子运单系统上线后，在长城集团汽车发运业务中助力各下属物流商完成 117128 张运输单据的线上签署，共计节省各物流商成本约 32.80 万元，电子运单模式已经常态化。

（2）铁水中转发运模式使用情况。

现阶段，蚂蚁物流已与水路承运商展开合作，逐步推广电子运单模式，组织试运线路。铁路线路也在同步尝试运营。

二、项目创新点与创新成果

（一）整车物流的电子运单模式

利用本项目提及的电子运单模式，首次打破汽车制造商、汽车物流商、汽车销售商彼此间的纸质单据交接壁垒，以电子签章平台为载体，融入长城集团整车物流运输单据流转的各个环节中，以车辆发运信息为关键抓手，实现长城集团运输单据由纸质文档流转向数字流传输模式的经销商全覆盖，使得多方在此项目中增益，获得了广大物流商和经销商的一致好评。

将原线下人工打印、传递等作业，转到线上系统操作，以较低的开发和使用成本实现物流运输单据流转全过程系统化、数字化，解决人工操作浪费、作业走动浪费、纸张打印浪费等不增值活动，提高文档管理水平。改善前后对比如表 9 - 11 所示。

表 9 - 11　　改善前后对比

改善项目	改善前	改善后	改善效果
打印耗材成本	0.2 元/张	0 元/张	共计节省打印成本 16 ~ 20 万元/年
邮寄成本	2.6 元/张	0 元/张	共计节省邮寄费用 90 ~ 100 万元/年
存储面积	$18m^2$/年	$0m^2$/年	电子文档，消除档案室占用成本
现场打单人员	6 人	0 人	取消现场打单环节，减少人员成本
运单回收人员	3 人	0 人	取消单据回收环节，减少人员成本
运单回收期	30 天	0 天	缩短运单回收周期 100%
发运现场走动	300 米/板车	0 米/板车	完全消除驾驶员现场走动
历史单据查询	1h/次	1.8min/次	提升单据查询效率 99% 以上

（二）信息系统改造与对接方案

本项目以现有业务系统和具有电子签名服务资质的第三方签章平台为基础，建立了一套完整的对接和改造方案。在此方案的基础上，可根据自有业务系统，通过简单修改系统代码，即可快速部署，完成系统改造和对接，实现整车物流业务无纸化运作。

（三）多端打通，移动办公

通过把电子签章平台的 PC 端、App、小程序等多端打通，提供便捷的无纸化交接场景，方便主机厂、物流商、经销商三方进行全方位的运单监控和电子签章操作，实现各方高效协作。

三、项目对行业与社会的贡献

（一）引领试点探索，协同推进物流运输单据流转新模式

蚂蚁物流以“合作共赢、成果共享”为价值导向，坚持在整车物流行业进行探索与创新，开展电子签章应用试点示范，为行业提供低成本解决电子签单的可借鉴经验与标准范本，形成可复制、可推广的整车物流运输单据流转新模式案例，改变整车物流行业传统单据流转模式、提升物流行业运行效率、降低社会物流费用，为国家智慧物流的推进贡献力量。

（二）坚持诚信示范引领，推动物流行业诚信体系建设

物流行业已经进入“互联网 +”的新经济时代，以数据为基础的多层次信用体系正在建立，物流行业的运输交易模式已从信息服务走向信用服务。

蚂蚁物流采用可互信、有法律效应的电子签章，规范盖章环境，规避部分人为造假的风险，推动整车物流行业签约环境规范化，切实保障托运方、承运方、收货方的利益，为建立物流诚信体系、打造优质诚信的全新物流模式贡献力量。

（三）承揽企业公民义务，积极履行社会责任

蚂蚁物流积极践行“绿色、生态、科技”的全方位绿色战略，不断创新绿色及智慧物流科技，大力发展“更节能、更环保、更智慧”的绿色业务模式。在整车物流无纸化管理过程中，不断强化并推广“科技物流、绿色物流、生态物流”理念，持续推进整车物流运输环节中的节能减排，带动了绿色、低碳、环保的运单流转新模式，充分承揽企业公民义务，积极履行社会责任，引领绿色物流发展。

（保定市长城蚂蚁物流有限公司　杨宁、许胜杰、赵兴）

第十四节　整车物流作业方案

百川物流（北京）集团有限公司为国家4A级物流企业，是一家以供应链物流管理、物流系统开发、新能源为导向的物流规划为核心，以公、铁、水多式联运为特色的现代化物流企业集团。旗下业务以商品车供应链和建材供应链两大板块为主，并先后发展了汽车质押监管、零部件物流、集装箱运输、建材公转铁运输等多种衍生业务。

一、项目背景

（一）物流与汽车物流的概念

物流（logistics）是指利用现代信息技术和设备，将物品从供应地向接收地的准确、及时、安全、保质保量、门到门的合理化服务模式和先进的服务流程。物流随商品生产的出现而出现，随商品生产的发展而发展，所以物流是一种古老的传统的经济活动。在我国国家标准《物流术语》的定义中指出：物流是物品从供应地到接收地的实体流动过程，根据实际需要，将运输、储存、装卸搬运、包装、流通加工、配送、信息处理等基本功能实施有机结合。

汽车物流是指汽车供应链上原材料、零部件、整车以及售后配件在各个环节之间的实体流动过程。广义的汽车物流还包括废旧汽车的回收环节。汽车物流在汽车产业链中起到桥梁和纽带的作用。汽车物流是实现汽车产业价值流顺畅流动的根本保障。

（二）汽车物流与普通物流的差别

1. 技术复杂性

保证汽车生产所需零部件按时按量到达指定工位是一项十分复杂的系统工程，汽车的高度集中生产带来成品的远距离运输以及大量的售后配件物流，这些都使汽车物流的技术复杂性高居各行业物流之首。

2. 服务专业性

汽车生产的技术复杂性决定了为其提供保障的物流服务必须具有高度专业性：供应物流需要专用的运输工具和工位器具，生产物流需要专业的零部件分类方法，销售物流和售后物流也需要服务人员具备相应的汽车保管、维修专业知识。

3. **高度的资本、技术和知识密集性**

汽车物流需要大量专用的运输和装卸设备，需要实现“准时生产”和“零库存”，需要实现整车的“零公里销售”，这些特殊性需求决定了汽车物流是一种高度的资本密集、技术密集和知识密集型行业。

（三）汽车物流标准化工作缓慢

目前，汽车物流标准化工作滞后于整个汽车工业的生产总量的增长及汽车物流的发展。物流企业管理、服务规范及运输工具均未形成统一的标准，而当整个供应链环节出现问题时，往往会显得无所适从。俗话说：没有规矩，不成方圆。在物流行业一致呼吁标准化的同时，标准化工作的推行势在必行。

如果单从中国汽车物流目前的业务总量来说，物流规模已经相当可观，汽车物流正处于快速成长阶段；但如果从整个汽车物流行业运作的成熟程度来衡量的话，甚至可以这样认为：汽车物流服务还处于刚刚起步阶段，即孩提时代。虽然，近年来汽车物流公司如雨后春笋般涌现，但大部分充其量只是一些传统的运输服务，还远远达不到现代化汽车物流服务的标准。

二、项目主要内容

（一）标准作业

1. **目的**

通过编写使用标准作业指导书、作业要领书、时间记录表、生产能力平衡图，确保建立可重复、可预测的基准，使作业人员按照标准作业指导书操作，保证作业有序进行，从而形成一种优化作业程序，逐步达到安全、准确、高效、省力的作业效果。

2. **适用范围**

适用于集团公司各大区、各业务中心。

3. **定义**

标准作业是以人的动作为中心、以没有浪费的操作顺序有效地进行生产的作业方法。它由节拍时间、作业顺序、标准动作三要素组成。

标准作业指导书在作业系统调查分析的基础上，将现行作业方法的每一操作程序和每一动作进行分解，以科学技术、规章制度和实践经验为依据，以安全、质量效益为目标，对作业过程进行改善。

4. **标准作业三要素**

节拍：一个零部件（或总成）的生产或装配作业按需要应该在多长时间内完成。

作业顺序：作业者在规定循环时间内能够最高效地生产出合格产品的动作顺序。

标准手持：也叫标准中间库，按作业顺序进行作业时为能反复地用同一顺序、动作进行作业，在工序内持有最少量的半成品数量。

（二）管理内容

百川物流于2017年全面推行标准作业，并逐年进行优化完善，目前编制标准作业指导书共计49册，标准作业指导书分为公路标准作业指导书，铁路标准作业指导书，仓储标准作业指导书。

为加强标准作业全面落实，达到各大区各业务中心精益化管理，强化现场标准化作业，规范作业人员行为和各工序作业流程，真正实现作业现场的规范化、标准化和程序化，建立常态的标准作业管理和考核机制，特制定如下管理规定。

（1）针对每项具体工作，将技术措施、安全措施细化到标准化作业的各个工序。对现场作业全过程控制，对作业人员全过程管理。

（2）各班组应定期组织岗位标准化作业指导书的培训和学习。新发布的作业指导书在执行前或新员工上岗前，必须组织作业指导书的上岗培训并进行考试（新员工考试不及格直接不录用，在职员工考试不及格将采取脱岗学习方式），考试确保岗位员工应知尽知、应会尽会。

（3）培训效果要求。

业务中心经理按照标准作业指导书，组织作业人员学习，每月对所有作业人员进行本岗位标准作业指导书的管理与执行情况进行检查。

班组长能掌握本班组岗位的标准作业指导书；在工作中能做到既不违章指挥，又能纠正存在的违章作业现象。

员工不断提高岗位操作技能，增强事故预防和应急处理能力。使员工能够及时准确掌握本岗位的标准作业指导书，提高按标准操作的自觉性，快速实现标准化作业。

（三）考核管理

（1）作业过程中，作业人员不严格按现场标准作业指导书规定的流程进行作业，给予相关责任人考核200元。

（2）对标准作业有异议的，未经同意擅自更改流程或操作顺序的，给予相关负责人考核200元。

（3）未严格执行标准作业指导书而导致商品车质损，给予相关班组长考核200元，相关负责人考核200元。

“人机料法环”是对全面质量管理理论中五个影响产品质量的主要因素的简称。

人，指制造产品的人员；机，指制造产品所用的设备；料，指制造产品所使用的原材料；法，指制造产品所使用的方法；环，指产品制造过程中所处的环境。

“人”是作业管理中最大的难点，也是所有管理理论中讨论的重点。围绕着“人”的因素，各种不同的企业有不同的管理方法。

人的性格特点不一样，那么作业的进度，对待工作的态度，对产品质量的理解就不一样。有的人温和，做事慢，仔细，对待事情认真；有的人性格急躁，做事只讲效率，缺乏质量，但工作效率高；有的人内向，有了困难不讲给作业班长听，对新知识、新事物不易接受；有的人性格外向，做事积极主动，但是好动，喜欢在工作场所讲闲话。那么，作为他们的领导者，你就不能用同样的态度或方法去领导所有人。应当区别对待（公平的前提下），对不同性格的人用不同的方法，使他们能“人尽其才”。发掘性格特点的优势，削弱性格特点的劣势。要提高生产效率，就先从现有的人员出发，尽可能地发挥他们的特点，激发员工的工作热情，提高工作的积极性。

“机”就是指作业过程中所使用的设备、工具等辅助作业用具。作业中，设备是否正常运作、工具的好坏是影响作业进度、产品质量的又一要素。一个企业在发展，除了人的素质有所提高，企业外部形象在提升，公司内部的设备也在更新（整车物流轿运车等）。

“料”指物料，半成品、配件、原料等产品用料。作业中，分工细化，一般都有几种甚至几十种在商品车运输过程中所产生的物料，如工作服、手套、指示牌等。

“法”是指法则，指生产过程中所需遵循的规章制度。它包括标准作业指导书，各种操作规程等。严格按照规程作业，是保证产品质量和生产进度的一个条件。

“环”指环境。整车物流对环境的要求很高。环境也会影响商品车的质量。如商品车仓储区域周边是否存在污染源对商品车质量造成影响等。

（四）整车物流作业方案

作业方案是由作业流程和标准作业等组成，人机料法环配置能够指导现场作业。

百川物流整车作业方案是日常管理工具中非常重要的一部分，作业方案包括背景、前提条件、目的、概念术语、思路架构、方案内容、风险分析、日程计划、相关流程、绩效指标、后续课题、联络体制，共计 12 个步骤；思路架构部分包括物与信息流程图、整车物流作业过程、整车作业能力要素、整车作业能力要素分析、管理组织架构、业务主流程、标准作业、作业中心职能架构、仓储场地规划设计、物流路径设计、办公场所规划设计、食宿规划、年度业务量规划、各作业环节及班次设计、设计所有作业单元时间、设计各环节单台班作业量、作业方式优化组合、三级计划表，共计 18 个步骤；方案总体预览如图 9 – 53 所示。

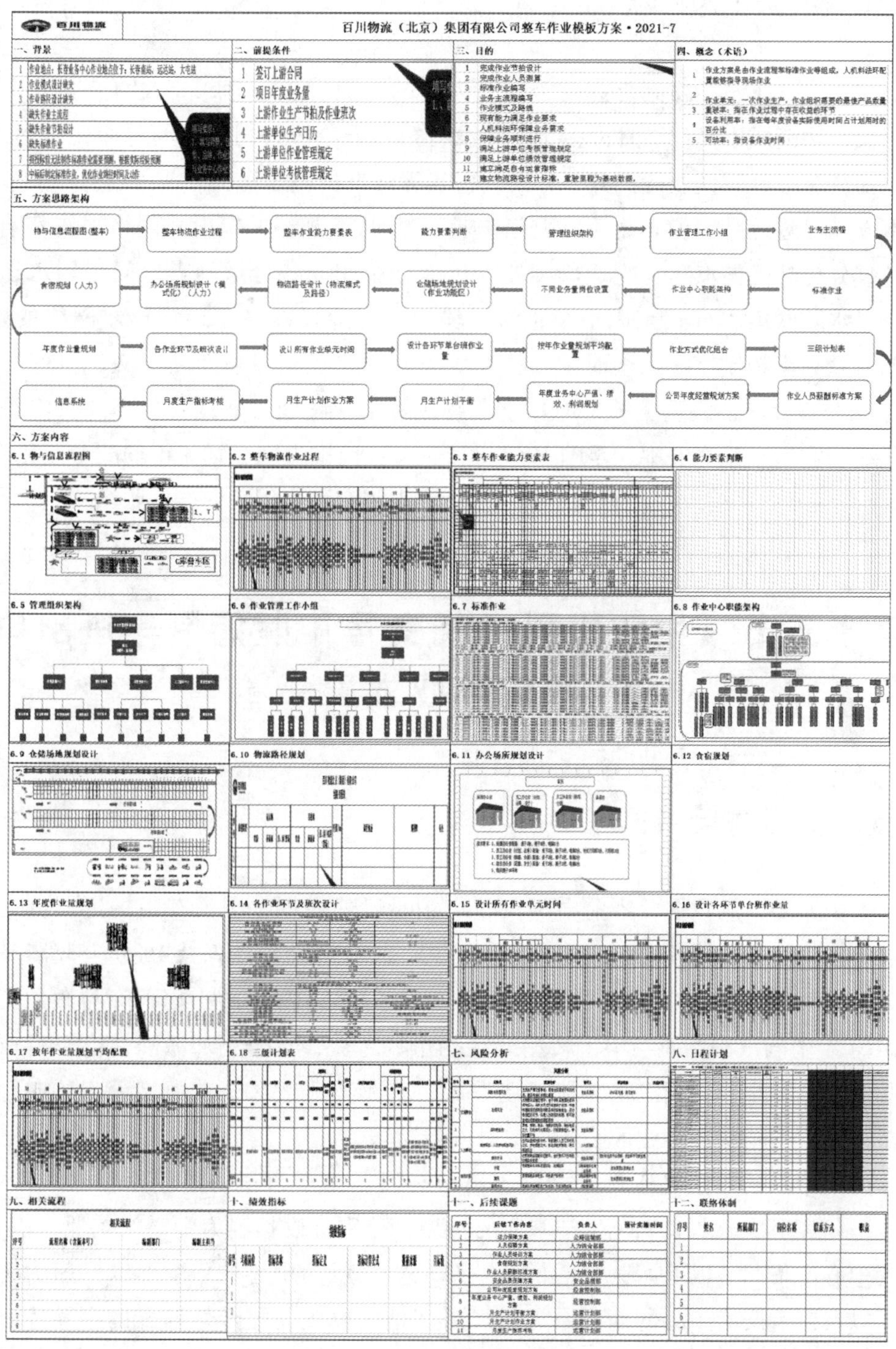

图 9 – 53　方案总体预览

三、项目行业贡献

目前我国汽车整车物流行业由于缺乏先进的物流管理理念，导致物流企业产品周转时间长，物流成本高。而且许多企业并没有第三方物流公司提供的专业化、网络化、信息化物流服务，致使业务拆分、分块外包且无法发挥整合优势。

本方案通过建立“汽车物流标准化作业”，形成多枢纽的辐射式网络，使若干城市成为具有分拣功能的汽车物流运输枢纽，进而在枢纽与各分散网点之间采用水运、高速公路、水陆联运等方式完成整车物流运输，最终通过商品车运输枢纽网络的建立，不仅能为商品车物流缩短在途时间、提高服务水平，还能保障商品车交付时完好与实现“零”公里交车。最重要的是通过整车物流标准化作业方案的建立，能将汽车物流成本压缩至占汽车生产成本比重的10% ~15%，从而推进汽车物流市场的专业化发展。

（百川物流（北京）集团有限公司　白洁、张洪宇、李智斌）

第十五节　中欧班列（长安号）赋能汽车进出口物流产业发展

一、项目背景

根据国家统计局数据，当前中国汽车产销量已经占据全球汽车市场近三分之一份额，成为国内外车企最重要的市场阵地。2021—2025 年将继续保持4% 的年增长率，预计到2025 年，我国汽车产销量将突破3000 万辆。在2019 年的小幅下降与激烈竞争之后，2020 年中国汽车产业经历了转型升级的市场考验，竞争更加激烈，汽车行业增长变化必然会进一步影响到汽车物流市场发展，汽车物流市场正在由增量市场向存量市场不断转移，汽车物流行业面临转型提升的新阶段。

国内汽车产销逐渐趋于稳定，物流需求旺盛。由于汽车制造业显著的规模效应，目前我国已经形成了六大汽车生产基地的格局，分别是以长春为中心的东北，以北京、天津为中心的华北，以上海为中心的长三角，以武汉为中心的华中，以广州为中心的华南，以及以重庆为中心的西南。主机厂所在地需要配备与产量匹配的中转库，商品车通过中转库发向全国实现销售。目前我国汽车销量最高的区域为华东区域，汽车生产的集中与消费市场的分散带来了巨大的物流需求。

整车物流运输结构变化，运输网络形成。汽车物流行业作为汽车产业的重要支撑，受汽车市场的影响，经营压力加大，行业企业面临业务结构调整、服务转型升级的新需求。我国整车物流的运输结构已进入新一轮的优化调整期，铁路、水路充分发挥了其低成本、大批量的运输优势，承担更多中长距离的批量干线运输业务，公路运输重点转向中短途运输和两端短驳，逐渐形成分工合理、节能高效的汽车整车综合运输网络。

根据中物联汽车物流分会资料，2020 年全年共计完成汽车整车铁路发运 617 万辆，占乘用车市场运量的 30% 以上，铁路运输优势地位初显。随着铁路运输业务量的不断增加，铁路运输模式逐渐呈多样化发展，主要有站到站、站到店、站到库、厂到店等，尤其是铁路商品汽车“库前移”模式，在整体物流运作上可以有效发挥铁路批量运输和场地仓储优势。

二、项目主要内容

2020 年以来，新冠肺炎病毒在全球范围内广泛传播，并带来国际资本市场巨大的动荡，这既是对世界防疫体系和金融体系的重大挑战，更是对全球化运输体系的一个大考。作为共建“一带一路”重要项目，铁路运输已成为世界运输体系的重要组成部分。面对新冠肺炎疫情导致“空运停滞、海运受阻”的全新挑战，中欧班列的常态化稳定运行，在确保全球物流通道畅通、促进沿线各国经贸往来、维护全球供应链稳定等方面发挥重要作用。新冠肺炎疫情期间，中欧班列（长安号）作为欧亚经贸往来的重要物流通道，在确保防疫安全的基础上，进一步优化运输流程、提高运营效率，有力带动全国各类货物在西安集散，为企业提供了高效稳定的运输服务，有力保障了“一带一路”沿线国家和地区货物运输畅通。

西安国际陆港投资发展集团（以下简称“陆港集团”）作为西安港的投资、建设与运营主体，依托西安港完善的软硬件设施和中欧班列（长安号）密集丰富的国际物流网络，经过较长时期的探索和实践，在打通汽车物流通道、提升汽车物流效能、降低汽车物流成本、提供汽车物流解决方案等方面不断积累经验，依托“政策 + 平台 + 通道 + 配套 + 产品”的全能汽车物流服务，持续助力汽车物流产业发展。2021 年上半年，西安港整车口岸通过中欧班列（长安号）运输整车共 720 列，共计 80760 辆车。

（一）政策优势，打造国家级汽车物流枢纽

2013 年，习近平总书记提出“一带一路”倡议，打造以亚欧大陆为中心，辐射全球各大陆、连接世界各大洋的合作网络。

2017 年，国务院印发《中国（陕西）自由贸易试验区总体方案》，提出“建设‘一带一路’国际中转内陆枢纽港、创新航空港—陆港联动发展机制、提升中欧班列辐射能力”，加快推进“一带一路”建设，深入推进西部大开发。

2018 年，国家发展改革委印发《关中平原城市群发展规划》，并明确提出“建设西安国家中心城市”，再次凸显西安在全国区域发展格局和国家治理体系中的地位——建设向西开放的战略支点、引领西北地区发展的重要增长极。

2019 年，西安入选 2019 年国家物流枢纽建设名单，西安陆港型国家枢纽成为国家构建“向西服务全国，向东服务西部”的主要抓手与核心平台。

2020 年，中共中央、国务院印发了《中共中央 国务院关于新时代推进西部大开发形成新格局的指导意见》，指出要强化举措推进西部大开发形成新格局。在 2000 年“西部大开发战略”的基础上，又一次为发展内陆口岸指明了方向，把促进东西部区域平衡发展、重塑经济格局提升到国家战略高度，是发挥我国超大规模市场优势和内需潜力，构建以国内大循环为主体、国内国际双循环相互促进新发展格局的必然之举，也意味着西部内陆地区又迎来一波巨大的发展红利。内陆港作为西部地区外向型经济发展的窗口，促进了内部地区的国际贸易，带动了区域经济发展，已成为衔接内陆地区干支线运输及物流格局中不可或缺的重要节点，是国内循环和国际循环相衔接的核心枢纽。

（二）平台优势，助推汽车物流产业快速发展

西安港是中国首个内陆港，也是中国最大的内陆港，更是全国唯一一个拥有国内国际双代码的内陆港。依托西安铁路集装箱中心站、西安公路港、西安综合保税区三大核心平台，围绕整车进口口岸、二手车出口首批试点城市、平行进口车试点等资质，打造并运营“西安港整车进出口物流分拨基地”，专项服务于汽车进出口物流，为广大主机厂商提供国际跨境物流服务。

西安港天然具有物流集散分拨中心的区位优势。以西安为中心的“米”字形铁路线和高速公路布局，确保进口整车抵达西安港后，24 小时之内可分拨至中国 85% 的区域。同时，国家发展改革委明确西安港作为首批中欧班列（西安）集结中心试点，为西安港整车国际物流提供了保障。

经统计，自首个整车进口口岸获批至今，国内已获批的内陆铁路整车进口口岸共 8 个，其中 2019 年成都通过蓉欧运输的整车进口量约 4000 辆，重庆通过渝新欧运输的整车进口量约 3000 辆，长春依托长满欧运输的整车进口量约 1000 辆，西安港依托中欧班列（长安号）2019 年实现整车进出口 21996 辆，2020 年实现整车进出口 37583 辆。西安港整车口岸已成为全国进出口车辆最多的陆路整车口岸。

（三）通道优势，构建汽车物流进出口桥梁

中欧班列（长安号）是全国中欧班列的核心主力，已开通 15 条国际铁路货运线路，直达欧亚 14 国 44 个城市，运输服务覆盖整个中亚和欧洲地区。中欧班列（长安号）高频次、高质量的稳定服务水平为汽车主机厂商及整车物流企业“选择西安、选择铁路”提供了信心和新选择。2021 年上半年，在各国口岸拥堵、国际铁路联运计划紧缺的形势下，中欧班列（长安号）保持高效稳定运行态势，共开行 1904 列，较上年同期增长 20%，开行数量、货运量、重箱率三项核心指标稳居全国第一，成为全国中欧班列高质量发展的典范。

1. 线路辐射广

中欧班列（长安号）已覆盖比利时根特、德国诺伊斯、德国斯图加特等欧洲主要主机厂和汽车消费市场。班列开行数量、重箱率、货运量等核心指标稳居全国前列，已连续数月蝉联中欧班列质量评价指标全国第一，是全国中欧班列高质量开行的典范。

2. 运行效率高

中欧班列（长安号）“德国快线”每周定期从西安发车，仅用 10～12 天即可抵达约 9400 公里外的德国诺伊斯，是目前全球最快的中德货运国际铁路运输通道。中欧班列（长安号）“西安—罗斯托克—维罗纳/哥德堡/斯德哥尔摩”南北欧分拨班列，15 天可途经欧洲南北全境，极大提高了班列运行时效。中欧班列（长安号）中东欧专列途经哈萨克斯坦、俄罗斯、乌克兰，由匈牙利扎霍尼口岸换装，改变了目前中东欧货物通过马拉中转的传统模式，避免了马拉拥堵，有效提高了运输时效，在货运旺季时可为客户节省近 1/2 的运输时间。

3. 运输成本低

中欧班列（长安号）坚持根据客户需求定制产品线路，率先实现了整车进出口的高频次“双向往来”，以“无缝衔接的多式联运方式”分别辐射中国市场和欧洲市场。每周往返 6～10 列，接近往返 1 比 1 对开比例，将铁路运输必需的集装箱、车架、铁路车板等资源使用效率开发至极致，极大地避免了单程运输造成的成本浪费，同时降低客户资金的占用。此外，通过与欧洲大量合作场站的长期战略合作，可以最大限度降低场站作业成本，提高效率。综合成本仅相当于欧洲发达国家的 1/2 甚至 1/3，且质量可靠。

近年来，中欧班列“长安号”的高质量开行让内陆地区有了比肩沿海城市的交通区位条件和外向型经济发展禀赋。2021 年年初，陕西省省长赵一德在两会期间做政府工作报告时，明确提出建设“亚欧陆海贸易大通道”的要求。这条贸易大通道是一条物流通道、贸易通道，更是陕西省外向型经济发展的产业通道，也必将成为

国内国际产业链供应链空间重构的重要走廊，和打造内陆新增长极、培育经济新增长点的重要载体。为了落实这一重要战略构想，在陕西省商务厅的支持下，2021 年 7 月 2 日，陆港集团举行了亚欧陆海贸易大通道日韩过境货物首列专列中转发车仪式。亚欧陆海贸易大通道的开行使日韩等高质量、高附加值货物通过便利的内贸铁路运输到西安集结，再通过长安号转运到全球各地，利于开辟中国西部乃至欧亚大陆腹地的广阔市场，为日韩等东亚国家经济发展提供更多的机遇，进一步提升各地区间的互联互通水平。

以日韩企业为例，2018 年 12 月 20 日，首趟中欧班列（长安号）日通专列搭载总货值超过 1700 万美元的电子产品，从西安港发车，最终抵达德国杜伊斯堡，全程运输时效 15 天，较海运方式节约了近 30 天时间，开启了日本企业货物通过中欧班列运输到欧洲的先河。此后，来自日本、韩国的货物源源不断地通过西安港构建的国际物流通道运往欧洲及全球各地，其中发运量较大的为丰田汽车、现代汽车、日产汽车等，主要货品为液晶面板、汽车零部件，单柜货值最高达 25 万～35 万美金，平均每周一列左右。通过班列的运行保障，有效推动了区域经济一体化进程，让更多的国家和企业了解、接受中国“一带一路”倡议，并逐步融入全球一体化价值链体系的构建中，在更广领域、更深层次、更高目标上参与“一带一路”，共享合作机遇，实现联动发展、合作共赢。同时，也拉动高品质“中国制造”走向世界，向世界展示了高质量的“中国制造”。

（四）配套优势，提供汽车物流全产业链最强保障

1. 完善的硬件配套设施

陆港集团已建成超 20 万平方米的标准厂房、仓库面积，拥有占地 25000 平方米的多式联运堆场，可满足整车物流所需要的仓储、短倒需求。为打造“西安港”整车进出口物流分拨基地，陆港集团投资建设了总建筑面积超过 14 万平方米的西安港综合口岸，包括智慧化的多层立体室内仓库（7.8 万平方米）和地面停车区（6 万平方米），可进行 5500 台进出口车辆单日存储和作业量；拥有 3 条整车检测线，可以保证每天 492 台，每年 15 万台进口汽车检测。

2. 先进的信息化技术支持

（1）打造数字化班列。

陆港集团持续践行信息化港口建设工作，通过信息化手段，实现了中欧班列的物流可视化、服务线上化、工作无纸化和流程标准化，打造数字班列。例如，通过信息化系统的数据整理分析，客户可以便捷地实现从无纸化订舱，到全程发运状态可视化监控，再到网上“一单到底”结算的全程信息化服务，极大地提升了工作效率，提升

客户使用体验。

（2）打造智慧口岸。

通过对接海关系统，运用图像识别、数字化管理等信息化手段优化集装箱、汽车等口岸货物作业流程，并生成电子化单据，全面提升作业效率，实现智能化、可视化、准确化的口岸管理。

（3）打造"'一带一路'国际多式联运智慧物流枢纽平台"。

陆港集团把握数字化、网络化、智能化发展机遇，探索新技术、新业态、新模式在中欧班列发展及物流枢纽建设中新的增长动能和发展路径，打造"'一带一路'国际多式联运智慧物流枢纽平台"。建设包含大数据分析、场站作业智能操作、智能化仓储及口岸可视化监控功能在内的实现以设施装备现代化、生产运营自动化、运输组织一体化、运输服务柔性化、管理决策智慧化为特征的现代化智慧港口。

（4）打造综合物流服务平台——"陆港云码头"。

为解决国际物流运输中的物流信息不对称、物流成本高、时效无法保障的问题，陆港集团打造了第四方综合物流服务平台——"陆港云码头"，该平台以多式联运物流贸易服务为基础，整合了物流领域的运力信息、货源信息、物贸信息等核心资源，并可提供商业保理、融资管理等供应链金融服务，为客户提供多功能、全方位、一站式的智慧供应链综合服务。

3. 专业高效的国际化服务团队

陆港集团拥有一支经验丰富的整车国际物流服务团队，具备提供定制化、个性化、特色化整车物流服务的能力，能够确保满足客户多样化的需求。

（1）提供全流程物流解决方案。

在长安号运输基础上，可以实现站到站全天候 24 小时服务，包含提落箱、掏装箱、短驳、疏导进站在内的操作服务，和运单编制、装箱方案审批、集装箱租赁、报关清关、检测等增值服务，满足客户多样性要求。

（2）实现最高效、最安全的场站作业。

针对整车运输对时效和安全性的需求，陆港集团不断优化作业流程，当前装卸效率巅峰值最快达到 15 分钟装一箱，8 分钟卸一箱。同时，陆港集团拥有行业领先的全尺寸 SUV 运输支架，在保证高效的同时确保运输的安全、稳定，降低客户质损率和投诉率。

（3）建立稳定可靠的政府公共服务体系。

陆港集团长期与海关、车管所、铁路局、中心站等支撑服务体系保持稳定的合作关系，能够最大限度确保班列线路运行、车辆检测整备、报关报检等顺利进行，极大提高运行时效。

（五）产品优势，实现汽车物流行业价值提升

根据市场变化及企业需求，陆港集团创造性提出并实践了以“西安港”为核心的蝴蝶型双中心整车国际物流运输解决方案，即以西安港为核心，依托中欧班列（长安号），构建西安与马拉的中欧双枢纽国际整车物流新格局，以“无缝衔接的多式联运方式”分别辐射中欧市场，集中为汽车主机厂及汽车物流企业提供了稳定可靠的铁路国际运输时效和具有绝对竞争力的运输成本。

1. 双枢纽高频对开班列，有效降低成本

中欧班列（长安号）在西安和波兰马拉之间按照每周往返 6～10 列的密度，以及接近 1 比 1 的往返对开比例，将铁路运输必需的集装箱、车架、铁路车板使用效率开发至极致，极大地避免了单程运输造成的成本叠加和浪费，从而降低运输成本。后续还将进一步提升中欧班列（长安号）开行密度和频次。

2. 创造性混合运输方案，大幅节约时间

“西安港”创新性地采用“铁路集装箱 + 铁路笼车”混合运输方式，充分发挥中国、哈萨克斯坦、俄罗斯铁路集装箱运输优势，以及欧洲段拥有铁路笼车运输优势，不仅增加单列火车的装载量，提高班列运输效率，而且全程仅需换装一次，有效节约时间。经测算，混合运输方式下，一列火车单次整车运量可提升 50%；在铁路运输综合物流成本和海运基本持平的情况下，汽车到达客户手中的时间由原来海运的 60 天左右，缩短至现在铁路运输的 20 天左右。

3. 高性价比的双枢纽资源，提供可靠保障

西安和马拉两个枢纽既可通过铁路笼车接驳，也可根据实际需要制订应急方案，通过卡车、轿运车，甚至铁海联运滚装班轮等运输方式，将整车运输到任何客户指定地点。同时应用两个枢纽场站，作业成本相对较低。特别是马拉场站，操作成本仅相当于欧洲发达国家的 1/2 甚至 1/3，同样装卸效果和装卸成本更低，性价比极高，且质量可靠。

当前，加快构建以国内大循环为主体、国内国际双循环相互促进的新发展格局，利好国内汽车物流转型提升。立足扩大国内汽车消费，通过持续完善汽车综合运输体系，充分发挥公路、铁路、水路运输各自优势，将进一步推动我国汽车物流综合服务水平提升。随着汽车消费潜力逐渐释放，我国汽车整车物流市场未来发展稳中向好。

未来，陆港集团将持续优化中欧班列（长安号）整车国际物流运输方案，开发满足个性化需求的定制产品，吸引更多品牌汽车制造商，打造物流服务新模式、孕育科技发展新动能、强化产业融合新生态、打开国际物流新局面，从物流环节向供应

链物流全链条延伸拓展，把西安港打造成中国内陆最大的整车分拨集散地，构筑内陆地区效率高、成本低、服务优的国际贸易通道，打造高质量汽车物流服务新体系，打造全球产业链、供应链、价值链的重要枢纽，为陕西外向型经济发展贡献陆港力量。

（西安国际陆港投资发展集团有限公司）

第十章　汽车物流综合创新成果

第一节　小鹏汽车全场景科技运营项目

一、案例内容介绍

汽车行业是典型的劳动密集型及离散型制造业。劳动密集型意味着对人力需求大，离散型意味着工种多且复杂。中国制造业近年来面临两个核心痛点：一是人越来越贵；二是人越来越难管。新冠肺炎疫情期间进一步放大了这两个痛点，很多汽车主机厂面临人员急缺以及人员效率低下的问题。像小鹏汽车这种造车“新势力”因为本身建厂时间短，投建的工厂位置也非一二线城市，导致场内物流人员缺口比传统主机厂更大，对生产制造影响更严重。

兆驰供应链是专注于为汽车客户“结构性降本”及拥有 IoT（物联网）“科技运营”能力的方案型汽车合同物流公司。兆驰供应链作为小鹏汽车生产物流的运营商，第一次真正把 IoT 技术应用到汽车生产物流“全场景”。将工业无线 Mesh 网络、智能传感技术、高精度 UWB（超宽带）定位、PTL + X（亮灯）智能拣选技术应用于小鹏汽车厂生产物流管理，并将传统的制造业物流设备及载具通过轻量化 IoT 改造成智能叉车、感知手环及料架、故障预测式 RFID 标签、读写器、天线、手持机及物流门；加上独创的物联网平台及大数据平台，整套系统助力小鹏实现汽车生产物流的智能化、精细化管理。通过科技运营，兆驰供应链帮助小鹏汽车解决两个核心痛点：第一，人工成本越来越贵（通过科技运营把全场景的人数大幅减少）；第二，人员管理越来越难（通过科技运营把人在物流场景内“物”化，不存在专人专岗及经验依赖，实现人工全场景灵活调配）。

二、经验总结

（一）做法及经验

小鹏汽车作为智能汽车的头部品牌，对于产品数字化投入了大量的资源，两款明星产品小鹏 G3 和小鹏 P7 凭借极其友好的人称交互深受消费者喜爱。但是在制造过程中，如何将制造与物流进行数字孪生以实现真正的端到端管理数字化，小鹏汽车高层一直找不到方向，对于实现全场域工业 4.0 也一直在苦苦思索。兆驰供应链通过不断与小鹏汽车沟通跟修改方案，最终落地的这个服务案例对于推动物流与小鹏汽车制造深度融合具有示范作用，特别是为如何将物流融入汽车工业 4.0 这一历史命题上给出了新的答案。

物流的全流程及数据，在该案例中通过以下的方式与小鹏汽车生产全场景进行了数字化融合及孪生，真正地将物流数字化的意义彰显出来。

1. 数字化物流运营大脑

大数据分析与 AI 在汽车场内生产物流运营这一细分领域的首次完整应用。

- 数字化满足精益管理对数据统计及分析的需求，同时精益管理经验被数字化记录积累。
- Wisdom 通过数据展现运营问题。
- 代替烦琐的统计工作。
- 代替复杂的运算分析。
- 代替人工调度，运算最优调度结果。
- 积累精益管理经验——自主学习。

2. 管理驾驶舱

BI 大屏实现数据分析结果的快速传递，管理或操作人员都能直观地看到自己最关心的当天运营情况，发现问题，及时决策。

- 关键资源指标——资源指标作为关键指标重点关注，基于关键指标当前的状态，确定现阶段的问题，制订清晰的资源配置方案。
- 整体指标监控——全局反映整体运营情况，辅助指导管理决策。
- 流程节拍把控——分析物流流程的流畅性和生产及物流节拍的均衡性，从而帮助减少平均在制品流转周期和在制品库存积压时间。
- 订单执行时间预测——订单执行时间预测可直观展示未来订单完成时间、资源占用情况，辅助决策资源合理安排。
- 订单履行跟踪——跟踪卡可直观展示订单实时效率及延误环节、物流瓶颈问题定位、数据追踪。

3. **数字化建模及资源映射**

数字化物流运营平台等同于有无数双眼睛在帮客户盯着现场运营情况，有众多工程师在帮客户记录现场每一条细节数据。

- 物流资源数字化——人、车、库的数字化映射。
- 整体设备数字化——物流环境的数字化映射。
- 物流业务数据接入——丰富的数据数字化方案。
- 数据集成处理——丰富的数据集成，高效的处理能力。

4. **实时运营指标分析**

等同于有众多资深规划分析专员帮客户细致分析每一条运营指标、每一项物流资源的表现，实时帮客户指出异常所在及原因，辅助规划改善。

- 智能化运营指标分析——关键指标重点关注，基于关键指标当前的状态，确定现阶段的问题，进行清晰的资源配置。
- 实时智能处理技术——从采集到分析、预测的工业处理过程。
- 分布式实时数据处理引擎——全新的分布式引擎在架构上更先进，更加稳定，高可用、高扩展，更高性能，可帮助企业更灵活应对海量数据分析的挑战。

5. **数字化精益运营改善**

等同于有众多精益改善人员在帮客户进行细致的物流运营改善。

- 智能化运营 AI 深度应用——预测订单占用物流资源及时间。
- 智能化运营预测优化——利用机器学习来预测运营投入。
- 资源实时优化调度——智能调整人员调度/任务派单指派权重，保证物流任务执行高效。
- 物流任务调度算法策略——基于 Kuhn - Munkres 算法及马尔科夫决策的订单策略模型。

（二）案例创新点

案例中最大的创新亮点在于将传统的汽车场内物流设备及载具进行轻量化 IoT 改造，让设备及载具有了数字化的可能，因为只有通过数字化才有可能实现真正意义上的物流与制造业的深度融合，同时对接到兆驰供应链后台的大数据调度中心实现汽车生产物流的智能化、精细化管理。模式及管理创新如下。

1. **零部件物流管理**

综合应用 RFID 物流门、RFID 标签、读写器、周转容器，追踪管理零部件。

2. **整车生产过程管理**

应用于焊装车间、WBS（工作分解）、涂装车间、PBS（项目分解）及总装车间，在整个车辆制造流程中设置必要的信息采集站，对车辆及相关对象进行信息采集并进行跟踪监控，将这些生产现场所获信息及时反馈到相关系统。同时通过 IoT 设备把生产物流场景中的操作工变成“万能工”，减员的同时，把专人专岗转变为“万能工”，大大提升了效率。

3. **整车物流管理**

设备识别商品车 RFID 标签及驾驶员身份 RFID 标签卡信息进行道闸操作，保证整车物流环节端到端能见度。

（三）应用效果

项目实施前，小鹏汽车作为造车“新势力”，受限于整体运营团队的行业经验积累以及智能汽车制造的复杂性，生产物流的整体运作效率对比传统主机厂（类似广汽丰田）低了 40% 左右；防错率也仅有 96%，低于业界最高标准 99%；每个月也有平均 1 ~2 次的断线。

项目最终实现的效果：端到端减员 30%，整体运作效率提升 50%，防错率高达 99. 99%（达到汽车制造业最高质量标准），因物流导致的断线率为零。

因为应用成果极其显著，小鹏汽车与广州南沙的新工厂正在与兆驰供应链进行前期规划 design - in（前置设计）的方案探讨，以期把“科技运营”的理念及方式及早推广到新工厂建设中去。与此同时，北汽集团已经与兆驰供应链签订合同，并于 2021 年年中将“科技运营”应用于北汽北京工厂生产物流场景中。

三、借鉴意义

新能源汽车智能化及数字化的属性意味着物流与新能源汽车制造业深度融合，数字化是基础。而如何把传统生产物流通过较低的成本进行数字化，兆驰供应链给出的答案是进行场内物流设备的轻量化 IoT 改造 + 数字化科技运营。因为该尝试属于业界首创，得益于小鹏汽车及其开放的合作态度，该案例才得以顺利落地，而且落地效果显著，在降本增效上超过预期。兆驰供应链也凭借“科技运营”打造的良好口碑，于 2020 年完成了新一轮的融资。

“所有的伟大，都源于一次勇敢的开始。”从“中国制造”升级为“中国智造”，从制造业“数字化”走向“数智化”，物流与制造业深度融合必不可少。兆驰供应链作为创新型的物流企业，愿意在物流与制造业融合的发展中大胆尝试，开辟新的可能，以期不辜负“双高新”物流企业的资质。

四、面临的问题及措施建议

“科技运营”是生产物流与高端制造业深度融合的大胆尝试，在取得超过预期的效果同时，我们也发现存在的一些挑战与进一步改善的机会。譬如现在国内周转器具以及塑料托盘并没有完全标准化，使得通过大数据平台跨厂区调拨存在比较大的挑战。兆驰供应链的轻量化 IoT 改造也仅适用于物流设备，无法进一步拓展到可循环周转器具。

如果国家能够进一步推动周转器具与塑料托盘的标准化，让场内及跨区域的周转器具及托盘的智能调度成为可能，届时对于物流与制造业深度融合将会有实质性的帮助，加速产业链的整体数字化及智能化。

（北京兆驰供应链管理有限公司　林泰恩）

第二节　基于物联网和人工智能技术的汽车物流全过程可视化平台建设

一、项目背景

近年来，由于汽车市场下行以及主机厂物流模式调整等因素，汽车物流面临着优化改善、转型升级的重大考验。随着物联网等技术的快速发展，信息化、数字化成为助推汽车物流行业发展的新方向、新动能，在此基础上，打破物流信息孤岛，实现订单从生产到交付的可视化，成为汽车物流优化和发展的重要方向。结合自身汽车物流模式及可视化现状，一汽物流（成都）有限公司启动汽车物流全过程可视化研究项目，通过 AIoT 等技术应用，优化完善可视化建设，形成汽车物流全过程可视化平台，实现入厂物流可视化、整车物流可视化、自动化设备可视化，帮助主机厂、供应商、承运商、经销商及终端客户等关键用户实时了解物流运行情况，达成作业指导、实时预警、快速改进、有效追溯等目标。

二、项目内容

（一）汽车物流作业模式与可视化现状分析

一汽物流（成都）有限公司为主机厂提供集入厂物流、工厂物流、整车于一体的汽车物流全流程服务。入厂物流包括本地循环取货、零部件仓储、零部件配送服务；工厂物流包括线边存储、配送上线服务；整车物流包括接车倒运、整车仓储、整车发送、4S店配送服务，如图10－1所示。

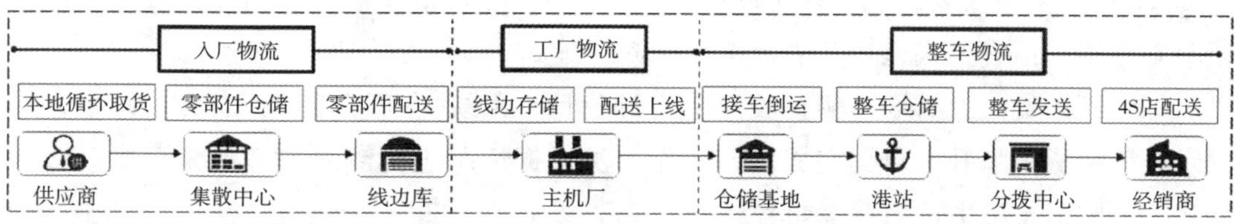

图10－1 汽车物流全物流服务

项目通过分析研究入厂物流、工厂物流、整车物流各节点，剖析过程可视化薄弱环节以及因此而带来的作业调度不及时、人力成本高、数据准确性差、业务指标核算困难等问题。

（1）入厂物流方面：入厂物流已实现系统化生产管理，公司的WMS、FIS等系统与SCP、SAP等主机厂系统也通过数据接口实现了相互打通，数据共享，可实时查询货品运送计划、到货时间、在库房内的位置及状态、是否发运至主机厂等，并可进行批次追溯，但仍存在薄弱环节：一是场区车辆调度仍依靠人工，自动化程度较低，人工调度导致人力成本居高不下，且存在调度不及时、插队等现象，影响装卸及时率，同时车辆在场区作业时间统计不准确，难以进行数据分析；二是循环取货业务在途管理薄弱，虽然可通过GPS实时查看取货车辆位置，但未与零部件信息相关联，需人工确认车辆所载零部件信息，存在跟踪不及时、急件预警不及时导致生产停台等风险。

（2）整车物流方面，商品车发运业务主要依托V－LMS系统，对整车物流过程中的仓储、发运、在途等环节进行系统化管理，通过GPS进行在途轨迹管理，但对商品车全程追溯薄弱，商品车物流全过程13个数据采集节点，8个已覆盖，5个未覆盖。无法准确匹配商品车移动全过程的人、车信息，无法保证数据的精准性及不可篡改，同时商品车物流全过程数据分析工作烦琐复杂，业务指标核算困难。

（二）物流过程可视化平台建设与应用

1. 入厂物流可视化

在仓储管理系统（WMS）实现货物收货入库—上架—补货下架—转包投货—备货—出库发运可视化基础上，采用RFID、GPS技术及系统交互方案进行完善，补全场区车辆智能调度、零部件在途监控等信息，实现入厂物流可视化。

（1）场区供应商车辆管理。

考虑供应商送货车辆的不固定性，场区内供应商车辆采用IC卡管理模式，如图

10－2 所示。

①入门登记：实行一车一卡，员工在系统中进行车—卡绑定，车辆进入卸货排队序列。

②叫号：车辆进入停车场等待叫号，系统按先进先出原则自动叫号，通过停车场 LED 显示屏、语音方式通知车辆至指定卸货口卸货。

③车辆卸货：被叫号车辆行驶至指定卸货口，系统更新卸货口状态为忙碌中，并显示当前卸货车牌号。卸货完成后，操作人员根据情况进行卸货口释放，卸货口状态变更为空闲，系统进行下一次叫号。

④车辆离场：车辆离场时，司机刷卡并交还 IC 卡后离场。

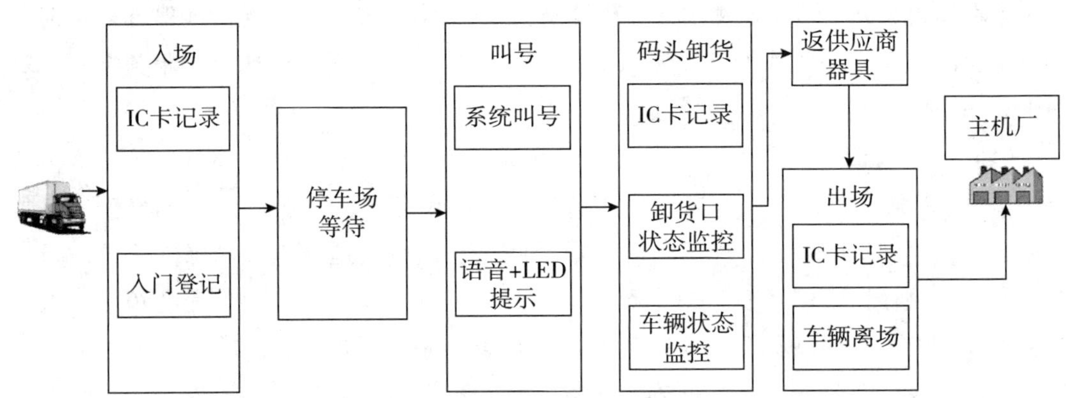

图 10－2　供应商车辆管理

（2）场区配送车辆管理。

为减少人工操作、进一步提高车辆调度效率，配送车辆采用 RFID 管理模式。每辆配送车辆加装 RFID 标签，在返场口、卸器具等待区出入口、停车场出入口、离场口均安装 RFID 读取设备，实现车辆从返场到离场信息的自动采集。其流程与供应商车辆管理相似，如图 10－3 所示。

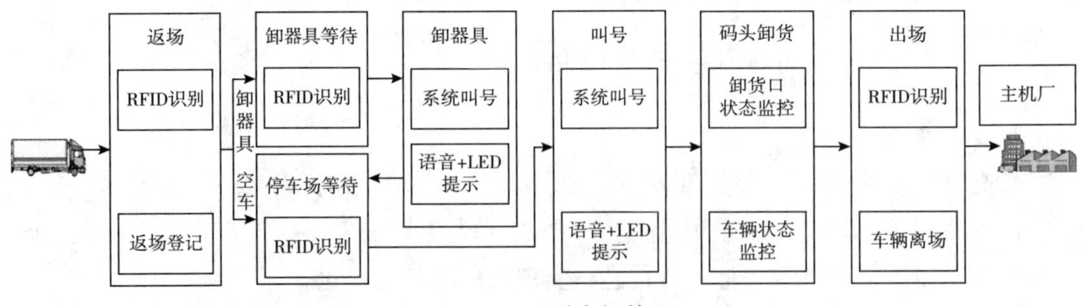

图 10－3　配送车辆管理

（3）入厂物流车辆在途管理。

本地循环取货车辆在现有GPS系统基础上，通过开发循环取货系统数据接口获取取货数据，实现取货在途可视化。循环取货数据接口包含运单数据接口、运单GPS数据发送接口、运单任务结束状态接口。在数据获取基础上，建立在途车辆监控平台。平台显示日期、运单编号、派发时间、司机确认时间、运单打印时间、扫码交接时间、运单发运时间、运单入厂时间、坐标等主要信息；显示车辆运行轨迹，可实时查询运单零部件信息，实时监控在途车辆运送零部件信息，如图10－4所示。

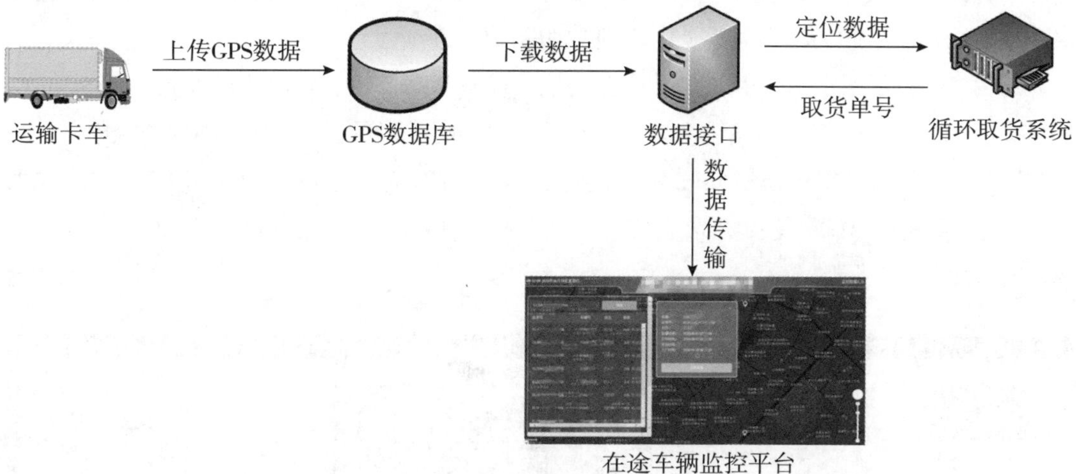

图10－4 本地循环取货数据接口与在途车辆监控平台

2. 整车物流可视化

整车物流采用“数据＋视频采集”方式对全过程节点进行数据采集，实现商品车全过程的可视化管理，如图10－5所示。

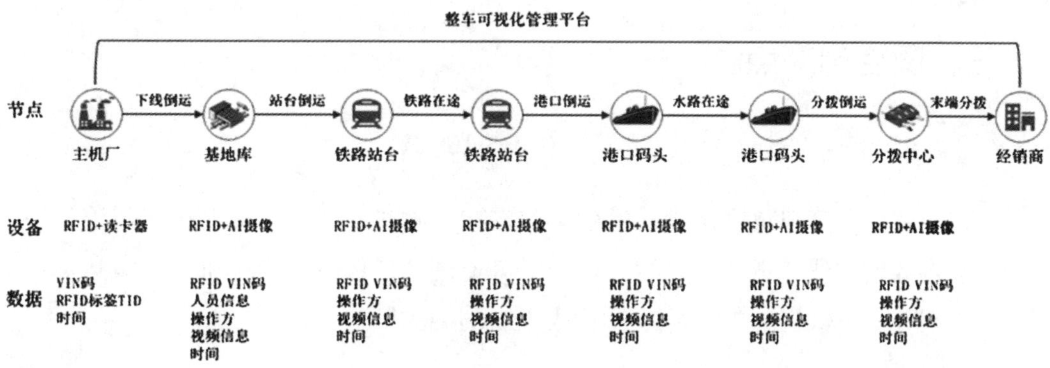

图10－5 商品车全过程可视化管理示意

（1）全过程数据采集：以 RFID 标签为载体，采用固定式和移动式 RFID 射频采集技术，实现商品车运输全流程数据快速采集。

（2）全流程 AI 视频采集：通过 AI 视频叠加技术实现人、车、货出入场及场内的视频信息采集及校验。

（3）数据定制化展示：按关键用户类别定制化展示全过程数据及 AI 视频信息。

3. 自动化设备可视化

一汽物流（成都）有限公司积极探索物流新技术应用，已在零部件小件拣选区采用货到人 AGV 及分拨墙技术实现拣选区入库、存储、备货、出库无人化，通过信息技术实现对自动化设备运行的可视化管理，如图 10－6 所示。

（1）AGV 可视化模块实现实时地图监控、设备状态监控、仓储管理监控、任务监管，库房内无线信号全覆盖，使系统高效、准确反映生产情况，便于生产运维和设备维护。

（2）分拨墙可视化模块实时显示出库任务、出库货物库位、数量等信息，分拨墙框架拣选按钮与 AGV 多层货架仓位一一对应，并控制按钮进行灯光指示，直观、简单、有效降低作业差错率。

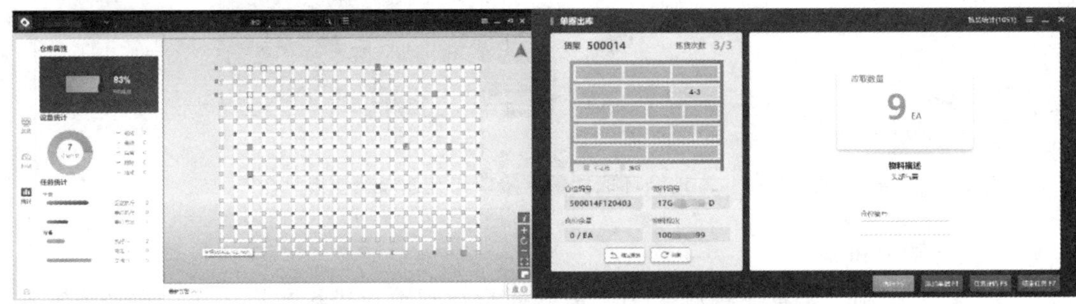

图 10－6　AGV 与辅助拣选分拨墙运行可视化界面

三、项目创新点

（一）构建汽车物流全过程可视化管理体系

从供应链协同管理角度出发，搭建集汽车入厂物流、工厂物流、整车物流于一体的物流节点数据在线、透明、可视、可控、可追溯管理体系，为主机厂、承运商、经销商、终端客户等供应链参与者提供不同层次的信息共享。

（二）物联网和人工智能技术应用

基于 RFID 和 AI 视频叠加技术，实现了商品车运输节点视频实时监看、历史回看等功能，形成了全流程节点数据和视频构成的完整溯源信息，通过 RFID 技术实现商品车可视化追溯。

（三）开发汽车物流过程可视化平台

通过先进物流技术应用，以及与 WMS、V－LMS、MR 等系统进行数据交互，实现“货”与“车”绑定，使信息流与实体物流同步，实时掌握货物信息与车辆运行状态。

（四）RFID 技术应用于场区车辆管理

通过 RFID 技术应用，实现场区配送车辆无人化管理，提高各个环节通过效率，同时系统采集车辆各节点数据，为车辆装卸货作业优化提供支持。

四、项目效益

（一）项目应用效果

本项目已于 2019 年全部完成并进入应用阶段，建成指标可视化、作业可视化、调度可视化、现场可视化、货物可追溯化五位一体的汽车物流可视化体系。以可视化平台为依托不断优化物流过程质量，为提升客户满意度、降低成本提供了支持，具体如下。

入厂物流可视化方面，基于仓储管理系统，弥补场区车辆调度、在途管理薄弱点，通过 GPS 与循环取货系统结合，及时追踪零部件最新配送状态，最终实现全过程可视化。场区车辆智能调度系统实现车辆排队、自动叫号、停车场无人化管理，车辆调度效率提高 80%，车辆调度人员减少 12 人，避免人为调度插队、漏排等弊端。实时掌握零部件取货、配送在途信息，帮助企业根据实际情况合理安排生产任务。通过对配送过程信息全程不间断采集，提供以往配送历史数据查询功能，支持追溯数据本源，方便企业决策和管理；提供物流过程异常情况预警，工作人员根据预警信息快速响应处理，保障主机厂生产有序进行。物流运作数据自动化统计实现 KPI 快速测算，通过指标分析促进作业水平提升。

整车物流可视化方面，采集全过程物流节点信息，实现商品车运输明细查询，保证数据的精确性。基于 GPS 实现车辆运输在途管理可视化，随时掌握车辆在途信息；AI 视频采集实现节点视频实时监看回看，全流程节点数据和视频构成物流可视化完整信息；实时掌握扫描节点周围信息，提供可视化证据，辅助解决投诉、免责、防损等问题。分析各线路、各站点运量、作业量分布，实现仓库可视化管理、商品车倒运 KPI 快速测算，各节点及时预警、运力监控及预测等，并通过数据分析提升业务管理能力，监控使到货及时率提升约 10%。

自动化设备可视化方面，实现硬件设备调动、设备信息监控，生产运维监控，并具备远程监控功能，提高故障解决及时率，降低拣选差错率。通过可视化的应用，作业人员可通过可视化终端实时查看作业任务，在执行任务时，可根据作业提示完成作业，实现作业指导。可视化终端的应用，节省约 20% 问题处理时间。在设备发生异常时，可通过终端显示问题类别，同时可根据电子地图快速定位故障设备坐标，协助作业人员及时准确反馈至技术部门处理，减少沟通上报时间；在零部件出现问题向上追溯时，可直接在终端上操作，较传统模式，现场管理人员无须向技术部门申请后台查询，可直接在现场终端上查询，及时更换问题零部件。

（二）行业推广价值

随着汽车物流行业竞争日益激烈，汽车物流企业必须提升物流服务质量才能在竞争浪潮中脱颖而出，本项目从供应链协同角度出发，利用先进的物流技术，补全物流节点数据，使数据可视、可控、可追溯，并综合考虑供应链各参与方需求，为其提供不同层次的可视化服务。项目的方案设计、运营管理模式为同行业企业提供参考。

本项目所搭建的物流全过程可视化平台目前在公司内有效运行，推动业务应用完善，待平台产品成熟后，可在行业中逐步推广应用，打造行业示范。

（一汽物流（成都）有限公司）

第三节　打造基于工业互联网的智慧物流园区

一、项目背景

为支持新常态下物流业的健康可持续发展，国家把“互联网 +”高效物流提升至国家战略层面，旨在形成基于互联网的开放共享、合作共赢、高效便捷、绿色安全的智慧物流生态体系。智慧化已成为物流业未来发展的必然趋势之一。

武汉东本储运有限公司（以下简称“东本储运”）自 2004 年成立以来，已有 17 年之久。随着客户东风本田销量的不断攀升，东本储运作为主机厂东风本田最大的物流供应商，其负责的五大块物流业务，包括零部件入厂物流、零部件厂内物流、售后服务备件物流、整车销售物流和空容器返还物流，均按照既定成熟的业务模式正常运转。同时随着东风本田二工厂、三工厂的建成，东本储运的业务量迅猛增长，营业额连年翻番，2020 年已达 25 亿元。

面对数量庞大的物流资源，仍采用传统物流运作模式，已无法满足精益物流发展需求。如何提高运行效率、降低物流成本、提升优质服务，是摆在东本储运面前的最大难题，亟待解决。东本储运从人、机、料等多个方面分析了存在的突出问题，主要表现在以下三个方面。

（一）信息分散，未发挥协同优势

东本储运自创建公司以来，不断在各个业务领域和管理领域建立信息系统，目前正在使用的系统达 20 多个。各个系统之间关联性不足，基础数据维护工作多有重复，且存在信息壁垒，制约了信息协同运作优势的发挥，尤其缺乏对人员、设备、货物等统一的调度安排，不利于资源优化配置。

（二）智能化技术应用不足

东本储运作为专业的第三方汽车物流企业，属于劳动力密集型，在仓储、配送及包装多个环节还在沿用传统的人工作业模式。随着国内用工成本逐年递增，老龄化现象日趋严重，针对劳动力短缺导致的“用工荒”和“用工贵”，人工作业易出错、效率低等问题，国内以菜鸟、京东为首的电商物流，投入大量研发成本，普及应用可视化信息技术、无线射频识别、机器人理货、智能搬运机器人等先进技术，为其他物流领域开拓了思路。东本储运要向智慧物流企业转型，必然离不开对先进技术的充分运用。

（三）缺少物流全过程的可追溯性分析

东本储运物流业务涵盖了汽车物流全领域，近年在国家“一带一路”倡议推动下，积极响应国家政策，大力推进多式联运，水运、铁运比例逐渐增大，物流成本得到较明显降低。但由此导致物流过程采用分段管理，海运、铁运和陆运信息无法互通，对物流全过程无法进行一体化跟踪监管和全程追溯分析，不利于打造智慧物流供应链。

东本储运持续跟踪国内外物流领域先进物流模式和物流技术的创新应用，分析以上 3 个突出问题，东本储运以武汉配送中心为试点，探索建立智慧物流园区的转型之路，再以点到面将经验复制至其他库区，最终打造智慧物流企业。

二、项目主要内容

本项目将东本储运武汉配送中心库区定义为物流园区，以打造智慧物流园区为目标，重点分析三大资源人、车、货管理现状和存在的问题，策划并应用移动互联网、物联网、大数据、云计算等信息技术，建设智慧物流园区信息管理平台，使其具有一定的感知、分析、决策和反馈的功能，实现自动感知、智能运作、智慧决策，大大降低了物流管理成本和运营风险，提高了管理效率，为未来在汽车物流领域大范围建设智慧物流园区提供了技术支撑和实践经验。该项目成果已在东本储运稳定运行。

该项目实现的关键技术如下。

（1）应用人工智能识别技术实现智慧门禁、智慧访客、智慧食堂、智慧人员管理。

（2）应用车牌图像识别技术实现车辆出入园区智能管理、入厂排队智能管理、卸货车道智能管理。

（3）应用RFID物联网技术和5G窄带通信技术实现台车自动出入库，应用AGV自动导引车实现料箱类容器自动出入库。

（4）设计并开发智慧物流园区信息管理平台，实现供应商上下游信息协同。

三、项目成果及创新性

东本储运武汉配送中心，于2009年5月建成并投入使用，占地面积7.2万m^2，仓库面积4.3万m^2，是华中地区最大的单体仓库，主要为东风本田一工厂提供生产零部件仓储和配送业务，涉及集中物流零部件供应商220余家，存储零部件品规3300余种，每日收货出货460余车、3万余箱。园区内涉及的物流资源主要包括三大类：人员、车辆和货物。

（一）人员管理优化

1. 人员管理现状分析

武汉配送中心，是东本储运总部所在地，进出人员类别较多，包括正式员工、外委人员（含食堂工人、清洁工人、保安）、司机、临时访客等。人员基础数据，作为最关键的基础数据，在多个应用场景中需要使用，需要在多个系统中分别维护，不同类别人员，在园区内进出权限和活动范围不同，管理需求不同。当前模式下存在的问题主要如下。

（1）人员信息存在纸质通行证、ID卡、身份证、指纹、人脸识别等多种验证方式，方式不统一不利于管理。

（2）东本储运已有系统20多个，不同系统需要维护不同人员基础信息和权限，存在大量重复工作。

（3）人员活动信息缺乏可追溯性。

2. 智慧人员管理解决方案

随着人工智能时代的来临，计算机视觉和智能算法得到更加广泛的发展。而人脸识别技术作为人工智能的一个分支领域，其深度学习算法和芯片在不断优化升级中，可应用的场景和领域越来越广泛。应用人脸识别技术，数据采集更容易，且无法被仿制，可以将人脸基础数据作为通用的人员管理基础信息，应用于不同的业务场景中，如访客、门禁、考勤、食堂就餐、司机身份验证等，实现智慧人员管理。

针对以上 3 个问题，东本储运明确人脸数据将纳入主数据系统，其他业务系统再与主数据系统对接，保障人脸数据来源的唯一性、更新的及时性，如图 10－7 所示。

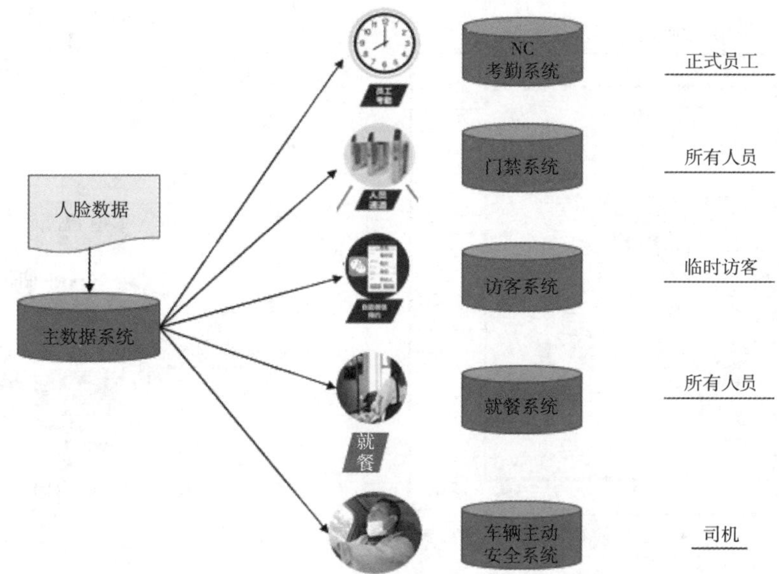

图 10－7　人脸识别技术在园区中不同场景的应用设计

（二）车辆管理优化

1. 车辆管理现状分析

早在 2007 年，东本储运就开始尝试物联网技术应用，已在商品车运输领域引入 RFID 无线射频技术，保证进厂轿运车都获得准运认证，通过整车运输系统识别代替人工检查确认，提高了准运证检查的效率，减轻了现场稽查人员工作量，减少轿运车出入厂的人为停车检查工时。2012 年，东本储运将此成功经验水平展开应用于零部件运输车辆上。随着近几年业务量不断增加，车辆 RFID 管理方式出现以下问题。

（1）设备使用时间长，老化故障率频繁，维修换新费用高。

（2）车辆新增或是标签磨损时，无法及时安装或更换标签（年均更换标签 550 辆，新增车辆 300 辆），导致功能失效。

（3）标签维护工作量大，安装维护周期长，响应速度慢。

2. 智慧车辆管理解决方案

对于车辆身份的识别，目前智能车牌识别技术已经得到成熟广泛的应用。应用智能车牌识别技术，无须在车辆上安装标识，即可实现车牌号信息读取，很好地解决了原 RFID 方案中维护工作量大、更换不及时等问题，且技术实施周期短，技术优势非常明显。在武汉配送中心园区内，车辆身份有多个需要验证的场景，如车辆出入园区身份验证、入厂排队智能管理、卸货车道智能管理等，均可应用智能车牌识别技术，如图 10－8 所示。

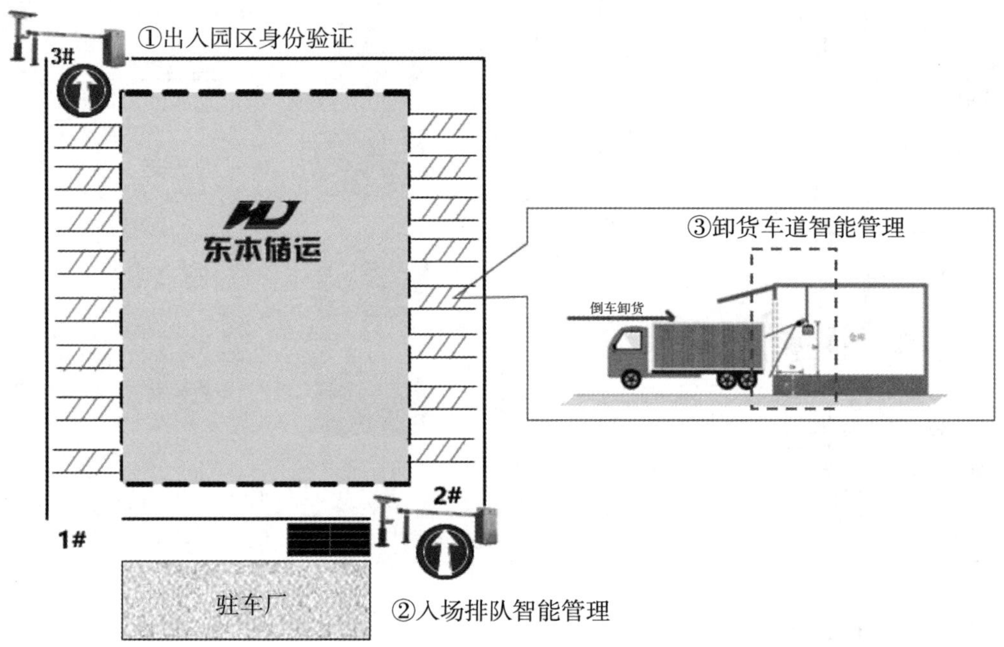

图 10－8　智能车牌识别应用场景

在项目实践过程中，东本储运发现虽然这项技术应用于社会停车场场景中已非常成熟，但在工业环境中应用于货运车上，因车辆高度、园区出入口宽度、方向、角度等问题，识别率并不理想。为了提高识别率，通过划定车道线、停车识别区域、设置汉字字符库等一系列措施，做到车牌识别率达到 99.99%，高于行业平均水平，完全做到无须人工干预。

四、货物管理优化

（一）零部件管理现状分析

在武汉配送中心仓库中，存储的零部件种类达 3300 多种，零部件包装尺寸种类达 500 多种。按零部件的包装形态类别来分，主要分为台车类和料箱类。台车类包装是金属材质，一般带有车轮，便于移动，尺寸差异较大。料箱类包装多以托盘形式到货，标准箱占比较高。零部件卸货至收货平台上后，将经过收货扫描、投入保管、备货扫描、牵引、验货及出货六大环节。传统的物流作业模式存在以下3个突出问题。

（1）大量使用PDA人工扫描操作，操作重复度高，PDA使用数量大，设备维修成本高，自动化程度低。

（2）大量使用工业车辆，如液压叉车、电动叉车和牵引车，现场作业风险较大。

（3）容器无唯一标识，在出入库时仅能做到数量和类别管理，经常存在供应商容器对账困难和容器丢失问题，容器管理粗放。

多年来，东本储运一直在探索可行的自动化解决方案，但武汉配送中心仓库净空高度仅5.7米，且包装尺寸种类太多，不适合自动化立体仓库等设备的应用。针对带轮台车，东本储运尝试使用RFID物联网技术实现台车自动出入库管理。针对料箱类容器，标准化程度较高，可尝试自动识别、自动存储、自动传输等技术。

（二）RFID物联网技术与5G窄带通信技术实现台车自动出入库

对于台车类管理对象，应用RFID技术的难点在于其抗金属性和识别范围控制。为达到100%读取且无误读的目标，东本储运尝试了多种超高频抗金属的电子标签，同时通过调节天线读取功率、角度、高度等参数，确定了台车RFID标签识别方案，如图10－9所示。

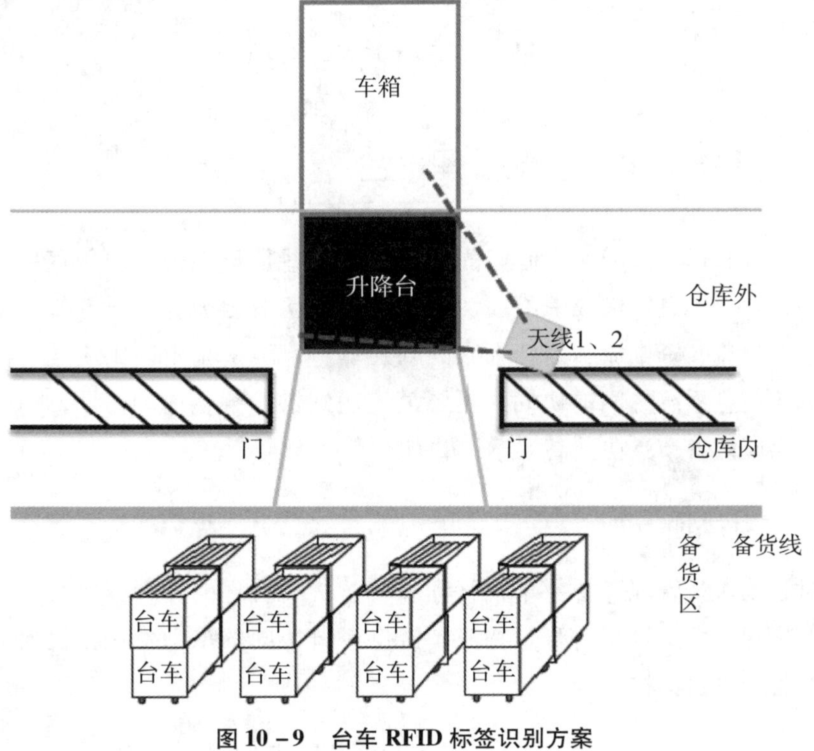

图10－9　台车RFID标签识别方案

通过在仓库每个物流门安装 RFID 天线，并在台车上安装 RFID 标签，实现了台车在供应商出货、仓库收货、发货三个环节的自动化作业，建立了台车类容器可追溯管理系统，减少 PDA 的投入及维修成本，大大降低人工作业的工时成本。同时，物联云管理平台对各种 RFID 天线、节点服务器等实现在线状态监控和巡检，提高故障响应速度，大大提高了设备管理效率，降低了人工巡检工作量，且更有效地保障设备正常使用和顺畅生产。

（三）AGV 技术实现料箱类容器收发存自动化

由顶升式 AGV 替代叉车进行容器部品由收货平台到仓储区域的投入作业，AGV 小车可按照落点自动寻点投入。对于能整托出库的零部件，根据备货计划，自动在对应落点按先进先出原则找到货物，并自动转移至出货平台。AGV 技术的应用，实现了作业自动化，减少人工工作量，削减叉车和牵引车投入，同时消除叉车在库区穿梭行驶的安全隐患，如图 10－10 所示。

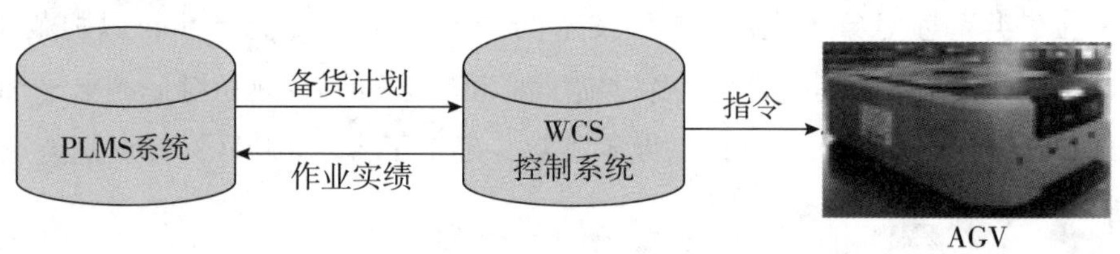

图 10－10　AGV 技术应用方案

五、智慧物流园区信息管理平台

目前，东本储运武汉配送中心已先后建立了一些信息系统，但仍存在信息共享成本居高不下，有效信息提供效率不高、功能重叠、互不连接等情况，严重制约了整个供应链体系在物流、资金流、信息流的信息共享。智慧物流园区供应链协同，不仅要实现原有企业信息系统之间的协同，更要最终达到供应链整体的协同，而构建信息化平台是实现供应链各节点协同高效运作的有效途径。

（一）平台总体架构

通过对智慧人员管理、智慧车辆管理和智慧货物管理的探索，以协同共享为出发点，充分发挥现代信息技术对智慧物流园区供应链协同的推动作用，提出如下智慧物流园区信息管理平台架构。

（二）基于信息平台的供应链协同运作模式

本项目构建基于信息平台的智慧物流园区供应链协同运作模式，如图 10－11 所示。

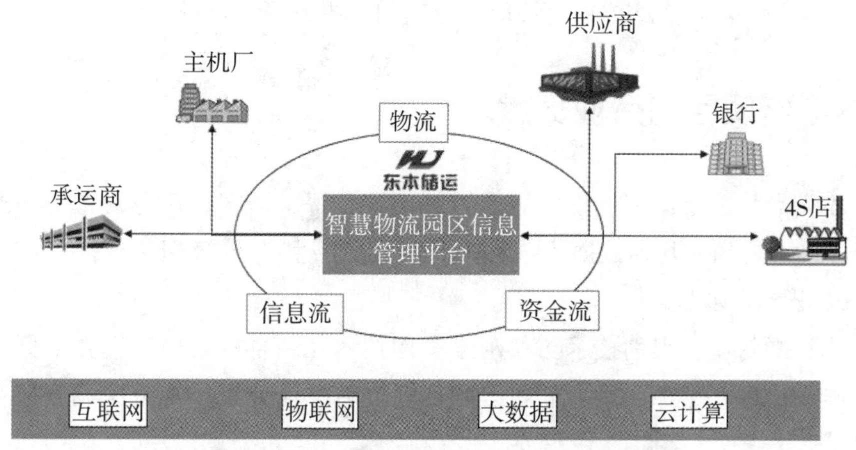

图 10－11 智慧物流园区供应链协同运作模式

该模式的核心思想是从供应链的角度出发，利用物联网、大数据、云计算等高新信息技术，为园区供应链上下游企业搭建一个信息平台，集成优化各主体在业务协同中产生的大量物流相关信息。通过信息资源在平台上公开透明的传递，解决传统组织运作模式信息滞后、信息失真、信息孤岛的问题，提高信息交互能力与共享程度，提升资源利用效率，帮助园区的管理和运营从分散向集中转变，进而实现智慧物流园区组织互动、物流资源共享和优化配置的最终目标。

六、项目实施效果

本项目以汽车物流领域中武汉配送中心为研究对象，以打造智慧物流园区为目标，重点分析三大资源人、车、货管理现状和存在的问题，策划并应用移动互联网、物联网、大数据、云计算等信息技术，建设智慧物流园区信息管理平台，实现自动感知、智能运作、智慧决策，大大降低了物流管理成本和运营风险，提高了管理效率，为未来在汽车物流领域大范围建设智慧物流园区提供了技术支撑和实践经验。具体实施效果体现如下。

（1）应用智能化设备取代人工作业环节，节省人工达 18 人，大大降低了人工成本和人工作业带来的品质风险。

（2）应用人工智能人脸识别、车牌图像识别、RFID 自动识别技术，节省了 PDA 设备的投入和日常维修成本，同时提高了资源利用率（如卸货车道）。

（3）应用移动互联网技术，实现智慧物流园区内关键信息互通共享，减少纸张打印，用实际行动践行绿色物流。

（4）应用智慧物流园区信息管理平台，提升了企业整体管理效率和企业核心竞争力，供应链上下游企业信息传递更快捷、更透明，提升了客户满意度。

七、创新项目的行业贡献

（1）本课题将人脸识别技术应用于智慧门禁、智慧访客、智慧食堂等多个应用场景，人员活动可追溯，基础数据统一管理，实现了智慧人员管理，可推广应用至其他物流园区人员管理中。

（2）本课题将车辆识别技术与移动互联网技术相结合，实现车辆在园区内身份识别、入厂排队及卸货智能管理，车辆运行指标自动统计分析，为资源调度决策提供依据，值得借鉴学习。

（3）本课题应用RFID物联网技术和AGV自动导引车，实现汽车物流领域内货物自动出入库，提高了自动化水平，降低了人工成本和工业车作业风险，实践经验可在其他物流企业中推广。

（4）本课题建设了智慧物流园区信息管理平台，实现供应链上下游信息互通共享，提高了协同管理效率，从而提升企业核心竞争力，具有实际指导意义。

（武汉东本储运有限公司　蒋晖、王琳、徐贤浩、陈彬、刘玲、石璐璐、肖文）

第四节　供应链数字化管理实践

一、项目背景

近年来，新一轮的科技革命和产业变革席卷全球，供应链数字化建设已成为国家重点推进任务。云计算、大数据、人工智能、物联网、“互联网+”等新兴技术与不同产业竞相结合，并引领制造业带来深刻的变化。汽车与物流行业正处于产业变革的核心地带，机遇与挑战并存。在过去的几年里，上汽通用生产控制与物流部在生产计划、运输规划、仓储运营、库存优化等方面推进了一系列数字化变革实践，通过数字化管理手段，取得了一系列的成果与经验。

作为汽车供应链上规模最大、能力最强的整车厂之一，上汽通用深知自己肩上的责任，“六稳六保”中的保产业链、稳供应链的目标，需要我们主动作为。由此，在自身应用实践的基础上，带领供应链共同转型，以更好地应对当前及未来的重重挑战，是产业未来发展的需要，也是企业践行社会责任的实践。结合科技革新趋势与自身数字化实践的积累，上汽通用生产控制与物流部确定了以“共担、共享、共赢”理念为基础的供应链数字化变革方向。

上汽通用供应链数字化管理总体目标是聚焦全供应链数字化、智能化升级，通过全面高效的信息互通与数据辅助分析决策，敏捷响应市场需求，持续优化供应链总成本，实现全供应链资源和需求的最优匹配及全链协同的安全质量保障。

为实现这一目标，上汽通用生产控制与物流部搭建了供应链数字一体化平台。依托这个平台，上汽通用以信息共享为基础，以智能算法为助力，结合多年实践经验，携手供应链伙伴，共同打造开放多元、智能共赢的物流生态。

二、项目主要内容

上汽通用打通供应链各环节的信息壁垒，数字化对接零部件供应商，构建了供应链数字一体化平台，实现信息的高效、精准、实时共享，加强了供应链风险管理、计划预测管理、零部件订单管理、供应链全管道库存管理，助力供应链前瞻性的风险管理及生产响应保障。

从以下方面打造数字化供应链管理平台。

1. 主数据管理方面：建立供应链信息数据库，推动供应链信息透明与供应商分级分类管理

上汽通用供应链的特点是业务链长、范围广、复杂度高，涉及国内外多层级零部件供应商，下级供应链信息的不透明限制了供应链安全保障的工作效率。例如，在供应链风险事件发生时，传统管理模式需消耗大量的人力进行地毯式排查，效率低、易出错。

在新的管理模式下，可通过一体化平台收集下游供应链信息，建立供应链层级关系；同时对历史问题进行总结与归纳，赋予供应商多维度信息标签，实现分级分类管理。供应链的信息透明与供应商的标签分类将实现供应链问题的精准定位，大幅提升供应链安全保障的效率。

2. 计划与需求管理方面：共享结构化数据，提升信息交互与运作效率

将传统文本类的计划信息转化为结构化数据，以数字化对接的形式向供应商实时共享，提升计划类信息的解析与处理速度。同时，统一数字化接口利于同类场景的应用与推广。

通过共享上汽通用整车生产预测信息，提升供应商内部生产、备货与上汽通用实时需求的匹配程度，助力整车厂和零部件供应商同步精益生产资源投入，最终实现全供应链的生产高效协同；通过向零部件供应商提供上汽通用当周库存和进口件订货策略，指导供应商参照整车厂的订货规则采购原材料，提升供应商响应上汽通用生产波动的能力，改善供应商端产销存。

3. 订货与交付管理方面：建立全供应链订单管理中心，实现订单状态全过程实时数字化掌控

通过接入运输、仓储等各类运作系统数据，实现订单全过程数字化跟踪管理。从订单发布、订单发货、车辆运输到订单收货实时动态可视，精确跟踪所有订单状态，提升订单交付管理的透明度与响应效率。

4. 供应链风险管理方面：建立供应链风险预警体系，实现前瞻性的风险管理与生产保障

通过整合、对供应链历史风险事件分类，提炼核心关注项，并体现在供应商标签中；建立多层级供应商数据库，掌握关键下级供应商信息。当同类风险事件发生时，系统结合供应商数据库信息，快速定位高关注供应商，大幅提升响应效率，为供应链保障赢得先机。疫情防控常态化时代，面对国内外各类不确定因素，平台将结合疫情防控期间的大量数据，快速应对，高效管控，确保供应链稳定与安全。

5. 库存管理方面：推动全供应链库存透明化，实现全管道库存风险预警

平台实现了零部件供应商端、物流服务商端、上汽通用工厂端全业务节点的库存数据实时贯通共享。通过分析全管道库存状态，辨识冗余库存，持续推进供应链整体库存优化。同时，建立库存预警模型，主动预警各类供应链库存风险，降低额外物流费用与物料剩余。

6. 零部件变更管理方面：变更信息及时获取，缩短变更实施周期

上汽通用与供应商通过平台实时掌握切换零部件的库存数量，精准控制零部件切换，减少切换剩余零部件。同时，通过分享更早的零部件试生产计划，使供应商提前准备试生产零部件和控制老零部件库存，缩短更改周期，进一步优化零部件成本。在供应链评审方面实现供应商管理与评审的电子化管理。

将传统的线下工作转移至线上，加强供应链管理类信息的查询与追溯功能。同时，将供应链表现信息储存为结构化数据，为供应链数字化管理及优化打下基础。

三、成果及创新性

上汽通用构建了一系列基于数字化的管理方法，全方位覆盖计划、预测、订单、包装、交付、运输、收货、仓储、上线等供应链环节，摸索出了一条新路。

（一）计划

汽车供应链中不可避免的“牛鞭效应”常常会对整个供应链产生至关重要的影响。上汽通用从生产源头抓起，以智能化排产驱动企业物流的高效运作和转型升级，从计划排产端推进对供应链全局优化。

上汽通用建立并打通多方接口，以数字化和建模技术为依托，实现采集—排产—执行的一整套自动化数据链，能自动获取库存数据、生产数据、工艺数据、工厂产能数据、资源数据等多维度的输入数据。用户可以灵活配置排产目标和约束条件，快速获得最优排产计划。此外，该项目通过多目标函数的评价方式，为管理者从物流运作费用、产量、工作时间、库存容积、生产效率、料架使用率、人工成本等角度综合考量，提供决策判断的依据以及考量时间。

数字化智能排产是一次汽车行业的变革性应用与尝试，从排产约束梳理，到模型参数构建，通过优化算法，最终输出数字化排产计划。数字化智能排产很大程度上改变了传统的管理模式，通过数字化管理，改善了管理效果，优化了管理成本与物流运行成本，工作重心也从制订排产计划向管理计划产出进行转变，实现了制造与物流、主机厂与供应链的综合优化。

（二）预测

智能排产的效益不仅体现在生产运作方面，还影响着供应链的物料准备与拉动。通过供应链数字一体化平台，上汽通用为下游供应商提供全面且具个性的长短期计划信息，并将传统的电话、邮件、网页全新升级为数字化对接模式，大大提升交互效率，实现信息透明。从全年生产预测到实时的工厂生产序列，从52周零部件预测到小时级拉动需求，通过长短期联动和整零协同，上汽通用助力供应商精准匹配供货需求。供应商根据生产预测信息合理安排零部件排产与下级零部件拉动，精益控制生产与库存。

上汽通用与供应商实现了零部件库存与生产计划的透明共享，帮助供应商精准获取工厂的生产节拍，实际拉动需求，更好地制定匹配工厂需求的生产计划和产品库存策略，确保订单及时交付。一体化平台汇集了上汽通用各工厂、仓库、供应链成品、原材料的库存信息，打通了供应链全管道库存数据，可结合零部件的需求与库存，实现库存风险自动预警。

（三）订单

长短期预测最终转变为拉动需求。在订单管理方面，上汽通用根据供应商不同的生产模式、运作类型及距离远近，适配了多种不同的订单交付方式，最大限度节省自身及下游供应商成本，做到精益拉动管理。订单发布环节从人工发布发展到 EDI/API（电子数据交接/应用程序接口）自动发单模式，提升发单效率与准确性。供应商可直接通过 EDI/API 接口获取订单信息，在自己的 ERP（企业资源计划）系统中，自行生成原材料订货计划或排产计划，节省了人工订货、排产的工作。这些数据也是供应商自身数字化管理升级的重要输入。

（四）包装

与电商普遍使用的一次性纸包装不同，上汽通用采用的是可循环的铁质或塑料的包装器具，供全国所有供应商及上汽通用四大生产基地共享使用。循环包装相比一次性纸包装更加绿色、经济、优质，所有包装由上汽通用统一投入、统一管理、统一调配。基于数字化平台内的计划—预测—订单信息，结合供应链各环节的库存情况，上汽通用包装器具管理平台会精准计算供应商端的包装器具需求，结合每天取货车辆线路，循环配送至供应商处。供应商也可以基于交互平台，根据自身生产情况，进一步优化包装器具配送需求。

所有共享范围内的包装器具，均纳入包装器具管理平台统一管理，可以快速精确掌握包装器具的分布状况，结合中长期业务发展需求，精益化进行包装器具投入。数字化平台实现的是以最优的包装器具保有量，通过大范围共享的方式，满足所有工厂和供应商的需求。

（五）交付—运输

在以前，供应商与承运商通过纸质单据交付订单，而纸质单据存在易丢失、字迹不规范等特点，一直以来都是订单交付管理的痛点问题。而订单完成交付后，由于无法实时向整车厂传递物料的位置与数量信息，运输问题只能靠人工电话沟通，极大影响订单跟踪的效率。

为了解决这些痛点问题，上汽通用开创性地开发了前端绑定系统，将数字化管理延伸到了物流运作的前沿，同时也将处于一线运作的承运商驾驶员、供应商库管员等基层人员彻底纳入“数字化”运营环境。该系统在提货前将零部件级运输计划同时发送给承运商和供应商，实现双方在发运要求上的信息同步。在发货时，零部件供应商按照发运要求，通过手持设备扫描物料，并将实际发运信息上传，由司机在 App 上进行接收确认，系统基于双方确认信息生成电子发运单，从而实现零部件、料箱、订单、卡车四者绑定，并将信息实时接入供应链数字一体化平台，实现了物流数据在同一平台上的实时共享和交互，供应商根据实时订单数据可提前发现供货风险，为供应链保障争取反应时间，推进了业务各方的高效协同。

四、行业贡献

（一）行业引领

供应链数字一体化平台作为行业中首个综合性供应链集成平台，以供应链数字化、智能化升级为核心，以全供应链资源和需求的最优匹配及全链协同的安全质量保障为目标，通过数字化手段引领全供应链数字化变革。此创新模式及思路在整个汽车行业具备引领作用及推广价值，加快了整个行业向数字化、一体化、智能化方向发展的步伐。

向供应链下游企业宣贯供应链数字化管理理念，引导下游企业认识数字化发展的意义与必要性。

开发标准化数据/信息接口，提供EDI/API应用服务，供应商可根据自身的业务需求开发自有平台与上汽通用平台进行数字化对接，实现数据/信息的整合、再加工与利用，实现供应链的数字化联动。同时，培养了供应商的数字化意识与数字化能力。

通过供应链数字一体化平台项目的实施，推动越来越多的下游企业建设自己的数字化系统，提升全供应链数字化水平。

建立供应链数据库模型，整合自身业务范围内的上下游供应链信息。方案可推广至全行业，助力整个行业的供应链信息透明。

（二）经济效益

上汽通用供应链数字化管理实践在产业链的全面推广，已实现包括整车厂、零部件供应商和物流服务商在内的物流全局运行效率及成本等方面的显著改善。从长远看，整车厂与供应商全链共赢的局面也已初步形成。

1. 整车厂效益提升

产销保障方面，通过搭建供应商综合信息数据库，集成多维度供应商基础信息与运作表现，利用供应商分类检索，快速排查锁定供应链风险，使供应链调查效率提升50%，大幅提升供应链风险应对能力。

在排产环节，通过数字化智能排产，减少冲压模具切换及动力总成换型的频次，挖掘设备潜力，提高产量；优化产能利用，均衡生产线工作负荷，减少不合理的加班。以冲压排产为例，模具单次平均使用时间上升8%，产能利用率提升3%，产值增加可达数百万元/年。

在预测订单环节，通过数字化共享订货节奏，协同供应商动态调整供货节奏，精益匹配整车厂需求计划，减少额外空运与物料剩余费用，提升供应商对市场需求的响应能力。在库存管理方面，通过监控全管道库存状态，预警潜在供应链风险；同时分析各节点库存数据，精益控制库存水平，每年可降低额外物流费用与物料剩余费用数千万元。

在交付运输环节，前端绑定系统一方面实现了全供应链数据透明化，提升供应链管理精益化水平，通过打通零部件从供应商准备到上线的信息流，实现了业务无纸化操作；通过主动报警，提前处理异常信息，提高供应链的响应速度，提升了数据安全性及传输的及时性，保障系统的稳健运行。前端绑定系统另一方面提升了供应链运作效率，优化了业务运行的操作环节，实现了快速的信息交换，现场/车队的运作效率得到了很大的提升。

2. 零部件供应商、物流服务商效益提升

汽车供应链数字化管理实践也为零部件供应商、物流服务商带来了收益。复杂的多层级供应链关系逐步厘清，在应对供应链风险时能真正做到全局联动。通过对接上汽通用共享的各类计划信息，供应商可以更精准地调配资源，合理安排生产与库存，与上汽通用的生产节奏保持一致，实现生产成本与物流成本的综合优化。同步订货的节奏有利于供应链的安全保障，生产的波动对供应商的影响将进一步降低，从而节省额外费用；透明的物流运作信息有利于供应商主动发现运作改进点，不断降低运作风险。更重要的是，汽车供应链数字化管理对零部件供应商、物流服务商在自身的管理理念、管理方法、运作效率等方面产生了积极的帮助和影响。供应商对于供应链数字化管理的意识得到了根本的增强，认同上汽通用推行的改进方向，协同推进上汽通用全局数字化管理建设，乃至进一步建立自身的数字化体系，带动产业链数字化转型升级。

（三）社会效益

1. 承揽企业责任

作为供应链数字化管理的先行者，上汽通用充分发挥自身管理优势、技术优势、经验优势，带动产业链整体向数字化、智能化迈进，这既是未来发展的趋势，也是当前行业发展的迫切需求。上汽通用数字化供应链管理的推进，就是企业社会责任践行的最佳载体，在整体行业承压的当下，既有现实收益，又有长期意义。

2. 培养智能制造/智能物流人才

上汽通用与全国部分重点高校就物流智能化管理开展全面战略合作，依托各级政府和集团公司的指导，一方面利用高校的学术资源，通过各类数字化项目的全面合作，对上汽通用智能化物流前瞻技术的研究和应用进行集中攻关；另一方面通过数字化供应链管理项目的推广，树立行业合作成功典范，在供应链上下游范围内，加速培养一批跨学科、复合型、具有实际操作技能的物流管理人才，为国家制造业产业转型和升级发展提供坚实的人才输送保障。

（上汽通用汽车有限公司　钟薇薇、陶俊、沈亮、陈欢、赵莹、杨浩、常开朋、李翊铭、瞿启东、王立捷）

资料汇编篇

第十一章　汽车物流行业重要文件汇编

2020 年全国物流运行情况通报

2020 年，统筹疫情防控和经济社会发展取得重大成果，物流运行持续稳定恢复。社会物流总费用与 GDP 的比率为 14.7%，与上年基本持平。

一、社会物流总额增速持续回升

2020 年全国社会物流总额 300.1 万亿元，按可比价格计算，同比增长 3.5%。

从构成看，工业品物流总额 269.9 万亿元，按可比价格计算，同比增长 2.8%；农产品物流总额 4.6 万亿元，增长 3.0%；单位与居民物品物流总额 9.8 万亿元，增长 13.2%；进口货物物流总额 14.2 万亿元，增长 8.9%；再生资源物流总额 1.6 万亿元，增长 16.9%。

二、社会物流总费用与 GDP 的比率基本持平

2020 年社会物流总费用 14.9 万亿元，同比增长 2.0%。社会物流总费用与 GDP 的比率为 14.7%，与上年基本持平。

从结构看，运输费用 7.8 万亿元，增长 0.1%；保管费用 5.1 万亿元，增长 3.9%；管理费用 1.9 万亿元，增长 1.3%。

三、物流业总收入实现小幅增长

2020 年物流业总收入 10.5 万亿元，比上年增长 2.2%。

国家发展改革委

中国物流与采购联合会

关于印发《推动物流业制造业深度融合创新发展实施方案》的通知

发改经贸〔2020〕1315号

各省、自治区、直辖市及计划单列市、新疆生产建设兵团发展改革委、工业和信息化主管部门、公安厅、财政厅、自然资源主管部门、交通运输厅（局、委）、农业农村（农牧）厅（局、委）、商务厅（局、委）、市场监管局（厅、委）、银保监局，各地区铁路监督管理局，民航各地区管理局，邮政管理局，各铁路局集团公司：

为贯彻落实党中央、国务院关于推动高质量发展的决策部署，做好“六稳”工作，落实“六保”任务，进一步推动物流业制造业深度融合、创新发展，推进物流降本增效，促进制造业转型升级，国家发展改革委会同工业和信息化部等部门和单位研究制定了《推动物流业制造业深度融合创新发展实施方案》，现印发给你们，请认真贯彻执行。

国家发展改革委
工业和信息化部
公安部
财政部
自然资源部
交通运输部
农业农村部
商务部
市场监管总局
银保监会
国家铁路局
民航局
国家邮政局
中国国家铁路集团有限公司
2020年8月22日

推动物流业制造业深度融合创新发展实施方案

物流业是支撑国民经济发展的基础性、战略性、先导性产业，制造业是国民经济的主体，是全社会物流总需求的主要来源。推动物流业制造业融合发展，是深化供给侧结构性改革，推动经济高质量发展的现实需要；是进一步提高物流发展质量效率，深入推动物流降本增效的必然选择；是适应制造业数字化、智能化、绿色化发展趋势，加快物流业态模式创新的内在要求。当前，我国物流业制造业融合发展趋势不断增强，在推动降低制造业成本水平等方面取得积极成效，但融合层次不够高、范围不够广、程度不够深，与促进形成强大国内市场，构建现代化经济体系的总体要求还不相适应。特别是应对新冠肺炎疫情和推动复工复产期间，供应链弹性不足、产业链协同不强、物流业制造业联动不够等问题凸显，直接影响到产业平稳运行和正常生产生活秩序。为进一步深入推动物流业制造业深度融合、创新发展，保持产业链供应链稳定，推动形成以国内大循环为主体、国内国际双循环相互促进的新发展格局，特制定本方案。

一、总体要求

（一）指导思想。以习近平新时代中国特色社会主义思想为指导，全面贯彻党的十九大和十九届二中、三中、四中全会精神，牢固树立和深入践行新发展理念，紧紧围绕高质量发展要求，以深化供给侧结构性改革为主线，充分发挥市场在资源配置中的决定性作用，更好发挥政府作用，统筹推动物流业降本增效提质和制造业转型升级，促进物流业制造业协同联动和跨界融合，延伸产业链，稳定供应链，提升价值链，为实体经济高质量发展和现代化经济体系建设奠定坚实基础。

（二）发展目标。到 2025 年，物流业在促进实体经济降本增效、供应链协同、制造业高质量发展等方面作用显著增强。探索建立符合我国国情的物流业制造业融合发展模式，制造业供应链协同发展水平大幅提升，精细化、高品质物流服务供给能力明显增强，主要制造业领域物流费用率不断下降；培育形成一批物流业制造业融合发展标杆企业，引领带动物流业制造业融合水平显著提升；初步建立制造业物流成本核算统计体系，对制造业物流成本水平变化的评估监测更加及时准确。

二、紧扣关键环节，促进物流业制造业融合创新

（三）促进企业主体融合发展。支持物流企业与制造企业通过市场化方式创新供应链协同共建模式，建立互利共赢的长期战略合作关系，进一步增强响应市场需求变化、应对外部冲击的能力，提高核心竞争力。引导制造企业结合实际系统整合其内部分散在采购、制造、销售等环节的物流服务能力，以及铁路专用线、仓储、配送等存量设施资源，向社会提供专业化、高水平的综合物流服务。（各部门按职能分工负责）

（四）促进设施设备融合联动。在国土空间规划和产业发展规划中加强物流业制造业有机衔接，统筹做好工业园区等生产制造设施，以及物流枢纽、铁路专用线等物流基础设施规划布局和用地用海安排。（发展改革委、工业和信息化部、自然资源部、交通运输部、国家邮政局、国家铁路集团按职责分工负责）积极推进生产服务型国家物流枢纽建设，充分发挥国家物流枢纽对接干线运力、促进资源集聚的显著优势，支撑制造业高质量集群化发展。（发展改革委、交通运输部、国家邮政局负责）支持大型工业园区新建或改扩建铁路专用线、仓储、配送等基础设施，吸引第三方物流企业进驻并提供专业化物流服务。（发展改革委、工业和信息化部、国家邮政局、国家铁路集团按职责分工负责）

（五）促进业务流程融合协同。推动制造企业与第三方物流、快递企业密切合作，在生产基地规划、厂内设施布局、销售渠道建设等方面引入专业化物流解决方案，结合生产制造流程合理配套物流设施设备，具备条件的可结合实际共同投资建设专用物流设施。加快发展高品质、专业化定制物流，引导物流、快递企业为制造企业量身定做供应链管理库存、线边物流、供应链一体化服务等物流解决方案，增强柔性制造、敏捷制造能力。（发展改革委、工业和信息化部、商务部、国家邮政局按职责分工负责）

（六）促进标准规范融合衔接。建立跨部门工作沟通机制，对涉及物流业制造业融合发展的国家标准、行业标准和地方标准，在立项、审核、发布等环节广泛听取相关部门意见，加强标准规范协调衔接；支持行业协会等社会团体结合实际研究制定物流业制造业融合发展的团体标准，引导和规范物流业制造业融合创新。鼓励制造企业在产品及包装设计、生产中充分考虑物流作业需要，采用标准化物流装载单元，促进1200mm×1000mm标准托盘和600mm×400mm包装基础模数从商贸、物流等领域向制造业领域延伸，提高托盘、包装箱等装载单元标准化和循环共用水平。（发展改革委、工业和信息化部、交通运输部、商务部、市场监管总局、国家邮政局按职责分工负责）

（七）促进信息资源融合共享。促进工业互联网在物流领域融合应用，发挥制造、

物流龙头企业示范引领作用，推广应用工业互联网标识解析技术和基于物联网、云计算等智慧物流技术装备，建设物流工业互联网平台，实现采购、生产、流通等上下游环节信息实时采集、互联共享，推动提高生产制造和物流一体化运作水平。推动将物流业制造业深度融合信息基础设施纳入数字物流基础设施建设，夯实信息资源共享基础。支持大型工业园区、产业集聚区、物流枢纽等依托专业化的第三方物流信息平台实现互联互通，面向制造企业特别是中小型制造企业提供及时、准确的物流信息服务，促进制造企业与物流企业高效协同。积极探索和推进区块链、第五代移动通信技术（5G）等新兴技术在物流信息共享和物流信用体系建设中的应用。（发展改革委、工业和信息化部、交通运输部、国家邮政局按职责分工负责）

三、突出重点领域，提高物流业制造业融合水平

（八）大宗商品物流。推动和支持钢铁、有色金属、建材等大型制造业企业和工业园区提高煤炭、原油、矿石、粮食等大宗商品中长期运输合同比例以及铁路、水路等清洁运输比例。扩大面向大型厂矿、制造业基地的“点对点”直达货运列车开行范围。鼓励铁路、水路运输企业与制造业大客户签订量价互保协议，实现互惠共赢。依托具备条件的国家物流枢纽发展现代化大宗商品物流中心，促进大宗商品物流降本增效。（发展改革委、工业和信息化部、交通运输部、国家铁路集团按职责分工负责）

（九）生产物流。鼓励制造业企业适应智能制造发展需要，开展物流智能化改造，推广应用物流机器人、智能仓储、自动分拣等新型物流技术装备，提高生产物流自动化、数字化、智能化水平。加强大型装备等大件运输管理和综合协调，不断优化跨省大件运输并联许可服务。加快商品车物流基地建设，优化铁路运输组织模式，稳定衔接车船班期，提高商品车铁路、水路运输比例；优化商品车城市配送通道，便利合规车辆运输车通行。（发展改革委、工业和信息化部、公安部、交通运输部、国家邮政局、国家铁路集团按职责分工负责）

（十）消费物流。鼓励邮政、快递企业针对高端电子消费产品、医药品等单位价值较高以及纺织服装、工艺品等个性化较强的产品提供高品质、差异化寄递服务，促进精益制造和定制化生产发展。稳步推进国家骨干冷链物流基地建设，推动提高生鲜农产品产业化发展水平。推动构建全国性、区域性冷链物流公共信息平台，促进相关企业数据交换，逐步实现冷链信息全程透明化和可追溯。鼓励企业根据市场需求，提升港区及周边冷链存储能力。支持生鲜农产品及食品全程冷链物流体系建设，加快农产品产地“最先一公里”预冷、保鲜等商品化处理和面向城市消费者“最后一公里”的低温加工配送设施建设。（发展改革委、工业和信息化部、交通运输部、农业农村部、

商务部、市场监管总局、国家邮政局按职责分工负责）

（十一）绿色物流。引导制造企业在产品设计、制造等环节充分考虑全生命周期物流跟踪管理，推动产品包装和物流器具绿色化、减量化、循环化。鼓励企业针对家用电器、电子产品、汽车等废旧物资构建线上线下融合的逆向物流服务平台和回收网络，促进资源循环利用以及逆向物流、再制造发展。支持具备条件的城市和制造、商贸企业开展逆向物流试点，探索符合我国国情的逆向物流发展模式。（发展改革委、工业和信息化部、商务部、国家邮政局按职责分工负责）

（十二）国际物流。发挥国际物流协调保障机制、全国现代物流工作部际联席会议等作用，加强顶层设计，构建现代国际物流体系，保障进口货物进得来，出口货物出得去。加强国际航空、海运、中欧班列等国际干线物流通道以及物流枢纽、制造业园区统筹布局和协同联动，支持外向型制造企业发展。支持制造企业利用中欧班列拓展“一带一路”沿线国家市场。加快培育与我国生产制造、货物贸易规模相适应的骨干海运企业和国际海运服务能力。围绕国际产能和装备制造合作重点领域，鼓励骨干制造企业与物流、快递企业合作开辟国际市场，培育一批具有全球采购、全球配送能力的国际供应链服务商。发展面向集成电路、生物制药、高端电子消费产品、高端精密设备等高附加值制造业的全流程航空物流，促进“买全球”“卖全球”。支持邮政、快递企业与制造企业深度合作，打造安全可靠的国际国内生产型寄递物流体系。（发展改革委、工业和信息化部、交通运输部、商务部、民航局、国家邮政局、国家铁路集团按职责分工负责）

（十三）应急物流。研究制定健全应急物流体系的实施方案，建立以企业为主体的应急物流队伍，在发生重大突发事件时确保主要制造产业链平稳运行。支持物流、快递企业和应急物资制造企业深度合作，研究制定应急保障预案，提高紧急情况下关键原辅料、产成品等调运效率。补齐医疗等应急物资储备设施短板，完善医疗等应急物资储备体系，提高实物储备和产能储备能力。在工业园区等生产制造设施、物流枢纽等物流基础设施规划布局、功能设计中充分考虑产品生产、调运及原辅料供应保障等需要，确保紧急情况下物流通道畅通，增强相关制造产业链在受到外部冲击时的快速恢复能力。（发展改革委、工业和信息化部、自然资源部、交通运输部、国家邮政局、国家铁路集团按职责分工负责）

四、加强统筹引导，优化融合发展的政策环境

（十四）营造良好市场环境。深入推进放管服改革，对物流业制造业融合发展新业态、新模式实施包容审慎监管。取消不合理的市场准入限制，确保各类市场主体平等

参与市场竞争。严格落实国务院和相关部门已出台的物流降成本措施，为物流业制造业融合创新发展创造良好条件。支持行业协会加强行业自律和诚信建设，持续改善物流行业信用环境，增强制造企业与物流企业战略合作的信心和意愿。（各相关部门按职责分工负责）

（十五）加大政策支持力度。充分利用现有政策渠道支持物流标准化设施设备推广、铁路专用线建设、农产品冷链物流发展等。鼓励有条件的制造企业剥离物流资产成立独资或合资物流企业，符合条件的按照有关规定享受财税政策。支持制造企业在不改变用地主体和规划条件的前提下，利用存量厂房、土地资源发展生产性物流服务，其土地用途可暂不变更。加快修订铁路专用线管理相关文件，完善专用线共建共用机制，规范专用线收费项目标准和收费行为。（发展改革委、工业和信息化部、财政部、自然资源部、国家铁路局、国家铁路集团按职责分工负责）

（十六）创新金融支持方式。鼓励银行保险机构按照风险可控、商业可持续的原则，开发服务物流业制造业深度融合的金融产品和服务。鼓励供应链核心制造企业或平台企业与金融机构深度合作，整合物流、信息流、资金流等信息，为包括物流、快递企业在内的上下游企业提供增信支持，妥善促进供应链金融发展。支持社会资本设立物流业制造业融合发展产业投资平台，拓宽融资支持渠道。（发展改革委、银保监会按职责分工负责）

（十七）发挥示范引领作用。支持骨干物流、快递、制造企业兼并重组、做大做强，在危化品物流、逆向物流及服务先进制造等专业化程度高的领域培育形成一批技术水平高、服务能力强的企业，打造物流业制造业融合创新品牌。研究修订推荐性国家标准《企业物流成本构成与计算》，选取若干企业开展物流成本统计核算试点，研究建立制造业物流成本核算统计体系。鼓励龙头企业发起成立物流业制造业融合创新发展专业联盟，促进协同联动和跨界融合。在重点领域梳理一批物流业制造业深度融合创新发展典型案例，总结推广物流降成本、改造提升传统制造业等方面的成功经验。（发展改革委、工业和信息化部、交通运输部、市场监管总局、国家邮政局按职责分工负责）

（十八）强化组织协调保障。依托全国现代物流工作部际联席会议机制推进物流业制造业融合发展，加强跨部门政策统筹和工作协调，及时研究解决物流业制造业融合发展面临的突出问题，营造良好政策环境。充分利用科研院校、骨干企业等社会研究力量，搭建覆盖产学研用的咨询服务平台，为促进物流业制造业融合发展提供智力支持。依托主要行业协会建立物流业制造业融合发展动态监测和第三方评估机制，研究制定融合发展统计和评价体系，定期发布研究报告，为相关政府部门决策提供参考，引导行业健康发展。（各相关部门按职责分工负责）